独秀学术文库

《五灯会元》疑问句研究

袁卫华 著

社会科学文献出版社
SOCIAL SCIENCES ACADEMIC PRESS (CHINA)

序

　　袁卫华《〈五灯会元〉疑问句研究》即将出版，我由衷感到高兴！

　　对汉语史研究来说，佛教文献有两大板块颇为珍贵，能提供大规模的、口语化程度较高的语料。这两大板块一是汉译佛经，一是禅宗语录。佛经汉译起于东汉末年，为了影响普通民众，注意语言的通俗，卷帙浩繁的汉译佛经弥补了汉魏六朝中土文献口语语料严重不足的缺憾，是汉魏六朝汉语研究的珍贵语料。禅宗语录形成于初唐，主体内容是禅家师徒日常授受佛法的问答之语以及普通活动中随机的言语互动，多口语成分，篇幅可观的唐宋禅宗语录弥补了当时世俗文献口语语料为数不多的缺憾，是唐宋汉语研究的珍贵语料。自上个世纪八十年代开始，佛典语言学研究逐渐成为汉语史研究的热点领域，2002 年，第一届汉文佛典语言学国际学术研讨会召开，这一连续性国际会议至今已在日本、韩国、中国大陆、中国台湾共召开十三届，彰显了佛典语言学研究的兴旺与繁荣。

　　袁卫华 2009 年考入武汉大学文学院，由我指导，攻读汉语言文字学博士学位，选定近代汉语语法为主攻方向。鉴于禅宗语录对唐宋汉语研究的重要价值，着眼于《五灯会元》疑问句语料十分丰富的特点，她以《五灯会元》疑问句为研究对象，经过艰苦的努力，完成了《〈五灯会元〉疑问句研究》的博士论文。论文受到评阅专家和答辩专家的好评。毕业后的这几年，袁卫华对论文进行了认真打磨。这期间，有台湾出版社多次联系我，希望袁卫华将博士论文给他们出版，袁卫华都表示还要继续修改。现在，这本以博士论文为基础的专著终于要与读者见面了，确实可喜可贺！

　　本专著的突出特点是描写全面而细致。对《五灯会元》中的疑问句，专著不仅考察了特指询问句、是非询问句、选择询问句、正反询问句、测度询问句、反诘问句，还对设问句、附加问句、招呼问句、感叹问句等特殊疑问句进行了讨论，同时，还连带谈论了疑问句的句尾语气词。对每一种疑问句，专著依据形式标记逐一描写，详加分析。如对特指询问句，分"何"系、"甚"系、"作么"系、"谁"系、"那"系、"几"系等系列，对各系列中每一种具体标记所标识的疑问句从语义、语法功能两方面条分缕析。又如对选择问句，先区分为有关联标记和无关联标记两大类，然后在有关联标记大类下再分为"为复"句、"为当"句、"为"字句、"为是"句、"是"字句、"只……，别（更）……?"句、"还"字句七小类，在无关联标记大类下再依据句尾有无疑问语气词分为"句尾无疑问语气词的选择询问句"和"句尾有疑问语气词的选择询问句"两小类；对每一小类的分析，或从关联标记的搭配情况入手，或从选择项的呈现方式出发，或着眼于句尾语气词的配合情形，细化到每一种具体格式，分析详尽。在分析的过程中，注重量化分析，层层给出统计数据。专著揭示了《五灯会元》疑问句的全貌，对宋代疑问句的研究有重要推动，而这种细密、给出翔实统计数据的研究能为汉语疑问句发展史的研究提供很大的便利。

专著在共时和历时比较方面也做了非常扎实的工作。共时方面，选择《朱子语类》的疑问句为比较对象，进行禅宗语录与世俗文献的共时比较；历时方面，选择《祖堂集》的疑问句为比较对象，进行禅宗语录内部的历时比较。比较围绕特指询问句、是非询问句、选择询问句、正反询问句、测度询问句等五种主要疑问句展开，在注重全面比较的前提下突出重点，在关注共性的前提下着重挖掘个性。通过与《朱子语类》的比较，两种文献的相同之处起到了相互印证的作用，不同之处则反映了各自的个性，凸显了《五灯会元》疑问句的特色。通过与《祖堂集》的比较，彰显了《五灯会元》疑问句对《祖堂集》疑问句的继承和发展，揭示了禅宗语录系统内部疑问句从晚唐五代到南宋的发展演变。

专著有不少有价值的发现，颇有创获。如疑问代词方面，专著发现，《五灯会元》疑问代词丰富多样，相对于《朱子语类》增加了"何似（生）""何所""何许""作麽""争""阿谁""阿那""几曾""几许""第几""早晚/早暮"以及"畴""底""若为"等。句尾语气词方面，专著指出，特指询问句中的句尾语气词《五灯会元》不同于《朱子语类》，不仅有袭自上古汉语的"乎""邪（耶）""也""哉"，还出现了中古、近代汉语中新兴的"那"和"在";测度问句中的句尾语气词，《朱子语类》"否"的出现频率很高，338 次，而"么"仅出现 2 次，《五灯会元》则主要用"么"，"否（已否）"出现 47 次，"么"出现 108 次。句式方面，专著指出，《朱子语类》"如何"作主语的"如何是……"句式仅占"如何"特指询问句的 6.3%，而《五灯会元》中这种句式占"如何"特指询问句的 59.2%，两书差距悬殊；《五灯会元》中"是"字选择问句已经走向成熟，现代汉语中选择询问句的典型格式在《五灯会元》中已经初步形成；《五灯会元》中近代汉语中新兴的"莫"系测度句居于主要地位，且形式多样、富于变化；招呼问句纯属保持日常交际和谐进行的一种寒暄语，口语性较强，它最初只能出现在口语化色彩比较浓厚的文献当中，《祖堂集》有 1 例，《景德传灯录》有 2 例，《五灯会元》有 5 例，这很可贵，证明了禅宗语录的口语性。

　　当然，本专著也存在一些不足之处。如比较方面，如能增加《五灯会元》与世俗文献的历时比较，那将会有更多的发现。另外，一些例句的理解是否准确，尚需进一步斟酌。

　　袁卫华在禅宗语录语言研究方面已有了较好的基础，今年 11 月份，她还作为主持人，成功承办了"第十三届汉文佛典语言学国际学术研讨会"。希望她继续努力，在佛典语言学研究领域勤奋耕耘，不断取得新的成绩！

卢烈红

二〇一九年十二月于珞珈山

目 录

Contents

绪 论

一 研究意义

专书研究的首要方面就是选好专书，即专书要有较高的语言研究价值，必须是适当的汉语书面材料。专书"适当"与否，程湘清（1992）认为要具备以下三个条件：一是要看口述或撰写某部专书的作者是否属于该断代；二是要看专书的语言是否接近或反映该断代的口语，这是其中最重要的一条标准，因为有书面记载以来的整个汉语史都是口语和文言并存的历史，只有接近或反映口语的书面语言才能比较真实地记录汉语的历史面貌；三是要看专书的篇幅大小是否具备相当的语言容量。①

对于近代汉语唐宋时期的文献来说，有两种资料尤为珍贵：一是敦煌文献，二是禅宗语录。它们都是以口语为主体的"白话"篇章，保存了十分丰富的口语材料，是同时期最口语化的文献。禅宗语录的长处在于其主要记载的是禅师之间或禅师与其门下修行弟子间的禅修事迹和日常言语活动，其接机传法方式往往是一问一答，交互往返，形成了禅宗语录以记言为主的鲜明特色。《五灯会元》（以下简称《五灯》）是近代汉语时期（南宋晚期）一部重要的禅宗文献②，保存了十分丰富的口语材料，口语化程度较高。《五灯》主要记载禅师、学人之间的机语问答，含有数量众多、形式丰富的疑问句，且疑问句语意分布广泛、语法功能丰富多样。现代汉语疑问句的基本格局（特指问、是非问、正反问、选择问、测度问、反诘问等）

---

① 参见程湘清《汉语史断代专书研究方法论》（代序），第 2 页。载《宋元明汉语研究》程湘清主编，山东教育出版社，1992。

② 沈净明在为宋宝祐本所题的"跋"上说："切见禅宗语要，具在《五灯》。"参见《五灯会元》（上册）序跋第 3 页，（宋）普济编、苏渊雷点校，中华书局，1984。

在其中已经基本形成，许多独特的疑问句句式在其中也可以发现踪影，由此可见《五灯》疑问句体系的特殊研究价值。且《五灯》篇幅长达九十七万六千字，容量较大，能够比较客观具体地反映南宋晚期的语言面貌，因此是研究南宋时期汉语疑问句最为理想的语料之一。

《五灯》处于汉语发展史上近代汉语逐步形成和定型的重要阶段，其地位不言自明，且"元明以后，禅宗语录虽然继续出现，但语言已经格式化，不宜用作研究近代汉语的材料了"。① 由此更能凸显《五灯》语料的重要性。但也有学者认为"《五灯》是以五本语录（《景德传灯录》《天圣广灯录》《建中靖国续灯录》《联灯会要》《嘉泰普灯录》）为底本，去其重复而得，其价值已不如《景德传灯录》"②。我们认为大可不必厚彼薄此。《五灯》在对前五部灯录进行删减整理的时候，为传法、普法需要，应不是对以往材料的照搬照抄，而是以当时社会通行的语言进行了统一，因此在一定程度上能够反映当时社会的语言状况。《五灯》的语言研究价值足以与《祖堂集》《景德传灯录》相比，不同之处则是《祖堂集》反映的是晚唐五代时期的语言特色，《景德传灯录》与《五灯》则分别反映了北宋与南宋晚期的语言特点，三者一脉相承，为我们了解禅宗语录在唐宋时期的发展演变历程提供了很好的语料。

断代语法研究是建立完整的汉语语法发展史的基础性工作，而专书语法研究又是断代语法研究的基础。我们选择《五灯》为研究对象，对其中疑问句的使用情况进行系统全面深入的穷尽考察，能够揭示南宋时期汉语疑问句的基本面貌和特色，为汉语疑问句发展史的研究贡献绵薄之力。

二　研究现状

禅宗文献《五灯》是研究近代汉语的重要语料之一，我国学术界近几十年来很重视对其语言状况进行挖掘和研究，就我们目前所搜集的材料来看，已发表的有关《五灯》语言研究的单篇论文和硕博论文有 40 余篇，研

---

① 参见蒋绍愚《近代汉语研究概况》，北京大学出版社，1994，第 22 页。
② 参见李斐雯《〈景德传灯录〉疑问句研究》，台湾成功大学硕士学位论文，2001，第 23 页。李斐雯在 26 页又说："以禅宗语言的角度来看，每本语录都有其价值，不应该单独注重某一本，这样对语言学的研究是十分可惜的。"我们赞同此说法。

究着力点主要体现在点校问题探讨、词语考释、词法和句法研究等方面。

首先是点校方面。1984 年中华书局出版了苏渊雷据宋宝祐本点校的《五灯》，此点校本最常为人们所用。但是由于《五灯》乃浩繁巨帙，且是古白话语录体著作，标点难度很大，仅靠一两个人在有限的时间里点校，难免会有疏漏。项楚先后撰文《〈五灯会元〉点校献疑三百例》（《古籍整理出版情况简报》1987 年 172 期）、《〈五灯会元〉点校献疑续补一百例》（《季羡林教授八十华诞纪念论文集》，江西人民出版社，1991），不仅指出了苏渊雷点校本的点校缺失，且间或对个别词语进行解释，并对以后的新整理本提出了合理的建议。之后有黄灵庚的《〈五灯会元〉标点正误二则》（《古汉语研究》1998 年第 1 期）解释了副词“都来”和“倜傥”，对其所在的句子进行了重新标点。冯国栋的《〈五灯会元〉校点疏失类举》（《戒幢佛学》第三辑）以影宋本、续藏本、龙藏本与苏本进行对勘，指出其中若干疏失之处，其说法确凿可信。中华书局吸收了项楚等学者的研究成果，订正了失误近千余处，于 2002 年推出了第七次印刷的苏本《五灯》。阚绪良的《〈五灯会元〉校读札记》（《中国禅学》第四卷，2006）从点校角度又指出了 100 余则缺失。不过，苏本《五灯》仍有不少标点问题，比如其中大量的疑问句，本应是问号的标成了句号或感叹号。

词语考释方面，袁宾对《五灯》的研究成果值得关注。他先后发表了《〈五灯会元〉词语释义》（《中国语文》1986 年第 5 期）、《〈五灯会元〉词语续释》（《语言研究》1987 年第 2 期）、《〈五灯会元〉口语词探义》（《天津师大学报》1987 年第 5 期）等单篇论文，并以此为基础完成了《禅宗著作词语汇释》。其他学者考释《五灯》词语的著述亦不少，如：董志翘《〈五灯会元〉语词考释》（《中国语文》1980 年第 1 期）；张锡德《〈五灯会元〉词语拾零》（《温州师院学报》（社会科学版）1987 年第 4 期）；刘凯鸣《〈五灯会元〉补校》（《文献》1992 年）；张美兰《〈五灯会元〉词语校释两则》（胡竹安等编《近代汉语研究》，商务印书馆，1992），《〈五灯会元〉词语二则》（《古汉语研究》1997 年第 4 期），《〈敦煌变文集〉、〈游仙窟〉、〈五灯〉词语考释》（2001）；① 段观宋《〈五灯会元〉俗语词选释》

---

① 参见张美兰《近代汉语语言研究》，天津教育出版社，2001，第 333~338 页。

（《俗语言研究》创刊一号，1994 年）；滕志贤《〈五灯会元〉词语考释》（《古汉语研究》1995 年第 4 期）、《〈五灯会元〉词语试释三则》（《〈诗经〉与训诂散论》，上海人民出版社，2008）；黄灵庚《〈五灯会元〉词语札记》[《浙江师大学报》（社会科学版）1999 年第 3 期]；邱震强《〈五灯会元〉释词二则》（《中国语文》2007 年第 1 期）等。可以说，在《五灯》词语考释方面，成果颇丰。

词法方面，张美兰在《论〈五灯会元〉中同形动量词》[《南京师大学报》（社会科学版）1996 年第 1 期] 中指出《五灯》中的同形动量词是借用动量词的一种表现形式，而非简单的动词重叠，并说明其完全成熟期当在宋代，至迟是南宋。沈丹蕾《〈五灯会元〉的句尾语气词"也"》[《安徽师范大学学报》（人文社会科学版）2001 年第 11 期]，穷尽考察了《五灯》句末语气词"也"的用法，认为其不仅保留了在上古汉语中表静态肯定和判断的用法，而且具备了与语气词"了"相同的表示事态变化的功能，这一时期的"也"已经基本上兼并了古汉语语气词"矣"的用法，成为了表示事态变化的语气词。周清艳《〈五灯会元〉中副词"都"的用法》（《周口师范学院学报》2008 年第 7 期）从语法意义、句法功能和语意指向等方面对"都"进行了封闭式调查统计，认为《五灯》中"都"主要表示范围，用法上与现汉总括副词"都"相近，并出现表主观语气的新兴用法，这一用法一直影响到现汉；句法方面，副词"都"常与否定词或表示否定意义的肯定形式共现，语意上分别可指向主、宾、状、兼和处置对象等。王远明《〈五灯会元〉量词的语意特征》（《语言应用研究》2010 年第 6 期）探讨了名量词和动量词的语意特征；其另外一篇《〈五灯会元〉名量词句法功能考察》（《语文学刊》2010 年第 8 期）则从句法功能角度出发对名量词、数量短语和数量名短语进行了考察，并考察了《五灯》中物量的表达样式。此外，从词法角度对《五灯》进行研究的还有很多博硕论文，如阚绪良《〈五灯会元〉虚词研究》（浙江大学博士学位论文，2003 年）全面系统地研究了《五灯》里中古或之后产生的副词、介词和连词，挖掘出了一些新的虚词和一些虚词的新义，并发现了一些虚词的较早源头，使其产生年代上溯至南北朝或唐代，提前了《汉语大字典》有关虚词的书证年代。阚文用力甚勤，并于文末附录有《〈五灯会元〉校读札记》。这之后有几篇硕士学位论文从词法方面对《五灯》进行了多角度的研究。

句法方面，其中疑问句研究比较集中，主要以单篇论文形式出现。阚绪良《〈五灯会元〉里的"是"字选择问句》（《语言研究》1995 年第 2 期）首先将"是"字选择问句分为正反和并列两类，然后于每个类型下又从连接词、动词项结构、疑问语气词、间接问句四个方面进行分析，最后得出结论：《五灯》里"是"字选择问句已很成熟，主要表现为三个方面：数量较多；动词后可以带宾语；《祖堂集》中"祖意教意（还）同别"在《五灯》中毫无例外地变成了"是同是别"，这恰恰说明了"是"字选择问句已走向成熟。武振玉的《试析〈五灯会元〉是非问句与选择问句》（《长春大学学报》1998 年第 2 期）从句末语气词的使用情况入手，考察了《五灯》中的是非问句和选择问句，认为该时期仍旧保留有上古汉语的表达形式，比如是非问用语气词"乎""邪"表示，选择问用"邪"表示等；同时又说明了魏晋乃至唐以后许多新兴的表达形式在《五灯》中得到了充分发展，且新兴成分数量多、比例大、用法稳定，新兴成分已逐渐取代旧有成分。殷伟的《〈五灯会元〉反复问句及选择问句研究》（南京师范大学硕士学位论文，2006 年）吸收了前人的研究成果，对《五灯》中的反复问句和选择问句进行了穷尽考察与详细描写，一是讨论了两种比较有特点的反复问句式"T，是否？"式与"VP 也无？"式，分别对其源流进行了考察，并进一步分析了它们产生的动因；二是对该书中比较有特色的选择问句"NP/VP 是，NP/VP 是？"式也进行了考察，并分析了其成因，这种句式是译师们创造的一种特殊判断句，判断词"是"离开了正常的位置后，慢慢发生虚化并对选择问句产生影响，从而导致了此种句式的出现。在此基础之上，殷伟发表了单篇论文《〈五灯会元〉中"T，是否"句式研究》［《常州工学院学报》（社科版）2009 年第 6 期］。

对《五灯》句法进行研究的成果还有：林新年《〈祖堂集〉、〈景德传灯录〉、〈五灯会元〉"动+却+（宾）"格式中"却"的语法性质》（《福建师范大学文学院百年学术大系》，海峡文艺出版社，2007），惠红军《〈五灯会元〉中的处置式》［《贵州民族学院学报》（哲学社会科学版）2009 年第 4 期］，邱震强《五灯会元》"把"字研究、《五灯会元》"将"字研究（《汉语语文研究》，中南大学出版社，2006），龚峰《〈五灯会元〉祈使句研究》（苏州大学硕士学位论文，2010 年）等。研究者的兴趣点不同，切入角度也有所不同。

由上可见，在《五灯》疑问句研究方面，虽然取得了可观的成果，但也存在许多亟待解决的问题，主要表现在以下三个方面。

（1）系统观不够。以往学界只关注《五灯》询问句的研究，包括其中的是非问句、选择问句和反复问句，而测度问句、反诘问句还有其他许多特殊的疑问句式都还没有引起足够的重视。即使是在询问句内部，特指问句和正反问句研究也相对较少，这些都足以说明对《五灯》疑问句缺乏全面系统深入的研究。

（2）以往的研究，描写较为细致，解释性的研究比较欠缺，很少从语言演变的角度进行深入阐释，虽然有不少学者已经注意到这种不足，但是由于其选择范围的局限等原因，尚未能很好地解决这一问题。我们认为可以把新的语言学理论与语言事实结合起来研究《五灯》中的疑问句，去探讨各种语法成分和各种句式形成的动因和发展机制，进一步从深层次上给出合理的解释，从而揭示语法演变的规律。这就要求我们不仅要做到描写充分，还要进一步做到解释充分。因为只有对语法演变作出合理的解释，我们才能发现汉语语法演变的真实规律，才能进一步将汉语历史语法研究引向深入。

（3）汉语史虽然有分期，但这是人们为了研究的方便而对其进行的划分和认定，而语言是处在一个变化发展的链条中，每一个时期的语言变化都不是无缘无故的，无时无刻不体现了与上个时期的密切联系，同时还将影响着下一个时期语言的发展趋势。因此我们在做到描写与解释并重的同时，还要溯源追流。研究《五灯》中的疑问句也应如此。应将共时描写与历时比较结合起来，既要注重与同时期语言相比较，也要向上追索上古汉语、中古汉语，向下考察现代汉语，唯其如此，才能展现一种句法形式、一种语法现象的真实面貌，并对其产生的原因、机制及其发展变化进行合理的解释。正如蒋冀骋所言："将近代汉语与上古、中古汉语和现代汉语相结合来进行研究，还有待加强。不少学者的研究注意到了这一点，但仍有一些研究者只盯住近代汉语这一段，对它的来源和发展注意不够。"[1] 因此，

---

[1]　参见刘坚主编《二十世纪的中国语言学》，北京大学出版社，1998，第 219 页。

"在语言的历时研究中，对所发现的语言演变事实作出概括和分析，找出其中存在的规律，探讨语言演变背后的机制，无疑是更为重要的一个方面"①。

三　汉语疑问句的分类

学界一般认为，句类（sentence patten）实质上就是句子功能的类别，或者更明确地说是句子的语用类别。句类包括陈述、疑问、祈使、感叹四种，其中疑问句具有独特的形式标记与表达功能，是学界对汉语句类进行研究的重点。

对疑问句的分类，学界大都采用现代汉语学界的研究成果。但不同的学者，从不同的角度，按照不同的标准，对疑问句的分类也各自持有不同的看法，可谓仁者见仁，智者见智。目前学界主要有六种观点。

（1）根据疑问句内部小类的派生关系分类，此类可称为"派生系统"。主要以吕叔湘《中国文法要略》（商务印书馆，1982）、《疑问·否定·肯定》（《中国语文》1985年第4期）为代表，他认为特指问与是非问是两种基本类型，正反问与选择问则是从是非问中派生的（也可说正反问与是非问是选择问的特殊形式）。此类派生系统的内部关系可表示如下：

$$\text{疑问句}\begin{cases}\text{特指问}\\[1mm]\text{是非问}\begin{cases}\text{正反问}\\[1mm]\text{选择问}\end{cases}\end{cases}$$

（2）根据疑问句与陈述句之间的转换关系分类，可称为"转换系统"。主要以朱德熙（《语法讲义》）为代表，他认为疑问句包括是非问、特指问、选择问三类，可以说这三类问句都由陈述句转换而来：是非问是指把相应的陈述句的语调换成疑问语调（即陈述句+疑问语调＝是非问句）；特指问是指在相应的陈述句里代入疑问词语，再加上疑问语调（即陈述句+疑问词语+疑问语调＝特指问句）；选择问指的是把陈述句的谓语部分换成并列的几项，再加上疑问语调（即陈述句+并列几项谓语+疑问语调＝选择问）。另外选择问句里还有一种特殊的类型，即是把谓语的肯定形式与否定形式并列在一起作为选择项目，可称为反复问句。此类转换系统的内部关

---

① 参见董秀芳《词汇化：汉语双音词的衍生和发展》，四川民族出版社，2002，第15页。

系可表示如下：

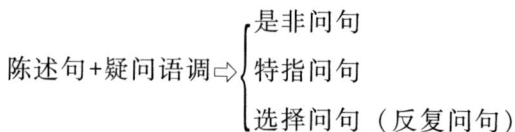

$$陈述句+疑问语调 \Rightarrow \begin{cases} 是非问句 \\ 特指问句 \\ 选择问句（反复问句） \end{cases}$$

傅惠钧（2011）同意朱德熙的"转换说"，他认为"任何一个疑问句都蕴含一个陈述结构"，并在此基础上提出不妨把疑问句的形式特点刻画成"由一个或几个陈述结构融合或添加一个或几个'疑问算子'构成"[①]。

（3）根据疑问句的结构形式特点分类，可称为"形式系统"。主要以林裕文（《谈疑问句》）、陆俭明（《由"非疑问形式+呢"造成的疑问句》《关于现代汉语里的疑问语气词》）为代表。林裕文认为疑问句内部的对立应建立在四项形式对立上，即：疑问代词；"是 A 还是 B"选择形式；"X 不 X"的正反并立形式；语气词与语调。陆俭明具体比较了疑问句的各种类型，他认为特指问与选择问有两项重要的共同点都跟是非问形成对立，即：特指问与选择问都由疑问形式的语言成分构成，而是非问则是由非疑问形式的语言成分构成；特指问与选择问末尾都能带语气词"呢"，不能带"吗"，是非问刚好与之相反。李宇明（1997）的观点也与陆说极为相似。疑问句形式系统的内部关系可表示如下：

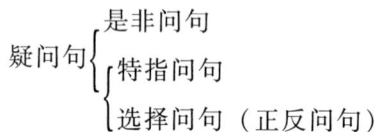

$$疑问句 \begin{cases} 是非问句 \\ 特指问句 \\ 选择问句（正反问句） \end{cases}$$

（4）根据语句的交际功能（即说话的意图）分类，可称为"功能系统"。主要以范继淹（《是非问句的句法形式》）为代表，认为在现代汉语中，除特指问外，其他疑问句都是一种选择关系，是非问句就是选择问句中的一种特殊形式。这种分类的出发点是语意理解，这对人工智能、信息处理、机器翻译等其他许多方面具有更多的使用价值。疑问句功能系统的内部关系可表示如下：

---

① 参见傅惠钧《明清汉语疑问句研究》，商务印书馆，2011，第 44 页。

$$
\text{疑问句}\begin{cases}\text{特指问} \\ \text{选择问}\begin{cases}\text{特指选择问} \\ \text{是非选择问}\end{cases}\end{cases}
$$

徐盛桓［《疑问句探询功能的迁移》,《中国语文》1999 年第 1 期］提出"疑问句语用嬗变理论模型",对疑问句探询等功能及体现这些功能的形式作出了统一分析,并提出了新的疑问句内部系统关系,如下所示：

$$
\text{疑问句}\begin{cases}\text{有疑而问}\begin{cases}\text{全疑而问}\begin{cases}\text{是非问句（非否定问句）} \\ \text{特指问句} \\ \text{正反问句}\end{cases} \\ \text{半疑（猜测）而问}\begin{cases}\text{是非问句（否定问句）} \\ \text{叠加问句} \\ \text{选择问句} \\ \text{"吧"问句}\end{cases}\end{cases} \\ \text{无疑而问}\begin{cases}\begin{array}{l}\text{表肯定/否定的陈述性含意} \\ \text{表其他的陈述性含意}\end{array}\Big\}\text{反问句} \\ \text{表指令性内容的含意} \\ \text{表指令性内容的含意}\quad\quad\text{祈使疑问句}\end{cases}\end{cases}
$$

（5）根据对疑问项的选择分类,可称为"选择系统"。主要以邵敬敏（《现代汉语疑问句研究》）为代表,他将所有的疑问句都看作是一种选择,又分为两类,一类是是非选择,一类是特指选择,二者的根本区别是回答时,是非选择为肯定或否定（即在正反两方面进行选择）,特指选择则是针对性回答。黄国营［《"吗"字用法研究》,《语言研究》1986 年第 2 期］也认为现代汉语的是非问句是由正反问句发展而来的。疑问句选择系统的内部关系如下：

$$
\text{疑问句}\begin{cases}\text{是非选择问}\begin{cases}\text{单项是非选择问（是非问）} \\ \text{双项是非选择问（正反问）}\end{cases} \\ \text{特指选择问}\begin{cases}\text{有定特指选择问（选择问）} \\ \text{无定特指选择问（特指问）}\end{cases}\end{cases}
$$

（6）根据历史和方言的特点分类,可称为"泛时系统"。主要以袁毓林［《正反问句及相关的类型学参项》,《中国语文》1993 年第 2 期］为代表,他提出应建立一个兼顾历史与方言的汉语疑问句系统，并提出建立一个泛时性疑问句层级系统，其结构主要是层层二分。新的疑问句系统内部关系如下：

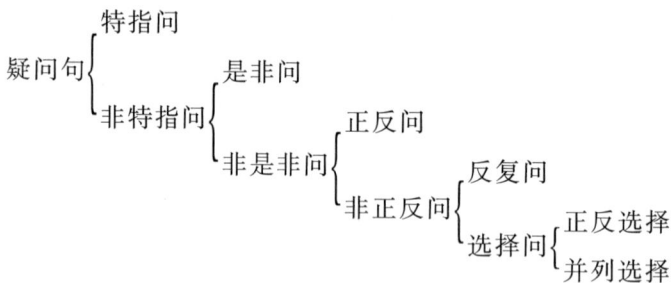

$$
疑问句
\begin{cases}
特指问 \\
非特指问
\begin{cases}
是非问 \\
非是非问
\begin{cases}
正反问 \\
非正反问
\begin{cases}
反复问 \\
选择问
\begin{cases}
正反选择 \\
并列选择
\end{cases}
\end{cases}
\end{cases}
\end{cases}
\end{cases}
$$

此外，张伯江（《疑问句功能琐议》，《中国语文》1997 年第 2 期）认为陆俭明等注重从是非问与非是非问区别的角度划分疑问句，割裂了是非问句与反复问句的历史联系，相比较而言，吕叔湘和袁毓林的观点比较合理，但未能反映出疑问句历时的时间层次与共时的功能层次。张伯江从功能角度出发，提出了一个既能反映历史联系，又能反映功能联系的分类法，他把针对一个疑问点（此点由疑问代词表示）提问的疑问句称为特指问句，把针对一组并列的项目（用析取连词连接）提问的疑问句称为选择问句，把针对一个命题提问，要求答话者判断是非的疑问句称为是非问句，此类还包括附加问句、反复问句和"吗"问句。新的分类系统内部关系如下：

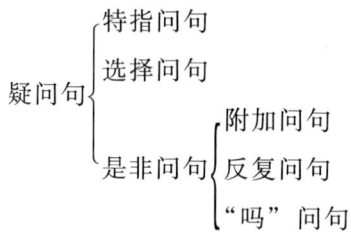

$$
疑问句
\begin{cases}
特指问句 \\
选择问句 \\
是非问句
\begin{cases}
附加问句 \\
反复问句 \\
"吗"问句
\end{cases}
\end{cases}
$$

其他还有根据不同的标准进行多角度分类的：一种是根据疑问程度将疑问句分为三类（主要以张斌《新编现代汉语》为代表），即：有疑而问的真性疑问句、半信半疑的测度问句、无疑而问的反诘问句；一种是根据疑问句的形式或结构分疑问句为四类，即：是非问句、特指问句、选择问句、正反问句。

以上各家的分歧，说明了疑问句分类逐渐走向多样化与精密化，不仅反映了人们对事物之间联系的多角度认识，也反映了各疑问句之间存在着多维的交叉性联系，正如沈家煊所说："语言的范畴是非离散的，边界是模糊的，语言成分不是绝对地属于或不属于某个范畴，而是在属于某个范畴的典型性程度上形成一个连续体，语言的规律也就不可能是绝对的，只能体现为一种概率或倾向性。"[①] 由此也反映了疑问句研究的不断深入。

目前汉语史学界一般采用的是三分说或四分说，三分说即是非问、特指问、选择问；四分说即是非问、特指问、选择问、反复问。

关于《五灯》疑问句的分类问题，我们既借鉴现代汉语学界疑问句的分类标准，又要充分尊重《五灯》中的语言事实。首先我们根据疑问程度的不同（即疑问程度的高低），将《五灯》疑问句分为有疑而问的询问句、半信半疑的测度问句和无疑而问的反诘问句，杨伯峻、何乐士的《古汉语语法及其发展》"疑问句"部分就是按此分类，说明这种分类是科学可行的，比较符合古代汉语疑问句的真实情况。然后再根据结构形式对疑问句进行二级分类，即在询问句中进行四分：特指询问句、是非询问句、正反询问句和选择询问句。此外，《五灯》中还有一些特殊的疑问句，如设问句、附加疑问句、招呼问句等，我们将其归为一章进行集中讨论。

《五灯》中各种类型的疑问句构成方式不同，表现出的特点也就各不相同，且各种类型的疑问句所包含的内容也不相同，因此我们在章节篇幅的安排和具体表述方式上也不尽相同。另外，需要说明的是，《五灯》作为一部禅宗语录总集，记载了禅师及其弟子日常接机的问答，一般情况是提出某个问题，希望听话人作出回答，回答的一方会遵循合作原则作出针对性回答。但在禅宗修辞活动中，问话与答话在衔接与话题的切合上往往表现出比较特殊的情形，其语意和逻辑关系也比较复杂，所以在研究的过程中，我们会针对具体情况对某些分类作出相应的调整。

四　研究方法

本书以《五灯》为主要研究对象，考察其中的疑问句使用情况及特点，具体采用的方法如下。

---

① 参见沈家煊《不对称和标记论》，江西教育出版社，1999，第 16 页。

1. 穷尽考察，定量分析

我们对《五灯》中的疑问句用例进行穷尽调查，既作定性分析，又作定量分析。这就要求我们必须用大量的时间做材料，然后根据目的和需要构建数据库。在语法研究中，鲜活的语言材料永远都能给研究者以始料未及的启发，只有在穷尽调查的基础上作细致的描写，才能对各种语法成分和各种句式在特定历史时期的真实使用情况作出全面的反映；同时，在语言的三要素中，语法的发展是缓慢、渐进的，只能通过量的变化才能体现出变化发展。因此，只有做定量分析，才能反映某种语法成分和某种句式在各个历史时期的消长情况，勾勒其发展演变的轮廓。

2. 平面描写与立体阐释相结合

对语法演变进行细致全面穷尽的描写只完成了历史语法研究的第一步，这项工作是对语法现象进行解释的基础。但历史语法研究的终极目的是要揭示语法演变的规律，即对语法现象进行解释。蒋绍愚（2001）对"解释"所作的阐释是：寻找各种语言现象产生和发展的原因；揭示语言发展的机制；探寻语言发展的规律。Hopper & Traugott（1993）认为历时句法研究应该回答四个问题，即：句法演变是什么促动的？演变得以实现的机制是什么？可能的演变轨迹有哪些？演变的最后结果是什么？所有这些都要求我们在穷尽描写《五灯》疑问句的基础上，综合运用历史句法学的理论和方法挖掘出语法现象背后隐藏的发展规律与演变机制，从多角度对语法现象的发展变化作出合理的阐释。

3. 历时比较与共时对比并重

何乐士（2000）认为"比较的方法是研究工作的一个法宝"。[①] 语言研究中，利用比较的方法可以帮助我们分辨差异、发现问题。

《五灯》是一部禅宗语录总集，无论语言风格、用词还是句式表达都与一般文献有着不同的特点，因此与同时期的文献进行对比研究，可以考见彼此在疑问句使用上的不同特色。通过共时对比，既可总结归纳出同时期疑问句表达的一般规律，也可引起我们对《五灯》较有特色的语法现象的

---

① 参见何乐士《专书语法研究的几点体会》，载《古汉语语法研究论文集》，商务印书馆，2000，第 377 页。

重视，从而进一步深入研究。

历时比较可以准确反映语言现象的发展变化。我们在进行历时比较时，既注重在唐宋阶段进行历时比较，也将注重上溯上古、中古汉语，下探现代汉语，借以发现《五灯》中疑问句的使用特点，确定它们在汉语史上的地位，窥见汉语疑问句发展的历时轨迹。

综上所述，将共时与历时比较相结合，不仅有助于我们探讨《五灯》中疑问句的特点，对其进行科学定位，并对其来源及发展演变作出合理的解释，也将有助于我们勾勒汉语疑问句的发展演变轨迹。

第一章 特指询问句 上

特指询问句是指说话人对事情的某一部分有所不明，用疑问代词把这一部分指出来进行提问，并且要求答话者对此做出具体回答的句子，因此，疑问代词往往是特指询问句的疑问焦点，也是句子所传达新信息的焦点。《五灯》中疑问代词比较丰富，所表达的询问功能也较为完善，我们主要根据疑问代词的不同来探讨《五灯》中的特指疑问句。

《五灯》特指询问句共出现 10738 次，其中"何"系与"甚"系特指询问句出现 8920 次（占 83.1%），数量较多，语意和句法功能丰富多样，因此我们将其专列一章进行论述。

第一节 "何"系特指询问句

《五灯》中"何"及由"何"参与组成的双音节形式所构成的特指问句最多（6488 次），我们将疑问代词"何"及由"何"组成的复音形式"如何、云何、若何、何者、何等、何物、何方、何所、何在、何故、何以故、因何"等所构成的询问句称为"何"系特指询问句。"何"系特指询问句的主要疑问焦点是"何"或"何"的双音节形式。

一 "何"字句

"何"字句是指以单音形式"何"构成的特指询问句。"何"是上古汉语中最主要的疑问代词，使用频率最高。《五灯》"何"询问句共出现 954 次。我们根据"何"的句法功能进行分类，同时兼顾其语意分布。

（一）作定语

"何"询问句中"何"的主要句法功能就是作定语，共出现597次，占"何"询问句的62.6%。"何"用于修饰 N，相当于"什么""什么样的"，可用于询问情状、处所、人、时间、数量等，其中"何"以询问情状为常，346次。例如：

（1）世尊因外道问："昨日说何法？"曰："说定法。"（卷一《释迦牟尼佛》，6）

（2）王曰："是何祥也？"曰："此是西印土传佛心印祖师摩拏罗将至，先降信香耳。"（卷一《二十二祖摩拏罗尊者》，31）

（3）王曰："以何法度？"祖曰："各以其类度之。"（卷一《二十六祖不如密多尊者》，36）

（4）师曰："老宿有何言句？"曰："说则千句万句，不说则一字也无。"（卷三《龙山和尚》，185）

（5）问："云自何山起？风从何洞生？"师曰："尽力施为，不离中塔。"（卷八《安国慧球禅师》，453）

由"何"构成的用于询问处所的短语有"何处"（119次）、"何方"（12次）、"何所"（26次）等，相当于"哪里""什么地方"。例如：

（6）师曰："何处有无口底佛？"曰："只这也还难。"（卷八《枣树二世和尚》，496）

（7）沙问："何处人？"师曰："邢州人。"（卷四《雪窦常通禅师》，246）

（8）上堂："世尊不说说，迦叶不闻闻。"卓拄杖曰："水流黄叶来何处？牛带寒鸦过远村。"（卷二十《净慈彦充禅师》，1388）

（9）沩问："上座桑梓何处？"师曰："西川。"（卷一八《中岩蕴能禅师》，1207）

（10）师曰："作用何处见有佛？"曰："争奈狼籍何？"（卷八《报

国院照禅师》，483）

（11）僧问："佛在何处?"师曰："不离心。"（卷四《长庆大安禅师》，192）

（12）祖问："从何处来?"曰："越州大云寺来。"（卷三《大珠慧海禅师》，154）

（13）师曰："何处指示?"皇曰："汝擎茶来，吾为汝接。汝行食来，吾为汝受。汝和南时，吾便低首。何处不指示心要?"（卷七《龙潭崇信禅师》，370~371）

（14）又僧问："一佛出世，震动乾坤。和尚出世，震动何方?"师曰："甚麽处见震动?"（卷十《清凉泰钦禅师》，575）

（15）丈问："巍巍堂堂，从何方来?"师曰："巍巍堂堂，从岭南来。"（卷四《黄檗希运禅师》，188）

（16）师问："何方来?"曰："河南来。"（卷四《卫国院道禅师》，197）

（17）僧问："心法双亡，指归何所?"师曰："郢人无污，徒劳运斤。"（卷三《章敬怀晖禅师》，153）

"何"作定语询问人，出现80次。例如：

（18）僧问："师登宝座，接示何人?"师曰："如月赴千溪。"（卷六《投子感温禅师》，327）

（19）问："白浪滔天境，何人住太虚?"师曰："静夜思尧鼓，回头闻舜琴。"（卷八《凤凰山强禅师》，479）

（20）师问曰："孤坐奚为?"曰："观静。"师曰："观者何人? 静者何物?"（卷二《西域崛多三藏》，83）

（21）曰："未审是何人成佛?"师曰："是汝成佛。"（卷四《长沙景岑禅师》，210）

（22）又问疏山："百匝千重，是何人境界?"山曰："左搓芒绳缚鬼子。"（卷十《天台德韶国师》，566~567）

以"何"为中心用于询问时间的短语有"何时"（9次）、"何时节"（3次）、"何日"（1次）等，共出现13次。例如：

（23）阳问："甜瓜何时得熟？"师曰："即今熟烂了也。"（卷一四《兴阳清剖禅师》，877）

（24）师恻然与侍者舟而东下，舟中作偈曰："长江行不尽，帝里到何时？既得凉风便，休将橹棹施。"（卷一二《石霜楚圆禅师》，705）

（25）问众曰："世尊灭度，是何时节？"众曰："二月十五日子时。"（卷八《瑞峰志端禅师》，490）

（26）师一日游山，四顾周览，谓侍者曰："何日复来于此？"（卷一五《雪窦重显禅师》，995）

"何"作定语，还可以询问数量。仅1次。如下：

（27）问师："有何徒弟？"师曰："有三五人。"（卷二《牛头山慧忠禅师》，65）

（二）作宾语

"何"作宾语的询问句共出现271次，可以作介词或动词宾语，用于对人、事物、处所、方式等的询问。

1. 作介词宾语

共出现212次。其中"何"有81次作介词"以"的宾语，可以放在"以"后（56次），也可以放在"以"前（25次）。"何"用于询问事物，相当于"什么"。例如：

（28）祖曰："汝以何为义？"彼曰："无心为义。"（卷一《二十五祖婆舍斯多尊者》，34）

（29）赵州问："般若以何为体？"师曰："般若以何为体？"（卷四《大慈寰中禅师》，193）

（30）曰："已事未明，<u>以何为验？</u>"师抗声曰："似未闻那？"（卷七《鼓山神晏国师》，409）

（31）一问："如何是道？<u>何以修之？</u>为复必须修成，为复不假功用？"答："无碍是道，觉妄是修。道虽本圆，妄起为累。妄念都尽，即是修成。"（卷二《圭峰宗密禅师》，109）

作介词"将"的宾语，48 次。"何"用于询问事物，相当于"什么"。例如：

（32）师曰："夏在甚处？"曰："资福。"师曰："<u>福将何资？</u>"曰："两重公案。"（卷一五《北禅寂禅师》，954）

（33）问："圣君御颂亲颁赐，<u>和尚将何报此恩？</u>"师曰："两手拓地。"（卷一五《育王怀琏禅师》，1006~1007）

（34）僧问："达磨西来，<u>将何传授？</u>"师口："不可总作野狐精见解。"（卷一九《径山宗杲禅师》，1277）

作介词"从"的宾语，位于"从"之后 29 次。"何"用于询问处所，相当于"哪里""什么地方"。句意往往体现的是人或事物的动作行为、状态等方面的变化，比如"来""去""出""入""起""生""得"等。问句的 S 一般都出现，有时对话双方对上文提到过的人或事物，已达成某种共识，S 则可以省略。

（35）祖问曰："<u>汝从何来？</u>"答曰："我心非往。"（卷一《十祖胁尊者》，19）

（36）问："<u>万法从何而生？</u>"师曰："从颠倒生。"（卷一三《曹山本寂禅师》，788）

（37）问："僧讲甚麽教法？"曰："《百法论》。"师拈杖曰："<u>从何而起？</u>"曰："从缘而起。"（卷四《大随法真禅师》，238）

"何"作介词"从"的宾语，也可以出现在"从"之前，询问处所，仅出现 1 次。如下：

（38）……自是明每山行，师辄瞰其出，虽晚必击鼓集众。明遽还，怒曰："少丛林暮而升座，<u>何从得此规绳？</u>"（卷一九《杨歧方会禅师》，1229）

作介词"因"的宾语，"因何"皆作状语，用于询问原因，相当于"为什么"。出现 19 次。例如：

（39）曰："一切众生皆有佛性，<u>和尚因何独无？</u>"师曰："我非一切众生。"（卷三《兴善惟宽禅师》，166）

（40）汝既有如是奇特当阳出身处，何不发明取？<u>因何却随他向五蕴身田中鬼趣里作活计？</u>直下自谩去。（卷七《玄沙师备禅师》，395）

作介词"为"的宾语，可位于"为"后（4 次），"为何"用于询问原因；也可位于"为"前（11 次），"何为"用于原因、目的等。例如：

（41）师曰："<u>额上珠为何不见？</u>"僧无对。（卷七《香溪从范禅师》，390）

（42）曰："蠢动含灵，皆有佛性。<u>学人为何却无？</u>"师曰："为汝向外求。"（卷七《普通普明禅师》，431）

（43）王曰："<u>师来何为？</u>"祖曰："将度众生。"（卷一《二十六祖不如密多尊者》，36）

（44）曰："<u>禅者何为而散？</u>"师曰："击鼓自集。"（卷八《圆通缘德禅师》，517）

作介词"凭"的宾语，出现 7 次，询问事物，"何"相当于"什么"。询问句的 S 可以出现，也可以不出现，有时 S、P 皆可省略，前提是对话者双方已有共识。例如：

（45）又问：“欲界无禅，禅居色界，<u>此土凭何而立？</u>”禅师曰：“法师只知欲界无禅，不知禅界无欲。”（卷三《鹅湖大义禅师》，164）

（46）问曰：“国家每年放举人及第，朝门还得拜也无？”师曰：“有一人不求进。”霜曰：“<u>凭何？</u>”师曰：“他且不为名。”（卷六《大光居诲禅师》，303）

作介词“自”的宾语，10 次。“何”用于询问处所，多用于询问人或事物来自什么地方，也可以问出处，询问句的 S 皆出现。例如：

（47）祖问曰：“<u>汝自何来？</u>”卢曰：“岭南。”（卷一《五祖弘忍大满禅师》，51）

（48）或问：“<u>南宗自何而立？</u>”曰：“心宗非南北。”（卷二《安国玄挺禅师》，66）

“何”有 2 次作介词“于”的宾语，用于询问处所，相当于“哪里”“什么地方”。例如：

（49）问：“不著佛求，不著法求，<u>当于何求？</u>”师曰：“村人跪拜石师子。”（卷一四《白马归喜禅师》，879）

2. 作动词宾语

“何”作动词宾语共出现 59 次，其中在 V 前出现 53 次，多用于询问事物，少数询问处所，相当于“什么”或“什么地方”。例如：

（50）祖问：“<u>汝来何求？</u>”曰：“求佛知见。”（卷五《招提慧朗禅师》，267）

（51）藏问：“<u>此行何之？</u>”师曰：“行脚去。”（卷一〇《清凉文益禅师》，560）

（52）清曰：“如何是古佛心？”师曰：“再许允容，<u>师今何有？</u>”（卷一一《风穴延沼禅师》，672）

（53）大慧曰："居士见处，与真净死心合。"公曰："<u>何谓也？</u>"（卷一八《丞相张商英居士》，1200）

"何"用在 V 后 6 次，皆用于询问事物，相当于"什么"或"哪里"。例如：

（54）女曰："诸佛弟子，<u>当依何住？</u>"弗曰："诸佛弟子依大涅槃而住。"（卷二《舍利弗尊者》，114）

（55）因参翠微，乃问："学人自到和尚法席一个余月，不蒙一法示诲，<u>意在于何？</u>"微曰："嫌甚麼？"（卷一三《龙牙居遁禅师》，804）

（三）作状语

"何"作状语的询问句共出现 56 次。其中有 35 次用于询问原因，相当于"怎么""为什么"。例如：

（56）文殊乃白佛云："<u>何此人得近佛坐，而我不得？</u>"佛告文殊："汝但觉此女令从三昧起，汝自问之。"（卷一《释迦牟尼佛》，5）

（57）曰："学人问道，<u>师何言好山？</u>"师曰："汝只识好山，何曾达道？"（卷三《兴善惟宽禅师》，166）

（58）有司曰有疾，与免刑。及吏问之，师曰："无疾。"曰："<u>何有灸瘢邪？</u>"师曰："昔者疾，今日愈。"（卷一四《芙蓉道楷禅师》，884）

"何"询问方式方法，14 次，相当于"怎么"。例如：

（59）祖曰："诸相不定，便名实相。汝今不定，<u>当何得之？</u>"彼曰："我言不定，不说诸相。当说诸相，其义亦然。"（卷一《初祖菩提达磨大师》，39）

"何"询问处所，6 次，相当于"（从）哪里/什么地方"。例如：

（60）问："九重无信，恩赦何来？"师曰："流光虽遍，闾内不周。"（卷六《九峰道虔禅师》，305）

"何"询问时间，仅1次，相当于"什么时候"。如下：

（61）上堂，举马祖不安公案，乃曰："两轮举处烟尘起，电急星驰拟何止？目前不碍往来机，正令全施无表里。丈夫意气自冲天，我是我今你是你。"（卷二十《信相戒修禅师》，1380）

上例中的"何"如果从后句"目前不碍往来机，正令全施无表里"来看，可以认为是询问时间，作状语。如果仅看前两句，也可以理解为是前置宾语，用于询问处所，相当于"什么地方"。

（四）作谓语

"何"作谓语的询问句出现13次。有9次"何"后有句尾词"也"，其中5次单独成句，4次出现于分句后。用于询问原因，相当于"为什么"。例如：

（62）祖曰："汝甚有力。"僧曰："何也？"祖曰："汝从南岳负一橛柴来，岂不是有力？"（卷五《石头希迁禅师》，256）

（63）翰曰："不至，何也？"师曰："公有杀心故尔。"（卷八《圆通缘德禅师》，517）

有4次用于"X者何"，句意要求答话者就所提问的内涵给以答复，此句式在上古汉语就已出现。例如：

（64）祖问："锯义者何？"曰："与师平出。"马鸣却问："木义者何？"祖曰："汝被我解。"（卷一《十一祖富那夜奢尊者》，20）

（65）曰："垂接者何？"师曰："得人不迷己。"（卷八《南台诚禅师》，454）

叶建军认为上两例"何"用于询问情状，相当于"怎么样"。[①] 我们的看法是询问事物，相当于"是什么"。

（五）作主语

"何"作主语的询问句出现 17 次。其中 15 次用于询问事物，相当于"什么"。主要是针对一些佛教用语或名词进行提问（询问事物蕴含），要求答话者作出解释。例如：

（66）祖曰："汝化性海得否？"曰："何谓性海？我未尝知。"（卷一《十二祖马鸣尊者》，21）

（67）问曰："何名寂静？于此法中，谁静谁寂？"彼众中有尊者答曰："此心不动，是名为寂。于法无染，名之为静。"（卷一《初祖菩提达磨大师》，40）

（68）帝曰："何为顿见？何为渐修？"对曰："顿明自性，与佛同俦。然有无始染习，故假渐修对治，令顺性起用。如人吃饭，不一口便饱。"（卷四《荐福弘辩禅师》，226）

也可以询问人，仅两次。如下：

（69）是非情尽，凡圣皆除。谁得谁失，何亲何疏？（卷一八《丞相张商英居士》，1200）

二 "何等"句

"何等"是西汉时期新兴的疑问代词，由名词性的偏正词组词汇化而来（贝罗贝、吴福祥 2000）。《五灯》中"何等"出现 3 次。作宾语、主语各 1 次，询问事物；作定语 1 次，询问情状。如下：

---

① 参见叶建军《〈祖堂集〉疑问句研究》，中华书局，2010，第 16 页。

（70）彼辞既屈，乃问祖曰："汝名何等？"祖曰"我名迦那提婆。"（卷一《十五祖迦那提婆尊者》，24）

（71）于是文殊又问维摩："仁者当说何等是菩萨入不二法门？"维摩默然。（卷二《维摩大士》，113）

（72）悦曰："东林既印可运使，运使于佛祖言教有少疑否？"公曰："有。"悦曰："疑何等语？"公曰："疑香严《独脚颂》、德山《拓钵话》。"（卷一八《丞相张商英居士》，1199）

三 "何故"句

偏正短语"何故"在上古汉语中就已出现，后来词汇化为疑问代词（贝罗贝、吴福祥2000）。《五灯》中"何故"询问句出现24次，皆用于询问原因，相当于"为什么""什么缘故"。主要用于作状语，23次。例如：

（73）五问："若但修心而得佛者，何故诸经复说必须庄严佛土，教化众生，方名成道？"答："镜明而影像千差，心净而神通万应。影像类庄严佛国，神通则教化众生。庄严而即非庄严，影像而亦色非色。"（卷二《圭峰宗密禅师》，109~110）

（74）敢问诸禅德，刹竿因甚麽头指天？力士何故擅起拳？（卷一六《智海本逸禅师》，1028）

（75）曰："学人问佛，何故答志公和尚？"师曰："志公不是闲和尚。"（卷二十《东林道颜禅师》，1331）

"何故"询问原因有1次单独成句，作谓语。例如：

（76）师曰："若到堂中，不可举著。"曰："何故？"师曰："大有人笑金峰老婆心。"（卷一三《金峰从志禅师》，817）

四 "何乃"句

"何乃"在西汉时期就已出现。例如：

> 夫秦之初灭诸侯，天下之心未定，痍伤者未瘳，而恬为名将，不以此时强谏振百姓之急，养老存孤，务修众庶之和，而阿意兴功，此其兄弟遇诛，不亦宜乎？何乃罪地脉哉？（《史记·蒙恬列传》）

《五灯》中"何乃"询问句仅出现1次。"何乃"作状语，用于询问原因，相当于"为什么竟"。如下：

> （77）……乃盗为释子形象，潜入王宫。且曰："不成即罪归佛子。"妖既自作，祸亦旋踵。王果怒曰："吾素归心三宝，何乃构害，一至于斯？"（卷一《二十四祖师子尊者》，34）

五 "何如"句

疑问代词"何如"在上古汉语中就已出现。"先秦两汉时期已有大量运用，主要询问性状、方法与时间，汉末开始，又发展出表示比较询问的新用法，用以比较人物的高下或事情的得失。"（柳士镇1992：181）

《五灯》中"何如"询问句共出现12次，句法功能上可以作谓语和主语。

（一）作谓语

共出现11次，皆用于询问情状，相当于"怎么样"。其中用于"N何如？"或在前一分句后单独作谓语5次，例如：

> （78）问曰："此理何如？"师曰"汝何不自观自静？"（卷二《西域崛多三藏》，83）
> （79）曰："某每于梦中必诵《语》、《孟》，何如？"慧举《圆觉》曰："由寂静故，十方世界诸如来心，于中显现，如镜中像。"（卷二十

《侍郎张九成居士》，1351）

有 6 次用于比较询问，作谓语，相当于"怎么样""X 比 Y 怎么样""X 与 Y 相比怎么样"等；有时相当于"哪如"。例如：

（80）又曰："佛性堂堂显现，住性有情难见。若悟众生无我，<u>我面何如佛面</u>？"（卷四《长沙景岑禅师》，211）

（81）上堂："会即便会，玉本无瑕。若言不会，碓嘴生花。试问九年面壁，<u>何如大会拈华</u>？南明恁麽商确，也是顺风撒沙。参！"（卷二十《乌巨道行禅师》，1313）

（82）七岁出家，诵法华经，进具之后，礼拜六祖，头不至地。祖诃曰："礼不投地，<u>何如不礼</u>？汝心中必有一物，蕴习何事邪？"（卷一《洪州法达禅师》，85）

（二）作主语

仅 1 次，询问人。如下：

（83）问："<u>何如是夹山正主</u>？"师曰："好手须知栾布作，韩光虚妄立功勋。"（卷一三《石门献蕴禅师》，840）

《五灯》出现 8 次与此相同的格式，"如何"作主语，询问人。例如：

（84）僧问："<u>如何是洞岩正主</u>？"师曰："开著。"（卷七《洞岩可休禅师》，425）

（85）问："<u>如何是灵泉正主</u>？"师曰："南山北山。"（卷八《长庆藏用禅师》，489）

贝罗贝、吴福祥（2000）认为"何如""何若"是"如何""若何"的逆序形式，原因是把"如何""若何"倒序为"何如""何若"符合当时人们的语感。① 上述例句中"何如"与"如何"相同的句法位置、相同的语意也都表明二者没有分别。因此我们认为在唐宋语录中,"如何"替换了"云何"成为"何"系主要的疑问代词,由于类推作用,上古汉语中与"如何"在句法功能、语意分布上没有什么较大不同的"何如"也拥有了作主语的潜质,只不过此时期"如何"占压倒性趋势才导致了"何如"用例仅为零星出现。

六 "何似(生)"句

疑问代词"何似"在南朝时就已出现。② 《五灯》中"何似"询问句出现 28 次,皆作谓语,用于比较情状,即 S 与 O 相比"怎么样",有时 S、O 不同现,S 出现在前面的对话中。例如:

(86)师指佛桑花问僧曰:"这个何似那个?"曰:"直得寒毛卓竖。"(卷五《道吾宗智禅师》,272)

(87)师问庞居士:"昨日相见,何似今日?"士曰:"如法举昨日事来作个宗眼。"(卷五《丹霞天然禅师》,263)

(88)山问:"名甚麽?"师曰:"月轮。"山作一圆相,曰:"何似这个?"师曰:"和尚恁麽语话,诸方大有人不肯在。"(卷六《黄山月轮禅师》,322)

"何似生"由疑问代词"何似"+后缀"生"组成,最早大概在《祖堂集》中出现(仅 1 次)。《五灯》"何似生"询问句出现 3 次,皆作谓语,用于询问情状,相当于"怎么样"。例如:

(89)师居院之东堂,政和辛卯,死心谢事黄龙,由湖南入山奉觐,日已夕矣,侍僧通谒,师曳履,且行且语曰:"将烛来,看其面目何似生?而致名喧宇宙。"(卷一七《云盖守智禅师》,1120)

---

① 参见贝罗贝、吴福祥《上古汉语疑问代词的发展与演变》,《中国语文》2000 年第 4 期。

② 参考王海棻《古汉语疑问范畴辞典》,江苏教育出版社,2001,第 289 页。

（90）师以手斫额曰："何似生？"曰："只如五祖以手作鹁鸠嘴，曰：'谷呱呱。'又且如何？"师曰："自领出去。"（卷一九《灵隐慧远禅师》，1288）

七 "何所" 句

"何所"在上古汉语中就已出现（王海棻 2001：173）。《五灯》中的"何所"有两种用法，一种是"何"作定语，询问处所（26 次），相当于"何处""何方""何许"等，我们将此种情况归于"何"字询问句；另一种就是我们此处所讲的"何所"句，"何所"词汇化，用如"何"，共出现 26 次。

（一）作宾语

出现 2 次。皆位于 V 之前，相当于"什么"。例如：

（91）愚问："来何所求？"师曰："求心法。"（卷一二《云峰文悦禅师》，743）

（二）作状语

"何所"作状语 13 次，用于询问方式，相当于"怎么""怎样"。例如：

（92）舍利弗问天女曰："何以不转女身？"女曰："我从十二年来求女人相，了不可得，当何所转？"（卷二《舍利弗尊者》，114）

（三）作定语

"何所"作定语，皆用于询问情状，相当于"什么""什么样的"，11 次。例如：

（93）又问："双峰上人，有何所得？"师曰："法无所得。设有所

得，得本无得。"（卷四《长庆大安禅师》，192）

（94）上堂，良久曰："便恁麽散去，已是葛藤。更若喃喃，<u>有何所益？</u>"（卷一六《资寿灌禅师》，1084）

八 "何物"句

吕叔湘（1985）① 认为"何物"于魏晋时期已"融为一体，只有'何'字之用。"《五灯》中"何物"询问句出现 42 次，用于询问事物，相当于"什么""什么东西"。其中以作宾语为多，30 次。例如：

（95）禅者乃指像曰："这个是<u>何物？</u>"师无对。（卷四《和安寺通禅师》，196）

"何物"作主语 9 次，例如：

（96）祖叹其辩慧，乃复问曰："于诸物中，<u>何物无相？</u>"曰："于诸物中，不起无相。"（卷一《二十七祖般若多罗尊者》，37）

"何物"作谓语 3 次，例如：

（97）祖曰："若金在井，出者何金？若金出井，<u>在者何物？</u>"提曰："金若出井，在者非金。金若在井，出者非物。"（卷一《十六祖罗睺罗多尊者》，25）

九 "何许"句

疑问代词"何许"在汉以后出现，西晋以后开始流行。②《五灯》中

---

① 参见吕叔湘《近代汉语指代词》，学林出版社，1985，第 128 页。
② 参考魏培泉《汉魏六朝称代词研究》，"中研院"语言学研究所，2004，第 235 页。

"何许"询问句仅 1 次，出现在颂语中。"何许"用于询问处所，作定语，相当于"哪里""什么地方"。如下：

（98）僧问："如何是透法身句？"师曰："鹦鹉慕西秦。"僧礼拜，师曰："听取一颂：云门透法身，法身何许人？雁回沙塞北，鹦鹉慕西秦。"（卷一五《建福智同禅师》，975）

十 "何在"句

动宾短语"何在"大概在东汉时期就已出现（叶建军 2010：31）。《五灯》中"何在"已经固化成词，用于询问处所，相当于"在哪里""在什么地方"，皆作谓语。出现 34 次。例如：

（99）公曰："真仪可观。高僧何在？"主事无对。（卷四《相国裴休居士》，236）

（100）师曰："清遇何在？"曰："法王法如是。"（卷十《天台德韶国师》，572）

（101）曰："慈悲何在？"师曰："送出三门外。"（卷一一《首山省念禅师》，681）

《五灯》中"何在"出现的位置已成固定形式，皆在句末作谓语，用于对名词性词语的询问。"何在"一词至今仍活跃在现代汉语书面语中。例如：

可是，我怎么办呢？你看，咱们刚才说的不过是一些小小的漏洞，断定不了什么。他到底是谁，他是干什么的？他的目的何在？全不知道！咱们能说他不是师长？（老舍《西望长安》）

我要问作者，唐元豹这个人究竟有多大程度是真实的？那么多优秀的在各行各业勤勤恳恳任劳任怨的青年不去描写，却把注意力放在这样一个令人生厌的人物身上，这和我们这个时代相称么？作者的责任感和使命感何在？要把我们的青年引向何方？（王朔《千万别把我当人》）

我将去到的是"表弟"的故乡。可"表弟"自己却不能归来已经四年。忽然我怀疑此行的必要究竟何在？（梁晓声《表弟》）

十一 "何者"句

附加式复合疑问词"何者"，由疑问代词"何"+助词"者"构成，在上古汉语中就已出现（王海棻 2001：227）。《五灯》中"何者"询问句出现 17 次，皆作主语。可用于询问人或佛，相当于"谁""哪个"，7 次，其中"何者是 NP？"3 次，有 3 次省略宾语，格式为"何者即是？"。例如：

（102）师即造百丈，礼而问曰："学人欲求识佛，何者即是？"丈曰："大似骑牛觅牛。"（卷四《长庆大安禅师》，191）

（103）师曰："行却许多山林溪涧，何者是汝自己？"曰："总是。"（卷十《报慈文遂导师》，591）

也可以用于询问事物，共 10 次。相当于"什么""哪些东西"。其中"何者是 NP？"出现 6 次，"何者 NP？"出现 3 次，"何者名 NP？"仅 1 次。例如：

（104）问曰："何者名戒？云何名行？当此戒行，为一为二？"彼众中有一贤者答曰："一二二一，皆彼所生。依教无染，此名戒行。"（卷一《初祖菩提达磨大师》，40）

（105）帝乃问："何者是佛性？"师对曰："不离陛下所问。"（卷三《鹅湖大义禅师》，165）

（106）师曰："何者三路？"曰："玄路、鸟道、展手。"（卷五《夹山善会禅师》，295）

十二 "奈何""争奈（何）"句

双音节形式"奈何"与固定格式"奈……何"在上古汉语中就已出现。《五灯》中"奈何"询问句共出现 4 次。"奈何"作谓语，用于询问方式、方法，相当于"怎么办"。例如：

（107）彼各告言："十力弟子，所作神变，我辈凡陋，<u>何能去之</u>？"波旬曰："<u>然则奈何</u>？"梵王曰："汝可归心尊者，即能除断。"（卷一《四祖优波鞠多尊者》，14）

"奈何"也可以作状语，用于询问原因，相当于"为什么"，2次。例如：

（108）有异比丘振锡而至，谓师曰："会中有大士六人，<u>奈何不说法</u>？"言讫而去。（卷一一《汾阳善昭禅师》，686）

固定格式"奈……何"出现2次，皆作谓语，用于询问方式、方法，相当于"对/拿……怎么办"。例如：

（109）晓归趋方丈，衣见乃问："洞山五位君臣，如何话会？"师曰："我这里一位也无。"衣令参堂，谓侍僧曰："这汉却有个见处，<u>奈不识宗旨何</u>？"（卷一四《吉祥元实禅师》，919）

"争奈"询问句出现18次。皆作谓语，用于询问方式、方法，相当于"对……怎么办"。例如：

（110）智门问曰："暑往寒来即不问，林下相逢事若何？"师曰："五凤楼前听玉漏。"门曰："<u>争奈主山高，案山低</u>？"师曰："须弥顶上击金钟。"（卷一五《五祖师戒禅师》，973）

固定格式"争奈何"询问句出现8次。皆作谓语，用于询问方式，相当于"怎么办"。例如：

（111）曰："罢却干戈，束手归朝时如何？"师曰："慈云普润无边

刹，枯树无华争奈何？"（卷四《灵云志勤禅师》，240）

固定格式"争奈……何"询问句出现 38 次，"争奈"与"何"之间或是 NP、VP，或是 A。皆作谓语，用于询问方式、方法，相当于"对……怎么办"，可理解为用来询问对所述情况该如何处置。

（112）僧以手画一画曰："争奈这个何？"师曰："草贼大败。"（卷一六《崇梵余禅师》，1031）

（113）师曰："卧底是，坐底是？"吾曰："不在这两处。"师曰："争奈盖覆何？"吾曰："莫乱道。"（卷三《椑树和尚》，182）

（114）张居士问："争奈老何？"师曰："年多少？"张曰："八十也。"师曰："可谓老也。"（卷四《光孝慧觉禅师》，244）

十三　"如何"句

疑问代词"如何"在上古汉语中就已出现，主要用于询问性状或方式（贝罗贝、吴福祥 2004：312）。例如：

厥初生民，时维姜嫄。生民如何？克禋克祀。（《诗经·大雅·生民》）

皋陶曰："吁！如何？"禹曰："洪水滔天，浩浩怀山襄陵……"（《尚书·益稷》）

禅宗语言质朴简洁，口语化色彩极为浓厚。其日常接机方式直截了当、简明扼要，常用"如何"来询问佛法及禅法意旨，多形成了固定的用语格式。《五灯》中，"如何"询问句出现频率极高，句法功能完备，语意分布也较为广泛。

（一）作主语

1."如何是 X？"

在《五灯》中，作主语是"如何"的主要功能，共出现 3098 次。"如何+是+宾语",为基本格式,出现 3069 次。可以用于询问佛或人、事物或事情、处所等,意义相当于"什么是 X""X 是什么意思"等。

(1)询问佛或人(包括僧、道人等)

"如何"作主语询问佛或人,共出现 501 次。其中"如何是佛?",175次。例如:

> (115)问:"如何是佛?"寂曰:"即心是佛。"(卷三《大梅法常禅师》,146)
>
> (116)问:"如何是佛?"宗曰:"我向汝道,汝还信否?"(卷四《芙蓉灵训禅师》,219)

其他询问佛的固定格式"如何是……佛?",出现 25 次。例如:

> (117)僧问:"如何是定光佛?"师曰:"鸭吞螺蛳。"(卷四《婺州苏溪和尚》,222)
>
> (118)问:"如何是天真佛?"师曰:"争敢装点。"(卷十《功臣觉轲禅师》,625)

禅宗"不立文字"的语言观直接影响了禅法的传授及悟道方式,在接引学人、交流禅法时也不拘泥于语言,故对话人多不从正面作出答复,答语较为奇诞怪异,需要参禅者自己去悉心体悟。

"如何是道人?"1 次,"如何是僧?"7 次。例如:

> (119)问:"如何是道人?"师曰:"口似鼻孔。"(卷一三《鹿门处真禅师》,818)
>
> (120)曰:"如何是僧?"师曰:"钓鱼船上谢三郎。"(卷一九《五祖法演禅师》,1242)

询问人的固定格式是"如何是……人?"共 210 次。例如:

（121）问："如何是自在底人？"师曰："剑树霜林去便行。"（卷六《净众归信禅师》，352）

（122）曰："如何是塔中人？"师曰："头不梳，面不洗。"（卷一一《南院慧颙禅师》，664）

其他询问人的例子如：

（123）曰："如何是毗卢师？"师曰："未有毗卢时会取。"（卷五《投子大同禅师》，299）

（124）问："如何是学人自己？"师曰："更问阿谁？"（卷六《九峰道虔禅师》，305）

（125）曰："如何是不知者？"师曰："金榜上无名。"（卷八《六通志球禅师》，482）

（2）询问事物或事情

"如何"作主语时以询问事物或事情居多，共出现 2475 次。其中询问佛法、禅法及其意旨的较多，388 次。比如询问意旨的固定格式有"如何是祖师西来意？"（146 次）、"如何是佛法大意？"（93 次）、"如何是西来意？"（88 次）、"如何是祖师意？"（10 次）、"如何是西来的的意？"（6 次）、"如何是祖意？"（2 次）、"如何是教意？"（2 次）等。例如：

（126）问："如何是祖师西来意？"师曰："飒飒当轩竹，经霜不自寒。"（卷六《洛浦元安禅师》，319）

（127）问："如何是佛法大意？"师曰："虚空驾铁船，岳顶浪滔天。"（卷六《泐潭神党禅师》，333）

（128）问："如何是西来意？"师曰："适来出去者，是甚麽人？"（卷四《乌石灵观禅师》，235）

（129）问："如何是祖师意？"师曰："要道何难？"（卷八《海会如新禅师》，469）

（130）初参翠微，便问："如何是西来的的意？"微曰："待无人即

向汝说。"（卷五《清平令遵禅师》，296）

（131）僧问："如何是教意？"师曰："汝自看。"（卷五《道场如讷禅师》，301）

（132）僧问："教意即且置，未审如何是祖意？"师曰："烟村三月里，别是一家春。"（卷一七《泐潭文准禅师》，1151）

其他用于询问佛法意旨的程式有"如何是……意？"（39次）、"如何是……旨？"（11次）等。例如：

（133）问："如何是目前意？"师曰："秋风有韵，片月无方。"（卷六《黄山月轮禅师》，323）

（134）僧问："如何是永明妙旨？"师曰："更添香著。"（卷十《永明延寿禅师》，604）

（135）百丈问："如何是佛法旨趣？"师曰："正是汝放身命处。"（卷三《江西马祖道一禅师》，129）

"如何"也常用来询问佛法（23次）、佛性（7次）、禅（18次）、道（97次）等，例如：

（136）问："学人为佛法来，如何是佛法？"师曰："正空闲。"（卷一三《归宗澹权禅师》，828）

（137）曰："如何是法？"师曰："剑树刀山。"（卷一五《灌州罗汉和尚》，977）

（138）僧问："人人尽有佛性，如何是和尚佛性？"师曰："汝唤甚麽作佛性？"（卷九《益州应天和尚》，540）

（139）僧问："如何是道？如何是禅？"师以偈示之曰："有名非大道，是非俱不禅。欲识个中意，黄叶止啼钱。"（卷四《京兆公畿和尚》，227）

"如何"询问"……句"，多达191次。例如：

（140）问："如何是无诤之句？"师曰："喧天动地。"（卷三《郿村自满禅师》，162）

（141）僧便问："如何是第一句？"师曰："三要印开朱点窄，未容拟议主宾分。"（卷一一《临济义玄禅师》，645）

"如何"询问"家风"，139次。例如：

（142）问："如何是天柱家风？"师曰："时有白云来闭户，更无风月四山流。"（卷一《天柱崇慧禅师》，66）

（143）问："如何是和尚家风？"师曰："早朝粥，斋时饭。"（卷七《龙兴宗靖禅师》，426）

"如何"询问"心"，共出现55次。例如：

（144）问："如何是本来心？"师曰："坐却毗卢顶，出没太虚中。"（卷十《韶州灵瑞和尚》，559）

（145）问："教中道，心清净故法界清净，如何是清净心？"师曰："迦陵频伽，共命之鸟。"（卷十《天台德韶国师》，572）

"如何"询问"……事"，共出现156次。例如：

（146）曰："如何是向上事？"师曰："禾山解打鼓。"（卷六《禾山无殷禅师》，337）

（147）僧问："如何是学人行脚事？"师曰："拗折拄杖得也未？"（卷十《百丈道恒禅师》，580）

其他询问事情的例子如：

（148）问："如何是演大法义？"师曰："我演何似汝演？"（卷十《清凉泰钦禅师》，576）

（149）曰："如何是步行骑水牛？"师曰："汝自何来？"（卷十《紫凝智勤禅师》，610）

"如何"询问事物，还多询问佛教中的名词、概念或是古人的言句，答话者亦往往不从正面作答。一方面符合禅宗语言的"不说破"原则，另一方面也说明了禅宗"不立文字"的语言观对与话人的领悟能力也有着极高的要求，唯问话人与答语者心心相印，才能做到投机契合。例如：

（150）问："即心即佛即不问，如何是非心非佛？"师曰："兔角不用无，牛角不用有。"（卷一三《曹山本寂禅师》，789）

（151）曰："如何是真？"师曰："不杂食。"曰："如何是妄？"师曰："起倒攀缘。"（卷一三《九峰普满禅师》，808）

（152）僧问："如何是正中偏？"师曰："龙吟初夜后，虎啸五更前。"曰："如何是偏中正？"师曰："轻烟笼皓月，薄雾锁寒岩。"（卷一四《普贤善秀禅师》，895）

（153）曰："目前抽顾鉴，领略者还稀。如何是云门宗？"师曰："顶门三眼耀乾坤。"（卷一九《护国景元禅师》，1284）

（3）询问处所

"如何"作主语询问处所共出现94次，皆用固定格式"如何是……处？"多用于询问抽象意义上的处所。例如：

（154）问："如何是和尚利人处？"师曰："一雨普滋，千山秀色。"（卷一《天柱崇慧禅师》，66）

（155）问："如何是三世诸佛出身处？"师曰："伊不肯知有汝三世。"（卷四《雪窦常通禅师》，246）

（156）僧问："如何是今时着力处？"师曰："千人万人唤不回头，方有少分相应。"（卷五《道吾宗智禅师》，271~272）

"如何"在上古汉语中就已出现，但出现频率不高，其句法功能和语意类别都有很大的局限，仅能作谓语和状语，主要用于询问性状或方式。① 卢烈红认为东汉至宋佛教文献（包括汉译佛经和禅宗语录）中"何"系疑问代词不断发生兴替演变，东汉时期仍是"何"的时代，魏晋南北朝时期是"云何"的时代，唐宋时期则是"如何"的时代，"禅宗语录中发生了'如何'对'云何'的历时替换，'如何'取代'云何'并压倒'何'成为最主要的'何'系疑问代词"。② 唐宋禅宗语录从《祖堂集》始，至《景德传灯录》《古尊宿语要》《五灯》等中"如何"的出现频率都极高，是"何"系中最主要的疑问代词。

"如何"在上古汉语中仅作谓语和状语，在中古汉语中亦是如此，直到在唐宋禅宗语录中"如何"的语法功能才得以迅速扩张，除作谓语、状语外，还可以作主语和定语，这其中又以作主语为主。叶建军在唐玄奘（600～664）的译经中发现了5例"如何是X？"，《阿毗达磨显宗论》《阿毗达磨大毗婆沙论》各1例，《阿毗达磨顺正理论》3例，并由此把"如何是X？"格式的萌芽时期确定为初唐。"如何是X？"格式的出现，不仅源于禅宗与汉译佛经之间的血缘关系，另外一方面也可能是"如何"在替换"云何"成为"何"系主要疑问代词的同时也受了"云何"作主语的影响。

关于禅宗语录中为什么会发生"如何"对"云何"的替换，王玥雯认为"或许在慧能的方言中，'如何'、'云何'发音近似（在今天湖北许多方言中，"如何"和"云何"的发音非常近似，如黄梅方言，而慧能正是在黄梅得授衣钵。）"，所以自《祖堂集》"如何"大量兴起，"而后起的禅宗语录自觉效仿，引为范式从而造成禅宗语录中'如何'的盛行。"③ 如果此说法成立的话，倒是解释了《坛经》中出现12次"如何"而无1次"云何"，但让我们困惑的是为什么12次"如何"中无1次作主语，或许"如何"取代"云何"的原因不止于此。

"云何"的较多使用是在东汉译经中，在此之前，其出现频率和语法功能都极为有限，可见，"云何"的发展，主要是源于译经的影响。遇笑容

---

① 参见卢烈红《〈古尊宿语要〉代词助词研究》，武汉大学出版社，1998，第159页。

② 参见卢烈红《佛教文献中"何"系疑问代词的兴替演变》，《语言研究》2003年第3期。

③ 参见王玥雯《姚秦译经疑问句研究》，武汉大学博士学位论文，2007，第72页。

（2004：29）认为译经中的"云何"在梵文中对应的是梵文的疑问代词"Kim"，"云何"与"Kim"的对译，促进了"云何"出现频率的增多和语法功能的扩张。由此我们也可以做出如下推测：佛经翻译之初，Kim 对译成"云何"，确实符合并照顾到了当时中国本土的语言实际（"云何"在西汉时期的中土文献就已出现）。只是到了禅宗文献中，禅宗语言更加口语化，与日常生活行为联系得极为紧密，很大程度上反映了当时的口语状况。一方面是译经的影响，另一方面则由于日常用语习惯（多用"如何"）的渗透，久而久之就很自然地形成了"如何"对"云何"的替换。

2. "如何 NP？"

仅出现 1 次，如下：

（157）问："如何和尚家风？"师曰："满目青山起白云。"（卷一三《吉州禾山和尚》，812）

上例中，"如何"作主语，其后没有"是"紧接，"和尚家风"作谓语。请看《五灯》中另外几个用句：

（158）问："如何是和尚家风？"师曰："千年田、八百主。"（卷四《灵树如敏禅师》，239）

（159）问："如何是和尚家风？"师曰："若问家风，即答家风。"（卷八《安国从贵禅师》，488）

"如何是和尚家风？"在《五灯》中出现多达 92 次，答话者都不曾从正面给以答复。据卢烈红（1998：151）考察，《古尊宿语要》中出现 3 次"如何 NP？"，他表明可认为"如何"后脱"是"，也可认为是承继了先秦遗风，因为先秦的判断句基本上不用系词。从《五灯》中"如何"出现的情况来看，我们猜测极有可能是在传抄文献的过程中遗漏所致，即"如何"后脱"是"。"如何和尚家风？"实际应为"如何是和尚家风？"

3. "如何不是（X）？"

此格式是"如何是 X？"的否定形式，共出现 3 次。其中"如何不是

X？"出现 1 次。如下：

（160）僧问："如何是佛？"师曰："<u>如何不是佛？</u>"（卷一一《风穴延沼禅师》，674）

有 2 次省略宾语。例如：

（161）问："如何是佛？"师曰："<u>如何不是？</u>"（卷十《归宗慧诚禅师》，630）

此例中的"如何不是？"据上文的问话可以补出宾语"佛"。

我们遍查上古、中古文献，在唐玄奘（660～664）所译的《阿毗达磨大毗婆沙论》中发现 3 例"如何不是 X？"，唐义净（635～713）所译的《能断金刚般若波罗蜜多经论释》（卷中）也有 2 例。例如：

若归依一佛者，<u>如何不是少分归依？</u>若归依一切佛者，如何但言我归依佛，不言一切？契经所说复云何通？（唐·玄奘译《阿毗达磨大毗婆沙论》卷三四）

彼之大士行诸苦行，此亦岂非是招苦报？<u>如何不是得苦果耶？</u>为除此难故有下文……（唐·义净译《能断金刚般若波罗蜜多经论释》卷中）

<u>此乃如何不是妄耶？</u>为答此难先为喻已。彼诸众生种种性其心流转，我悉知之。如是广说，此显何义？言彼非是妄见，由境虚妄故。何者是虚妄境？谓种种妄识。（唐·义净译《能断金刚般若波罗蜜多经论释》卷中）

据文意可知上述例句中"如何不是 X？"之"如何"皆用于询问原因，其义相当于"为什么"。"如何"并非作主语。

"如何"作主语的"如何不是 X？"最早应是出现于禅宗文献《景德传灯录》中，共 2 次。如下：

问："如何是佛？"师曰："<u>如何不是佛</u>？"（前汝州宝应和尚法嗣，卷一三）

问："如何是佛？"师曰："<u>如何不是</u>？"（前金陵报恩院法安禅师法嗣，卷二五）

之后的《天圣广灯录》出现 2 次，《联灯会要》《古尊宿语要》各出现 1 次。由此我们认为"如何"作主语的"如何不是 X？"并非禅宗文献的常用句式。"如何不是 X？"最初在《景德传灯录》中出现，其形成也主要是为了反问提问者所提出的问题，而在问句基础上进行的否定类推。

4."如何即是？"

出现 25 次。"如何"作主语，用于询问事物。例如：

（162）曰："禅师适来说真如有变易，如今又道不变易，<u>如何即是的当</u>？"师曰："若了了见性者，如摩尼珠现色，说变亦得，说不变亦得。若不见性人，闻说真如变易，便作变易解会，说不变易，便作不变易解会。"（卷三《大珠慧海禅师》，156）

（163）问："如何是鹅湖第一句？"师曰："道甚麽？"曰："<u>如何即是</u>？"师曰："妨我打睡。"（卷七《鹅湖智孚禅师》，422）

（二）作谓语

《五灯》中"如何"作谓语的询问句，共出现 1583 次。

1."X 时如何？"／"X 后如何？"

"X 时如何？"出现多达 838 次；"X 后如何？"出现 201 次。X 绝大多数为 VP，"VP 时如何？""VP 后如何？"意为"VP 时怎样""VP 后怎样"。一般来说，"X 后如何？"出现的问答语境中，前面多有"X 时如何？"与其相照应，表示问话人对某种情况提出的假设，换句话说，即问话人提问的情况不一定发生过。例如：

（164）使君问曰："<u>某今日后如何</u>？"师曰："日从蒙氾出，照树全

无影。"（卷二《中条智封禅师》，75）

（165）问："过去心不可得，现在心不可得，<u>未来心不可得时如何</u>？"师曰："亲言出亲口。"（卷一九《径山宗杲禅师》，1277）

（166）僧问："<u>宝剑未出匣时如何</u>？"师曰："不在外。"曰："<u>出匣后如何</u>？"师曰："不在内。"（卷八《延寿慧轮禅师》，469）

（167）问："<u>牛头未见四祖时如何</u>？"师曰："香炉对绳床。"曰："<u>见后如何</u>？"师曰："门扇对露柱。"（卷八《安国从贵禅师》，488）

据叶建军（2010：25）考察，中古文献里尚未发现"VP 时如何？""VP 后如何？"，这两种询问格式"始见于晚唐五代时期的禅宗文献《祖堂集》"。

此外，《五灯》中"X 时如何？"其中的"时"还可以替换为"即今""近日""此间"等，共 6 次。例如：

（168）师曰："马大师即恁麽，<u>未审和尚此间如何</u>？"国师曰："三点如流水，曲似刘禾镰。"（卷三《伊阙自在禅师》，165）

（169）师凡见僧，必问："<u>近日如何</u>？"僧拟对，即拊其背曰："不可思议。"（卷一六《光孝如璝禅师》，1089）

（170）檗问："子未现三界影像时如何？"师曰："即今岂是有邪？"檗曰："有无且置。<u>即今如何</u>？"师曰："非今古。"（卷四《千顷楚南禅师》，234）

（171）问："如何是首座为人一著子？"师曰："适来犹记得。"曰："<u>即今又如何</u>？"师曰："好生点茶来！"（卷一四《石门筑首座》，869）

上述例句均不表假设，相当于询问"现在的情况怎么样"，后两例用于追问。

2. "X 如何？"

"如何"作谓语，用于询问情状，即"……怎么样"。X 为 NP 时，询问意旨"怎么样"共 264 次，常用格式为"……意如何？""……意旨如何?"。例如：

（172）问："动容沈古路，身没乃方知。**此意如何？**"师曰："偷佛钱买佛香。"（卷六《九峰道虔禅师》，306）

（173）问："**国师三唤侍者意如何？**"师乃起入方丈。（卷七《雪峰义存禅师》，385）

（174）问："远远投师，**师意如何？**"师曰："官家严切，不许安排。"（卷四《光孝慧觉禅师》，244）

（175）僧问："达磨九年面壁，**意旨如何？**"师曰："睡不著。"（卷七《双泉山永禅师》，432）

也可以询问事物事情，常用格式为"……事如何？"63 次。例如：

（176）曰："**今日事如何？**"师曰："叶叶连枝秀，花开处处芳。"（卷六《泐潭匡悟禅师》，336）

（177）僧问："九鼎澄波即不问，**为祥为瑞事如何？**"师曰："古今不坠。"（卷一四《大洪报恩禅师》，886）

其他用于询问事物事情共出现 74 次，例如：

（178）问祖曰："西天五印，师承为祖，**其道如何？**"祖曰："明佛心宗，行解相应，名之曰祖。"又问："**此外如何？**"祖曰："须明他心，知其今古，不厌有无。于法无取，不贤不愚，无迷无悟。若能是解，故称为祖。"（卷一《初祖菩提达磨大师》，45）

（179）昔有老宿问一座主："疏钞解义，**广略如何？**"主曰："钞解疏，疏解经。"（卷六《亡名古宿》，363）

（180）师曰："**彼中佛法如何？**"曰："商量浩浩地。"（卷八《罗汉桂琛禅师》，447）

询问人所处的情状"怎么样"共 72 次，例如：

（181）问："不向问处领，犹有学人问处，和尚如何？"师曰："吃茶去。"（卷七《永福从弇禅师》，424）

（182）问曰："此人如何？"陀请磬欬一声，行数步。（卷九《沩山灵祐禅师》，521）

（183）曰："饮者如何？"师曰："随方斗秤。"（卷一五《香林澄远禅师》，939）

"……处如何？"出现 8 次。例如：

（184）及造北宗，秀问曰："白云散处如何？"师曰："不昧。"（卷二《五台巨方禅师》，74）

（185）师曰："省力处如何？"山曰："汝何费力？"（卷八《天竺子仪禅师》，476）

"X 如何？"X 为副词"毕竟""究竟"时，分别出现 36 次、3 次，相当于"毕竟怎样""究竟怎样"，用于追问。例如：

（186）问："初心后学，如何是学？"师曰："头戴天。"曰："毕竟如何？"师曰："脚踏地。"（卷八《大宁隐微禅师》，442）

（187）问："如何是和尚不欺人底眼？"师曰："看看冬到来。"曰："究竟如何？"师曰："即便春风至。"（卷一一《首山省念禅师》，683）

上述两例据上下文意可知对话双方就所对话的内容已经达成共识，故可省略了 S，S 据上文可以补出。

X 为"未审"时，"X 如何？"出现 2 次，意思是不知道情况怎么样。例如：

（188）僧问："诸佛出世，震动乾坤。和尚出世，未审如何？"师曰："向汝道甚麽？"（卷八《万安清运禅师》，470）

3. "如何?"

"如何?"独立成句,用于询问情状,相当于"怎么样",4次。例如:

(189) 师问:"汝是阿谁?"曰:"普愿。"师曰:"如何?"曰:"也寻常。"(卷三《沩潭常兴禅师》,163)

(190) 师曰:"忽遇三军围绕时如何?"山曰:"他家自有通霄路。"师曰:"恁麽则离宫失殿去也。"山曰:"何处不称尊?"师拂袖便回。峰问:"如何?"师曰:"好只圣箭,中路折却了也。"(卷七《太原孚上座》,434)

此外,有3次"如何?"出现在分句之后作谓语,即对前面分句所叙述的内容进行提问。用于询问情状,相当于"怎么样"。例如:

(191) 帝曰:"有人持经念佛,持咒求佛,如何?"对口:"如来种种开赞,皆为最上一乘。如百川众流,莫不朝宗于海。如是差别诸数,皆归萨婆若海。"(卷四《荐福弘辩禅师》,225~226)

《五灯》中另有8次"又且如何?"多少含有追问的意味。例如:

(192) 问:"维摩默然,文殊赞善,未审此意如何?"师曰:"当时听众必不如是。"曰:"既不如是,维摩默然,又且如何?"师曰:"知恩者少,负恩者多。"(卷一一《首山省念禅师》,681)

4. "如……何?"

固定格式"如……何?"在上古汉语中就已出现。例如:

绸缪束薪,三星在天。今夕何夕,见此良人。子兮子兮,如此良人何?绸缪束刍,三星在隅。今夕何夕,见此邂逅。子兮子兮,如此邂逅何?绸缪束楚,三星在户。今夕何夕,见此粲者。子兮子兮,如此粲者何?(《诗经·唐风·绸缪》)

《五灯》中"如……何?"仅出现 1 次。作谓语,询问方法,相当于现代汉语的"对……怎么办"。如下:

(193)问:"蚯蚓断为两段,两头俱动,未审佛性在阿那头?"师曰:"妄想作麽?"曰:"<u>其如动何?</u>"师曰:"汝岂不知火风未散?"(卷四《长沙景岑禅师》,211)

"如……何?"在近代汉语时期已经衰落,唐宋禅宗语录除《五灯》外,唯《景德传灯录》中出现 1 次"如……何?"。与《五灯》同时期的世俗文献《朱子语类》中也仅出现 5 次。

(三)作状语

"如何"作状语的询问句共出现 506 次。或询问方式、方法,或询问原因。

1. 询问方式

"如何"作状语询问方式、方法的常用格式为"如何 VP?",共出现498 次。例如:

(194)问:"至道无难,唯嫌拣择。才有语言是拣择。<u>和尚如何为人?</u>"师曰:"何不引尽此语?"(卷四《赵州从谂禅师》,203)

(195)僧问:"<u>如何朴实,免见虚头?</u>"师曰:"汝问若当,众人尽鉴。"(卷八《倾心法瑙禅师》,462)

(196)问:"千山万水,<u>如何登涉?</u>"师曰:"举步便千里万里。"(卷一四《谷隐知俨禅师》,863)

2. 询问原因

"如何"作状语,询问原因仅 8 次。例如:

(197)有一婆子令人送钱,请转藏经。师受施利了,却下禅床转一匝。乃曰:"传语婆,转藏经已竟。"其人回举似婆。婆曰:"比来请

转全藏，<u>如何只为转半藏?</u>"（卷四《赵州从谂禅师》，202）

请再观察下面 1 例：

（198）僧问："赵州绕禅床一匝，转藏已竟，此理如何?"师曰："画龙看头，画蛇看尾。"曰："婆子道：比来请转全藏，<u>为甚麽只转得半藏?</u> 此意又且如何?"师曰："人无远虑，必有近忧。"（卷一八《鼓山祖珍禅师》，1212）

上述两例有着相同的句法结构和语意内容，差异则在于使用了不同的疑代词，前例是"如何"，后例是"为甚麽"，均是用于询问原因。

（四） 作定语

《五灯》中"如何"作定语仅 1 次，如下：

（199）三句外曰："当人如举唱，三句岂能该? <u>有问如何事</u>，南岳与天台。"（卷一五《普安道禅师》，971）

十四 "若何"句

疑问代词"若何"在上古汉语中期就已出现，由固定短语"若之何"词汇化而来（贝罗贝、吴福祥 2000）。《五灯》中"若何"询问句共出现 43 次。"若何"皆作谓语，用于询问情状，相当于"怎么样"。例如：

（200）祖问曰："汝名谁邪? 眷属多少?"曰："我名迦毗摩罗，有三千眷属。"祖曰："尽汝神力，<u>变化若何?</u>"曰："我化巨海极为小事。"（卷一《十二祖马鸣尊者》，21）

（201）僧问："师唱谁家曲，<u>宗风事若何?</u>"师曰："迥出箫韶外，六律岂能过?"（卷一三《正勤蕴禅师》，838）

十五 "云何"句

"云何"是西汉时期新兴的疑问代词。"云何"最初在中土文献中凝固成词，但使用频率较低，译经"云何"对应梵文中的疑问代词"Kim"（遇笑容2004：29）促进了"云何"使用频率的增多和句法功能的扩张。《五灯》中"云何"询问句出现40次，以作状语居多。

（一）作状语

共出现21次。其中有11次用于询问原因，相当于"为什么"。例如：

（202）彼曰："汝既不得，<u>云何言得?</u>"祖曰："汝有我故，所以不得。我无我我，故自当得。"（卷一《十五祖迦那提婆尊者》，24）

（203）者曰："我于般若未尝说一字，<u>汝云何赞叹?</u>"天曰："如是尊者无说，我乃无闻。无说无闻，是真说般若。"（卷二《须菩提尊者》，114）

询问方式、方法，10次，相当于"怎样"。例如：

（204）师问曰："<u>初云何观? 云何用心?</u>"礼久而无言。师三礼而退。（卷二《鸟窠道林禅师》，71）

（205）乃问言："何以不转女身?"舍利弗以天女像而答言："<u>我今不知云何转面而变为女身?</u>"（卷二《舍利弗尊者》，114）

（二）作主语

共出现11次。"云何"皆用于询问事物，相当于"什么"。"云何"作主语的询问句，其格式或为"云何+系词+宾语"，或为"云何+谓语"，中间不用系词。例如：

（206）师曰："……今相公著言说相，著名字相，著心缘相，既著种种相，云何是佛法？"公起作礼曰："弟子亦曾问诸供奉大德，皆赞弟子不可思议。当知彼等但徇人情，师今从理解说，合心地法，实是真理不可思议。"（卷二《保唐无住禅师》，82）

（207）公又问："云何不生？云何不灭？如何得解脱？"师曰："见境心不起，名不生。不生即不灭，既无生灭，即不被前尘所缚，当处解脱。……"（卷二《保唐无住禅师》，82~83）

（208）又问："云何为邪？云何为正？"师曰："心逐物为邪，物从心为正。"（卷三《大珠慧海禅师》，156~157）

（209）帝曰："云何名戒？"对曰："防非止恶谓之戒。"（卷四《荐福弘辩禅师》，225）

"云何是X？"格式在东汉汉译佛经中就已出现①，"云何"作主语是当时汉译佛经的一大特点。据卢烈红（1998：160~161）考察，魏晋六朝时期中土文献中"如何"作主语的可能性不大，在《圣谛经》（东晋僧伽提婆译）、《涅槃经》（东晋法显译三卷本）、《金刚经》（后秦鸠摩罗什译）、《阿弥陀经》（后秦鸠摩罗什译）、《楞伽经》（南朝宋求那跋陀罗译，四卷）、《百喻经》（南朝齐求那毗地译）等6部译经的特点之一就是"习用'云何'，不太用'如何'"，"《楞伽经》中作主语的'云何'随处可见，《圣谛经》使用'云何'17次，其中就有13次用为主语。"但在唐宋禅宗语录里，"云何"的出现频率急剧下降，"如何"逐渐替换"云何"成为此时期主要的疑问代词，与此同时，"如何"的语法功能在"云何"的影响下也得到了迅速扩张，除作谓语、状语外，还可以作主语（居主要地位）和定语（偶有出现）。《祖堂集》中，"云何是X？"仅出现1次，"如何是X？"却多达541次（《祖堂集》中的数据不加特别说明的话，均来自叶建军2010）。《五灯》中"如何是X？"出现3070次，"云何"仅40次。唐宋文献"如何是X？"与"云何是X？"的使用情况见表1-1。

---

① 参考俞理明《佛经文献语言》，巴蜀书社，1993，第170~171页。

表 1-1　唐宋文献"如何是 X？"与"云何是 X？"的使用情况

频率　格式 文献	"如何是 X？"	"云何是 X？"
敦煌变文校注	0	0
坛经（敦煌本）	0	0
神会和尚禅话录	0	8
祖堂集	541	1
景德传灯录	1739	6
古尊宿语要	1101	0
五灯会元	3069	40
朱子语类	262	0

（三）作谓语

共出现 8 次，皆用于询问情状，相当于"怎么样"。例如：

（210）祖曰："其兆云何？"曰："莫可知矣。"（卷一《二十三祖鹤勒那尊者》，32）

（211）僧继宗问："见性成佛，其义云何？"师曰："清净之性，本来湛然。……"（卷二《天台云居智禅师》，69～70）

小　结

《五灯》"何"系特指问句在全部疑问句中居于重要地位，共出现 6488 次。"何"系询问句的疑问代词主要有"何"及"何"的复音形式"如何、云何、若何、何人、何者、何等、何物、何事、何方、何所、何处、何在、何时、何故、何以故、因何"等二十多个。经过上述讨论和分析，"何"系询问句中的疑问代词功能及频率见表 1-2。

表 1-2　"何" 系询问句中的疑问代词功能及频率

词项	句法功能					语意功能									合计
	主语	谓语	宾语	定语	状语	事物	人佛	方式	情状	原因	时间	处所	数量	比较	
何	+	+	+	+	+	+	+	+	+	+	+	+	+		954
何等	+		+	+		+			+						3
何故		+			+					+					24
何乃					+					+					1
何如	+	+			+			+	+					+	12
何似（生）		+							+						31
何所			+	+	+	+		+				+			26
何物	+	+	+			+									42
何许				+								+			1
何在		+										+			34
何者	+					+	+								17
奈何等		+			+			+		+					72
如何	+	+		+	+	+		+	+	+		+			5188
若何		+							+						43
云何	+	+			+			+	+	+					40
合计	6488														

综上，《五灯》"何" 系特指询问句中的疑问代词比较丰富，单音节疑问代词 "何" 的组合能力较强，形成十多个双音节形式。"何" 及其双音节形式除个别外，均产生于上古汉语时期，历史悠久，沿袭能力较强。

"如何" 是《五灯》"何" 系询问句中出现频率最高的疑问代词，5188 次。其句法功能较为完备，"如何" 作主语 3098 次，远远超过了 "云何"；语意分布也比较广泛，可以询问事物、人佛、方式、情状、原因和处所等。

"何" 的出现频率位居第二，642 次，与 "如何" 悬殊较大。"何" 的出现频率虽不如 "如何"，但其句法功能、语意分布则较 "如何" 更为丰富多样。可见，"如何" 固然在唐宋禅宗语录中逐渐居于主体地位，但 "何" 的生命力依然不可小觑。

《五灯》"何"系疑问代词虽是较为丰富，然除"如何""何"外，其他出现频率皆不高，它们在长期发展的过程中，逐渐为其他疑问代词所替代，从而走向衰亡。

第二节 "甚"系特指询问句

现代汉语中的"什么"是由唐代的"是物"发展而来，吕叔湘（1985：123）、太田辰夫（1991：88～104）、志村良治（1995：42～44）、江蓝生（1995）等均持此说法，方环海（1998）在《"什么"语源的方言补正》中举例说明了现今江苏省北部沭阳、东海、新沂等地区的方言仍有"是物（勿）"用作疑问代词的现象，"是物（勿）"在句子中可以作主语、宾语、定语，其词汇意义与语法作用与"什么"完全对等，因此他指出这一现象是保留了"什么"一词的原始语源形式。[1]

"什么"的书写形式在使用初期还不定型，唐代中期可以写作"是物""是没""甚没"，晚唐五代时期写作"什摩"或"甚摩"，到宋代才基本写作"什麽"或"甚麽"。唐宋禅宗语录中，五代时期写成的《祖堂集》绝大多数作"什摩"，有8次作"甚摩"；北宋的《景德传灯录》绝大多数写作"什麽"，有8次写作"甚麽"[2]；南宋的《古尊宿语要》"什麽"出现1066次，"甚麽"仅5次（卢烈红1998：124～135）；到了南宋晚期的《五灯》，情况则大为改变，除出现1次"作什麽"（用于反诘问句）外，其他均写作"甚麽"。

王锦慧指出"'甚'字出现的时代是9世纪；'甚（什）摩'是10世纪中叶；'甚（什）麽'是10世纪后半叶。"李斐雯（2001：70～72）的考察结论是11世纪初完成的《景德传灯录》中所呈现的语言，是以"什麽"为主，"甚（麽）"已渐衰微，而南宋晚期的《五灯》全书"甚（麽）"出现的情况却恰恰与之相反。[3]

---

① 参见方环海《"什么"语源的方言补正》，《中国语文》1998年第4期。
② 参见冯春田《近代汉语语法研究》，山东教育出版社，2000，第182页。
③ 参考王锦慧《敦煌变文与〈祖堂集〉疑问句比较研究》，台湾师范大学国文研究所博士学位论文，1997，第150页。

《五灯》中"甚"系特指询问句主要包括"甚""甚底""甚麽"等构成的询问句。共出现 2432 次。

一 "甚"字句

"甚"是"甚麽"的早期形式,始见于唐末,通行于宋元。[①] 《五灯》中"甚"询问句共出现 353 次。

(一) 作定语

"甚"在 N 前作定语,可用于询问情状或处所,出现 294 次。

1. 询问情状

相当于"什么",出现 31 次。例如:

(1) 沩问:"今日吃甚菜?"师曰:"二年同一春。"(卷五《夹山善会禅师》,294)

(2) 问僧:"卿是甚人?"对曰:"塔主。"(卷六《宋太宗皇帝》,353)

(3) 师曰:"一只脚在西天,一只脚在东土。著甚来由?"僧无语。(卷一二《沩潭景祥禅师》,763)

(4) 上堂:"云自何山起,风从甚洞生?好个入头处,官路少人行。"(卷一六《慧林怀深禅师》,1089)

2. 询问处所

"甚"作定语,与"处"构成偏正短语,用于询问处所,相当于"什么地方""哪里"。"甚处"在《祖堂集》中写作"什处",二者语意相同。据叶建军考察,《祖堂集》中"什处"询问句仅出现 2 次,《敦煌变文集校注》《景德传灯录》《古尊宿语要》中"甚处"询问句分别出现 14 次、17 次、32 次。《五灯》中"甚处"询问句使用频率较多,有 262 次。

"甚处"作定语修饰"人",出现 12 次。询问句中 S 一般都出现,也可

---

① 参考吕叔湘《近代汉语指代词》,学林出版社,1985,第 125 页。

以不出现（3 次）。例如：

（5）师问："汝是甚处人？"仰曰："广南人。"（卷三《东寺如会禅师》，151）

（6）问归宗："甚处人？"宗曰："陈州人。"（卷三《水塘和尚》，173）

"甚处"作介词宾语、动词宾语。出现 102 次。

（1）"从甚处来？"（6 次）、"向甚处 VP？"（17 次），共 23 次。例如：

（7）祖问："从甚处来？"师曰："石头。"（卷五《丹霞天然禅师》，262）

（8）问："如何是西来意？"师曰："汝从甚处来？"（卷八《白龙道希禅师》，452）

（9）祖曰："汝昨日向甚处留心？"师曰："鼻头今日又不痛也。"（卷二《百丈怀海禅师》，131）

（10）州曰："向甚处住？"师曰："老老大大，住处也不知。"（卷四《鄂州茱萸和尚》，213）

（11）林曰："遍界是佛身，子向甚处种？"师曰："金锄不动土，灵苗在处生。"（卷一三《石门献蕴禅师》，840）

（2）"（S）近离甚处？"，出现 49 次，以 S 不出现为常（44 次）。例如：

（12）师问僧："近离甚处？"曰："南方。"（卷二《南阳慧忠国师》，100）

（13）问："僧近离甚处？"曰："报恩。"（卷八《招庆省僜禅师》，475）

（14）问："新到近离甚处？"僧曰："庐山。"（卷十《清凉泰钦禅师》，575）

此外，有 1 次"今日离甚处？"如下：

　　（15）门问："今日离甚处？"曰："慧林。"（卷一五《洞山清禀禅师》，953）

（3）"（S）（住）在甚处？"，出现 23 次。例如：

　　（16）师又问："婆住在甚处？"婆曰："只在这里。"（卷三《麻谷宝彻禅师》，150）

　　（17）问僧："今夏在甚处？"曰："径山。"（卷四《睦州陈尊宿》，232）

　　（18）丈曰："在甚处？"师乃拈一枝柴吹两吹，度与百丈。（卷一九《沩山灵祐禅师》，520）

此外，还有 1 次"在甚处 VP？"如下：

　　（19）僧参，师乃问："未到这里时，在甚处安身立命？"僧叉手近前，师亦叉手近前，相并而立。（卷八《枣树二世和尚》，496）

（4）"发足甚处？"，出现 3 次。例如：

　　（20）问僧："发足甚处？"曰："闽中。"（卷八《枣树二世和尚》，495）

（5）"到甚处？"，仅出现 1 次。如下：

　　（21）霜见便问："离道吾后到甚处来？"师曰："只在村院寄足。"（卷五《渐源仲兴禅师》，289）

"甚处"作状语，142 次。主要出现在 6 种句式中。

第一种，"（S）甚处来？"，出现 90 次。以 S 不出现为常（75 次）。S 出现时多是"僧"（12 次）、"维那"（1 次）、"上座"（2 次）等。例如：

（22）峰问："甚处来？"曰："大日山来。"（卷二《温州净居尼玄机》，94）

（23）问："僧甚处来？"曰："定州来。"（卷一一《临济义玄禅师》，647）

（24）岩头问："上座甚处来？"师曰："临济来。"（卷一一《定上座》，662）

（25）问："维那甚处来？"曰："牵醋槽去来。"（卷一三《曹山本寂禅师》，789）

第二种，"（S）甚处去？"出现 12 次。例如：

（26）问："僧甚处去？"曰："西山住庵去。"（卷四《大随法真禅师》，238）

（27）福问："甚处去？"曰："礼拜罗山。"（卷七《罗山道闲禅师》，389）

第三种，"（S）甚处得来？"出现 11 次。例如：

（28）僧问："手中剑甚处得来？"师掷于地。（卷四《关南道吾和尚》，249）

（29）师曰："甚处得来？"僧无对。（卷四《关南道吾和尚》，249）

第四种，"（S）甚处去来？"出现 11 次。例如：

（30）首座问："和尚甚处去来？"师曰："游山来。"（卷四《长沙景岑禅师》，208）

（31）问僧："甚处去来？"曰："制鞋来。"（卷一三《洞山良价禅师》，782）

第五种，"甚处去也？"，出现 3 次。句尾有语气词"也"，帮助表明所提问的情况已经发生过。例如：

（32）祖曰："甚处去也？"师曰："飞过去也。"（卷三《百丈怀海禅师》，131）

第六种，其他"（S）甚处 VP？"，出现 15 次。例如：

（33）仰曰："和尚甚处得此三昧？"师曰："我于马大师处得此三昧。"（卷三《中邑洪恩禅师》，163）

（34）云曰："甚处相别？"曰："白莲庄上。"（卷一二《归宗可宣禅师》，742）

"甚处"作谓语，出现 3 次。例如：

（35）禅问："乡里甚处？"师曰："漳州。"（卷一六《法昌倚遇禅师》，1023）

（36）侍郎曾公开问曰："上座仙乡甚处？"曰："严州。"（卷一八《九仙法清禅师》，1204）

"甚处"作主语，出现 4 次。例如：

（37）云居锡云："甚处是沩山勘破仰山处？"（卷九《沩山灵祐禅师》，525）

（二）作宾语

"甚"分别与"因""为"构成介宾短语"因甚""为甚"，皆用于询问原因，相当于现代汉语中的"为什么"。其中"因甚"询问句出现 15 例，"因甚"皆作状语，或在 VP 前作状语，或在小句前作状语。例如：

（38）问："临济推倒黄檗，<u>因甚维那吃棒？</u>"师曰："正狗不偷油，鸡衔灯盏走。"（卷一一《三交智嵩禅师》，696）

（39）师曰："阇黎因甚颠倒？"曰："甚麽处是学人颠倒？"（卷一三《洞山良价禅师》，782）

"为甚"询问句出现 43 例，"为甚"皆在 VP 前作状语。例如：

（40）王乃问："诸人尽转经，<u>唯师为甚不转？</u>"祖曰："贫道出息不随众缘，入息不居蕴界，常转如是经百千万亿卷，非但一卷两卷。"（卷一《二十七祖般若多罗尊者》，38）

（41）遵曰："<u>为甚不鉴？</u>"师曰："水浅无鱼，徒劳下钓。"（卷六《韶山寰普禅师》，324）

二　"甚底"句

"甚底"由疑问代词"甚"+助词"底"构成。始见于宋，且常见于宋元时代的中土文献，宋时的三部禅宗语录里，《景德传灯录》《古尊宿语要》中均没有出现"甚底"用例；《五灯》中也仅出现 1 次，作宾语，询问事物。如下：

（42）（天宁禧宁禅师）既而复曰："丹霞有个公案，从来推倒扶起。今朝普示诸人，<u>且道是个甚底？</u>"（卷一四《天宁禧诵禅师》，894）

同时期的中土文献《朱子语类》中使用频率较高，出现 50 次。例如：

问："祭天地山川，而用牲币酒醴者，只是表吾心之诚耶？抑真有气来格也？"曰："若道无物来享时，<u>自家祭甚底？</u>肃然在上，令人奉

承敬畏，是甚物？若道真有云车拥从而来，又妄诞。"（《朱子语类》卷三《鬼神》）

三 "甚麽"句

《五灯》中"甚麽"询问句共出现 2079 次。"甚麽"相当于现代汉语的"什么"，从句法功能上看，可以作宾语、定语、兼语、状语，未见作主语用例。

（一）作宾语

1. 作动词宾语

共 507 次。常用格式为 "（S）V 个甚麽？" "（S）V 甚麽？"。

（1）"（S）V 个甚麽？"出现 184 次。例如：

（43）问："达磨西来传个甚麽？"师曰："传个册子。"（卷十《永明道潜禅师》，582）

（44）悟叱曰："见个甚麽？"师曰："竹密不妨流水过。"（卷一九《虎丘绍隆禅师》，1279）

（45）祖曰："书里说个甚麽？"师曰："文彩已彰。"（卷二十《灵岩仲安禅师》，1360）

（46）问："和尚见古人得个甚麽，便住此山？"师曰："情知汝不肯。"（卷八《清泉守清禅师》，472）

（47）又曰："成佛成祖出不得，六道轮回出不得。"僧曰："未审出个甚麽不得？"（卷四《长沙景岑禅师》，207）

（48）上堂："觌面相呈，更无馀事。若也如此，岂不俊哉？山僧盖不得已曲为诸人，若向衲僧面前，一点也著不得。诸禅德，且道衲僧面前说个甚麽即得？"（卷一六《崇德智澄禅师》，1046）

（2）"（S）V 甚麽？"

出现 323 次。其中"（S）作甚麽？"出现 96 次。"作甚麽"在句中皆作谓语，或询问目的，或询问原因，或询问行为。例如：

（49）祖问："作甚麼？"曰："牧牛。"（卷三《石巩慧藏禅师》，160）

（50）时有僧咳嗽一声，师曰："作甚麼？"曰："伤风。"（卷七《鼓山神晏国师》，410）

（51）山曰："你去游五台作甚麼？"师曰："礼文殊。"（卷二《天台丰干禅师》，120）

（52）师曰："用礼作甚麼？"者曰："礼佛也是好事。"（卷四《赵州从谂禅师》，206）

（53）问金峰志曰："作甚麼来？"曰："盖屋来。"（卷一三《曹山本寂禅师》，789）

（54）师在街衢立，有僧问："和尚在这里作甚麼？"师曰："等个人。"（卷二《明州布袋和尚》，122）

（55）士因卖漉篱，下桥吃扑，灵照见，亦去爷边倒。士曰："你作甚麼？"照曰："见爷倒地，某甲相扶。"（卷三《庞蕴居士》，187）

"（S）道甚麼？"出现24次，例如：

（56）山曰："德山道甚麼？"牙曰："德山无语。"（卷七《德山宣鉴禅师》，373）

（57）曰："文殊向行者道甚麼？"师曰："文殊道，你生身父母在深草里。"（卷五《石室善道禅师》，285）

"（S）是甚麼？"出现69次。例如：

（58）师拈油饼曰："这个是甚麼？"曰："色法。"（卷四《睦州陈尊宿》，232）

（59）师曰："是甚麼？"僧无对。（卷九《香严智闲禅师》，538）

（60）师常握木蛇，有僧问："手中是甚麼？"师提起曰："曹家

女。"（卷一三《疏山匡仁禅师》，801）

"（S）名甚麽？"出现 27 次。例如：

（61）峰曰："汝名甚麽？"师曰："玄机。"（卷二《温州净居尼玄机》，94）

（62）师曰："名甚麽？"曰："不委他法号。"（卷五《长髭旷禅师》，266）

"（S）唤作甚麽？"出现 25 次。例如：

（63）师曰："众微未聚，唤作甚麽？"生罔措。（卷二《跋陀禅师》，116）

（64）师拈帽子带问曰："这个唤作甚麽？"曰："朝天帽。"（卷四《睦州陈尊宿》，232）

"（S）堪作甚麽？"出现 8 次。例如：

（65）云岩问："师弟家风近日如何？"师曰："教师兄指点，堪作甚麽？"（卷四《道吾宗智禅师》，271）

（66）问："天得一以清，地得一以宁。衲僧得一，堪作甚麽？"师曰："钵盂口向天。"（卷一九《杨歧方会禅师》，1231）

"（S）见甚麽？"出现 12 次。例如：

（67）曰："和尚见甚麽？"师曰："可惜许！磕破钟楼。"（卷三《华林善觉禅师》，173）

（68）师曰："适来见甚麽？"僧无语。（卷六《覆船洪荐禅师》，310）

其他"（S）V 甚麼？"共出现 62 次。例如：

（69）陆亘大夫问南泉："**姓甚麼？**"泉曰："姓王。"（卷一三《曹山本寂禅师》，792）

（70）山曰："**受戒图甚麼？**"师曰："图免生死。"（卷五《澧州高沙弥》，277）

（71）师曰："**汝问甚麼？**"曰："问佛。"（卷十《永安道原禅师》，620～621）

（72）三日后，普化却上来问："**和尚三日前说甚麼？**"师便打。（卷一一《临济义玄禅师》，645）

2. 作介词宾语

（1）"（S）将甚麼 VP？"

介宾短语"将甚麼"作 VP 的状语，出现 20 次。例如：

（73）祖曰："**将甚麼讲？**"师曰："将心讲。"（卷三《西山亮座主》，176）

（74）僧问："人将语试，金将火试。未审衲僧**将甚麼试？**"师曰："拄杖子。"（卷一五《大沩怀宥禅师》，1004）

（2）"（S）向甚麼 VP？"

介宾短语"向甚麼"充当 VP 的宾语仅出现 1 次，句尾有语气词"也"配合使用。例如：

（75）问："**亡僧迁化向甚麼去也？**"师曰："苍天！苍天！"（卷十《尧峰颢暹禅师》，636）

（3）"（S）因甚麼 VP？"

介宾短语"因甚麼"在 VP 前作状语，出现 44 次。例如：

（76）云岩问：“和尚每日区区为阿谁？”师曰：“有一人要。”岩曰：“因甚麽不教伊自作？”师曰：“他无家活。”（卷三《百丈怀海禅师》，133）

（77）曰：“和尚因甚麽如此？”师曰：“汝话堕也。”（卷八《罗汉桂琛禅师》，449）

（4）“（S）为甚麽 VP？”

“（S）为甚麽 VP？”句式使用频率最高，出现 490 次。例如：

（78）僧后问玄沙：“既在鼻孔上，为甚麽不见？”沙云：“只为太近。”（卷二《南阳慧忠国师》，99）

（79）僧问：“和尚为甚麽说即心即佛？”师曰：“为止小儿啼。”（卷三《江西马祖道一禅师》，129）

“为甚麽”与“为甚”语意相同，相当于现代汉语的“为什么”。请再观察下面两个例句：

（80）曰：“世界为甚麽倾坏？”师曰：“宁无我身。”（卷四《末山尼了然禅师》，250）

（81）问：“如何是古佛心？”师曰：“世界崩陷。”曰：“为甚如此？”师曰：“宁无我身。”（卷六《禾山无殷禅师》，337）

例（81）“为甚如此”按句意补充完整即为“世界为甚崩陷？”，与例（80）“世界为甚麽倾坏？”语意、句法格式皆相同。

（二）“甚麽”作定语

1. 询问情状

“甚麽”作定语以询问事物、事情的情状居多，共出现 294 次。其中“甚麽事”出现 26 次，在询问句中皆作宾语。例如：

（82）师曰："我劳汝一段事得否？"曰："<u>和尚有甚麼事？</u>"（卷四《大慈寰中禅师》，193）

（83）峰曰："<u>有甚麼事？</u>"僧举前话。（卷四《苏州西禅和尚》，216）

"甚麼物"出现 28 次。可以作宾语（16 次）、主语（10 次）、谓语（2次）。例如：

（84）问："天不能盖，地不能载，<u>是甚麼物？</u>"师曰："无孔铁锤。"（卷一九《护国景元禅师》，1284）

（85）问："<u>甚麼物无两头，甚麼物无背面？</u>"师曰："我身无两头，我语无背面。"（卷九《芭蕉慧清禅师》，551）

（86）国师问："<u>篮里甚麼物？</u>"师曰："青梅。"（卷二《耽源应真禅师》，103）

"甚麼道理"出现 19 次。例如：

（87）宗曰："<u>汝见甚麼道理，便言大悟？</u>试说看。"师曰："师姑元是女人作。"（卷四《五台智通禅师》，220）

（88）师曰："<u>见甚麼道理？</u>"牧主曰："当断不断，反招其乱。"（卷一一《风穴延沼禅师》，674）

"甚麼经"出现 16 次。例如：

（89）僧问："<u>和尚看甚麼经？</u>"师曰："我与古人斗百草。"（卷七《镜清道怤禅师》，415）

"甚麼法"出现 14 次。例如：

（90）师曰："<u>是甚麼法？</u>"主曰："师子出窟法。"（卷三《江西马

祖道一禅师》，130）

"甚麼"作定语询问情状的其他例子（187次）如：

（91）问僧："门外甚麼声？"曰："雨滴声。"（卷七《镜清道怤禅师》，417）

（92）僧问："未审是甚麼莫过于此？"师曰："不出是。"（卷九《洪州米岭和尚》，548）

（93）僧问："经文最初两字是甚麼字？"师曰："以字。"（卷一二《金山昙颖禅师》，719）

（94）问："极目千里，是甚麼风范？"师曰："是阇黎风范。"（卷一三《洞山道全禅师》，810）

"甚麼"修饰表人的NP，用于询问人的情状，出现4次。例如：

（95）帅问："是甚麼佛？"师曰："请大王鉴。"（卷七《鼓山神晏国师》，410）

（96）师曰："你是甚麼人家男女？"曰："某甲是大阐提人家男女。"（卷一三《洞山良价禅师》，780）

2. 询问处所

"甚麼"与名词"处"构成偏正短语"甚麼处"，"甚麼处"与"甚处"义同，用于询问处所，相当于"哪里""什么地方"。《五灯》中"甚麼处"共出现542次，使用频率较高，且句法功能较为丰富，因此我们从功能入手，对其进行进一步的讨论。

（1）作宾语

"甚麼处"可以作动词宾语（202次），也可以作介词宾语（166次），出现次数以前者为多。

"X在甚麼处？"共出现47次。X可以是单音名词，也可以是单音动词。例如：

（97）山曰："老僧过在甚麼处？"师曰："两重公案。"（卷七《岩头全豁禅师》，375）

（98）师曰："东家作驴，西家作马。"曰："过在甚麼处？"师曰："万里崖州。"（卷一二《道吾悟真禅师》，733）

（99）真唾地曰："这一滴落在甚麼处？"师扪膺曰："学人今日脾疼。"（卷一七《开元子琦禅师》，1117）

其他"（S）在甚麼处？"出现次数较多，132 次。例如：

（100）师曰："汝道老僧在甚麼处？"僧竖起一指。（卷四《五峰常观禅师》，194）

（101）僧曰："在甚麼处？"曰："山河大地，若草若木，皆是我眷属。"（卷六《亡名道婆》，367）

（102）居曰："珠在甚麼处？"师无对。（卷一三《杭州佛日禅师》，826）

"（S）（近）离甚麼处？"出现 3 次。其中"（S）近离甚麼处？"2 次，"S 离甚麼处？"1 次。例如：

（103）师问僧："近离甚麼处？"曰："南岳。"（卷一五《云门文偃禅师》，929）

（104）师曰："阇黎今日离甚麼处？"僧无对。（卷十《报恩慧明禅师》，582）

"S 去甚麼处（来）？"出现 3 次。例如：

（105）洛浦问曰："院主去甚麼处来？"师曰："扫雪来。"（卷六《青峰传楚禅师》，342）

（106）师曰："汝拟去甚麼处？"曰："儿不到此。"（卷十《云居道齐禅师》，621）

"（S）到甚麼处（来）？"出现 4 次（句尾有 2 次出现"来"）。例如：

（107）师问："新到甚麼处来？"曰："凤翔来。"（卷三《归宗智常禅师》，144）

（108）座曰："到甚麼处？"师曰："始从芳草去，又逐落花回。"（卷四《长沙景岑禅师》，208）

此外，还有 1 次动词"到"前出现否定词"不"。如下：

（109）问："学人不到处，请师说。"师曰："汝不到甚麼处来？"（卷一三《归宗怀恽禅师》，825）

"甚麼处"作其他 V 的宾语
共 12 次。其中有 5 次作间接宾语。例如：

（110）昌曰："这里是甚麼处？"师曰："贼不打贫人家。"（卷三《草堂和尚》，182）

（111）婆问："和尚住甚麼处？"师曰："赵州东院西。"（卷四《赵州从谂禅师》，201）

（112）师曰："怪老僧甚麼处？"曰："学人不会，乞师方便。"（卷十《潞宁可先禅师》，623）

作介词宾语时主要见于以下几种句式：
"（S）向甚麼处 VP？"
"向甚麼处"在 VP 前作状语，出现次数较多，共 152 次。"（S）向甚麼处 VP？"以 S 出现为常，VP 多以趋向动词"去"充当（80 次），有的后面还有语气词"也"（19 次）。例如：

（113）曰："向甚麼处去？"师曰："草深无觅处。"（卷一三《青林师虔禅师》，803）

（114）僧问："和尚百年后向甚麽处去？"师抬起一足曰："足下看取。"（卷八《明招德谦禅师》，441）

（115）问："亡僧迁化向甚麽处去也？"师曰："终不向汝道。"（卷十《天台德韶国师》，568）

（116）问："佛法遍在一切处，教学人向甚麽处驻足？"师曰："大海从鱼跃，长空任鸟飞。"（卷四《大随法真禅师》，238）

"（S）从甚麽处VP？"

13次。VP多以趋向动词"来"充当（9次）。例如：

（117）师曰："汝从甚麽处来？"吾无语，师掣手便去。（卷四《镇州普化和尚》，223）

（118）师曰："从甚麽处来？"曰："江北来。"（卷一四《鹿门谭禅师》，851）

（119）乃曰："若论此事，放行则曹溪路上月白风清；把定则少室峰前云收雾卷。如斯语论，已涉多途。但由一念相应，方信不从人得。大众且道，从甚麽处得？"（卷一六《福严守初禅师》，1068）

"S往甚麽处去？"

仅1次。如下：

（120）才近便问："大姊往甚麽处去？"女曰："如舍利弗与麽去。"（卷二《舍利弗尊者》，115）

（2）作状语

"（S）甚麽处来？"

共30次。以省略S为常，27次。例如：

（121）师问："甚麽处来？"口："江西来。"（卷二《南阳慧忠国师》，99）

（122）师复问迁："汝甚麽处来？"曰："曹溪。"（卷五《青原行思禅师》，254）

"（S）甚麽处去？"

共 24 次。以省略 S 为常，19 次。例如：

（123）师问："甚麽处去？"曰："诸方学五味禅去。"（卷三《归宗智常禅师》，145）

（124）僧问："从上诸圣甚麽处去？"师良久，曰："作麽？作麽？"（卷五《云岩昙晟禅师》，273）

"（S）甚麽处去来？"

共 19 次（S 出现仅 2 次）。例如：

（125）师曰："甚麽处去来？"庆曰："只守甚麽处去来？"（卷四《饶州茣山和尚》，241~242）

（126）僧问："四相俱尽，立甚麽为真？"师曰："你甚麽处去来？"（卷六《紫阁端己禅师》，351）

其他"（S）甚麽处 VP？"（59 次，以 S 不出现为常）。例如：

（127）问僧："甚麽处宿？"曰："山下宿。"师曰："甚麽处吃饭？"曰："山下吃饭。"（卷五《丹霞天然禅师》，263）

（128）峰问："大德甚麽处住？"曰："城里。"（卷九《双峰古禅师》，549）

（3）作主语

出现 37 次。"甚麽处"询问句作主语皆是用来询问抽象意义上的处所。固定格式为"甚麽处是 X？"，X 或是 NP，或是 VP。例如：

（129）曰："某甲甚麼处是妄语？"师曰："这里不著沙弥。"（卷四《睦州陈尊宿》，234）

（130）曰："甚麼处是学人颠倒？"师曰："若不颠倒，因甚麼却认奴作郎？"（卷一三《洞山良价禅师》，782）

（4）作定语

仅3次。"甚麼处"用来修饰"人"，询问籍贯。"甚麼处人"即"哪里的人""什么地方的人"。例如：

（131）师曰："汝是甚麼处人？"曰："新罗人。"（卷七《德山宣鉴禅师》，373）

（5）作谓语

共2次。1次用于询问籍贯：

（132）又问："和尚生缘甚麼处？"师曰："日出东，月落西。"（卷四《灵树如敏禅师》，239）

"生缘甚麼处？"与"甚麼处人？"询问所指即意义相同，只是询问方式有所变换。

另有1次用于询问处所，如下：

（133）峰曰："今夏甚麼处？"曰："西禅。"（卷四《苏州西禅和尚》，216）

"今夏甚麼处？"即询问"今夏（住）在什么地方"。

此外，偏正短语"甚麼处所""甚麼方所"，与"甚麼处"义同，相当于"哪里""什么地方"，出现2次。如下：

（134）师曰："因甚麼得到这里？"曰："这里是甚麼处所？"师揖

曰："那不吃茶去！"（卷八《大章契如庵主》，455）

（135）师曰："与汝素无冤仇，一句元在这里。"曰："未审在甚麽<u>方所？</u>"（卷八《白兆怀楚禅师》，493）

3. 询问人

偏正短语"甚麽人"，用于询问人，相当于现代汉语的"谁""什么人"。出现 119 次。"甚麽人"在句中可以作宾语、主语、定语或兼语。

（1）作宾语

"（S）是甚麽人？"出现 33 次。"甚麽人"在系词"是"后作宾语。答话者或对提问的内容作简单答复，或作出较为详细的描述，或不从正面回答。例如：

（136）有僧扣门，师问："<u>是甚麽人？</u>"曰："是僧。"（卷二《鹤林玄素禅师》，67）

（137）师曰："<u>是甚麽人？</u>"曰："我本此庙灶神，久受业报。今日蒙师说无生法，得脱此处，生在天中，特来致谢。"（卷二《嵩岳破灶堕和尚》，76）

（138）问曰："<u>不与万法为侣者是甚麽人？</u>"祖曰："待汝一口吸尽西江水，即向汝道。"（卷三《庞蕴居士》，186）

在其他 V 后作宾语，13 次。例如：

（139）师曰："<u>汝道曹溪用此三昧接甚麽人？</u>"仰曰："接一宿觉。"（卷三《中邑洪恩禅师》，162）

（140）师曰："<u>供养甚麽人？</u>"僧无语。（卷一三《归宗澹权禅师》，828）

（141）院曰："<u>阇黎曾见甚麽人来？</u>"师曰："在襄州华严与廓侍者同夏。"（卷一一《风穴延沼禅师》，673）

"（S）与甚麽人 VP？"出现 4 次。例如：

（142）曰："寻常与甚麽人对谈？"师曰："文殊与吾携水去，普贤犹未折花来。"（卷五《夹山善会禅师》，294）

（143）山问："阇黎与甚麽人同行？"师曰："木上座。"（卷一三《杭州佛日禅师》，827）

"（S）为甚麽人VP？"出现3次。例如：

（144）曰："此量为甚麽人施？"师曰："不为圣人。"（卷八《南台诚禅师》，454）

（2）"甚麽人"在V前作主语，出现33次。例如：

（145）僧问："诸佛心印甚麽人传？"师曰："达磨大师。"（卷七《白兆志圆禅师》，435）

（146）曰："甚麽人得？"师曰："待海燕雷声，即向汝道。"（卷八《黄龙诲机禅师》，437）

（147）问："古涧寒泉，甚麽人得饮？"师曰："绝饥渴者。"（卷一四《谷隐智静禅师》，850）

（3）"甚麽人"在N前作定语，出现20次。例如：

（148）师曰："三界唯心，万法唯识。唯识唯心，眼声耳色，是甚麽人语？"僧曰："法眼语。"（卷一一《神鼎洪諲禅师》，690）

（149）山问师："空劫无人家，是甚麽人住处？"师曰："不识。"（卷一三《疏山匡仁禅师》，798）

（4）"甚麽人"在V₁、V₂之间作兼语，出现13次。例如：

（150）问："无烟之火，是甚麽人向得？"师曰："不惜眉毛底。"（卷八《明招德谦禅师》，440）

（151）上堂，掷下拄杖，却召大众曰："拄杖吞却祖师了也．<u>教甚麽人说禅？</u>还有人救得也无？"（卷一七《报慈进英禅师》，1157）

（152）曰："正当恁麽时，<u>更有甚麽人为知音？</u>"师曰："无眼村翁暗点头。"（卷一九《保宁仁勇禅师》，1236）

4. 询问时间

"甚麽时""甚麽时节"用于询问时间，与"何时""何时节"义同，相当于"什么时候"。共出现 12 次，其中"甚麽时"出现 7 次，皆作状语。例如：

（153）迁又问："和尚自离曹溪，<u>甚麽时至此间？</u>"师曰："我却知汝早晚离曹溪。"（卷五《青原行思禅师》，254）

（154）郑金部问："<u>和尚甚麽时开堂？</u>"师曰："不历僧只数，日月未生前。"（卷一四《兴阳清剖禅师》，878）

"甚麽时节"出现 5 次，皆作系词"是"的宾语。例如：

（155）敢问诸人，<u>即今是甚麽时节？</u>（卷二十《净居尼妙道禅师》，1348）

（三）"甚麽"作兼语

"甚麽"作兼语 48 次，其中 47 次出现于"唤甚麽作 X？"格式。例如：

（156）时有一僧出，曰："请和尚箭。"师曰："<u>汝唤甚麽作箭？</u>"（卷一一《魏府大觉和尚》，655）

（157）师曰："<u>唤甚麽作缘尘？</u>"曰："若不伸问，焉息疑情。"（卷十《罗汉守仁禅师》，592）

有 1 次作"是"的宾语，同时又作 V"动"的主语。如下：

（158）问："不是风动，不是幡动，未审<u>是甚麽动</u>?"师曰："低声！低声！"（卷一六《慈济聪禅师》，1067）

（四）"甚麽"作状语

可以询问处所，相当于"哪里""什么地方"。2次。例如：

（159）平问："<u>甚麽来</u>?"师曰："黄檗来。"（卷一一《临济义玄禅师》，647）

小　结

"甚""甚底""甚麽"是近代汉语中新兴的疑问代词，它们构成的询问句共出现2432次，在《五灯》中居于第二位（"何"系询问句位居第一）。其功能及频率详情见表1-3。

表1-3　"甚"系疑问代词功能及使用频率

词项	句法功能				语意功能								合计
	宾语	定语	状语	兼语	事物	人	情状	行为	原因	目的	时间	处所	
甚	+	+					+		+			+	352
甚底	+				+								1
甚麽	+	+	+	+	+	+	+	+	+	+	+	+	2079
合计							2432						

综上可见，"甚"系三个疑问代词中，"甚麽"使用最为频繁，出现2079次，句法功能相对来说最为完备，可以作宾语、定语、状语或兼语，语意分布也最为广泛，可以询问事物、人、情状、行为、原因、目的、时间、处所等；"甚"的使用频率位居其次，句法和语意功能均不及"甚麽"丰富；"甚底"仅出现1次，句法和语意功能亦均为单一。

第二章 特指询问句 下

本章主要论述除"何""甚"两系之外的"作麽"系、"谁/孰"系、"那"系、"几"系及由句尾语气词"覃"构成的特指询问句,共出现 1819 次,占《五灯》特指询问句的 16.9%。

第一节 "作麽"系特指询问句

"作麽"系特指询问句包括"作麽""作麽生""争""怎生"构成的询问句。共出现 977 次。

一 "作麽"句

"作麽"是近代汉语时期新兴的疑问代词。最早见于 8 世纪中叶的《神会和尚语录》,早期写作"作物/作勿/作没"①,《祖堂集》中写作"作摩",《五灯》写作"作麽","作麽"是"作甚麽"的缩略形式。张相指出:"作么,即作甚么之省文,犹怎么也。"② 周法高的看法与此大致相同,他认为:"'作么'即后来的'怎么','作'、'怎'的声母皆属精纽 ts-。"③ 高名凯则认为禅宗语录的"作麽"除了有一两个地方有"怎麽"的意思外,多半都有"作甚麽"的意思,即现代汉语的"干吗",本来是"做甚吗"的意思,同时他还指出:"'争,怎'和'作麽生'意义上虽然相同,语音上亦

---

① 参考冯春田《近代汉语语法问题研究》,山东教育出版社,1991,第 267 页。
② 参见张相《诗词曲语辞汇释》,中华书局,1953,第 381 页。
③ 参见周法高《中国语法札记》,《中国语言学论文集》,联经出版事业公司,1975,第 417 页。

可想通（'作''怎'音相近），毕竟不是同一来源的语词。"① 冯春田（1991：267~276）据实际用例对"作么"内部结构及相关问题进行讨论之后则认为唐五代时期的"X 麽"类词语中的"麽"在大多数情况下还不具备词尾的性质。

《五灯》中"作麽"询问句共出现 42 次。可以作谓语、状语、定语，未见作主语的情况。

（一）作谓语

共出现 30 次。"作麽"用于询问目的或原因，相当于现代汉语的"干什么"。其中"作麽"独立成句 13 次。例如：

（1）有僧哭入法堂来。师曰："作麽?"曰："父母俱丧，请师选日。"（卷三《百丈怀海禅师》，132）

（2）时三平为侍者，乃敲禅床三下。师曰："作麽?"平曰："先以定动，后以智拔。"（卷五《大颠宝通禅师》，265）

"来作麽?"出现 3 次，意为"来干/做什么?"例如：

（3）甘曰："来作麽?"曰："教化。"（卷五《药山惟俨禅师》，260）

"（S）VP 作麽?"出现 14 次。例如：

（4）师知隍所得未真，往问曰："汝坐于此作麽?"隍曰："入定。"（卷二《婺州玄策禅师》，97）

（5）石头问曰："汝在这里作麽?"曰："一物不为。"（卷五《药山惟俨禅师》，257）

---

① 参见高名凯《唐代禅家语录所见的语法成分》，《燕京学报》1948 年 6 月第 34 期。

（二） 作状语

出现 7 次。其中用于询问原因 2 次，询问方式方法 5 次。例如：

（6）东禅齐云：“只如雪峰是会石霜意不会石霜意？若会，他为甚麽道死急？若不会，<u>雪峰作麽不会？</u>……”（卷五《石霜庆诸禅师》，287）

（7）上堂，辞众曰：“赵州和尚有末后句，你作麽生会？试出来道看。若会得去，不妨自在快活。如或未然，<u>这好事作麽说？</u>”（卷一二《沩潭景祥禅师》，763）

（三） 作定语

“作麽”作定语主要用于“（S）作麽 N？”格式，出现 5 次，“其中有 4 次 N 为“价”，1 次为“形”。例如：

（8）云曰：“<u>浙中米作麽价？</u>”师曰：“若不是道怤，洎作米价会却。”（卷七《镜清道怤禅师》，415）

（9）师问僧：“甚处来？”曰：“幽州。”师曰：“我恰要个幽州信，<u>米作麽价？</u>”曰：“某甲来时，无端从市中过，踏折他桥梁。”师便休。（卷九《仰山慧寂禅师》，532）

（10）旷大劫来只如是，如是同天亦同地。<u>同地同天作麽形？</u>作麽形兮无不是。（卷十《瑞鹿本先禅师》，618）

冯春田（1991：268-269；2000：202）据实例认为“作何 N”—“作麽〔生〕N”—“作什（甚）麽 N”具有相同的意义和同等的语法地位，即“麽”对 N 有修饰关系，不是“作”的附着成分，或者说“麽”仍有独立的词的资格。叶建军（2010：51）也认为与“作麽”相当的“作摩”是跨层结构，“作摩价”的结构层次为“作+〔摩+价〕”。我们赞同冯、叶二人的观点，至今湖北方言中仍流行“（有╱做）么事？”的说法。

二　"作麼生"句

"作麼生"由"作麼"加表情状、样态的后缀"生"构成。在唐代写作"作勿生",它几乎与"没""是没(勿)""作没"等书写形式同时出现(冯春田 2000:203)。唐代的《神会和尚禅话录》写作"作勿生",五代时期的《祖堂集》写作"作摩生",北宋时期的《景德传灯录》写作"作么(麼)生",到了南宋晚期的《五灯》则写作"作麼生"。

《五灯》中"作麼生"询问句共出现 915 次。语法功能上可以作谓语、状语、主语、宾语。

(一) 作谓语

共出现 458 次。

1. 主要用于询问事物或事情的情状。

其中"作麼生"单独成句,出现 25 次。例如:

(11) 龙华照和尚来,师把住曰:"作麼生?"照曰:"莫错。"师乃放手。(卷四《台州胜光和尚》,247)

(12) 师与洞山行次,忽见白兔走过,师曰:"俊哉!"洞曰:"作麼生?"师曰:"大似白衣拜相。"(卷五《神山僧密禅师》,291)

"作麼生"询问意蕴、意旨 92 次。常用格式为"X 意(意旨)作麼生?",有时可以省略"意(意旨)",联系上文即可得知。例如:

(13) 僧问玄沙:"国师唤侍者,意作麼生?"沙云:"却是侍者会。"(卷二《南阳慧忠国师》,99)

(14) 曰:"国师三唤侍者,又作麼生?"师曰:"打鼓弄猢狲,鼓破猢狲走。"(卷二十《龙翔士珪禅师》,1310)

(15) 师问保福:"古人道:非不非,是不是。意作麼生?"福拈起茶益。(卷七《鼓山神晏国师》,410)

(16) 问:"仰山插锹意旨如何?"师曰:"汝问我。"曰:"玄沙踏

倒锹又作麽生?"师曰:"我问汝。"(卷六《禾山无殷禅师》,337)

上述最后 1 例中,"仰山插锹意旨如何?"与"玄沙踏倒锹又作麽生?"结构相同,可知后句省略"意旨"。"如何"与"作麽生"义同。

"X 事作麽生?"出现 71 次,用于询问事情"怎么样"。例如:

(17)师曰:"本分事作麽生?"曰:"近离石桥。"(卷七《镜清道怤禅师》,416)

(18)师问仰山:"即今事且置,古来事作麽生?"仰叉手近前。(卷九《沩山灵祐禅师》,524)

"X 时作麽生?"出现 32 次,用于询问 X 的时候"怎么样"(有的也可以理解为询问方法,相当于"怎么办")。例如:

(19)曰:"学人不问家风时作麽生?"师曰:"胡来汉去。"(卷八《安国从贵禅师》,488)

(20)曰:"忽然贼来时作麽生?"师曰:"王老师罪过。"(卷三《南泉普愿禅师》,141)

(21)僧曰:"只如黑白未分时,又作麽生?"师曰:"且饶一著。"(卷一六《法云善本禅师》,1060)

其他用于询问情状的例子(141 次)如:

(22)祖问:"子近日见处作麽生?"师曰:"皮肤脱落尽,唯有一真实。"(卷五《药山惟俨禅师》,257)

(23)曰:"法法不相到,又作麽生?"师曰:"汝作罪,我皆知。"(卷六《东山云顶禅师》,357)

(24)师问:"古人道此事唯我能知,长老作麽生?"际曰:"须知有不求知者"。(卷七《玄沙师备禅师》,396)

(25)曰:"即今作麽生?"棱曰:"用汝眼作麽?"(卷七《安国弘

瑙禅师》，419）

2. 询问方法，相当于"怎么办""怎么做""怎么认为""怎么理解"。
92次。例如：

（26）有一僧乞置塔，李翱尚书问曰："教中不许将尸塔下过，又
作麽生？"僧无对。（卷三《鹅湖大义禅师》，165）

（27）师曰："忽有人问，你作麽生？"僧提起袈裟角。（卷一三
《金峰从志禅师》，818）

（28）师曰："众生颠倒，迷己逐物。"曰："和尚作麽生？"师曰：
"洎不迷己。"（卷七《镜清道怤禅师》，417）

3. 询问目的或原因，5次。例如：

（29）师曰："老僧敲，有个善巧。上座敲，有何道理？"瑙曰：
"某甲敲，有个方便。和尚敲作麽生？"师举起盖子，瑙曰："善知识眼
应须恁麽。"（卷四《清田和尚》，197~198）

（30）山曰："二祖往邺都，又作麽生？"师不对。（卷一三《云居
道膺禅师》，795）

（二）作状语

"作麽生"作状语共出现316次。或用于询问方式，或用于询问原因，
以前者居多（310次）。

1. 询问方式

"作麽生"作状语询问方式，相当于"怎么"。例如：

（31）师曰："不作贵，不作贱，汝作麽生买？"僧无对。（卷三
《南泉普愿禅师》，139）

（32）祖问："作甚麽？"曰："牧牛。"祖曰："作麽生牧？"曰：

"一回入草去，蓦鼻拽将回。"（卷三《石巩慧藏禅师》，160）

（33）曰："教学人作麽生会？"师曰："夏天赤骨力，冬寒须得被。"（卷四《长沙景岑禅师》，212）

（34）师曰："雪峰忽若问和尚有何言句，汝作麽生只对？"曰："某甲道不得，请和尚道。"（卷四《赵州从谂禅师》，205）

（35）曰："师作麽生道？"师曰："箭过西天十万里，却向大唐国里等候。"（卷四《睦州陈尊宿》，233）

2. 询问原因

"作麽生"作状语询问原因，相当于"为什么"。例如：

（36）峰曰："只如举起拂子，汝作麽生不肯？"僧乃礼拜曰："学人取次发言，乞师慈悲。"（卷四《苏州西禅和尚》，217）

（37）上堂，师指威凤楼示众曰："威凤楼为诸上座举扬了也。还会麽？倘若会，且作麽生会？若道不会，威凤楼作麽生不会？珍重！"（卷十《高丽慧炬国师》，595）

（三）作主语

"作麽生"作主语共出现 122 次。皆用于有系词"是"紧接的判断句，且全部为真性询问。主要用于询问事物、事情，也可以询问人佛或处所。

1. 询问事物、事情，出现 112 次。例如：

（38）师曰："作麽生是正眼？"德无对。（卷四《赵州从谂禅师》，199）

（39）师曰："指示且置，作麽生是你明明底事？"曰："学人不会，再乞师指。"（卷八《闽山令含禅师》，466）

（40）师曰："这个是文字语言，作麽生是教意？"书曰："口欲谈而辞丧，心欲缘而虑忘。"（卷一五《云门文偃禅师》，933）

（41）上堂："宝应门风险，入者丧全身。作麽生是出身一句？若

道不得，三十年后。"（卷一二《宝应法昭禅师》，717）

2. 询问人佛

出现 6 次，例如：

（42）曰："作麽生是伽蓝中人？"师曰："青松盖不得，黄叶岂能遮。"（卷一二《法华全举禅师》，710）

（43）山曰："作麽生是威音王佛师？"师曰："不坐无贵位。"（卷一三《疏山匡仁禅师》，801）

3. 询问处所

仅出现 4 次。例如：

（44）上堂："黄金地上，具眼者未肯安居。荆棘林中，本分底留伊不得。只如去此二途，作麽生是衲僧行履处？"（卷一六《慧林慧海禅师》，1091）

上例中的"作麽生"也可以替换为"如何"，请看下面 2 个例句：

（45）问："如何是衲僧行履处？"师曰："头上吃棒，口里喃喃。"（卷一一《风穴延沼禅师》，675）

（46）曰："如何是衲僧行履处？"师曰："不见有古涧寒泉。"（卷一一《神鼎洪諲禅师》，690）

（四）作宾语

"作麽生"作宾语用于询问方式，相当于"怎么办"。皆出现在"（S）合作麽生？"格式中，共出现 19 次。例如：

（47）师曰："语底默底，不语不默，总是总不是，汝合作麽生？"

僧无对。(卷四《虔州处微禅师》，224)

（48）上堂："一代时教，只是整理时人手脚，直饶剥尽到底，也只成得个了事人，不可将当衲衣下事。所以道四十九年明不尽，标不起，到这里合作麽生？更若切切，恐成负累。珍重！"（卷六《大光居诲禅师》，303)

三 "争"字句

张相（1953：246）认为"争"与"怎"同，自来谓宋人用"怎"字，唐人只用"争"字。王力的观点与此相同，他亦认为疑问代词"争"是"怎"的前身，大约在 8 世纪产生。[①] 对此，吕叔湘（1985：336）有不同的看法，他认为"争""怎"只是用法很相似的词，"我们不能设想其中有什么历史的关联"。一是因为"怎字源出作么"，"争字广韵侧茎切，庄母、梗摄、平声，声母、韵母、声调三者无　和怎相同，很难有转变的可能。"二是用法方面，此二字也不尽相同："争字没有做定语、谓语的用法，只用作状语，尤其是常用在争似、争如、争得、争敢、争知、争忍、争奈（多作'那'）等熟语里，和一般动词联用的例子较少。""争字的作用，与其说是问方式，不如说是问情理，不象怎字兼有这两方面的用法。争字的语气，大多数是藉反诘来表否定。"关于"争"出现的时间，孙锡信（1983：128）认为不会晚于公元 713 年，略早于"作摩（生）"在唐五代出现于寒山子诗和禅宗语录，"作摩"很可能是"争"出现数十年后语音变化后产生的新词。

《五灯》中疑问代词"争"共出现 161 次，表反诘居多（148 次），少数表示真性询问（13 次）。"争"在特指询问句中皆作状语，其中 8 次用于询问方式，相当于"怎么"。例如：

（49）闽王送师上船，师扣船召曰："大王争能出得这里去？"王曰："在里许得多少时也？"（卷七《玄沙师备禅师》，398）

（50）问："和尚见古人得个甚麽，便住此山？"师曰："情知汝不

---

① 参见王力《汉语语法史》，商务印书馆，1989，第 82~83 页。

肯。"曰："<u>争知某甲不肯?</u>"师曰："鉴貌辨色。"（卷八《清泉守清禅师》，472）

有 5 次用于询问原因，相当于"怎么""为什么"。例如：

（51）僧问："诸佛心印甚麽人传?"师曰："达磨大师。"曰："<u>达磨争能传得?</u>"师曰："汝道甚麽人传得?"（卷七《白兆志圆禅师》，435）

（52）次有僧问："<u>适来争容得这僧?</u>"师曰："是伊见先师来。"（卷一一《三圣慧然禅师》，654）

四 "怎生"句

关于"怎"及其复合形式的来源，学界一直未有定论。张相（1953：381）云："作麽，即'作甚麽'之省文，犹'怎麽'也。"吕叔湘（1985：309）则认为"怎么的来源曾经有过种种附会，其实是很平淡无奇的。禅宗语录里有多至不可胜数的'作麽'和'作麽生'，很明显的，怎只是'作'字受了'麽'字的声母的影响而生的变音（task mua-tsam mua），而怎生是怎麽生省缩的结果。"冯春田（2000：197~203）在提到日人《禅语辞书类聚·禅学俗语解》时指出："怎生，与作麽生同。《字汇》：'怎，犹何也。'"他从语法分布以及比较的角度做了更进一步的分析，认为实际上"怎"及其复合形式的来源并不简单，问题较多，而最有资格演变为后来疑问代词的"怎么"的，应是作主语或作动词（谓语）修饰语的"作么（摩）"，《景德传灯录》中的"怎么"不过是具有动宾关系的"作么"的不同书写（包括音变）形式而已。

疑问代词"怎生"由"怎"+词缀"生"构成。敦煌变文中已出现"怎（生）"，但《祖堂集》中未见，只有"作摩""作摩生"。《五灯》中"怎生"询问句共出现 7 次。作状语、主语、定语。

"怎生"作状语居多，5 次。用于询问方式，相当于"怎么""怎么样"。例如：

（53）一日："未审和尚怎生问他？"州便打。（卷三《浮杯和尚》，185）

（54）师曰："对众怎生举？"曰："据现定举。"（卷一五《洞山守初禅师》，941）

"怎生"作主语出现1次，询问方式，相当于"怎么""怎么样"。如下：

（55）澄一禅客逢见行婆，便问："怎生是南泉犹少机关在？"婆乃哭曰："可悲可痛！"（卷三《浮杯和尚》，184）

"怎生"作定语出现1次，用于询问情状，相当于"什么""什么样"。如下：

（56）曰："如何是境中人？"师曰："岩前栽野果，接待往来宾。"曰："恁麽则谢师供养。"师曰："怎生滋味？"（卷六《南台寺藏禅师》，350）

小 结

从上文叙述中，我们将"作麽"系询问句中的疑问代词功能及频率整理成表2-1。

表2-1 "怎"系疑问代词功能及使用频率

词项	句法功能					语意功能						合计
	主语	谓语	宾语	定语	状语	事物事情	人佛	方式	情状	原因目的	处所	
作麽		30		5	7			+	+	+		42
作麽生	122	458	19		316	+	+	+	+	+	+	915
争					13			+	+			13
怎生	1		1		5			+		+		7
合计	977											

综上，"作麽""作麽生""争""怎生"均是近代汉语时期新兴的疑问代词，其中"作麽生"出现频率最高，915 次，句法功能比较完备，可以作主语、谓语、宾语、状语，语意分布也极为广泛，可以询问事物或事情、人佛、方式、情状、处所、目的、原因等。

与"作麽生"相比，"作麽"的出现频率较低，仅 42 次。其句法、语意功能相对来说较为丰富。

疑问代词"怎生""争"的出现频率最少，其句法、语意功能均没有"作麽"、"作麽生"丰富。

第二节 "谁"系特指询问句

"谁"系特指询问句包括疑问代词"谁"、"孰"及"谁"的双音节形式"阿谁"构成的询问句。共出现 360 次。

一 "谁"字句

"谁"字句是指由单音节词"谁"构成的特指询问句。志村良治（1995：23）指出"特指问句中，'谁'是古今通用的唯一的疑问代词。"疑问代词"谁"最早出现于《尚书》，仅 1 次，《诗经》中出现 44 次（易孟醇 2005：219），最初用于询问人，之后兼用于询问事物。《五灯》中"谁"字句共出现 266 次。主要用于指人，偶有少数询问事物。句法功能上可以作主语、宾语、谓语、定语或兼语。

（一）作宾语

共出现 39 次，或作动词宾语，或作介词宾语。

1. 作动词宾语

在判断动词"是"后出现 19 次。皆用于询问人。例如：

（1）师问："汝是谁?"对曰："法昕。"（卷三《盐官齐安国师》，143）

（2）师曰："知无者是谁?"曰："学人罪过。"（卷六《东山云顶

禅师》，357)

（3）问："国内按剑者是谁？"师曰："昌福。"（卷八《眉州黄龙禅师》，516)

（4）执事白通曰："堂中有僧日睡，当行规法。"通曰："是谁？"曰："青上座。"（卷一四《投子义青禅师》，875)

例（3）"国内按剑者是谁"，在《祖堂集》中作"国内按剑者谁"，"谁"作谓语。

在其他 V 后出现 10 次，皆用于询问人。例如：

（5）祖问曰："汝名谁邪？眷属多少？"曰："我名迦毗摩罗，有三千眷属。"（卷一《十二祖马鸣尊者》，21)

（6）良久问："师嗣谁？"师曰："我师曹溪六祖。"（卷二《婺州玄策禅师》，98)

（7）僧问："如何是佛？"师曰："问谁？"曰："特问和尚。"（卷一六《百丈净悟禅师》，1054)

（8）师曰："先师为谁？"素曰："慈明也。某忝执侍十三年耳。"（卷一七《兜率从悦禅师》，1147)

2. 作介词宾语

出现 10 次，皆用于询问人。介词是"从""为""与"等。例如：

（9）王曰："佛灭已千二百载，师从谁得邪？"祖曰："饮光大士，亲受佛印，展转至二十四世师子尊者，我从彼得。"（卷一《二十五祖婆舍斯多尊者》，35)

（10）僧问："久醒蒲萄酒，今日为谁开？"师曰："饮者方知。"（卷六《青峰清勉禅师》，352)

（11）僧曰："某甲未到此时，和尚与谁并立？"师指背后曰："莫是伊麽？"（卷八《枣树二世和尚》，496)

（二）作主语

共出现 134 次。用于询问人、事物。"谁"作主语，常出现在"谁 P₁ 谁 P₂"格式中，出现 34 次。例如：

（12）若如是也，<u>且谁欠谁剩？谁是谁非</u>？谁是会者，谁是不会者？（卷十《天台德韶国师》，571）

（13）师示颂曰："心是性体，性是心用。心性一如，<u>谁别谁共</u>？妄外迷源，只者难洞。古今凡圣，如幻如梦。"（卷五《马颊本空禅师》，284）

其他用于询问人（91）、事物（9 次）的例子如：

（14）问："众手淘金，<u>谁是得者</u>？"师曰："举手隔千里，休功任意看。"（卷八《仙宗契符禅师》，451）

（15）僧问："奔马争球，<u>谁是得者</u>？"师曰："谁是不得者？"（卷六《新罗清院禅师》，332）

（16）问："释迦已灭，弥勒未生，<u>未审谁为导首</u>？"师曰："铁牛也须汗出。"（卷一六《慈济聪禅师》，1067）

"谁"询问人时，有 1 次"其谁"、1 次"谁其"，均相当于"谁"。如下：

（17）问："如何是和尚为人一句？"师曰："汝且自为。"乃曰："问答俱备，<u>其谁得意</u>？若向他求，还成特地。（卷十《万寿德兴禅师》，626）

（18）有其人则传，无其人则绝。余既得之矣，<u>谁其似之乎</u>？终余之身而有其人邪？无其人邪？所不可得而知也。（卷一六《签判刘经臣居士》，1058）

（三） 作谓语

共出现 25 次。用于询问人或事物 （仅 2 次）。其中 "谁" 单独成句 11 次。例如：

> （19）师曰："谁?" 曰："某甲。"（卷三《大阳和尚》，178）
> （20）石问："谁?" 师曰："凤凰儿。"（卷七《雪峰义存禅师》，382）

"X 者谁?" 格式出现 11 次，相当于 "X 的人是谁?" 例如：

> （21）帝曰："对朕者谁?" 祖曰："不识。"（卷一《初祖菩提达磨大师》，43）
> （22）曰："长寿者谁?" 师曰："金峰。"（卷一三《金峰从志禅师》，816）

"谁" 作谓语的其他例子（1 次 "其谁"）如下：

> （23）祖曰："心复谁乎?" 舍多曰："俱寂静故。"（卷一《十七祖僧伽难提尊者》，26）
> （24）师问："汝其谁乎?" 曰："护戒神也。"（卷十《五云志逢禅师》，606）
> （25）伯曰："说心说性底谁?" 师曰："死中得活。"（卷一三《洞山良价禅师》，785）

（四） 作定语

出现 73 次，"谁" 作定语修饰 N，皆用于询问人。例如：

> （26）师曰："汝出谁门邪?" 曰："秀禅师。"（卷二《西域崛多三

藏》，83）

（27）时门人道悟问："曹溪意旨谁人得？"师曰："会佛法人得。"（卷五《石头希迁禅师》，256）

（28）上堂："不长不短，不小不大。此个道理是谁境界？咄！"（卷一五《云居晓舜禅师》，1003~1004）

（29）问："三家同到请，未审赴谁家？"师曰："月印千江水，门门尽有僧。"（卷一四《广福道隐禅师》，861）

（30）曰："未审是谁之子？"师曰："谢汝就门骂詈。"（卷一四《清居升禅师》，874）

（31）问："得船便渡时如何？"师曰："棹在谁人手？"僧拟议，师曰："云有出山势，水无投涧声。"（卷一五《五祖师戒禅师》，973）

（五）作兼语

出现9次。皆用于询问人。例如：

（32）上堂："默沈阴界，语落深坑。拟著则天地悬殊，弃之则千生万劫。洪波浩渺，白浪滔天。镇海明珠，在谁收掌？"（卷一四《投子义青禅师》，876）

（33）师曰："动静声色外，时人不肯对。世间出世间，毕竟使谁会？"（卷二十《道林渊禅师》，1383）

二 "阿谁"句

"阿谁"在汉代就已出现（吕叔湘1985：104）。《五灯》"阿谁"询问句共出现72次，"阿谁"皆用于询问人，相当于"谁"。可以作宾语、谓语、主语、定语、兼语。

（一）作宾语

"阿谁"作宾语共47次。其中固定格式"宗风嗣阿谁？"出现27次，答话者皆不从正面回答，所答机语需要对方悉心领悟。例如：

（34）问："师唱谁家曲，宗风嗣阿谁？" 师曰："五音六律。"（卷八《潭州岳麓和尚》，473）

（35）僧问："师唱谁家曲，宗风嗣阿谁？" 师曰："雪岭峰前月，镜湖波里明。"（卷八《资福智远禅师》，485）

"阿谁"作动词"是"的宾语。出现4次。例如：

（36）师曰："汝是阿谁？" 曰："某甲。"（卷三《百丈怀海禅师》，133）

（37）师曰："是阿谁？" 对曰："良钦。"（卷三《南泉普愿禅师》，142）

"阿谁"作 V "问、传、分付、礼拜"等的宾语，出现11次。例如：

（38）曰："问阿谁？" 师曰："问长老。"（卷四《睦州陈尊宿》，230）

（39）僧问："祖祖相传，未审和尚传阿谁？" 师曰："汝还识得祖也未？"（卷十《龙册晓荣禅师》，613）

（40）师方坐寝室，以院务诚知事……言毕，举拄杖曰："且道这个分付阿谁？" 徐与灵源皆屏息。（卷一六《法昌倚遇禅师》，1025）

"阿谁"作介词"向、与"等的宾语，出现5次。例如：

（41）国师曰："适来意作麼生？" 师曰："向阿谁说即得？" 国师曰："我问你。"（卷二《耽源应真禅师》，103）

（42）洞山近前曰："乞师眼睛得麼？" 师曰："汝底与阿谁去也？" 曰："良价无。"（卷五《云岩昙晟禅师》，274）

（二）作谓语

"阿谁"作谓语皆独立成句，出现10次。例如：

（43）谷问："阿谁?"师曰："良遂。"（卷四《寿州良遂禅师》，224）

（44）禅者曰："阿谁?"师曰："某甲。"（卷七《太原孚上座》，433）

（三）作主语

出现9次。例如：

（45）师谓众曰："我要一人，传语西堂，阿谁去得?"五峰曰："某甲去。"（卷三《百丈怀海禅师》，132）

（46）问："一人执炬自焚其身，一人抱冰横尸于路。此二人阿谁辨道?"师曰："不遗者。"（卷十《天台德韶国师》，574）

（四）作定语

出现4次。例如：

（47）沩曰："是阿谁底?"师曰："慧寂底。"（卷九《仰山慧寂禅师》，530）

（48）问："大军设天王斋求胜，贼军亦设天王斋求胜。未审天王赴阿谁愿?"师曰："天垂雨露，不拣荣枯。"（卷一三《华严休静禅师》，807）

（五）作兼语

仅出现2次。例如：

（49）问："一百二十斤铁枷，<u>教阿谁担？</u>"师曰："老僧。"（卷一二《金山昙颖禅师》，719）

三 "孰"字句

疑问代词"孰"最早见于《论语》一书。《五灯》中"孰"字句共出现 8 次。可以询问人、事物、方式。

（一）询问人

出现 6 次。皆作主语。例如：

（50）祖曰："一叶翳空，<u>孰能剪拂？</u>"宗胜曰："我虽浅薄，敢惮其行？"（卷一《初祖菩提达磨大师》，41）

（51）贼奉肉食，师如常斋出生毕，乃曰："<u>孰当为我文之以祭？</u>"贼笑而不答。（卷一八《性空妙普庵主》，1179）

（二）询问事物

仅出现 1 次，有在两者间抉择的意味。如下：

（52）师晚奉诏住大相国智海禅寺，问众曰："赴智海，留蒋山，<u>去就孰是？</u>"众皆无对。（卷一六《蒋山法泉禅师》，1030）

（三）询问方式

仅出现 1 次。作状语，相当于"怎么"。如下：

（53）祖曰："<u>孰知胜负？</u>"彼曰："不争胜负，但取其义。"（卷一《二十五祖婆舍斯多尊者》，34）

小 结

"谁"系疑问代词主要有"谁""阿谁""孰"等3个，其具体功能及频率见表2-2。

表2-2 "谁"系疑问代词功能及使用频率

词项	句法功能						语意功能			合计
	主语	谓语	宾语	定语	状语	兼语	人	事物	方式	
谁	134	25	39	60		9	+	+		280
阿谁	9	10	47	4		2	+			72
孰	7				1		+	+	+	8
合计	360									

疑问代词"谁""阿谁""孰"均在上古汉语中就已出现，历代一直有所沿用，"谁"在现代汉语当中依然普遍使用。在《五灯》询问人的疑问代词中，"谁"的出现频率最高，多达280次，"孰"最少，仅8次，由此可见，"谁"更能符合当时社会的日常口语交际，"孰"则走向衰落。

句法功能上，"谁"与"阿谁"相对来说较为丰富，均可作主语、谓语、宾语、定语、兼语，"孰"仅作主语、状语。

语意功能上，"阿谁"较单一，仅用于询问人；"谁"有少数用例可以询问事物；"孰"不仅用于询问人、事物，也可询问方式。

第三节 "那"系特指询问句

疑问代词"那"有抉择和询问事理（特别用于意在否定的反诘）两种作用。吕叔湘（1985：246～262）认为二者有不同的来源，表抉择的"那"与指示代词的"那"同源，是从"若"字变来的，早期形式是"若个"，五四时期以后，为了要跟去声的指示代词分别，才提倡写作"哪"；询问事理、表反诘的"那"则很可能是"若何"的合音。顾炎武《日知录》卷三十二："直言之曰'那'，长言之曰'奈何'。"周法高、王力等与此观点相同，卢烈红（1998：211）从音声入手，认为"奈""那"上古中古皆属泥母,"若"上古中古皆属日母,询问事理、表反诘的"那"源出"奈何"更为合理。冯春田(2006)也认为表反诘的疑问代词"那"确实来源于"奈何",但并非形成于合音,"而是来自省缩、音变,即'奈何'省缩为'奈',音变为'那'"①。

询问事理、表反诘的疑问代词"那"在汉末译经中就已出现,询问处所的"那"虽晚一些,但在汉末译经中也已开始使用。汉魏六朝至中唐,疑问代词"那"主要表反诘,表询问的用例不多,直到晚唐五代,才获得了较大的发展。吴福祥(1995:74)指出:"晚唐五代时期……'那'用于询问的频率比此前明显增高,同时又出现'那'参与构成的双音词'那个'、'那里',并且使用开来。"李斐雯(2001:80)认为"那"的"反诘用法在魏晋时期已然成熟,询问用法则是到北宋初年(在《景德传灯录》中)才完成"。

"那"系特指询问句包括疑问代词"那"及其双音节形式"阿那"等构成的特指询问句。共出现155次。

一 "那"字句

《五灯》疑问代词"那"有123次用于询问,皆作定语,绝大多数表示抉择询问,要求在一定范围内做出选择。其中"那"可以作定语直接修饰 N(即是有待抉择的事物),用于询问处所、人或事物。出现18次。例如:

(1)天使问:"三门俱开,从那门入?"师唤尚书,使应诺。师曰:"从信门入。"(卷四《睦州陈尊宿》,230)

(2)曰:"二语之中,那语最亲?"师曰:"臣在门里,王不出门。"(卷六《九峰道虔禅师》,305)

(3)至夜令侍者唤从问曰:"阇黎今日只对,甚有道理。汝合体得先师意。先师道,目前无法,意在目前,不是目前法,非耳目之所到。且道那句是宾,那句是主?若择得出,分付钵袋子。"曰:"彦从不

---

① 参见冯春田《反诘疑问代词"那"的形成问题》,《语言科学》2006年第6期。

会。"（卷六《洛浦元安禅师》，321）

"那"后也可跟量词"个"成"那个"，用于询问人佛或事物；跟"里""方"组成"那里""那方"，用于询问处所。

（一）那个

疑问代词"那个"可能最早出现于晚唐五代的寒山子诗，相当于现代汉语的"哪个"。《五灯》中"那个"询问句共出现 83 次，可以作主语、定语、兼语、宾语等。

1. 作主语

"那个"作主语次数居多，共 70 次。其中询问人或佛 16 次。例如：

（4）有行者问："即心即佛，<u>那个是佛</u>？"师曰："汝疑那个不是佛，指出看！"（卷三《大珠慧海禅师》，155）

（5）曰："此犹是和尚，<u>那个是某甲</u>？"师曰："木人石女笑分明。"（卷一三《华光范禅师》，822）

（6）上堂："诸人会么？但向街头市尾、屠儿魁刽、地狱镬汤处会取。若恁么会得，堪与人天为师。若向衲僧门下，天地悬殊。更有一般底，只向长连床上作好人去。汝道此两般人，<u>那个有长处</u>？无事，珍重！"（卷一五《白云子祥禅师》，934）

询问事物，54 次。"那个"询问句可以在句前先限制抉择的范围；也可以在两种事物之间先指出一种是 X，然后就另一种所指进行提问。例如：

（7）麻谷问："十二面观音，<u>那个是正面</u>？"师下禅床擒住曰："十二面观音，甚处去也？速道！速道！"（卷一一《临济义玄禅师》，648）

（8）招一日问："虎生七子，<u>那个无尾巴</u>？"师曰："第七个无尾巴。"（卷一三《疏山匡仁禅师》，799）

（9）上堂："撞钟钟鸣，击鼓鼓响。大众殷勤问讯，同安端然合掌。这个是世法，<u>那个是佛法</u>？咄！"（卷一七《黄龙慧南禅师》，

1107）

（10）通拈起曰："这个是《观音经》，那个是《谏议经》?" 公曰："此是某亲写。"通曰："写底是字，<u>那个是经</u>?" 公笑曰："却了不得也。"（卷一八《谏议彭汝霖居士》，1219）

"那个"作主语询问事物的其他例子如：

（11）头问："<u>那个是汝心</u>?" 师曰："见言语者是。"（卷五《大颠宝通禅师》，264）

（12）问："龙门争进举，<u>那个是登科</u>?" 师曰："重遭点额。"（卷一五《雪窦重显禅师》，994）

2. 作定语

"那个"作定语，可以询问人（3 次），也可以询问事物（7 次）。例如：

（13）世尊遂问迦叶："<u>汝拟摈那个文殊</u>?" 迦叶无对。（卷一《释迦牟尼佛》，7）

（14）师曰："<u>你问那个禅</u>?" 曰："祖师禅。"（卷一九《保福殊禅师》，1248）

3. 作兼语

"那个"作兼语，出现 1 次。用于询问人。例如：

（15）沩曰："此中还有菩萨也无?" 师曰："有。"沩曰："<u>汝见那个是</u>? 试指出看。"师曰："和尚疑那个不是，试指出看?"沩便休。（卷九《仰山慧寂禅师》，530）

4. 作宾语

出现 2 次。其中 1 次作动词宾语，询问事物。如下：

（16）曰："不问这个。"师曰："你问那个？"曰："大道。"（卷四《赵州从谂禅师》，203）

有 1 次作介词"以"的宾语，询问事物。如下：

（17）乃曰："汝等诸人没可作了，见人道著祖意，便问超佛越祖之谈。汝且唤甚麽作佛，唤甚麽作祖？且说超佛越祖底道理看。问个出三界，汝把将三界来，看有甚麽见闻觉知隔碍著汝？有甚麽声尘色法与汝可了，了个甚麽碗？以那个为差殊之见？……"（卷一五《云门文偃禅师》，927）

（二）那里

疑问代词"那里"出现于晚唐五代时期。《五灯》中"那里"询问句共出现 20 次。皆用于询问处所，可以作主语、宾语、状语和定语。

作主语出现 11 次。"那里"用于询问处所，相当于"什么地方"。问话者一般先陈述一段古人语或其他，然后就其中的某个词或事物进行提问。例如：

（18）问："古人道，栁栗横担不顾人，直入千峰万峰去。未审那里是他住处？"师曰："腾蛇缠足，露布绕身。"（卷一九《昭觉克勤禅师》，1255）

（19）赵州拈云："如人暗中书字，字虽不成，文彩已彰。那里是文彩已彰处？"（卷一九《华藏安民禅师》，1289）

"那里"可以做 V 宾语（3 次），也可以作介词宾语（2 次）。例如：

（20）曰："有一信相寄。"峰曰："在那里？"（卷四《灵云志勤禅师》，241）

（21）有僧与童子上经了，令持经著函内。童子曰："某甲念底，著向那里？"（卷六《亡名古宿》，364）

例（21）介词短语"向那里"作动词"著"的补语。

"那里"作定语，修饰 N，仅出现 2 次。例如：

（22）祖顾侍者曰："是那里僧?"曰："此上座向曾在和尚会下去。"（卷二十《灵岩仲安禅师》，1361）

"那里"也可以作状语，出现 2 次。如下：

（23）问："明镜当台，森罗为甚麽不现?"师曰："那里当台?"曰："争奈即今何!"（卷十《黄山良匡禅师》，593）

（24）师召大众曰："迦叶甚处不是? 达磨那里无端? 若检点得出，彼之二老一场懡㦬。若点检不出，三十年后，莫道不被人瞒好!"（卷一六《智海本逸禅师》，1028）

（三）那方

"那方"可能最早出现于北宋时期的《景德传灯录》。例如：

僧问："十方俱击鼓。十处一时闻，如何是闻?"师曰："汝从那方来?"（《景德传灯录》卷二五《道峰慧炬》）

《五灯》中"那方"询问句仅出现 2 次。其中 1 次作动词宾语，1 次作介词宾语，皆用于询问处所，相当于"哪里""什么地方"。全部列出如下：

（25）又一日出门，见人异丧，歌郎振铃云："红轮决定沉西去，未委魂灵往那方?"（卷三《盘山宝积禅师》，148）

（26）僧问："十方俱击鼓，十处一时闻。如何是闻?"师曰："汝从那方来?"（卷十《清凉泰钦禅师》，576）

二　"阿那"句

"阿那"最早出现于晚唐五代时期。《五灯》中"阿那"询问句共出现32 次。其中"阿那"作定语修饰 N（"阿那 N"之前均已限定了抉择的范围），出现 3 次，用于询问事物。例如：

（27）师提起拂子，曰："这个六十四卦中阿那卦收？"僧无对。（卷九《仰山慧寂禅师》，535）

（28）问："三十六路，阿那一路最妙？"师曰："不出第一手。"（卷一三《蜀川西禅和尚》，823）

"阿那"后可跟量词"个"成"阿那个"，与"那个"义同，用于询问人佛或事物；也可跟"头"组成"阿那头"，用于询问处所。

（一）"阿那个"

"阿那个"在晚唐五代时期也已出现。《五灯》中"阿那个"询问句共出现 24 次。可以作主语或定语。

1. 作主语

"阿那个"作主语可以询问人或佛，出现 10 次。例如：

（29）祖曰："阿那个是道人？"僧无对。（卷二《牛头山法融禅师》，59）

（30）曰："阿那个是佛？"师曰："即心是佛。"（卷二《南阳慧忠国师》，100）

（31）问："祖与佛阿那个最亲？"师曰："真金不肯博，谁肯换泥丸。"（卷六《逍遥怀忠禅师》，322）

（32）师问洛浦："从上来，一人行棒，一人行喝，阿那个亲？"曰："总不亲。"（卷一一《临济义玄禅师》，646）

后 2 例"阿那个"前限定了抉择的范围。

"阿那个"作主语询问事物，出现 11 次。例如：

（33）僧问："四大五蕴身中，<u>阿那个是本来佛性？</u>"（卷三《章敬怀晖禅师》，154）

（34）问："心随万境转，<u>阿那个是转万境底心？</u>"师曰："嘉州大像古人镵。"（卷九《承天辞确禅师》，557）

（35）上堂："一切诸佛、及诸佛阿耨多罗三藐三菩提法，皆从此经出。"乃竖起拄杖曰："这个是南源拄杖子，<u>阿那个是经？</u>"（卷一二《石霜楚圆禅师》，701）

上述 3 例中例（33）限制了抉择的范围，例（34）（35）均是对前句已经陈述过的事物进行提问。

2. 作定语

"阿那个"作定语修饰 N，均用于询问事物。出现 3 次。例如：

（36）师曰："你问<u>阿那个佛身？</u>"曰："释迦佛身。"（卷七《越山师鼐禅师》，427）

（二）"阿那头"

出现 5 次，皆作宾语。"阿那头"用于询问处所，相当于"哪里""什么地方"。例如：

（37）问："四壁打禾，中间铲草。<u>和尚赴阿那头？</u>"师曰："甚麽处不赴？"（卷六《禾山无殷禅师》，337）

（38）僧问："蚯蚓斩为两段，两头俱动。<u>佛性在阿那头？</u>"师展两手。（卷九《延庆法端禅师》，540）

小　结

"那"系询问句中的疑问代词功能及频率具体情况见表 2-3。

表 2-3 "那"系疑问代词功能及使用频率

词项	句法功能					语意功能			合计
	主语	宾语	定语	状语	兼语	事物	人佛	处所	
那			+			+	+	+	123
阿那			+			+	+	+	32
合计	155								

综上,"那"系疑问代词"那""阿那"虽然新兴于近代汉语时期,但使用频率普遍不高。句法功能上,"那"与"阿那"的句法功能均为单一,仅作定语;语意分布上,两者也比较一致,均能用于询问人佛、事物或处所。

第四节 "几"系特指询问句及其他

本节包括由疑问代词"几""多少""早晚/早暮"等构成的特指询问句。共出现 276 次。几、多少、"早晚/早暮"等多用于询问度量或时间,故我们将其放在一起讨论。

一 "几"系特指询问句

疑问代词"几"在上古汉语中就已经出现。《五灯》"几"系特指询问句共出现 115 次。"几"可以单音节形式出现,也可以由"几"参与构成的双音节形式出现,如"几多""几许"等。

(一)"几"字句

出现 85 次。其中作定语居多(80 次),可以修饰 N(共 19 次:18 次是"人",1 次是"夏")。例如:

(1)沩云:"马祖出八十四人,<u>善知识几人得大机,几人得大用?</u>"仰云:"百丈得大机,黄檗得大用,余者尽是唱导之师。"(卷三《百丈怀海禅师》,132)

（2）禅者曰："座主<u>几夏</u>邪?"师曰："十夏。"（卷四《和安寺通禅师》，196）

"几"作定语，其后可以跟量词（共35次："个"10次，"出""里"4次，"处"3次，"程""滴""卷""种"各2次，"座""茎""颖""斧""家"等各1次）。例如：

（3）王曰："若当用时，<u>几处出现</u>?"提曰："若出现时，当有其八。"（卷一《初祖菩提达磨大师》，42）

（4）师曰："<u>有几种法界</u>?"曰："广说则重重无尽，略说有四种。"（卷三《盐官齐安国师》，143）

（5）祖曰："<u>汝一箭射几个</u>?"曰："一箭射一个。"（卷三《石巩慧藏禅师》，160）

（6）师曰："<u>和尚弄得几出</u>?"曰："我弄得一出。"（卷五《云岩昙晟禅师》，273）

（7）山曰："<u>几斧斫成</u>?"师曰："一斧斫成。"（卷七《雪峰义存禅师》，380）

（8）韦曰："抚州取曹山<u>几里</u>?"曰："百二十里。"（卷七《玄沙师备禅师》，400）

（9）师拨开胸曰："汝道我有<u>几茎盖胆毛</u>?"僧无对。（卷八《明招德谦禅师》，441）

（10）师拈钵囊问僧："你道直<u>几钱</u>?"僧无对。（卷八《招庆道匡禅师》，458）

（11）公曰："<u>有几卷</u>?"曰："两卷。"（卷八《新罗龟山和尚》，467）

（12）问："百川异流，还归大海，<u>未审大海有几滴</u>?"师曰："汝还到海也未?"（卷八《鹫岭善美禅师》，519）

（13）师曰："<u>几程到此</u>?"曰："七程。"（卷十《报慈文遂导师》，591）

（14）师曰："踏破<u>几颖絪草鞋</u>?"曰："三絪。"（卷一五《洞山守初禅师》，941）

"几"作定语，其后可以跟表示时间的准量词"年"（4 次）、"岁"（1次）、"日"（1 次）、"时"（20 次），用于询问时间，共出现 26 次。例如：

（15）祖问："汝几岁邪？"曰："百岁。"（卷一《十七祖僧伽难提尊者》，26）

（16）僧问："如何是沩潭家风？"师曰："阇黎到来几日也？"（卷一五《沩潭道谦禅师》，942）

（17）曰："几时成佛？"师曰："待虚空落地时。"曰："虚空几时落地？"师曰："待柏树子成佛时。（卷四《赵州从谂禅师》，206）

（18）云曰："与和尚相别几年？"宣倒指曰："四年矣。"（卷一二《归宗可宣禅师》，742）

"几"在判断动词"是"后作宾语，出现 4 次。例如：

（19）师问："今日是几？"曰："不知。"（卷三《洞安和尚》，182）

"几"作谓语，仅出现 1 次。如下：

（20）因问鞠多曰："汝年几邪？"答曰："我年十七。"（卷一《三祖商那和修尊者》，13）

（二）"几曾""几多"句

"几曾"在南唐后主李煜的词中就已出现（王海棻 2001：133）。由"几"+副词"曾"构成。用于询问时间，相当于"什么时候"。《五灯》中"几曾"询问句仅 1 次，作状语。如下：

（21）问："如何是真正路？"师曰："出门看猴子。"乃曰："释迦何处灭俱尸？弥勒几曾在兜率？西觅普贤好惭愧，北讨文殊生受屈。

坐压毗卢额汗流，行筑观音鼻血出。回头摸著个匾担，却道好个木牙笏。"（卷一九《保福殊禅师》，1248）

"几多"在六朝时期就已出现，由表疑数词"几""多少"糅合而成（吕叔湘 1985：343；卢烈红 1998：195）。《五灯》中"几多"询问句仅出现 1 次，用于 N 前作定语，询问数量。如下：

（22）曰："如何是庵中主？"师曰："入门须辨取。"曰："莫只这便是麽？"师曰："赚却几多人？"（卷一二《芭蕉谷泉禅师》，712）

（三）"几何""几许" 询问句

疑问代词"几何"在上古汉语中就已出现。《五灯》中出现 15 次，其中 14 次作宾语，用于询问两种事物之间的差距，其固定式为"X （，）相去几何？"（X 指两种事物或两种情况）"相去几何"意为"相差多少/多远"。答话者一般不从正面给以回答。例如：

（23）曰："宾主相去几何？"师曰："长江水上波。"（卷三《龙山和尚》，185）

（24）曰："出与未出，相去几何？"师曰："人平不语，水平不流。"（卷一八《长灵守卓禅师》，1184）

"几何"有 1 次作定语，用于询问时间。如下：

（25）问知事曰："今日是几何日月？"曰："六月十五。"（卷一三《曹山本寂禅师》，793）

"几许"在南朝时期就已出现，由"几"+词缀"许"构成（王海棻 2001：102）。《五灯》中"几许"询问句出现 3 次，皆作宾语，用于询问人或事物两者之间的差距，相当于"多远""多少"。例如：

（26）师曰："二彼同时，<u>又争几许？</u>"士曰："庞公鲜健，且胜阿师。"（卷三《则川和尚》，181）

（27）师曰："多知且置，闭门开门，卷之与舒，<u>相较几许？</u>"士曰："只此一问，气急杀人！"（卷五《大同济禅师》，269）

（四）"第几"询问句

前缀"第"+"几"用于询问序数。"第几"可能最早出现于唐诗中（叶建军 2010：61）。《五灯》中"第几"多作定语，其后可以跟 N（4 次），也可以跟量词（4 次）。例如：

（28）问："的的西来意，<u>师当第几人？</u>"师曰："年年八月半中秋。"（卷十《崇寿契稠禅师》，585）

（29）师竖起扫帚曰："<u>是第几月？</u>"吾便行。（卷五《云岩昙晟禅师》，274）

（30）师竖起拂子曰："<u>这个是第几种法界？</u>"主沉吟。（卷三《盐官齐安国师》，143）

（31）曰："<u>和尚是第几句荐得？</u>"师曰："月落三更穿市过。"（卷一一《首山省念禅师》，681）

"第几"作宾语，仅出现 2 次。例如：

（32）书曰："六朝翻译，<u>此当第几？</u>"师举起经曰："一切有为法，如梦幻泡影。"（卷四《睦州陈尊宿》，232）

二　"多少""早晚/早暮"句

（一）"多少"句

疑问代词"多少"最早出现于东汉时期的《太平经》（王海棻 2001：

84），由"多""少"两个反义语素构成，用于询问数量。《五灯》中"多少"询问句共出现 155 次。句法功能比较完备，可以作定语、谓语、补语、宾语、主语。

1. 作定语

出现 73 次。"多少"用于询问人或事物的数量、时间的长短等。例如：

（33）洞曰："和尚住此山多少时邪？"师曰："春秋不涉。"（卷三《龙山和尚》，185）

（34）师曰："踏破多少草鞋？"僧无对。（卷四《睦州陈尊宿》，232）

（35）沩曰："田中多少人？"师插锹叉手。（卷九《仰山慧寂禅师》，528）

（36）翁曰："多少众？"师曰："或三百，或五百。"（卷九《无著文喜禅师》，545）

（37）僧问："庵主在这里多少年也？"师曰："只见冬凋夏长，年代总不记得。"（卷一一《虎溪庵主》，660）

2. 作谓语

出现 37 次。其中用于"X 年多少？"（询问人或动物的年龄）出现 20 次，"甲子多少？"（询问人的年龄）出现 2 次。例如：

（38）师曰："年多少？"宗曰："二十二。"（卷三《水塘和尚》，173）

（39）妇人曰："圣僧年多少？"僧无对。（卷六《亡名道婆》，367）

（40）师谓众曰："此个水牯牛年多少？"众皆无对。（卷七《雪峰义存禅师》，381）

（41）后尝问师："甲子多少？"师曰："不记。"（卷二《嵩岳慧安国师》，72）

"多少"用于询问两地之间的距离，也可以询问抽象意义上的距离，相当于现代汉语的"多远"。常用格式有"X 相去多少？"（10 次）、"X 去此多少?"（1次）、"此去多少?"（1次）。例如：

（42）师曰："与此间相去多少?"曰："不遥。"（卷七《雪峰义存禅师》，381）

（43）曰："道与道中人相去多少?"师曰："十万八千。"（卷一二《大乘慧果禅师》，717）

（44）师曰："此去多少?"曰："七百里。"（卷一五《洞山守初禅师》，941）

（45）问："玉溪去此多少?"曰："三十里。"（卷一八《丞相张商英居士》，1199）

"多少"作谓语的其他例子如下：

（46）祖问曰："汝名谁邪？眷属多少?"曰："我名迦毗摩罗，有三千眷属。"（卷一《十二祖马鸣尊者》，21）

（47）问师："春秋多少?"师提起数珠，曰："会麽?"公曰："不会。"师曰："昼夜一百八。"（卷五《大颠宝通禅师》，265）

3. 作补语

出现31次。"多少"紧接在形容词"深、重、高、长、阔、短"之后，用于询问事物的"深度、重量、高度、长度"等。例如：

（48）峰曰："泥深多少?"师曰："无丈数。"（卷二《扣冰澡先古佛》，124）

（49）师曰："重多少?"峰曰："尽大地人提不起。"（卷一三《洞山良价禅师》，781）

（50）师曰："芭蕉高多少?"曰："野火烧不尽，春风吹又生。"（卷一六《法云法秀禅师》，1038）

（51）禅曰："思大鼻孔长多少?"师曰："与和尚当时见底一般。"（卷一六《法昌倚遇禅师》，1022~1023）

（52）师指火炉曰："火炉阔多少？"峰曰："如古镜阔。"（卷七《玄沙师备禅师》，397）

（53）曰："和尚短多少？"师却蹲身作短势。（卷七《保福从展禅师》，408）

4. 作宾语

出现 12 次。可以询问数量，也可以询问距离（仅 1 次）。例如：

（54）曰："和尚一日看多少？"师曰："老僧一日只看一字。"（卷四《赵州从谂禅师》，206）

（55）檗曰："一顿吃多少？"头曰："二石五。"（卷一一《临济义玄禅师》，644）

（56）师曰："脚跟下到金刚水际是多少？"僧无语。（卷一五《洞山晓聪禅师》，985）

5. 作主语

出现 2 次。用于询问事物的数量。如下：

（57）师问仰山："《涅槃经》四十卷，多少是佛说，多少是魔说？"仰曰："总是魔说。"（卷九《沩山灵祐禅师》，522）

（二）"早晚/早暮"句

疑问代词"早晚"由"早""晚"两个反义语素构成，用于询问时间，相当于现代汉语中的"什么时候"。丁声树曾指出"早晚"一词"自晋迄唐，人所习用"①。吕叔湘（1985：357）也认为"早晚"最早见于晋代文献，一直用到宋代。《五灯》中"早晚"询问句共出现 5 次，其中有 4 次作

---

① 参见丁声树《"早晚"与"何当"》，载《历史语言研究所集刊》第二十本（下），1949，第 61 页。

状语。例如：

（58）曰："早晚却回?"师曰："待和尚有住处即来。"（卷一三《洞山良价禅师》，778）

"早晚"作谓语仅 1 次，句尾有语气词"也"辅助传达疑问语气。如下：

（59）山置经曰："日头早晚也?"师曰："正当午。"（卷五《百岩明哲禅师》，277）

此外，我们在《五灯》中还发现了 1 次"早暮"，单独作谓语，询问时间，相当于现代汉语中的"什么时候"。如下：

（60）问侍僧曰："早暮?"曰："已夕矣。"（卷一七《石头怀志庵主》，1161）

小 结

"几"系询问句中的疑问代词功能及频率具体情况见表 2-4。

表 2-4 "几"系疑问代词功能及使用频率

| 词项 | 句法功能 | | | | | 语意功能 | | | | | | 合计 |
	主语	谓语	宾语	定语	状语	补语	数量	时间	年寿	面积体积	差距距离	程度	
几		+	+	+	+		+	+	+		+		115
多少	+	+	+	+		+	+	+	+		+	+	155
早晚/早暮		+			+			+					6
合计	276												

综上，"几"系疑问代词除"几""几何"在上古汉语就已出现外，其他则是在中古或近代汉语中新兴的。疑问代词"多少""早晚/早暮"等均由两个反义语素构成。

在出现频率方面，疑问代词"多少"位居第一；"几"居其次，它是从古至今一直使用的疑问代词，此时已然具有较强的生命力；"早晚/早暮"出现次数最少，出现6次。

在句法、语意功能方面，疑问代词"多少"最为丰富，"几"次之，"早晚/早暮"相对来说较为单一。由此也可以看出上述疑问代词的句法、语意功能与其出现频率成正比。

第五节 "胡""曷"等特指询问句

疑问代词"胡""曷""盍""奚""安""畴"均在上古汉语中就已出现，"底""若为"出现于南朝时期。以上疑问代词在《五灯》中仍有所继承，因其构成的特指询问句出现次数较少，故我们放在最后一起讨论。

一 "胡"字句

仅出现1次。"胡"在 V 前作状语，与 V 之间有"而"连接，用于询问原因，相当于"为什么""怎么"。如下：

（1）师睹其形貌，奇伟非常，乃谕之曰："善来仁者胡为而至?"彼曰："师宁识我邪?"（卷二《嵩岳元珪禅师》，78）

二 "曷"字句

出现3次。其中2次用于询问方式，作状语，相当于"怎么"。例如：

（2）子曰："既言不动，曷由至此?"师曰："至此岂是动邪?"（卷六《观音岩俊禅师》，329）

有1次"曷"位于两种情况之间，相当于"何如""哪如""怎么比得上"。如下：

（3）一日因与同窗戏，以砚投之，误中先生帽，偿金而归。曰："大丈夫读世间书，*曷若究出世法？*"（卷一九《径山宗杲禅师》，1272）

三　"盍"字句

仅出现1次。"盍"作状语，用于询问原因，相当于"何不""为什么不"。如下：

（4）越九年，欲返天竺，命门人曰："时将至矣，*汝等盍各言所得乎？*"时有道副对曰："如我所见，不执文字，不离文字，而为道用。"（卷一《初祖菩提达磨大师》，44）

四　"奚"字句

出现5次。皆位于V前作宾语，其中3次用于询问事物，相当于"什么"；1次用于询问处所，相当于"何处""什么地方"；1次用于"奚以……为"格式，询问原因，相当于现代汉语的"为什么要……呢"。如下：

（5）师问曰："*孤坐奚为？*"曰："观静。"（卷二《西域崛多三藏》，83）

（6）上堂："春已暮，落花纷纷下红雨。南北行人归不归，千林万林鸣杜宇。我无家兮何处归？*十方刹土奚相依？*老夫有个真消息，昨夜三更月在池。"（卷一七《象田梵卿禅师》，1142）

（7）问其来，师曰："吾禅者，欲抵密印寺。"贼怒，欲斩之。师曰："大丈夫要头便斫取，*奚以怒为？*吾死必矣，愿得一饭以为送终。"（卷一八《性空妙普庵主》，1178）

五 "安"字句

出现 3 次。皆位于 V 前作宾语，用于询问处所，相当于"什么地方"。例如：

> （8）帝和颂不允，仍宣谕曰："山即如如体也，将安归乎？再住京国，且兴佛法。"（卷一五《育王怀琏禅师》，1006）
>
> （9）同舍诘之曰："三界唯心，万法唯识。今目前万象掞然，心识安在？"师茫然不知对。（卷一九《文殊心道禅师》，1301）

六 "畴"字句

仅出现 1 次。疑问代词"畴"相当于"谁"，用于询问人，作主语。如下：

> （10）上座神秀者，学通内外，众所宗仰，咸推称曰："若非尊秀，畴敢当之？"（卷一《五祖弘忍大满禅师》，52）

七 "底""若为"句

疑问代词"底"最早出现于乐府诗，是南朝时期新兴于南方的疑问代词，在唐宋时期运用更为普遍。[①]《五灯》中"底"字句出现 2 次。皆作宾语，相当于"什么"，用于询问事物。例如：

> （11）师曰："学得底那？"曰："拈不出。"（卷七《保福从展禅师》，407）

疑问代词"若为"在南北朝时期就已出现（柳士镇 1992：188）。清刘淇《助字辨略》："若为，犹云'如何'也。"王利器《颜氏家训·归心》集解引

---

① 参考柳士镇《魏晋南北朝历史语法》，南京大学出版社，1992，第 186~187 页。

刘盼遂云："若为，晋、宋以来通语。"冯春田（2000：153～154）云："'若为'作为疑问代词，相当于古代的'何为'，也就是'如何'、'怎么'的意思……'若为'可作为谓语、主语，但更多的是用在谓语前询问样态、情状等。"关于"若为"的构成方式，吕叔湘（1985：265）认为"跟怎么（作物）相同，都是一个疑问代词加一个表作为的动词"；俞理明（1989：60）认为"若为"是动词"若"加疑问代词"为"构成；魏培泉（1990：201）则说"若为"是"若何"与"何为"的混合，正如"云所"是由"云何"与"何所"的混并一样。王锦慧（1997：140）不同意上述三种看法，她认为先秦指示代词"若"发展到六朝可以当作疑问副词，有"怎么""怎么样"之意，"若为"是疑问副词"若"加动词"为"（作为）构成，"把'若为'当作副动结构，从汉语语序发展与词汇意思上都较为合理"。

《五灯》中"若为"句出现7次，其中有6次作状语，用于询问方式，相当于"怎么"。例如：

（12）祖曰："汝师若为示众？"师曰："尝指诲大众，令住心观静，长坐不卧。"（卷二《吉州志诚禅师》，84）

（13）曰："若为得证法身？"师曰："越毗卢之境界。"（卷二《南阳慧忠国师》，100）

"若为"作谓语1次，用于询问情状，相当于"怎么样"。如下：

（14）曰："坐禅看静，此复若为？"师曰："不垢不净，宁用起心而看净相？"（卷二《南阳慧忠国师》，100）

小 结

本节疑问代词的功能及频率详情见表2-5。

表2-5 "胡""曷"等系疑问代词的功能及使用频率

词项	句法功能				语意功能							合计
	主语	谓语	宾语	状语	事物	人	方式	情状	处所	原因	比较	
胡				1						+		1

续表

词项	句法功能				语意功能							合计
	主语	谓语	宾语	状语	事物	人	方式	情状	处所	原因	比较	
曷		1		2			+				+	3
盍				1						+		1
奚			5		+				+	+		5
安			3						+			3
畴	1					+						1
底			2		+							2
若为		1		6			+	+				7
合计	23											

综上所述，不管是上古汉语中就有的疑问代词"胡""曷""盍""奚""安""畴"，还是出现于南朝时期的疑问代词"底""若为"等，使用频率都极低，仅是零星出现。

在句法功能方面，本节所出现的疑问代词除"曷""若为"可以作谓语或状语外，其他均为单一。

语意分布上，"曷"可以是比较询问，也用于询问方式；"若为"可以询问方式或情状；"奚"的语意分布最为广泛，可以询问事物、处所或原因。

由此可以看出，本节中上古或中古产生的疑问代词在《五灯》中已逐步为其他更适合时代需要的疑问代词所替换，走向了衰亡。

第六节　"X 聻？"特指询问句

句尾疑问词"聻"在《五灯》的出现之处并不含疑问代词，但从语意上看，"X 聻？"多用于询问 X 的情状，其答语也要视问语的具体情况而定。此情形与《祖堂集》中的"NP 聻/尼/你"用法相同，我们采纳叶建军的看法，将其看作特指询问句。句尾疑问词"聻"最早的可靠用例见于《祖堂集》，因此叶建军（2010：77）认为"NP+疑问语气词（聻/尼/你等）？"可能是晚唐五代时期新兴的询问格式。

《五灯》中"X 聻?"（未出现语气词"尼/你"）特指询问句共出现 27 次。"X"可以是体词性成分，也可以是谓词性成分。其中"NP 聻?"出现 21 次。多用于询问 NP 的情状，即"NP 怎么样?"。"聻"相当于现代汉语的"呢"。例如：

（1）泉曰："王老师聻?"师戴笠便行。（卷四《黄檗希运禅师》，189）

（2）觉曰："即今聻?"曰："这里容和尚不得。"（卷一六《洞庭惠金典座》，1020）

（3）僧提起坐具，曰："这里聻?"师曰："不劳拈出。"（卷一九《上方日益禅师》，1252）

"NP 聻?"有 1 次用于询问事物：

（4）山问："阇黎名甚麼?"师曰："本寂。"山曰："那个聻?"师曰："不名本寂。"（卷一三《曹山本寂禅师》，787）

根据上下文语境可知，"那个聻?"意思是那个的名字是什么。
有 1 次用于询问"NP"的处所。如下：

（5）师问云岩："作甚麼?"岩曰："担屎。"师曰："那个聻?"岩曰："在。"（卷五《药山惟俨禅师》，258）

"VP 聻?"出现 5 次。如下：

（6）僧问："如何是超佛越祖之谈?"师曰："老僧问聻?"曰："和尚问则且置。"（卷一三《越州乾峰和尚》，811）

（7）曰："沩山呵呵大笑聻?"师曰："波斯读梵字。"（卷二十《大沩善果禅师》，1321）

“X”为形容词出现 1 次，用于询问事物所处的情状。“聻”相当于现代汉语的“吗”。如下：

(8) 师吃饭次，南泉收生饭，乃曰：“生<u>聻</u>？”师曰：“无生。”泉曰：“无生犹是末。”（卷三《杉山智坚禅师》，159）

特指询问句　小结

由于《五灯》特指询问句内容丰富，以上我们分为两章进行了论述，故于此处总体作结。

综合一、二两章的内容，《五灯》特指询问句共分为八类，各类询问句的具体使用情况见表 2-6。

表 2-6 《五灯》特指询问句使用情况

特指询问句	“何”系	“甚”系	“作麼”系	“谁/孰”系	“那”系	“几”系	“胡/曷”等系	“X 聻？”	合计
频率	6488	2432	977	360	155	276	23	27	10738
比例	60.4%	22.6%	9.1%	3.4%	1.4%	2.6%	0.2%	0.3%	100%

疑问代词不仅是特指询问句的疑问焦点，同时也是句子所传达新信息的焦点。《五灯》特指询问句中的疑问代词丰富多样，它们所构成的特指询问句多达 10738 次，从时代来源看，它们产生的时代涵盖了上古汉语、中古汉语和近代汉语时期，在继承前代的同时，也在很大程度上体现了疑问代词的新发展，新兴的疑问代词为近代汉语注入了新鲜的活力，给人呈现耳目一新的感觉；从文献来源来看，或来自本土文献（绝大多数），或与汉译佛经有着亲密的血缘关系（少数）。

在上述八类特指询问句所出现的疑问代词中，“何”系疑问代词最为丰富，有“何”“何等”“何故”“如何”“若何”“云何”等十多个，均在上古或中古汉语时期就已出现。“如何”的出现频率最高（5188 次），占《五灯》中疑问代词总出现频率的 48.3%，"如何"主要作主语，以"如何是 X？"格式为常。句法功能及语意分布上，均以"何"为最。

"甚"系疑问代词主要包括"甚""甚底""甚麼"等 3 个，皆出现于近代汉语时期。"甚麼"的使用最为频繁，出现 2082 次，其句法功能相对来说最为完备，可以作宾语、定语、状语或兼语；语意分布也最为广泛，可以询问事物、人、情状、行为、原因、目的、时间、处所等。"甚"的使用频率位居其次，句法和语意功能均不及"甚麼"丰富。

"作麼"系疑问代词有"作麼""作麼生""争""怎生"等 4 个，它们均是近代汉语时期新兴的疑问代词。其中"作麼生"无论从出现频率、语法功能还是语意分布上都处于优势地位。

"谁"系疑问代词有"谁""阿谁""孰"等 3 个，它们均产生于上古汉语时期。"谁"的出现频率最高，"阿谁"其次。"谁"从古至今一直使用，表现了顽强的生命力。

"那"系疑问代词主要包括"那"与"阿那"，均新兴于近代汉语时期，使用频率不高。

"几"系疑问代词不仅包括"几"及其双音节形式"几曾""几何""几许"等，还包括与它们一样用于询问度量或时间的双音节疑问代词"多少""早晚/早暮"等，后者均由两个反义语素构成。除"几""几何"在上古汉语中就已出现，其他均产生于中古或近代汉语时期。"多少"的出现频率最高，"几"其次。

疑问代词"胡""曷""盍""奚""安""畴"源自上古汉语，"底""若为"产生于中古汉语，它们在《五灯》中均已衰落，偶有出现。

"NP 聻/尼/你？"新兴于晚唐五代时期的《祖堂集》，可用于询问 NP 的情状或处所。发展到《五灯》时期，句尾语气词"尼/你"已经不出现，"聻"前可为体词性成分，也可为谓词性成分。"X 聻？"在《五灯》中出现频率极低。

第三章　是非询问句

是非询问句可单用疑问语调或者用疑问语调兼句尾疑问语气词来表达语气，一般只要求对方作肯定或否定的回答。是非询问句的提问针对的是整个命题，它的疑问焦点（question focus）是整个句子的正确性。[①]

是非询问句在甲骨文中就已出现，张玉金（2001）曾指出甲骨文里"卜辞的命辞绝大多数是所谓是非问句"，"有两条卜辞可能是选择问"，"由于甲骨文中没有出现疑问代词，所以甲骨文有疑而问的疑问句中没有特指问"，"有少数是正反问"。[②] 故傅惠钧（2011：277）说："从汉语疑问句的形成与发展来看，是非问是问句系统中最先得到发展的一种问句类型。"

近代汉语中的是非询问句主要是以疑问副词、疑问语气词或两者兼而有之来表达疑问语气，这点与现代汉语中的是非询问句大多纯粹以语调来表达疑问意蕴有很大的不同。《五灯》中是非询问句共出现 1012 次，根据疑问副词的有无可分为两类：有疑问副词的是非询问句和无疑问副词的是非询问句。前者根据疑问副词的不同，又分为"还"字句、"可"字句与"宁"字句，后者则根据有无句尾疑问语气词，分为句尾有疑问语气词的是非询问句和句尾无疑问语气词的是非询问句。

---

① 吕叔湘认为："是非问句，我们的疑点不在这件事情的哪一部分，而在这整个事情的正确性。"参见吕叔湘《中国文法要略》，商务印书馆，1982，第 285 页。
② 裘锡圭（1988）的看法与此不同，他认为甲骨文中没有确凿无疑的正反问句。参见裘锡圭《关于殷墟卜辞的命辞是否问句的考察》，《中国语文》1988 年第 1 期。

第一节 有疑问副词的是非询问句

一 "还"字句

"还"发展到可作疑问副词,比较可靠的用例当见于中晚唐人的诗歌。[①]
江蓝生(1992:251)认为"还"最常用于"还VP?"的句式,"还"充当
疑问副词最迟不晚于晚唐五代,其语法意义跟今语"可"相当。"用作疑问
副词的'还'其黄金时代是在五代和宋,元代之后就很少用了。"[②]

《五灯》中"还"字句,句尾皆与疑问语气词"麽"搭配使用。基本
格式为"还VP麽?"。李斐雯(2001:114)曾指出"还VP麽?"是整个
《景德传灯录》是非询问句的主要形式,她从句法和数据两方面来证明了
《景德传灯录》是从"无"到"麽"的中介点,句法方面,她认为"还有+
N+也无?"与"还有+N+麽"不仅句型相同,句义也一致,说明用"无"
或用"麽"似乎差异不大。例如:

> 还有那个也无?(7:124)
> 江西湖南还有这个麽?(12:225)(此两例转引自李斐雯2001:
> 119)

数据方面,《祖堂集》中"磨、摩"出现202次,"无"280次,而
《景德传灯录》中,"无"196次,"麽"则是448次。因此李斐斐认为从
《祖堂集》到《景德传灯录》短短五十年间,"无"渐弱,而"麽"渐强。
二者相同处太多,所以才导致"无"逐渐被"麽"所取代。二者看似不同,
但是用法却是相承的……这都是可证明"从无到麽"说法的正确性。

《五灯》中"还VP麽?"共出现490次,占是非询问句的47.9%,近
1/2。

其中"(S)还会麽?"出现73次。例如:

---

① 参见钟兆华《近代汉语虚词研究》,中国社会科学出版社,2011,第70页。
② 参见江蓝生《近代汉语探源》,商务印书馆,2000,第92页。

（1）圣师曰："陛下还会麽？"帝曰："不会。"（卷二《双林善慧大士》，118）

（2）师见僧，举拂子曰："还会麽？"曰："谢和尚慈悲示学人。"（卷八《罗汉桂琛禅师》，449）

（3）上堂："闲来只麽坐，拍手谁赓和？回头忽见簸箕星，水墨观音解推磨。"拍手一下曰："还会麽？八十翁翁虽皓首，看看不见老人容。"（卷一六《法昌倚遇禅师》，1024）

"（S）还见麽？"出现 36 次。例如：

（4）沙曰："汝道前两度还见麽？"玄觉云："前两度见，后来为甚麽不见？且道利害在甚麽处？"（卷二《南阳慧忠国师》，99）

（5）师拈起如意曰："还见麽？"曰："见。"（卷二《跋陀禅师》，116）

（6）师曰："子还见麽？"仰拈禾穗曰："和尚何曾问这个？"（卷九《沩山灵祐禅师》，523）

（7）上堂："春寒凝冱，夜来好雪，还见麽？大地雪漫漫，春风依旧寒。说禅说道易，成佛成祖难。珍重！"（卷一五《洞山晓聪禅师》，986）

"（S）还知麽？"出现 19 次。例如：

（8）师曰："步步是汝证明处。汝还知麽？"曰："某甲不知。"（卷五《长髭旷禅师》，267）

（9）上堂，良久召众曰："还知麽？"复曰："败缺不少。"（卷二十《天童净全禅师》，1338）

"（S）还闻麽？"出现 15 次。例如：

（10）开堂日，公朝服趋隅曰："请师说法。"师曰："还闻麽？"

公设拜，师曰："虽然如此，恐有人不肯。"（卷七《长庆慧棱禅师》，402）

（11）师将火箸敲柴曰："<u>汝还闻麽</u>?"曰："闻。"（卷一一《襄州历村和尚》，658）

"（S）还有麽?"出现10次。例如：

（12）上堂众集，师于座前谓众曰："不负平生行脚眼目，致个问来，<u>还有麽</u>?"众无对。（卷五《枣山光仁禅师》，302）

（13）问："如何是西来意?"师曰："<u>汝道此土还有麽</u>?"（卷八《清凉休复禅师》，501）

"（S）还得麽?"出现5次。例如：

（14）师曰："<u>大于还得麽</u>?"者曰："犹要别人点检在。"（卷四《东山慧禅师》，197）

（15）上堂："不用上来，堂中侨陈如上座为诸上座转第一义法轮，<u>还得麽</u>? 若信得及，各自归堂参取。"（卷一十《云居义能禅师》，628）

其他"（S）还 VP 麽?"（332次）的例子如：

（16）师曰："<u>陛下还见空中一片云麽</u>?"帝曰："见。"（卷二《南阳慧忠国师》，101）

（17）上堂："王老师卖身去也，<u>还有人买麽</u>?"一僧出曰："某甲买。"（卷三《南泉普愿禅师》，139）

（18）丈曰："<u>还见大虫麽</u>?"师便作虎声。（卷四《黄檗希运禅师》，188）

（19）官人问："<u>此中还有佛麽</u>?"僧无对。（卷六《亡名官宰》，365）

（20）长庆问："见色便见心。<u>还见船子麽</u>?"师曰："见。"（卷七

《保福从展禅师》，405）

（21）阳曰："你与麽来，<u>还曾踏著麽？</u>"曰："不曾踏著。"（卷一四《罗浮显如禅师》，878）

二 "可"字句

（一）句尾有语气词的"可"字句

仅出现 1 次。句尾语气词是"麽"。如下：

（22）通曰："<u>可更吃茶麽？</u>"公曰："不必。"（卷一八《左司都贶居士》，1220）

（二）句尾无语气词的"可"字句

出现 2 次。如下：

（23）上堂："……阿你浑家，各有一坐具地，更疑甚么？<u>禅可是你解底物？</u>岂有佛可成？佛之一字，永不喜闻。……"（卷五《丹霞天然禅师》，263）

（24）曰："和尚不肯，<u>可为说破？</u>"庵曰："却只从这里猛著精彩觑捕看。若觑捕得他破，则亦知本命元辰落著处。"（卷六《天竺证悟法师》，360）

三 "宁"字句

疑问副词"宁"源自中古时期的汉译佛经，刘开骅在《中本起经》和《贤愚经》里各发现两例。[①] 例如：

---

① 参考刘开骅《中古汉语疑问句研究》，黑龙江人民出版社，2008，第 29 页。

长者见佛尊仪相好，喜惧交至，忘失修敬，而问佛言："我子宝称，足迹趣此，<u>瞿昙宁见？</u>"佛告长者："若子在斯，何忧不见？"（《中本起经》，4/149b）

即自念言：我昔常闻，释氏之子弃家学道，道成号佛，达知去来。<u>宁可往诣身心自归？</u>即便径往，驰趣祇洹。（《贤愚经》，4/368a）（此2例转引自刘开骅2008：29）

《五灯》中"宁"字句仅出现1次，句尾有语气词"麼"。如下：

（25）室中问僧："月晦之阴，以五色彩著于暝中，令百千万人夜视其色，<u>宁有辨其青黄赤白者麼？</u>"僧无语。师代曰："个个是盲人。"（卷一七《黄龙悟新禅师》，1132~1133）

第二节　无疑问副词的是非询问句

《五灯》中无疑问副词的是非询问句是指句中没有疑问副词"还""可""宁"等出现的是非询问句，共出现530次。其内部又可按疑问语气词的有无分为两类：一类是是句尾使用疑问语气词的是非询问句，一类是句尾不用疑问语气词的是非询问句。

一　有疑问语气词的是非询问句

从历史发展的角度来看，上古时期的是非问句句尾大都有语气词，表疑问的语气词是这类问句极为重要的表达手段，不带语气词的情形很少出现。[①]

《五灯》是非询问句句尾疑问语气词主要有"乎""邪""耶""也""麼""那"等，除"麼""那"是近代汉语中新兴的句尾语气词外，其他均在上古汉语就已出现。

[①]　参考杨伯峻、何乐士《古汉语语法及其发展》，语文出版社，2001，第877页。

（一）"乎"尾句

我们将句尾使用语气词"乎"的是非询问句称为"乎"尾句（其他语气词同此）。《五灯》中"乎"尾句共 44 次。其中有 9 次与能愿动词"能"配合使用。例如：

（1）师曰："汝能不淫乎？"曰："我亦娶也。"（卷二《嵩岳元珪禅师》，78）

（2）师曰："汝能不杀乎？"曰："实司其柄，焉曰不杀？"（卷二《嵩岳元珪禅师》，78）

（3）师曰："汝能夺地祇、融五岳而结四海乎？"曰："不能。"（卷二《嵩岳元珪禅师》，79）

有 1 次句中省略"能"，据答语可以补出。如下：

（4）师曰："汝不遭酒败乎？"曰："能。"（卷二《嵩岳元珪禅师》，78）

"乎"尾句有 12 次承袭先秦用法，与"哉"连用。例如：

（5）问："道远乎哉？触事而真。如何是道？"师曰："顶上八尺五。"（卷一九《龙门清远禅师》，1262）

（6）上堂："古人道，堕肢体，黜聪明，离形去智，同于大道。正当恁麽时，且道是甚麽人删《诗》《书》，定《礼》《乐》？还委悉麽？礼云礼云，玉帛云乎哉？乐云乐云，钟鼓云乎哉？"（卷一四《宝峰惟照禅师》，892）

"乎"尾句的其他例子如：

（7）时迦叶问诸比丘："阿难所言，不错谬乎？"皆曰："不异世尊

所说。"（卷一《一祖摩诃迦叶尊者》，11）

（8）可曰："诸佛法印，<u>可得闻乎？</u>"祖曰："诸佛法印，匪从人得。"（卷一《初祖菩提达磨大师》，44）

（9）曰："垢即不可念，<u>净无念可乎？</u>"师曰："如人眼睛上，一物不可住。金屑虽珍宝，在眼亦为病。"（卷三《兴善惟宽禅师》，166）

（10）师曰："有受非偿，<u>子知之乎？</u>"众皆愀然。（卷五《道吾宗智禅师》，272）

（11）问曰："祖师别传事，<u>肯以相付乎？</u>"霜曰："莫谤祖师。"（卷六《龙湖普闻禅师》，315）

（12）王公泣曰："<u>师忍弃弟子乎？</u>"师笑曰："借千年亦一别耳。"（卷一三《重云智晖禅师》，843）

（13）师曰："<u>病有自性乎？</u>"曰："病无自性。"（卷一七《沩潭文准禅师》，1153）

（二）"邪"尾句

王力曾指出在上古时期"邪"与"耶"是相通的[1]，用途为要求证实。相当于现代汉语的"吗"。孙锡信补充说："魏晋南北朝时期用'耶'明显增多，尤其是译经文字中'耶'字频繁出现，似超出用'邪'字。"[2] 北宋初期的《景德传灯录》中未出现"邪"，只出现了"耶"。《五灯》中则绝大多数是"邪"，也有少数几例"耶"。

《五灯》中"邪"出现 36 次。其中 9 次与判断动词"是"配合使用。例如：

（14）世尊因有异学问："<u>诸法是常邪？</u>"世尊不对。又问："<u>诸法是无常邪？</u>"亦不对。（卷一《释迦牟尼佛》，6）

（15）问："<u>这三颂是汝作来邪？</u>"师曰："是。"（卷一一《三交智

---

[1]　参考王力《汉语史稿》，中华书局，1980，第 450 页。

[2]　参见孙锡信《近代汉语语气词：汉语语气词的历史考察》，语文出版社，1999，第 17~18 页。

嵩禅师》，695）

其他"邪"尾句如：

（16）祖曰："汝无姓邪？"答曰："性空，故无。"（卷一《四祖道信大医禅师》，50）

（17）同事问曰："汝忆父母邪？"师曰："无。"（卷二《百丈怀海禅师》，131）

（18）师曰："师号来邪？"曰："来也。"（卷七《长庆慧棱禅师》，404）

（19）隐问："今日运薪邪？"师曰："然。"（卷一二《金山昙颖禅师》，719）

（20）夫傍睨曰："你颠邪？"婆掌曰："非汝境界。"（卷一九《金陵俞道婆》，1271）

（三）"耶"尾句

出现 3 次。如下：

（21）师曰："有冀开发，乃尔相戏耶？"礼曰："你他后悟去，方知今日曲折耳。"（卷一九《龙门清远禅师》，1261）

（22）二年书云前一日，饭食讫跌坐，谓其徒曰："诸方老宿，临终必留偈辞世。世可辞耶？且将安往？"（卷一九《龙门清远禅师》，1262~1263）

（23）圆悟云："龙门有此僧耶？东山法道未寂寥尔。"（卷二十《云居善悟禅师》1311）

（四）"也"尾句

出现 8 次。例如：

（24）师住庵后，一日归来，值雨。山曰："你来也？"师曰："是。"（卷五《澧州高沙弥》，278）

（25）慧问："吃粥了也？洗钵盂了也？去却药忌，道将一句来。"师曰："裂破。"慧震威喝曰："你又说禅也。"师即大悟。（卷二十《教忠弥光禅师》，1329）

（五）"那"尾句

朱庆之（1991）认为"那"是"耶"的传抄笔误，宋之前，"那"是不存在的。[①] 曹广顺（1995：161）、蒋宗许（1996：71）、植田均（1999：425）等均认为疑问语气词"那"在宋之前就已出现，其中曹广顺指出句尾语气词"那"在魏晋时期就已出现，但用例极少，直到宋代的禅宗语录才明显增多，其他文献中偶见。[②]《五灯》中"那"尾句共出现 31 次。"那"相当于现代汉语的"吗"。例如：

（26）师曰："汝实不会那？"曰："学人实不会。"（卷八《罗汉桂琛禅师》，448）

（27）师到雪峰庄，见一僧乃问："上座今日上山去那？"僧曰："是。"（卷一五《云门文偃禅师》，922）

（28）曰："不见那？"师曰："不见。"（卷一五《香林澄远禅师》，938）

（29）师执其手问曰："汝是悟侍者那？"悟曰："诺。"（卷一七《泐潭文准禅师》，1153）

（六）"麼"尾句

王力（1980：452）认为"'麼'应该是从'无'演变过来的。"它的

---

① 参见朱庆之《关于疑问语气助词"那"来源的考察》，《古汉语研究》1991 年第 2 期。

② 参见曹广顺《近代汉语助词》，语文出版社，1995，第 161~163 页。

历史演变进程是：无（六朝）→摩（晚唐五代）→麼（宋初）→吗（现代）。"麼"是近代汉语中新兴的疑问语气词，而且在近代汉语时期运用也最为广泛，话本小说、禅宗语录、儒家语录等中无不见其身形。《祖堂集》中一般用"摩"，不见"麼"；《五灯》中则普遍使用"麼"，不用"摩"。

《五灯》中"麼"尾句共出现355次。"麼"常和几个动词构成固定的句式，如"会""闻""见""知"等，这些应是禅家在参禅悟佛的过程中所形成的独特的语言表达方式。

其中"（S）会麼？"出现次数最多，有118次。例如：

（30）师指庭前鹿曰："会麼？"曰："不会。"（卷三《杨岐甄叔禅师》，172）

（31）子曰："汝会麼？"曰："不会，乞师指示。"（卷四《赵州从谂禅师》，202）

据叶建军考察《祖堂集》等禅宗语录，发现其中均有大量的"会麼（摩）？"而《敦煌变文校注》中未见1例，《朱子语类》中也仅有1例。他认为"会麼（摩）？"是禅宗行业特有的一种语法现象，即"禅宗语法格式"。我们对此持相同看法。

《五灯》中"VP得麼？"格式出现49次，相当于现代汉语的"可以吗"，"得"用于询问VP的可能性。V可以为单音节动词，也可以为双音节动词和短语。例如：

（32）师问座主："你与我讲经得麼？"曰："某甲与和尚讲经，和尚须与某甲说禅始得。"（卷三《南泉普愿禅师》，142）

（33）师曰："问一段义得麼？"曰："得。"（卷四《睦州陈尊宿》，230）

（34）师曰："我有一信寄雪峰，得麼？"曰："便请。"（卷四《灵云志勤禅师》，241）

（35）师蓦问一僧："记得麼？"曰："记得。"（卷七《龙华灵照禅师》，412）

（36）师曰："吃得麽？"曰："欲吃此食，作何方便？"师曰："塞却你口。"（卷八《罗汉桂琛禅师》，448）

（37）师曰："汝承当得麽？"曰："学人承当不得，还别有人承当得否？"（卷十《五云志逢禅师》，607）

（38）歧指曰："委悉得麽？"公曰："望师点破。"（卷一九《比部孙居士》，1239）

此外，《五灯》中"有麽？"出现 22 次，"（S）见麽？"出现 15 次，"（S）知麽？"出现 13 次，"（S）在麽？"出现 8 次，"闻麽？"出现 5 次，"好麽"出现 2 次。例如：

（39）上堂："竿木随身，逢场作戏。然虽如是，一手不独拍，众中莫有作家禅客，本分衲僧，出来共相唱和。有麽？"（卷一二《云峰文悦禅师》，744）

（40）师曰："泐潭和尚在汝背后，怕你乱道，见麽？"僧无对。（卷四《睦州陈尊宿》，233）

（41）门举拄杖曰："慧林大师恁麽去，汝见麽？"曰："深领此问。"（卷一五《洞山清禀禅师》，953~954）

（42）又问："三门夜来倒，汝知麽？"师愕然，曰："不知。"（卷一七《云盖守智禅师》，1120）

（43）上堂："一夏与兄弟东语西话，看翠岩眉毛在麽？"（卷七《翠岩令参禅师》，413）

（44）师曰："先师在麽？"曰："在。"（卷一四《大阳警玄禅师》，871）

（45）师震声喝一喝，问善曰："闻麽？"曰："闻。"（卷一二《净因继成禅师》，769）

（46）师谓众曰："我年二十八，到仰山参见南塔，见上堂曰：'汝等诸人，若是个汉，从娘肚里出来便作师子吼，好麽？'我于言下歇得身心，便住五载。"（卷九《芭蕉慧清禅师》，551）

其他"麼"尾句的例子（123 次）如：

（47）上堂："大洋海底排班立，从头第二簝毛斑。为甚麼不道第一簝毛斑？<u>要会麼？</u>金蕊银丝成玉露，高僧不坐凤凰台。"（卷一二《大愚守芝禅师》，709）

（48）师问新到："<u>曾到此间麼？</u>"曰："曾到。"（卷四《赵州从谂禅师》，204）

（49）师曰："<u>识庞公麼？</u>"曰："不识。"（卷五《长髭旷禅师》，266）

（50）丈曰："<u>将得火来麼？</u>"师曰："将得来。"（卷九《沩山灵祐禅师》，520）

（51）师问僧："<u>汝会佛法麼？</u>"曰："不会。"（卷十《灵隐清耸禅师》，578）

二 无疑问语气词的是非询问句

吕叔湘（1941：286）曾指出是非问句可以单用语调来表示。王力在《中国语法理论》中也提到有些语气的差别"是上下文的语意所形成，不一定需要特别的形式"①。

对于没有语气词等形式标记的疑问句而言，语调在传达疑问信息的过程中就起着非常重要的作用。因此句尾无疑问语气词的是非询问句就主要依靠句尾上升的语调来表达疑问语气，又可称为语调是非询问句。语调与疑问代词、疑问副词、语气词、关联词等均是汉语疑问句的要素，其中后四者是疑问句的形式标记，当它们都不出现时，疑问信息才会主要依靠语调来传达。

先秦时期的是非询问句不带语气词的用例很少，到了魏晋南北朝时期开始有了较大的变化，柳士镇（1992：299）认为此时期的是非询问句"出现了一些不用疑问词语的疑问句，这在较为接近口语的载籍中表现尤其明

---

① 参见王力《王力文集》（第一卷），山东教育出版社，1984，第 224 页。

显，因为口语常常可以借助语境、语调来表示疑问。"发展到元明清时期，是非询问句中语气词和副词的功能更加式微，植田均（1996：96）指出此时期的是非询问句"话本小说更是十分罕见，比如《水浒全传》里的是非问句，多数不用疑问语气词和疑问副词"。由此可见，随着时代的发展（从魏晋南北朝开始，到元明清时代）不用疑问语气词与疑问副词的是非询问句越来越多，这些是非询问句若失去疑问语调，将与陈述句无异，因此，在是非询问句里，语调的地位不可忽视。傅惠钧（2011：277）指出是非询问句的基本特点第一点就是"句子的主体部分是一个陈述结构，赋予其传疑语调就成了是非问，这与特指问和选择问须借助'疑问代词'和'疑问句法结构'来表达疑问的方式有明显的差异"。

《五灯》中语调是非询问句共出现 41 次。例如：

（52）师问僧曰："<u>夜来好风？</u>"曰："夜来好风！"（卷三《南泉普愿禅师》，137）

（53）师曰："<u>我问不着？</u>"僧曰："是。"（卷五《雪峰义存禅师》，385）

（54）师曰："<u>汝实不会？</u>"曰："实不会。"（卷十《百丈道恒禅师》，580）

（55）沩山举问仰山："黄檗当时只嘱临济一人，<u>更有人在？</u>"仰云："有。只是年代深远，不欲举似和尚。"（卷一一《临济义玄禅师》，644）

（56）师曰："首座久在此住，头白齿黄，<u>作这个语话？</u>"曰："上座又作麽生？"（卷一五《云门文偃禅师》，933）

（57）师曰："<u>上座去年在此过夏了？</u>"曰："不曾。"（卷一五《巴陵颢鉴禅师》，937）

（58）泉问："<u>尊官高姓？</u>"公曰："姓秤，乃秤天下长老底秤。"（卷一七《内翰苏轼居士》，1146）

语调是非询问句与陈述句形似，不同之处只在于句尾升高的语调。故往往不易从表面形式上判断出来，需要根据上下文语境来揣测句意。

本章小结

　　是非询问句是汉语疑问句系统中的一种基本形式。《五灯》中是非问句根据有无疑问副词二分为有疑问副词的是非询问句和无疑问副词的是非询问句两类。前者内部可细分为"还"字是非询问句、"可"字是非询问句与"宁"字是非询问句，后者又二分为句尾有疑问语气词的是非问句和句尾无疑问语气词的是非问句。《五灯》中是非询问句的使用详情见表3-1。

表 3-1　《五灯》是非询问句的使用情况

分类	有疑问副词			无疑问副词		合计
	"还"字询问句	"可"字询问句	"宁"字询问句	句尾有语气词	句尾无语气词	
频率	490	3	1	477	41	1012
比例	48.4%	0.3%	0.1%	47.1%	4.1%	100%

　　综上可见，《五灯》中是非询问句共出现1012句，绝大多数是有形式标记（疑问副词、句尾疑问语气词）的是非询问句。其中"还"字询问句与句尾有疑问语气词的是非询问句出现频率最高，"可"字询问句与"宁"字询问句出现频率则极低。无形式标记的是非询问句（即语调询问句）出现频率不高，有41次。

第四章　选择询问句

选择询问句是问话者提出两个或两个以上的选项，让答话者从中做出选择的句子。邵敬敏称选择询问句"是一种很有语用特色的问句"。"它提出若干选择项进行询问，不仅明确地提出了询问的主观范围，而且提供了回答的若干选择项。它与一无所知的特指问相比，体现出一定的范围性；它与以整个句子作为一个疑问点的是非问相比，又表现出某种选择性。"① 因此从语言应用角度来看，选择询问句与特指、是非询问句三者形成了互补格局。

《五灯》中选择询问句句型比较丰富，数量较多。根据是否有关联标记，可分为有关联标记的选择询问句和无关联标记的选择询问句。现代汉语选择询问句的典型格式在《五灯》中已经初步形成。

第一节　有关联标记的选择询问句

《五灯》中有关联标记的选择询问句共出现 189 次。关联标记可以出现在选择前项，也可以出现在选择后项，以前者为常。

一　"为复"句

关联标记"为复"可能在中古时期的汉译佛经中就已经出现（叶建军2010：129）。最初，有断定义的"为复"可用于陈述句和是非询问句中，随着功能的扩展，逐渐用于选择询问句中。《五灯》中，"为复"句出现 23 次。"为复"可以单用（以出现在前项为常）、叠用（次数居多）；也可以与"为"配合使用；"为复"句句尾均不用疑问语气词。

---

① 参见邵敬敏《现代汉语疑问句研究》，华东师范大学出版社，1996，第 87 页。

（一）"为复"单用

1. "为复A，B？"

"为复"用于前项的选择询问句出现6次，例如：

（1）云居锡云："法眼恁麽道，<u>为复明国师意，不明国师意？</u>"（卷二《南阳慧忠国师》，99）

（2）云居锡云："罗山、玄沙总恁麽道，<u>为复一般，别有道理？</u>若择得出许上座佛法有去处。"（卷三《鲁祖宝云禅师》，168）

（3）师因兴教明和尚问曰："饮光持释迦丈六之衣，在鸡足山候弥勒下生，将丈六之衣披在千尺之身，应量恰好。只如释迦身长丈六，弥勒身长千尺，<u>为复是身解短邪？衣解长邪？</u>"师曰："汝却会。"（卷十《天台德韶国师》，574）

（4）有老宿见日影透窗，问师："<u>为复窗就日，日就窗？</u>"师曰："长老房中有客，归去好！"（卷三《百丈惟政禅师》，158）

例（1）前后项意义相反，后项是否定副词"不"+前项；例（2）前后项是两种不同的情况；例（3）"为复"单用于前项，其后紧跟判断动词"是"，前后两项均有句尾语气词"邪"，句中"解"是"能"的意思；例（4）中的"为复窗就日，日就窗？"在晚唐五代时期的《祖堂集》《景德传灯录》中有相似的禅语，《祖堂集》中前后项均使用了关联标记"为复"，《景德传灯录》与《五灯》使用情况相同：

有老宿见日影透过窗，问："<u>为复窗就日，为复日就窗？</u>"师曰："长老房内有客，且归去好。"（《祖堂集》卷一四《百丈政和尚》）（此例转引自叶建军2010：132）

有老宿见日影透窗，问师曰："<u>为复窗就日？日就窗？</u>"师曰："长老房内有客归去好。"（《景德传灯录》卷九《洪州百丈山惟政禅师》）

2. "A，为复（是）B？"

"为复"用于后项的选择询问句出现 3 次。例如：

（5）玄觉征云："<u>且道长庆明丹霞意，为复自用家财？</u>"（卷五《丹霞天然禅师》，264）

（6）曰："<u>只有这个，为复别有？</u>"师曰："采石渡头看。"（卷一九《五祖法演禅师》，1242）

例（5）（6）前后项均是两种不同的情况，用"为复"联系起来更加凸显了选择的意味。

（二）"为复"叠用

1. "为复 A，为复 B？"

前、后项均出现关联标记"为复"的选择询问句共出现 8 次。例如：

（7）一问："如何是道？何以修之？<u>为复必须修成，为复不假功用？</u>"答："无碍是道，觉妄是修。道虽本圆，妄起为累。妄念都尽，即是修成。"（卷二《圭峰宗密禅师》，109）

（8）玄觉云："<u>为复荐得自己，为复荐得三寸？</u>若是自己，为甚麽成三寸？若是三寸，为甚麽悟去？且道洞山意作麽生？莫乱说，子细好。"（卷三《五泄灵默禅师》，148）

例（7）前后项是两种不同的情况，且前后的构成不同，前项是偏正结构，"必须"用于修饰"修成"，后项是动宾结构，动词"假"有凭借、依靠之义。例（8）前后项的结构都是"动词'荐'+助词'得'+宾语"，不同则在于前项的宾语是"自己"，后项的宾语是"三寸"。

2. "为复是 A，为复是 B？"

出现 3 次。判断动词"是"的出现，削弱了"为复"的实义，"为复"只起连接作用。例如：

（9）问："承师有言，老僧今夏向黄龙潭内，下三百六十个钓筒，未曾遇著个锦鳞红尾，<u>为复是钩头不妙，为复是香饵难寻？</u>"师曰："雨过竹风清，云开山岳露。"（卷一七《黄龙悟新禅师》，1132）

3."为复是A，为复B？"
仅出现1次，如下：

（10）师曰："若是第一义，且作麼生观？怎麼道，落在甚麼处？<u>为复是观，为复不许人观？</u>……"（卷十《归宗义柔禅师》，578～579）

例（10）前项"为复"后紧跟判断动词"是"，后项"为复"后虽没有出现，但我们在理解语意时会自动补上；前后项结构不同，前项是单音节动词"观"，后项是否定词"不"+兼语结构"许人观"，前后项是相反关系。

（三）"为复"与"为"配合使用

1."为复A，为B？"
关联标记"为复"与"为"搭配使用的选择询问句仅出现1次[①]。如下：

（11）师曰："眼耳缘声色时，<u>为复抗行，为有回互？</u>"泽曰："抗互且置，汝指何法为声色之体乎？"师曰："如师所说，即无有声色可得。"（卷二《蒙山光宝禅师》，104）

例（11）前后项结构不同，前项用"为复"，后项用"为"很可能是考虑到韵律协调的问题，"为+有+回互"形成四字格。"抗行"意为互相对抗、不发生关系，"回互"意为互相融合。
2."为复A，B，为C？"
关联标记"为复"与"为"配合使用出现于三个选择项中，仅出现1次，如下：

① 对于搭配使用的关联标记，我们只在先提到的关联标记中进行讨论，不作重复统计。

（12）后住清凉，示众，举《首楞严》如来语阿难曰："汝应嗅此炉中旃檀，此香若复然于一铢，室罗筏城四十里内同时闻气。于意云何？<u>此香为复生旃檀木，生于汝鼻，为生于空</u>？阿难，若复此香生于汝鼻，称鼻所生，当从鼻出。……"（卷一七《清凉慧洪禅师》，1159~1160）

例（12）后项用"为生于空"亦是为了协调韵律。

二　"为当"句

"为当"相当于"为复"，有断定义。"较早的用例在中古时期汉译佛经中就已出现，在中土文献中也偶见用例，到了唐代'为当'的用例逐渐增多了。"（叶建军 2010：133）《五灯》选择询问句中关联标记"为当"出现9次，或单用，或叠用，句尾均不用疑问语气词。

（一）"为当"单用

1. "为当 A，B？"
关联标记"为当"多出现于前项（6次）。例如：

（13）云居锡云："此二尊宿，尽扶背后，只如南泉休去，<u>为当扶面前，扶背后</u>？"（卷二《南阳慧忠国师》，99）

（14）云居锡云："<u>赵州为当扶石桥，扶略彴</u>？"（卷四《赵州从谂禅师》，204）

（15）沙云："汝欲会麽？我与汝说个喻。如人卖一片园，东西南北一时结契了也，中心树犹属我在。"崇寿稠云："<u>为当打伊解处，别有道理</u>？"（卷七《雪峰义存禅师》，382）

例（13）、（14）前后项结构均是 V+N，且前后项 V 相同；例（15）前后项是两种不同的情状，"为当 A，别（更）有 B？"格式，在《五灯》中出现4次。

2. "A，为当 B？"
关联标记"为当"用于后项仅出现2次，其中1次用于三个选择项之后项。如下：

（16）师曰："只这个，为当别有？"丈抛下拂子。（卷三《江西马祖道一禅师》，129）

（17）东禅齐云："只如临济道，我从前疑着这汉，是肯底语，不肯底语？为当别有道理？试断看。"（卷七《德山宣鉴禅师》，373~374）

例（16）"别"修饰"有（N）"，与前项"这个"是不同的事物；例（17）"为当"相当于现代汉语的"还是"，句子翻译成现代汉语即为"是肯底语，不肯底语？还是别有道理？"。

（二）"为当"叠用

"为当 A，为当 B？"仅出现 1 次。如下：

（18）四问："凡修心地之法，为当悟心即了，为当别有行门？若别有行门，何名南宗顿旨？若悟即同诸佛，何不发神通光明？"（卷二《圭峰宗密禅师》，109）

例（18）"悟心即了"是主谓结构，"别有行门"是"别"修饰动宾结构"有行门"。

三 "为"字句

关联标记"为"早在东晋时期的汉译佛经中就已出现。与"为当"相比，"为"的使用较为广泛，共出现 15 次。句尾可使用疑问语气词。

（一）"为"单用

1. 句尾无疑问语气词

出现 3 次。其中"为"用于后项 2 次，前项 1 次。如下：

（19）师又曰："汝学坐禅，为学坐佛？若学坐禅，禅非坐卧。若学坐佛，佛非定相。……"（卷三《南岳怀让禅师》，127）

（20）峰曰："只恁麽，为别有商量？"师曰："和尚恁麽即得。"（卷七《镜清道怤禅师》，413）

（21）声钟集众，乃曰："……诸人向甚麽处见，为向四大五阴处见？六入十二处见？这里若见，可谓云居山二十年间后学有赖。……"（卷十《云居道齐禅师》，621）

例（19）前后项"学坐禅""学坐佛"均为动宾结构，不同之处在于宾语的内容；例（20）前项用副词"只"限制选项的范围，后项用"别"转换可以选择的范围；例（21）后项省略了介词"向"。

2. 句尾有疑问语气词

出现3次。"为"皆用于前项，句尾有语气词"邪"。例如：

（22）者曰："汝身十七，性十七邪？"答曰："师发已白，为发白邪？心白邪？"（卷一《三祖商那和修尊者》，14）

（23）师曰："陛下睹此为常邪？非常邪？信邪？非信邪？"帝曰："希奇之事，朕深信焉。"（卷二《终南山惟政禅师》，80）

例（22）前后项均是主谓结构+句尾语气词"邪"；例（23）有四个选择项，实际上是对同一现象从两个角度进行的选择提问，可理解为"陛下认为这样的事是寻常之事，还是不寻常之事？（对于此）您觉得可信，还是不可信？"。《五灯》中仅出现1次。

与《五灯》"为"字句句尾语气词皆用"邪"不同，《祖堂集》除1次用"也"外，其他均用"耶"，比如例（22），《祖堂集》中相似的禅语是：

子白师曰："为心白耶？为头白耶？"师曰："此白是发，非心头也。"（《祖堂集》卷一《第三祖商那和修尊者》）（此例转引自叶建军2010：137）

（二）"为"叠用

1. 句尾无疑问语气词

（1）"为 A（,）为 B?"

其中 A、B 均为体词，出现 4 次。前后项出现于一个句子之中，可以看作是紧缩的"为"字句。例如：

（24）问曰："汝学定慧，为一为二?"彼众中有婆兰陀者答曰："我此定慧，非一非二。"（卷一《初祖菩提达磨大师》，40）

（25）师遂问曰："到此与祖师西来意，为同为别?"公曰："同矣。"（卷一九《昭觉克勤禅师》，1254）

例（24）前后项均为数词。周碧香（2001：222）认为此处的"一"可理解为相同，"二"即为相异，"一""二"代表两种不同的情况；例（25）两个选择项由单音节形容词"同""别"构成。

A、B 为 VP，出现 3 次。例如：

（26）僧问："此座为从天降下，为从地涌出?"师曰："是甚麽?"（卷八《龙华彦球禅师》，460）

（27）慧曰："只你这一拳，为三圣出气，为兴化出气?速道!速道!"师拟议，慧便打。（卷二十《育王遵璞禅师》，1342）

例（26）前后两项的结构均是"状中+动补"；例（27）"三圣出气""兴化出气"皆是主谓结构。

（2）"为 A，为 B，为 C?"

关联标记"为"用于三个选择项仅出现 1 次。如下：

（28）师曰："为将三钱与匠人，为将两钱与匠人，为将一钱与匠人?若道得，与吾亲造塔来。"僧无语。（卷一三《疏山匡仁禅师》，801）

此例在《祖堂集》中相似的禅语使用关联标记"为复"，说明在宋人的语感里，"为"与"为复"意义相当。

2. 句尾有疑问语气词

"为"叠用且句尾有疑问语气词的选择询问句，《五灯》中仅出现 1 次，疑问语气词为"邪"。如下：

（29）有问曰："公之忏罪，<u>为自忏邪？为他忏邪？</u>若自忏罪，罪性何来？若忏他罪，他罪非汝，乌能忏之？"师不能对。（卷一八《天童普交禅师》，1192）

此例前后项结构均是主谓结构+疑问语气词"邪"。

四　"为是"句

关联标记"为是"在中古汉译佛经中就已出现。"为""是"皆有"判断"义。《五灯》中"为是"句共出现 5 次。其中，"为是"叠用出现 3 次，如下：

（30）华严座主问："<u>虚空为是定有，为是定无？</u>"师曰："言有亦得，言无亦得。虚空有时但有假有，虚空无时但无假无。"（卷四《长沙景岑禅师》，211）

（31）诸禅德，山僧恁麽说话，<u>为是世法，为是佛法？</u>若也择得分明，万两黄金亦消得。"（卷一六《天钵重元禅师》，1041）

（32）或问："祖师传心地法门，<u>为是真如心，妄想心，非真非妄心？为是三乘教外别立心？</u>"师曰："汝见目前虚空麽？"曰："信知常在目前，人自不见。"（卷二《章敬怀晖禅师》，153）

例（30）前后项均是动宾结构；例（31）两个选择项均是双音节名词；例（32）比较特殊，全句有两种理解，一种是将其看作两个层次，其前项本身就是由三个并列选择项组成的选择询问句，再加上后项就是套叠的"为是"句；另一种是将其看作由四个并列选择项构成的选择询问句，"为是"分别位于首句和尾句。

"为是"与"是"搭配使用,即"为是 A,是 B?"格式出现 1 次。如下:

(33)曰:"止止不须说,我法妙难思。为是说?是不说?"僧无对。(卷六《亡名古宿》,364)

此例后项是否定词"不"+前项(动词"说")。

"为是"单用仅 1 次,且用于四个选择项之前项,各项句尾均有疑问语气词"邪"。如下:

(34)商人入林,果见一人端然不动。乃问曰:"为是梵王邪?帝释邪?山神邪?河神邪?"世尊微笑,举袈裟角示之。(卷一《释迦牟尼佛》,8)

此例各选择项均是双音节名词。

"为是"用于选择询问句源自中古时期的汉译佛经,例如:

尔时,世尊告诸比丘:"色非是我。若色是我者,不应于色病、苦生,亦不应于色欲令如是、不令如是。以色无我故,于色有病、有苦生,亦得于色欲令如是、不令如是。受、想、行、识亦复如是。比丘!于意云何?色为是常,为无常耶?"(刘宋·求那跋陀罗译《杂阿含经》)

尔时世尊,问彼五人:"汝等比丘,知色、受、想、行、识为是常为无常耶?为是苦为非苦耶?为是空为非空耶?为有我为无我耶?"(刘宋·求那跋陀罗译《过去现在因果经》)

关联标记"为是"在之后的唐宋文献中一直有所沿用。唐代《神会和尚禅话录》里有 8 次"为是"选择询问句,"为是"可以单用,也可以叠用于两个、四个或五个选择项。例如:

　　远法师问："禅师既口称达摩宗旨，未审此禅门者有相传付嘱，为是得说只没说？"（《菩提达摩南宗定是非论》）

　　远法师问："为是比量见？为是现量见？"（《菩提达摩南宗定是非论》）

　　和上言："一切大小乘经论说，众生不解脱者，缘有生灭二心。又涅槃经云：诸行无常，是生灭法。生灭灭已，寂灭为乐。未审生之与灭，可灭不可灭？为是将生灭灭？为是将灭灭生？为是生能自灭生？为是灭能自灭灭？请法师一一具答。"（《菩提达摩南宗定是非论》）

　　法师言："崇远亦欲得重问禅师：'见'，为是眼见，为是耳见，为是鼻见，为是身见，为是心见？"（《菩提达摩南宗定是非论》）

　　北宋的《景德传灯录》中出现6次，"为是"或叠用，或与"为复"搭配使用，或与"是"搭配使用。例如：

　　讲华严大德问："虚空为是定有为是定无？"师曰："言有亦得言无亦得。虚空有时但有假有。虚空无时但无假无。"（卷七《京兆府章敬寺怀恽禅师》）

　　曰："能所俱无。忽有人持刀来取命，为是有是无？"师曰："是无。"（卷二八《南阳慧忠国师》）

　　人问："有人乘船船底刺杀螺蚬。为是人受罪，为复船当辜？"师曰："人船两无心罪正在汝。譬如狂风折树损命，无作者无受者。世界之中无非众生受苦处。"（卷二八《越州大珠慧海和尚》）

　　"虚空为是定有为是定无？"例，在晚唐五代时期的《祖堂集》中有相似的禅语，只不过关联标记是"为"，且句尾有疑问语气词"耶"：

　　有大德问："虚空为定有耶？虚空为定无耶？"师答曰："言有亦得，言无亦得。虚空有时，但有假有。虚空无时，但无假无。"（卷一七《岑和尚》）

南宋时期的《古尊宿语要》中没有出现"为是"句,《古尊宿语录》中出现9次,可以叠用,也可以与其他关联标记搭配使用。例如:

> 云:"舍利为是本有,为复功勋?"师云:"非是本有,亦非功勋。"(卷三《黄檗断际禅师宛陵录》)
>
> 蓦拈起拄杖云:"为是家珍,为是外物?大众,却请隆庆禅师决断。"(卷四三《住庐山归宗语录》)

"为是"句也见于唐宋禅宗语录之外的文献,其中《敦煌变文集新书》中有2例,例如:

> 诸比丘道:"光明倍寻常,照耀竹林及禅房,为是上界天帝释?为是梵众四天王?……"(卷四《频婆娑罗王后宫彩女功德意供养塔生天因缘变》)

《朱子语类》里有3例。例如:

> 问:"'乾坤,易之门。'门者,是六十四卦皆由是出,如'两仪生四象',只管生出邪?为是取阖辟之义邪?"曰:"只是取阖辟之义。六十四卦,只是这一个阴阳阖辟而成。但看他下文云:'乾,阳物也;坤,阴物也,阴阳合德,而刚柔有体。'便见得只是这两个。"(卷七六)

五 "是"字句

判断动词"是"在西汉末或东汉初就已产生,并且在东汉佛经中开始以关联标记的形式出现于选择询问句(王力 1989:194;何亚南 2001[1]:202)。《五灯》中由"是"连接的选择询问句出现次数较多,或叠用,或单用,句式灵活多样。句尾多不用疑问语气词(仅 2 次使用)。共出现

---

① 参见何亚南《〈三国志〉和裴注句法专题研究》,南京师范大学出版社,2001,第 202 页。

129 次。

（一）"是" 单用

1. "是 A （，）B？"

前后项之间可以有停顿，也可以没有停顿，共出现 16 次。A、B 或为 VP，或为 NP。例如：

（35）云居锡云："是赏伊罚伊？只如土地前见，是南泉不是南泉？"（卷三《南泉普愿禅师》，138）

（36）东禅齐云："只如临济道，我从前疑着这汉，是肯底语，不肯底语？为当别有道理。试断看。"（卷七《德山宣鉴禅师》，373~374）

（37）沩问："汝是有主沙弥，无主沙弥？"师曰："有主。"（卷九《仰山慧寂禅师》，527）

（38）问："古人以不离见闻为宗。未审和尚以何为宗？"师曰："此问甚好。"曰："犹是三缘四缘？"师曰："莫乱道。"（卷十《归宗策真禅师》，597）

（39）有俗士献画障子，师看了，问曰："汝是手巧，心巧？"曰："心巧。"（卷十《清凉文益禅师》，564）

（40）曰："这棒是三圣合吃，雪峰合吃？"师以拂子击禅床曰："这里荐取。"（卷二十《国清行机禅师》，1362）

例（35）"赏伊""罚伊"均是动宾结构，"赏""罚"是单音节反义词；例（36）（37）前后两项均是名词，但语意相反；例（38）"三缘""四缘"皆是名词，属于同类范畴；例（39）（40）前后两个选项均是主谓结构。

2. "是 A，不（无）A？"

出现 4 次。例如：

（41）法眼云："且道是借他样，不借他样？"（卷六《亡名古宿》，361）

（42）明曰："公学云门禅，必善其旨。如云放洞山三顿棒，<u>是有吃棒分，无吃棒分</u>？"师曰："有吃棒分。"（卷一七《黄龙慧南禅师》，1105）

例（41）前项是动宾结构，后项是否定词"不"+前项；例（42）"有吃棒分"、"无吃棒分"均是动宾结构。

3．"A，是 B？"

关联标记"是"用于后项的选择询问句仅出现 1 次。如下：

（43）玄觉云："且道从上座实不会，<u>是怕见钵袋子粘着伊</u>？"（卷六《洛浦元安禅师》，321）

此例的意思是"上座是真的不会呢，还是担心钵袋子会束缚着你？"。

（二）"是"叠用

1．"是 A（邪）（，）是 B（邪）？"

（1）句尾无疑问语气词

出现 101 次。A、B 或为 NP（96 次），或为 VP（5 次）。例如：

（44）玄觉云："且道<u>是一个，是两个</u>？"（卷二《南泉普愿禅师》，142）

（45）僧问："<u>祖意教意是同是别</u>？"师曰："雨滋三草秀，春风不裹头。"（卷四《国清院奉禅师》，244）

（46）玄沙云："果然。"云居锡云："只如玄沙道，<u>果然是真金？是瓦砾</u>？"（卷五《青原行思禅师》，254）

（47）问："大保任底人，<u>与那个是一是二</u>？"师曰："一机之绢，<u>是一段是两段</u>？"（卷五《云岩昙晟禅师》，273）

（48）师令僧取土添莲盆。僧取土到，师曰："桥东取，桥西取？"曰："桥东取。"师曰："<u>是真实，是虚妄</u>？"（卷十《清凉文益禅师》，564）

（49）死心亦绝叫："把近前来，<u>我要照是真师叔，是假师叔？</u>"师即当胸驱一拳，死心曰："却是真个。"（卷一七《云盖守智禅师》，1120）

（50）上堂："……且道正恁麽时，<u>是动是觉，是照是用？</u>还有区分得出底麽？铁牛横古路，触著骨毛寒。"（卷一九《育王端裕禅师》，1281）

（51）上堂："……且如临济悟去，<u>是得黄檗力，是得大愚力？</u>……"（卷二十《育王德光禅师》，1337）

例（44）前后项结构均是"数词+量词"；例（45）"同""别"是一对单音节反义词，"是同是别"出现 46 次，其中有 28 次用于询问"祖意教意"（《祖堂集》中的"祖意教意（还）同别？"在《五灯》中全部变成了"是同是别？"，这充分说明《五灯》中的"是"字句已经走向成熟）；例（46）"真金"与"瓦砾"均是双音节名词，二者在语意上有天壤之别；例（47）"是一是二"已形成固定格式，出现 11 次，"一""二"相当于例 45 中的"同""别"，分别指称相同、相异的人或事物情况等；例（48）"真实"与"虚妄"是一对双音节反义词；例（49）两个选择项是用单音节反义词"真""假"修饰师叔；例（50）由两个"是"字句构成，分别从不同角度进行提问，各选择项皆由单音节动词构成；例（51）"得黄檗力""得大愚力"皆是动宾结构。

（2）句尾有疑问语气词

仅出现 2 次，句尾疑问语气词皆为"邪"。如下：

（52）悦曰："既于此有疑，其余安得无邪？只如岩头言末后句，<u>是有邪是无邪？</u>"公曰："有。"（卷一八《丞相张商英居士》，1199～1200）

（53）上堂："三祖道，但莫憎爱，洞然明白。当时老僧若见，便与一掴。<u>且道是憎邪是爱邪？</u>近来经界稍严，不许诡名挟佃。"（卷一九《道场明辩禅师》，1317）

上述两例中的"有"与"无"、"憎"与"爱"皆是单音节反义词。

2."是 A （,） 是不 A？"

出现 5 次。此种格式的"是"字句，前后项中间可以有停顿，也可以没有停顿，后项由否定副词"不"+前项构成，去掉后项之"是"，即为典型的正反询问句。例如：

（54）玄觉云："只如南泉恁麽道，<u>是肯语是不肯语？</u>"（卷二《南泉普愿禅师》，140）

（55）上堂曰："……不碍不坏，<u>是出三界，是不出三界？</u>恁麽彻去，堪为佛法种子，人天有赖。"（卷八《仙宗院明禅师》，490~491）

（56）师却问僧："只如不接是对宾，<u>是不对宾？</u>"曰："早是对宾了也。"师曰："如是！如是！"（卷一三《曹山本寂禅师》，788）

六 "只…，别（更）…？"

"只…，别（更）…？"句式是《五灯》中一种比较特殊的选择询问句，前项一般用副词"只"来限制选择范围，后项则用"别（更）"来表示可供选择的范围。出现 7 次。例如：

（57）师曰："<u>只恁麽，别更有商量？</u>"曰："更作甚麽商量？"师曰："汝话堕也。"（卷十《罗汉守仁禅师》，592）

（58）师曰："<u>只有这个，更别有？</u>"曰："云生岭上。"（卷一五《溈潭怀澄禅师》，988）

（59）僧曰："未审<u>只恁麽，别有在？</u>"师曰："射虎不真，徒劳没羽。"（卷一五《雪窦重显禅师》，993）

此类选择询问句属于"同行语法"现象，是佛教文献中一类比较有特色的疑问句，在唐五代时期的《敦煌变文集》里就已出现，之后的禅宗典籍《祖堂集》《景德传灯录》《古尊宿语要》等中也均有用例。张美兰（2003）认为此种句式是禅宗语录中具有禅宗语言特色的选择询问句，她指出："禅宗提倡'不立文字'，强调简洁明快的顿悟，否定教条、经典、戒律、偶像崇拜，而禅生未悟道之前，总执着于问禅问道，问了这个，还要问及其他，所以禅生往往问完一个问题后意犹未了，还要问'只者个，更别有不?'。"①

七 "还"字句

用疑问副词"还"作关联标记的选择询问句仅出现 1 次。前后项由单音节形容词"同""别"紧缩而成。如下：

（60）上堂："成山假就于始篑，修途托至于初步。上座适来从地炉边来，还与初步同别? 若言同，即不会不迁。若言别，亦不会不迁。……"（卷一五《蓝田县真禅师》，983）

"还与初步同别?"格式新兴于晚唐五代时期的《祖堂集》，在《景德传灯录》《古尊宿语录》等禅宗文献中均有用例。

第二节　无关联标记的选择询问句

李思明（1983：164）曾指出敦煌变文中出现的选择询问句是没有关联标记存在的，只是用选项并列，以及句末语气词来形成选择询问句，但时间越接近现代，不用关联标记的选择询问句数目就越有明显的降低，发展至宋代的《景德传灯录》，不用关联标记的选择询问句仅剩三成，关联标记就显得更重要了。在《五灯》中无关联标记的选择询问句共出现 144 次，占总出现频率 333 次的 43.2%，与李的数据还是很有一些出入的。

根据句尾是否有疑问语气词，可分为句尾无疑问语气词的选择询问句与句尾有疑问语气词的选择询问句，以前者出现次数为多。

---

① 参见张美兰《〈祖堂集〉语法研究》，商务印书馆，2003，第 238 页。

一　句尾无疑问语气词的选择询问句

出现 127 次。一般来说，前后选择项 A、B 多以 VP 形式出现，NP 占少数。

（一）"A，不（未）A？"

此格式中前项表肯定意义，后项表否定意义，即"肯定项，否定项？"出现 7 次。例如：

（1）僧问："古人道，只到潼关便即休。会了便休，未会便休？"师曰："只为迷途中活计。"（卷六《新罗大岭禅师》，340）

（2）问："三乘十二分教，为凡夫开演，不为凡夫开演？"师曰："不消一曲杨柳枝。"（卷七《雪峰义存禅师》，385）

（二）"A（，）B？"

出现 84 次。前后项以并列形式出现，且句尾均没有语气词出现。例如：

（3）尊者问曰："汝身出家，心出家？"答曰："我来出家，非为身心。"（卷一《四祖优波鞠多尊者》，15）

（4）师曰："左转右转？"曰："和尚莫颠倒。"（卷四《子湖利踪禅师》，213）

（5）山曰："汝从看经得，请益得？"师曰："不从看经得，亦不从请益得。"（卷五《澧州高沙弥》，278）

（6）师问："船去陆去？"曰："遇船即船，遇陆即陆。"（卷五《石霜庆诸禅师》，287）

（7）曰："手打脚打？"师曰："却请和尚道。"（卷五《神山僧密禅师》，291）

（8）师曰："这里是甚麽所在？说同说别？"济顾师曰："汝又作麽生？"（卷六《洛浦元安禅师》，316）

（9）沩山举问仰山："临济当时得大愚力？得黄檗力？"仰云："非但骑虎头，亦解把虎尾。"（卷一一《临济义玄禅师》，643）

（10）师问一尼："善来？恶来？"尼便喝。（卷一一《临济义玄禅师》，648）

（11）上堂："过去诸佛已灭，未来诸佛未生。正当今日，佛法委在翠岩。放行则随机利物，把住则瓦解冰消。且道把住好，放行好？"（卷一二《云峰文悦禅师》，744）

上述例句中均没有出现关联标记，问话者只是将可供选择的选项（即语意范围）直接并列在一起，让答话者从中择一作答，从答语来看，有的是从正面作答，有的则是"顾左右而言他"，答非所问。

有 1 次出现三个选择项，要求在三者之间进行选择。如下：

（12）师曰："汝适来作青见，作黄见，作不青不黄见？"仰曰："和尚背后是甚麽？"（卷九《沩山灵祐禅师》，523）

（三）"A 是，B 是？"

"是"在"A 是，B 是？"句式中处于谓语位置①，与处于句首的关联标记"是"有很大的差别，因此我们将其归入无关联标记的选择询问句。出现 11 次，"A""B"多以双音节名词形式出现，也可以为动词（仅 1 次）。例如：

（13）师举枕子曰："汝道当时是，如今是？"院主无对。（卷四《白马昙照禅师》，214）

（14）师曰："枯者是，荣者是？"弥曰："枯者从他枯，荣者从他荣。"（卷五《药山惟俨禅师》，258）

---

① 周碧香（2001：218）认为"选择事项的后面加上'是'，这个'是'并非系词，带有'对'、'正确'的意含，前后选项间或多或少带着相反的意味。"

（15）上堂："三世诸佛，以一句演百千万亿句，收百千万亿句只在一句。祖师门下，半句也无。只恁麽，合吃多少痛棒！诸仁者，<u>且诸佛是，祖师是</u>？……"（卷二十《径山宝印禅师》，1370）

（16）上堂："月生一，天地茫茫谁受屈。月生二，东西南北没巴鼻。月生三，善财特地向南参。所以道，放行也恒萨舒光，把住也泥沙匦曜。<u>且道放行是？把住是</u>？"（卷一二《大沩慕哲禅师》，757）

"是"也可以替换为"即是""则是"（仅1次），语意与"是"同。其中"A即是，B即是？"出现8次。例如：

（17）上堂："十五日已前诸佛生，十五日已后诸佛灭。……且道正当十五日，<u>用钩即是，用锥即是</u>？"（卷一一《谷隐蕴聪禅师》，693）

（18）上堂："过去诸佛已灭，未来诸佛未生。正当现在，佛法委付黄龙。放行则恍恍惚惚，其中有物。把住则杳杳冥冥，其中有精。<u>且道放行即是，把住即是</u>？竿头丝线从君弄，不犯清波意自殊。"（卷一六《黄龙祖心禅师》，1110）

例（17）"用钩""用锥"是动宾结构；例（18）"放行即是，把住即是？"与例（16）中的"放行是？把住是？"句意、格式皆相同，"放行""把住"是动补结构。

"A即（则）是，不A即（则）是？"，出现8次。例如：

（19）洪州廉使问曰："<u>吃酒肉即是，不吃即是</u>？"师曰："若吃是中丞禄，不吃是中丞福。"（卷三《江西马祖道一禅师》，130）

（20）僧问："学人有一只箭，<u>射即是，不射即是</u>？"师曰："作麽生是阇黎箭？"（卷九《承天辞确禅师》，557）

（21）问："蛇吞虾蟇，<u>救则是，不救则是</u>？"师曰："救则双目不睹，不救则形影不彰。"（卷一三《洞山良价禅师》，780）

例19后项省却宾语"酒肉"；例20、21前项均是单音节动词，后项是否定词"不"+前项。

（四）"…AB？"

"…AB？"句式中的两个选择项 A、B 是单音节的反义词语，它们紧缩在一起构成紧缩式选择询问句。《五灯》中共出现 9 次。例如：

（22）闽王问："<u>报慈与神泉相去近远？</u>"师曰："若说近远，不如亲到。"（卷八《报慈光云禅师》，461）

（23）师曰："<u>僧堂大小？</u>"曰："和尚试道看。"（卷八《招庆省僜禅师》，475）

（24）僧问："己事未明，如何辨得？"师曰："须弥山顶上。"曰："便恁麽去时如何？"师曰："<u>脚下水浅深？</u>"（卷一五《德山缘密禅师》，936）

（25）问："向上宗乘如何举唱？"师曰："不敢。"曰："恁麽则含生有望？"师曰："<u>脚下水深浅？</u>"（卷一五《双泉师宽禅师》，937）

叶建军（2010：64~65）将与上述例句中出现的"大小""近远""深浅"等都看成是疑问代词，并将它们构成的问句与由疑问代词"多少""多小""早晚"等构成的问句都视为特指询问句，这点我们认为值得商榷。首先来看由"多少""多小""早晚"等构成的问句。例如：

a. 师云："<u>无这个来多少时？</u>"吾云："牙根犹带生涩在。"（五/195，云岩和尚）

b. 洞山问："<u>他屋里有多小典籍？</u>"师曰："一字也无。"（五/190，云岩和尚）

c. 师曰："<u>三七是多小？</u>"对曰："和尚弄弟子，三七二十一。"（三/118，慧忠国师）

d. 舍人归京，入寺游戏。见僧念经，便问："<u>甲子多小？</u>"对曰："八十五。"（三/106，鸟窠和尚）

e. 门人问师："师归新州，<u>早晚却回？</u>"师云："叶落归根，来时无

口。"(二/97~98，第三十三祖慧能和尚)(此 5 例均转引自叶建军，
2010：63~65)

例 a、b 中的"多少""多小"在句中均作定语，前者询问时间，后者
询问数量，二者均已凝固成词，因此看作疑问代词是没有问题的；例 c"多
小"作宾语，询问数量，是疑问代词；例 d"多小"作谓语，据上下文语境
可知是询问年龄，故这里的"多小"也是疑问代词；例 e"早晚"作状语，
用于询问时间，相当于现代汉语中的"什么时候"，是疑问代词。

例（22）至例（25）中的"近远""大小""浅深""深浅"则与上述
5 例有着很明显的不同，它们并未凝固成词，是一对单音节反义词语，且均
在句中作谓语。例（22）"报慈与神泉相去近远？"的意思是"报慈与神泉
两者之间的距离是近还是远？"例（23）"僧堂大小？"翻译为现代汉语是
"僧堂是大还是小？"例（24）（25）"脚下水浅深/深浅？"的意思"是脚下
的水是深还是浅？"因此我们认为它们应与叶建军（2010：141）提到的"X
同别？"等句式属于同一类型的选择询问句。

二 句尾有疑问语气词的选择询问句

吕叔湘认为"文言里的抉择是非问句差不多必用语气词，并且多数是
上下都用。"① 据刘开骅（2008：194~195）考察，上古或中古汉语时期的
选择询问句中所使用的疑问语气词，不仅有单音节形式，也有复音节形式，
主要有"乎、与（欤）、邪、耶、也哉"等。近代汉语中，选择询问句句尾
疑问语气词的使用情况逐渐发生了很大的变化，冯春田（2000：696、698）
指出"到近代汉语里，特别是唐至元这一时期，体现口语的选择询问句逐
渐趋于不用语气词。""总之，近代汉语选择询问句以不用句末语气词为常，
其原因可能是古代汉语的句末语气词系统在近代汉语里已不适用，但唐至
宋元时期新的、相应的语气词尚未普及……"下面我们仅讨论无关联标记
的选择询问句使用句尾语气词的情况，晚唐五代时期的禅宗文献《祖堂集》
44 例无关联标记的选择询问句中，有 6 例使用句尾语气词，占 13.6%，且

---

① 参见吕叔湘《中国文法要略》，商务印书馆，1982，第 285 页。

不再使用文言语气词"乎"、"与"等①；北宋初期《景德传灯录》38 例②无关联标记的选择询问句中，有 7 例含有疑问语气词（均是"耶"），占18.4%；南宋晚期时期《五灯》144 例无关联标记的选择询问句中有 17 例使用句尾疑问语气词，占 11.8%，其句尾疑问语气词也仅限于"邪"。

（一）"A 邪（?）B 邪?"

出现 12 次。A、B 均为单音节反义词。如下：

(26) 师曰："信则信矣，未审光之与宝，<u>同邪异邪?</u>"泽曰："光即宝，宝即光，何有同异之名乎?"（卷二《蒙山光宝禅师》，104）

(27) 师拊棺曰："<u>生邪死邪?</u>"吾曰："生也不道，死也不道。"（卷五《渐源仲兴禅师》，289）

(28) 有问师："<u>凡邪? 圣邪?</u>"遂举手曰："我不在此住。"（卷二《法华志言大士》，123）

(29) 子曰："<u>煮粥邪? 蒸饭邪?</u>"师曰："人工淘米著火，行者煮粥蒸饭。"（卷一四《芙蓉道楷禅师》，882）

(30) 上堂："<u>风动邪? 幡动邪? 风鸣邪? 铃鸣邪?</u> 非风铃鸣，非风幡动。此土与西天，一队黑漆桶。诳惑世间人，看看灭胡种。山僧不奈何，趁后也打閧。瓠子曲弯弯，冬瓜直儱侗。"（卷二十《荐福休禅师》，1376）

例（26）"同""异"是单音节形容词；例（27）（28）前后项均是单音节名词；例（29）"煮粥"与"蒸饭"均是动宾结构；例（30）从表面形式上看，很容易认为是并列的四个选择项，仔细观察可以看出实际上是由两个选择询问句构成，翻译成现代汉语即为"是风动还是幡动? 是风在响还是铃在响?"

此外，"邪"可用于三个并列选择项句尾（2 次），也可用于四个并列

---

① 数据参考叶建军（2011：143）。

② 参见李斐雯（2001：141）。

选择项句尾（2 次）。例如：

> （31）者乃问："此花从天得邪？从地得邪？从人得邪？"释曰："弗也。"（卷二《须菩提尊者》，114）

> （32）（雪峰东山慧空禅师）曰："……敢问诸人做底是甚麼佛？空王佛邪？然灯佛邪？释迦佛邪？弥勒佛邪？说底又是甚麼法？根本法邪？无生法邪？世间法邪？出世间法邪？众中莫有道得底麼？若道得，山僧出世事毕。如或未然，逢人不得错举。"（卷一八《雪峰慧空禅师》，1188）

例（31）三个选择项均是状谓结构；例（32）中两个选择询问句均有四个选择项，各选择项均是偏正名词。

（二）"A，B 邪？"

"邪"单用仅出现 1 次，用于后项。如下：

> （33）者曰："汝身十七，性十七邪？"答曰："师发已白，为发白邪？心白邪？"（卷一《三祖商那和修尊者》，14）

此例中的"身十七"与"性十七"同是主谓结构。

第三节　选择项之间的语意关系

《五灯》中选择询问句，绝大多数是以两项并列的形式出现。从前两节的叙述中，我们可以看出，不管前项 A 与后项 B 表面上有无联系，但是只要进入"（关联标记）A，（关联标记）B？"这个格式，A 与 B 便产生了一种语意上的内在联系，我们将其视为同范畴的事物事情或行为。

A、B 的语意关系比较复杂，从选择询问句的主要特点要求在各选择项的范围内作出一个选择来看，A、B 始终处于对立的两面，我们参考邵敬敏（1996：89~91）的分类，从对立关系入手，将 A 与 B 的语意关系略分为以下五种情况。

一　正反型

B 常为"不+A"，有时否定词是"非"（仅 1 次）。对立关系较为明显。
例如：

（1）问："诸余即不问，如何是向上事？"师曰："消汝三拜，不消
汝三拜？"（卷八《清泉守清禅师》，472）

（2）师曰："会了不入，不会了不入？"曰："总不与麽。"师便
打。（卷一一《兴化存奖禅师》，651）

（3）师却问僧："只如不接是对宾，是不对宾？"曰："早是对宾了
也。"师曰："如是！如是！"（卷一三《曹山本寂禅师》，788）

（4）问："蛇吞虾蟇，救则是，不救则是？"师曰："救则双目不
睹，不救则形影不彰。"（卷一三《洞山良价禅师》，780）

（5）耳闻一切声，鼻嗅一切香，舌了一切味，身触一切软滑，意
分别一切诸法，只如眼耳鼻舌身意所对之物，为复唯是你等心，为复
非是你等心？（卷一一《瑞鹿本先禅师》，620）

二　反义型

前后项中有反义词出现，反义词可以是单音节形式，也可以是双音节
形式。这种反义关系主要表现在名词、形容词上。例如：

（6）时方啜茶，师呈起橐曰："是大是小？"讷骇然。（卷八《乌
巨仪晏禅师》，486）

（7）师曰："正当现时，毛前现，毛后现？"泰曰："现时不说前
后。"（卷九《仰山慧寂禅师》，528）

（8）师令僧取土添莲盆。僧取土到，师曰："桥东取，桥西取？"
曰："桥东取。"师曰："是真实，是虚妄？"（卷十《清凉文益禅师》，564）

（9）师曰："桥东取，桥西取？"曰："桥东取。"（卷十《清凉文

益禅师》，564）

（10）师问新到："<u>南来北来？</u>"曰："北来。"（卷一五《药山圆光禅师》，956）

（11）上堂："三祖道，但莫憎爱，洞然明白。当时老僧若见，便与一掴。<u>且道是憎邪是爱邪？</u>近来经界稍严，不许诡名挟佃。"（卷二十《道场明辩禅师》，1317）

上述各例除例 8 是双音节反义词外，其他皆是单音节形式，比如"大、小"，"前、后"，"东、西"，"南、北"、"憎、爱"等。

三 次序型

有时 A 与 B 的语意关系体现的只是同范畴行为次序上的先后对立，并不排斥行为所依存的事物事情本身的存在。例如：

（12）洞曰："<u>和尚先住，此山先住？</u>"师曰："不知。"（卷三《龙山和尚》，185）

（13）师到达磨塔头，塔主问："<u>先礼佛，先礼祖？</u>"师曰："祖佛俱不礼。"（卷一一《临济义玄禅师》，644）

四 颠倒型

A 与 B 所用的词语相同，不同的是其内在语序互为先后。一种情况是如果 A 内部结构为先 a 后 b 的话，则 B 的内部结构为先 b 后 a。例如：

（14）第四问："<u>先顿而后渐，先渐而后顿？</u>不悟顿渐人，心里常迷闷。"祖曰："听法顿中渐，悟法渐中顿。修行顿中渐，证果渐中顿。顿渐是常因，悟中不迷闷。"（卷二《荷泽神会禅师》，102～103）

再者就是：如果 A 的内部结构为从 a 里排除 b，B 的内部结构为从 b 里排除 a。例如：

（15）山问："淘沙去米，淘米去沙？"师曰："沙米一时去。"（卷七《雪峰义存禅师》，380）

第三种是如果 A 的内部结构为 a 靠近 b 的话，则 B 的内部结构为 b 靠近 a。例如：

（16）问师："为复窗就日，日就窗？"师曰："长老房中有客，归去好！"（卷三《百丈惟政禅师》，158）

（17）师曰："竹来眼里？眼到竹边？"曰："总不恁麼。"（卷十《清凉文益禅师》，564）

五　语境型

有时 A 与 B 是同范畴的事物事情、动作行为等，本身并不对立，只是因为进入了"A，B？"的选择格式，由格式赋予了它们彼此对立的关系，离开了格式即具体语境，它们之间的对立关系便不复存在，故我们将此类的选择询问句统称为"语境型"。此类型的选择询问句数量较多，例如：

（18）云居锡云："赵州为当扶石桥，扶略彴？"（卷四《赵州从谂禅师》，204）

（19）头问："汝是参禅僧？是州县白蹋僧？"师曰："是参禅僧。"（卷五《大颠宝通禅师》，264）

（20）曰："手打脚打？"师曰："却请和尚道。"（卷五《神山僧密禅师》，291）

（21）问："大众云集，请师顿决疑网。"师曰："寮舍内商量，茶堂内商量？"（卷十《清凉文益禅师》，562）

（22）沩山举问仰山："临济当时得大愚力？得黄檗力？"仰云："非但骑虎头，亦解把虎尾。"（卷一一《临济义玄禅师》，643）

（23）上堂："十五日已前诸佛生，十五日已后诸佛灭。……且道正当十五日，用钩即是，用锥即是？"遂有偈曰："正当十五日，钩锥一时息。更拟问如何，回头日又出。"（卷一一《谷隐蕴聪禅师》，693）

（24）师曰："粥足饭足？"僧无对。（卷一三《疏山匡仁禅师》，800）

（25）龙问："汝为人事来，为佛法来？"师曰："为佛法来。"（卷一七《褒亲有瑞禅师》，1142）

《五灯》的选择询问句句型丰富，数量较多，各选择项之间的语意关系也比较复杂，以上我们仅从表面形式上作了简单的分析，还可以作进一步的深入研究。

本章小结

《五灯》中选择询问句共出现 333 次。根据关联标记的有无，可分为无关联标记的选择询问句与有关联标记的选择询问句。《五灯》选择询问句的类型及频率详情参见表 4-1。

表 4-1 《五灯》选择询问句的类型及使用频率

关联标记		类型（句式）	频率	合计	
为复	单用	"为复 A，B？"	9	23	189	333
		"A，为复（是）B？"				
	叠用	"为复 A，为复 B？"	12			
		"为复是 A，为复是 B？"				
		"为复是 A，为复 B？"				
	与"为"配合	"为复 A，为 B？"	2			
		"为复 A，B，为 C？"				
为当	单用	"为当 A，B？"	8	9		
		"A，为当 B？"				
	叠用	"为当 A，为当 B？"	1			

续表

关联标记	类型（句式）			频率	合计	
为	单用	无句尾语气词	"为 A，B？"	3	15	333
			"A，为 B？"			
		有句尾语气词	"为 A 邪？B 邪？"	3		
			"为 A 邪？B 邪？C 邪？D 邪？"			
	叠用	无句尾语气词	"为 A（，）为 B？"	8		
			"为 A，为 B，为 C？"			
		有句尾语气词	"为 A 邪？为 B 邪？"	1		
为是	单用	有句尾语气词	"为是 A 邪？B 邪？C 邪？D 邪？"	1	5	
	叠用		"为是 A？为是 B？"	3		
			"为是 A？B？C？为是 D？"			
	与"是"配合		"为是 A，是 B？"	1		
是	单用		"是 A（，）B？"	21	129	
			"是 A，不（无）A？"			
			"A，是 B？"			
	叠用	无句尾语气词	"是 A（，）是 B？"	106		
			"是 A（，）是不 A？"			
		有句尾语气词	"是 A 邪（，）是 B 邪？"	2		
还			只…？更…？	7	8	
			只…？别（更）…？			
			"还……同别？"	1		
无关联标记	无句尾语气词			127	144	
	有句尾语气词		"A 邪（？）B 邪？"	17		
			"A 邪？B 邪？C 邪？"			
			"A 邪？B 邪？C 邪？D 邪？"			
			"A，B 邪？"			

注：189（为是、是、还合计出现在此区域）

综上可见，《五灯》中以有关联标记的选择询问句为主，关联标记主要有"为"、为当、为复、为是、是"等五种，它们最初均产生于中古汉语时期的汉译佛经，其中前四者的出现频率呈衰落趋势，基本让位于"是"，"是"是最主要的关联标记，"是"字选择询问句已经逐步走向成熟，现代汉语选择询问句的典型格式在《五灯》中已经初步形成。新兴于晚唐五代时期的关联标记"还"在《五灯》中仅出现1次，上古或中古汉语时期所使用的关联标记"抑、将、且、其、意、岂、宁"等已经彻底消亡，由此可见中古汉语时期新兴的选择询问句表达形式在《五灯》中得到了充分发展，占有绝对优势，且用法稳定，新兴成分已逐渐取代旧有成分。

《五灯》中不管是有关联标记还是无关联标记的选择询问句，都很少使用句尾语气词，且上古及中古汉语中常用的疑问语气词"乎、邪、耶、也、与（欤）"等，在《五灯》中也仅见"邪"。

《五灯》中的选择询问句绝大多数由两个选择项构成（少数有两个以上选择项），它们之间有着内在的语意联系。从其始终处于对立的两面来看，可分为正反型、反义型、次序型、颠倒型和语境型。

第五章　正反询问句

正反询问句又称为"反复问句"。它主要是把一件事情从正与反、肯定与否定两个方面进行提问，供对方选择并作出回答。正反询问句实际上可以说是选择问句的一种类型①，它们的疑问焦点都在选择项，不同之处在于正反询问句只有正、反（即肯定否定）两个选择项，且没有关联标记、语气词、停顿等。上古汉语中的正反询问句一般使用"VPNeg"格式，句尾否定词主要由"不""否"充当，也有少数用"非""未"；中古汉语时期，"VPNeg"式正反询问句的使用发展到鼎盛，"无"也开始充当句尾否定词；近代汉语时期《五灯》中的正反询问句格式基本上承自上古和中古汉语时期。本章我们主要讨论的是《五灯》中正反询问句的类型与"VPNeg"式句尾否定词的虚化问题。

第一节　正反询问句的类型

《五灯》中的正反询问句可分为两类："VPNegVP？"式与"VPNeg？"式。"VPNegVP？"式中的 Neg 主要是"不"，仅 1 次是"未"；"VPNeg？"式中的 Neg 主要由"否""无""未"等充当。共出现 821 次。

---

① 汤廷池（1981：232）曾指出："正反问句，可以说是国语里一种很特殊的选择问句。"朱德熙（1982：203；1985）给正反问句下定义时说："选择问句里有一种特殊的类型，就是把谓语的肯定形式和否定形式并列在一起作为选择的项目。……这一类选择问句可以称为反复问句。"吕叔湘（1985《疑问·否定·肯定》）、邵敬敏（1996：105）、何亚南（2001：192）、刘开骅（2008：205）等学者也都持上述意见，梅祖麟（1978）、张敏（1990）、刘子瑜（1998）等也都认为，正反问句是由语意正反相对的并列选择问句经过删除脱落语气词、关联词或重复部分等发展而来；黄正德（1988）则持与上述不同的意见，他认为许多正反问句在句法上与特指问句相当。

一 "VPNegVP？"

大多数学者认为目前所见的文献中，"VP 不 VP？"式①最早出现于《睡虎地秦墓竹简》，之后在中古汉语时期仅出现于更为接近口语的汉译佛经②，直到隋唐时期才又出现于中土文献中。对此也有学者提出了不同意见，宋金兰（1996）曾指出秦简中反复问句 A 不 A（即 VPNegVP）均见于《法律答问篇》，除去重复的句子，仅有 22 句，其中带助动词"当"的又占了 17 句，由此说明其分布的语言环境所受局限性很大，且与之同时期文献中的选择问句普遍采用的是疑问语气词和选择连词兼用的形式，因此她认为"秦简中的反复问句有可能是作者为了表达法律条文的特殊需要而临时省略了正反选择问句中的连词和语气词，或者说它是在特殊的语境中出现的一种省略句，而不是具有规范句法意义的独立句式"。"它属于一种个别的言语行为，而不是一种普遍的语言现象。"宋文指出反复问句 A 不 A 是一种晚生的语言现象，其产生当在唐代，它经历了"A—语气词，不 A—语气词"→"A—语气词，连词—不 A—语气词"→"A，连词—不 A"→"A 不 A"漫长的历史演进过程。反复问句 A 不 A 在唐代见于诗歌、敦煌变文、禅宗语录等多种文献，是因为其产生的各种条件已经成熟，"这时非疑问的 A 不 A 已不能独立存在，不带疑问语气的选择问句司空见惯，人们对选择连词的运用已烂熟于心，即使不用选择连词，也能保证疑问信息的准确传递。经济原则是支配人们言语活动的一个规律，反复问句 A 不 A 具有语符链简短、传递信息迅速的特点，在发音上和记忆上都是经济的"。宋文的上述说法有一定道理，但是却不能解释中古汉语时期汉译佛经中"VPNegVP"正反询问句的存在，而且我们认为一种语法现象既不可能凭空产生，也不可能骤然出现，它必然会有从萌芽到逐渐发展再到鼎盛的演变轨迹，不可能等到所有的条件全部具备后才一蹴而就。刘开骅（2008）认为实际上从秦至唐

---

① 赵元任（1947）最早称其为"A-not-A"。

② 朱庆之（1992：15）在《安般守意经》中发现 1 例，《摩诃僧祇律》2 例，《十诵律》1 例；何亚南（2001：209）在《道行般若经》中发现 1 例；王玥雯（2006：59）在《十诵律》中又发现另外 2 例；刘开骅（2008：243）在《大庄严论经》中发现 2 例，《摩诃僧祇律》中 4 例，《杂宝藏经》中 1 例等。

时期，"VPNegVP"正反询问句在传世文献中一直有迹可寻。首先是"中古汉语与上古汉语在陈述句中包孕 VP-Neg-VP 结构"，且"中古汉语 VP-Neg-VP 不仅仅包孕于陈述句中，有时还可以包孕于其他类型的疑问句中"，更为重要的是中古时期的汉译佛经中存在着合格的"VPNegVP"正反询问句（例句不赘述），刘文进一步指出"相对于中土文献而言，译经可能更为接近口语；而以往认为自《睡虎地秦墓竹简》到唐代近千年的时间里，VP-Neg-VP 型正反问句完全不见踪迹，显然也是因为没有充分利用汉译佛经的缘故"。我们的看法是不管"VPNegVP"正反询问句最初产生于何时，唐代多种文献中"VPNegVP"正反询问句的大量出现已是不争的事实，如果要想很好地解释从秦简到中古汉译佛经再到唐代出现的"VPNegVP"是否有着内在的、历史的联系，更精准的勾勒"VPNegVP"正反询问句的历史发展轨迹，仍需要作进一步的深入研究，同时我们认为，要解决好这个问题，仅仅依靠目前发现的材料是不够的。

在我们所调查的唐宋禅宗语录里，《坛经》中有 2 例"VP 不 VP？"《神会和尚禅话录》中有 11 例，《景德传灯录》中有 5 例，《祖堂集》中有 22 例；《五灯》中出现的次数最多，有 91 次，又分为"V 不 V？""VO 不 VO？""VO 不 V"三式，未出现"V 不 VO"式。

（一）"V 不 V？"

出现 62 次（包括 1 次"V 未 V"），是三式中出现次数最多的一式，占整个"VP 不 VP？"类型出现总次数的 68.1%。其中"还 V 不 V？"出现 6 次，V 皆为单音节动词。例如：

> （1）曰："出与未出，<u>还分不分</u>？"师曰："静处萨婆诃。"（卷一五《德山缘密禅师》，936）

此例有疑问副词"还"，V 为单音节动词"分"，选择项之否定项由否定词"不"直接加肯定项构成，要求答话者在肯定项"分"与否定项"不分"中择一作答。

"是 V 不 V？"出现 10 次，V 绝大多数为单音节动词，仅 1 次为双音节动词。例如：

（2）师提起数珠曰："是落不落？"树曰："圆珠三窍，时人知有，请师圆前话。"（卷九《定山神英禅师》，539）

（3）上堂："世尊有密语，迦叶不覆藏。"乃曰："你寻常说黄道黑，评品古今，岂不是密语？你寻常折旋俯仰，拈匙把箸，只揖万福，是覆藏不覆藏？忽然瞥地去，也不可知。……"（卷一九《太平慧懃禅师》，1259）

（4）师曰："是坏不坏？"僧无语。（卷一九《大随元静禅师》，1266）

例（2）（4）中 V（即肯定项）分别为单音节动词"落""坏"，否定项也分别是否定词"不"＋"落"、否定词"不"＋"坏"；例（3）中 V 是并列式双音词"覆藏"，其否定项就是"不"＋"覆藏"。此三例中都有判断动词"是"。

其他"V 不 V？"的例子（45 次），其中 V 有 1 次为形容词，1 次为谓词性指代词）如：

（5）玄觉云："且道长庆恁麽道，在宾在主？众中唤作浴佛语，亦曰兼带语，且道尽善不尽善？"（卷五《药山惟俨禅师》，259）

（6）曰："未审分不分？"师曰："更照看。"（卷十《灵隐文胜禅师》，633）

（7）师擘开胸曰："与麽不与麽？"丈曰："要且难构，要且难构。"（卷一一《鑫上座》，663）

（8）曰："回互不回互？"师曰："不回互。"（卷一三《洞山良价禅师》，780）

（9）僧出曰："为众竭力，祸出私门。未审放过不放过？"师默然。（卷一三《曹山光慧禅师》，820）

（10）上堂："深固幽远，无人能到，释迦老子到不到？若到，因甚麽无人？若不到，谁道幽远？"（卷一七《黄龙悟新禅师》，1132）

上述六例中既没有疑问副词"还"，也没有判断动词"是"出现。例（5）中的"尽善"是形容词，可以理解为现代汉语的"完美"；例（6）（10）中 V 均是单音节动词；例（7）中"V"比较特殊，"与麽"本身是个双音形式，在句中作谓语指代词，可理解为现代汉语的"这样"；例（8）中 V 也是双音节动词；例（9）"放过"是动补结构。

此外，我们在《五灯》中仅发现 1 次"V 未 V?"式，否定词是"未"：

> （11）问："承古有言，了即业障本来空，未了应须偿宿债。未审二祖是了未了?"师曰："确。"（卷一五《云门文偃禅师》，930）

"未审二祖是了未了?"句中有判断动词"是"，肯定项是单音动词"了"，否定项由否定词"未"+肯定项"了"构成，翻译为现代汉语即为"不知二祖是领悟了还是没有领悟?"

（二）"VO 不 VO?"

出现 26 次。此式出现次数在"VP 不 VP?"三式中居于第二位，占28.6%。例如：

> （12）眼忽问："古人道万象之中独露身，是拨万象不拨万象?"师曰："不拨。"（卷八《龙济绍修禅师》，502）
> （13）……师曰："大众且道，此僧会老僧语不会老僧语?"僧礼拜，师曰："今日偶然失鉴。"（卷十《五云志逢禅师》，607）

上述两例中 V 分别是单音节动词"是""会"，O 则分别是"万象"、"老僧语"，二者组成动宾形式即为肯定项，否定词"不"直接加肯定项（动宾形式）则构成了否定项。问话人并列提出肯定、否定两项，要求答话者从中作出选择。例（12）从正面以否定项"不拨"作答。例（13）答话者表面上虽然没有从"会老僧语"与"不会老僧语"中进行择一作答，但是从上下文语境及"僧礼拜"、师又语"今日偶然失鉴"中可以得知答语与问话人提出的选择项之一"会老僧语"暗合，由此也考验了僧人的领会、悟道的理解能力。从中我们可以看出禅师传法时的接引方式与机缘语句并不同于常人，同时也体现了禅宗语言的独特魅力。

（三）"VO 不 V"

"VO 不 V"式在《睡虎地秦墓竹简》中就已出现。《五灯》中出现的次数不多，仅 3 次，占整个"VP 不 VP？"类型出现总次数的 3.3%。

（14）玄觉云："且道他会石霜意不会？"（卷九《双峰古禅师》，549）

（15）师曰："今年大圣出塔否？"曰："出。"师却问傍僧曰："汝道伊到泗州不到？"（卷十《清凉文益禅师》，564）

（16）师曰："慧寂有验处，但见僧来便竖起拂子，问伊诸方还说这个不说？又曰这个且置，诸方老宿意作麽生？"沩叹曰："此是从上宗门中牙爪。"（卷九《仰山慧寂禅师》，532）

例（14）中的肯定项是由单音节动词"会"与偏正式名词"石霜意"构成的动宾短语，否定项比较简单，略去了肯定项中的宾语，即否定词"不"加肯定项中的单音动词"会"；例（15）（16）中的否定项则分别省略了其前面出现过的宾语"泗州""这个"。

二 "VPNeg？"

《五灯》中的"VPNeg？"正反询问句共出现 730 次，在《五灯》两大类型正反询问句（"VPNegVP？"式与"VPNeg？"式）中所占比重极大，多达 88.9%，处于绝对优势地位。可分为"VP 不？"（3 次）、"VP 否？"（308次）、"VP（也）无？"（347 次）、"VP（也）未？"（72 次），没有出现"VP 非？"。

（一）"VP 不？"

现有研究成果表明，以"不"收尾的"VPNeg"问句产生最早，目前学界公认文献中所见到的"VP 不？"最早可以上溯到殷代，有出土于西周中期的五祀卫鼎铭文可证：

正乃讯厉曰："汝贾田不？"（《文物》1976 年第 5 期 38 页）①

"VP 不？"具有极强的生命力，一直沿用到现代汉语中（包括书面语及日常口语②）。《五灯》中"VP 不？"仅出现 3 次（有 1 次使用疑问副词"还"）。如下：

（17）僧问："世有佛不？"师曰："寺里文殊。"（卷二《法华志言大士》，123）

（18）曰："元气是道不？"师曰："元气自元气，道自道。"（卷三《大珠慧海禅师》，156）

（19）庆云："尽其机来还成瞎不？"福云："道某甲瞎得麼？"（卷五《丹霞天然禅师》，264）

例（17）（18）分别在动宾短语"有佛""是道"后直接加否定词"不"，例（17）答语"寺里文殊。"说明世上有佛，可以看出是从肯定方面进行回答，例（18）从答语"元气自元气，道自道。"中可以得知"元气"与"道"是两种不同的东西，"元气"不是"道"，即是从否定方面对先前的提问进行了作答。例（19）正反询问句中，除句尾"不"外，还使用了疑问副词"还"，加强了疑问语气，答话者却并不急于回答，而又用反问"道某甲瞎得麼"（是说我瞎吗）以求先释清心中的疑虑。实际上，从我

① 裘锡圭（1988）曾提到"70 年代岐山董家村出土了西周中期的五祀卫鼎，铭文中有'正乃讯厉曰：汝贾田不'之语（《文物》1976 年 5 期 38 页）。这里的讯辞显然是'V 不'式问句。这对殷代已有这种问句的想法是一个有力支持。"吴福祥（1997）、刘子瑜（1998：568）、遇笑容、曹广顺（2002）、高列过（2003：107）、刘开骅（2006）等均同意此观点。

② 例如：（1）马威钉着茅先生的脸问："你道歉不？"茅先生还是摇头，而且摇得颇有规律。（老舍《二马》）（2）"谭丽，谭丽。"我大声叫她，"睁眼看看我，还认识我不？"姑娘睁开眼，慵懒地瞅我，又闭上继续摇头摆尾。（王朔《玩儿的就是心跳》）（3）到车站田平见那女子一副呆脸，便转了一轮眼珠说："你报销不？"女人说："报销怎么样？不报销又怎么样？"（方方《白雾》）（4）你星期天上午打算做什么？去看电影不？（日常口语）

们现在所具有的语感来说，"尽其机来还成瞎不？"如果理解为正反询问句
"竭尽他们的禅机，还是瞎子不是瞎子？"倒不如直接理解为是非问句
"……还是瞎子吗？"更为简洁明白，我们可以很清晰地看出前句相对后
句而言比较啰嗦，例（17）（18）也是如此，"世上有佛没有佛？""元气
是道不是道？"远没有"世上有佛吗？""元气是道吗？"更简明扼要、清
晰明了。不过我们没有切实可行的办法回归到当时语言的真实状况，因此
也没有充足的理由证明上述三例中的句尾否定词"不"已经虚化为语
气词。

（二）"VP 否？"

"VP 否？"在上古汉语中就已出现。据刘子瑜统计《孟子》中有 3 例
"VP 否乎"（"VPNegPRT"）式反复问句，"否"后有句尾语气词"乎"。①
例如：

如此，则动心否乎？（《孟子·公孙丑上》）（转引自刘子瑜）

刘文认为例中的"否"是个称代性很强的否定词，从语意上来说，
"否"与"不 VP"相当，而"动心否乎"即"动心不动心乎"。接着，刘
文进一步指出《孟子》中的用例很可能是卜辞中诸如"衣今月虎其网抑，
不网执。""唯□咎执，不抑。"等例通过省略前一分句的句尾语气词发展
而来，之后又随着后一分句句尾语气词的脱落，"VPNeg"式正反询问句
开始常现于汉代文献（刘子瑜 1998：568）。《五灯》中"VP 否？"出现
308 次，占整个"VPNeg？"式正反询问句的 42.8%。可分为五种具体
格式。

1. "（S）还 VP 否？"

其中 VP 有 65 次是以单个动词形式出现。绝大多数为单音节动词，仅 5
次为双音节动词。例如：

---

① 参见刘子瑜《汉语反复问句的历史发展》，载《古汉语语法论集》，语文出版社，1998，第
568 页。

（20）曰："和尚还<u>有否?</u>"师曰："我无。"（卷三《兴善惟宽禅师》，166）

（21）曰："<u>师还得否?</u>"师曰："不得。"（卷五《石头希迁禅师》，256）

（22）曰："<u>座主还信否?</u>"师曰："焉敢不信?"（卷七《太原孚上座》，433）

（23）师曰："<u>众僧还安否?</u>"曰："安。"（卷十《清凉文益禅师》，564）

（24）问："坐断毗卢底人，<u>师还接否?</u>"师曰："殷勤送别潇湘岸。"（卷一五《雪窦重显禅师》，994）

（25）慧问："<u>汝还疑否?</u>"师曰："无可疑者。"（卷二十《教忠弥光禅师》，1329）

（26）泉问众曰："来日设马祖斋，<u>未审马祖还来否?</u>"众皆无对。（卷一三《洞山良价禅师》，777）

（27）源律师问："和尚修道，<u>还用功否?</u>"师曰："用功。"（卷三《大珠慧海禅师》，157）

（28）僧问："石镜未磨，<u>还鉴照否?</u>"师曰："前生是因，今生是果。"（卷一四《陈州石镜和尚》，863）

上述例句中均出现了疑问副词"还"。例（20）~（26）中 V 分别为单音动词"有""得""信""安""接""疑""来"，例（27）~（28）中 V 则为双音动词"用功""鉴照"。从答语上看，例（20）（21）是以选择项之否定项作答，例（25）"无可疑者"即不疑，答语也是否定项；例（23）（27）直接回答以肯定项"安""用功"；例（22）（24）（28）皆未从正面作答，其中例（22）以反诘的形式（"焉敢不信?"）表达了"信"之语意，例（24）以偈语回答，暗含语意"不接"，例（28）由"前生是因，今生是果。"可知"鉴照"；例（26）"众皆无对。"没有答语。

VP 有 74 次以动宾、动补等结构或兼语形式出现。例如：

（29）师问僧良钦："空劫中还有佛否？"对曰："有。"（卷三《南泉普愿禅师》，142）

（30）世尊尝在尼俱律树下坐次，因二商人问："世尊还见车过否？"曰："不见。"（卷一《释迦牟尼佛》，10）

（31）师曰："还将得那个来否？"曰："将得来。"（卷三《归宗智常禅师》，144）

（32）师曰："还曾问讯他否？"僧曰："也曾问讯。"（卷十《罗汉智依禅师》，588）

（33）又问："和尚还持戒否？"师曰："不持戒。"（卷九《仰山慧寂禅师》，534）

例（29）（32）（33）中VP均为动宾结构，三例之动词可以为单音形式，也可以是双音形式，分别为"有""问讯""持"，宾语则分别是"佛""他"和"戒"；例（30）中VP是兼语形式，"车"既作动词"见"的宾语，同时又兼作"过"的主语；例（31）中VP"将得那个来"是动补结构。

2. "可VP否？"

出现5次。例如：

（34）祖曰："可容俗流辄预高论否？直以风幡非动，动自心耳。"（卷一《六祖慧能大鉴禅师》，54）

（35）问："即心是佛，可更修万行否？"师曰："诸圣皆具二严，岂拨无因果邪？"（卷二《南阳慧忠国师》，100）

上述两例"可VP否？"中的"可"是能愿动词，仍有实在的"可以""可能"义，不同于典型的"可VP"式反复问句。典型的"可VP"式反复问句中的"可"是疑问副词，表达单纯的疑问语气。疑问副词"可"与能愿动词"可"之间并非毫无关系可言，至少我们可以认为"可VP否？"是在"可能VP"与"可能不VP"之间作出一种选择，或者因此可以说此时的"可"正处于能愿动词向疑问副词虚化的过渡阶段。

此外，还有 1 次 "还+可+V+否？"，句式中有疑问副词 "还"。如下：

（36）曰："不是佛殿，<u>还可见否？</u>"师曰："不是佛殿，见个甚麼？"（卷七《保福从展禅师》，406）

3. 其他 "VP 否？"

除以上几种形式外，余下的 "VP 否？" 共出现 163 次。例如：

（37）衒之曰："未审何人，<u>弟子为师除得否？</u>"祖曰："吾以传佛秘密，利益迷途，害彼自安，必无此理。"（卷一《初祖菩提达磨大师》，45）

（38）曰："拟向这里致一问，<u>不知可否？</u>"师曰："答汝已了，莫道可否。"（卷三《大阳和尚》，178）

（39）问曰："<u>师得蕴空否？</u>"祖曰："已得蕴空。"（卷一《二十四祖师子尊者》，34）

（40）于时庭树鸦鸣，公问："<u>师闻否？</u>"师曰："闻。"（卷二《保唐无住禅师》，82）

（41）师曰："<u>佛曾迷否？</u>"曰："不曾迷。"（卷二《南阳慧忠国师》，101）

（42）师曰："<u>径山和尚有妻否？</u>"曰："无。"（卷三《西堂智藏禅师》，153）

（43）祖曰："<u>汝解射否？</u>"曰："解射。"（卷三《石巩慧藏禅师》，160）

（44）师曰："<u>汝肯他否？</u>"曰："某甲不肯他。"（卷七《雪峰义存禅师》，382）

例（37）中有两个疑问焦点，一是疑问代词 "何人"，二是正反询问句结构 "除得否？"，从初祖拒绝回答杨衒之提出的问题可知 "不能为师除得"；例（38）由答语 "答汝已了，莫道可否。" 可知前句 "不知可否？" 之 "否" 与 "可" 构成正反两项，"否" 有实在意义；例（39）（40）

（43）以肯定项作答；例（41）（44）均直接以否定项作答，例（42）则以动词"有"的反义词"无"作答语。

4. "VP 已否？"

孙锡信（1999：56）指出"五代时'不'用于句末往往也作'已不（以不）'，如'见有身心是道已不？'（《祖堂集》卷 1）其中的'已（以）'原也是助成前面文字的陈述语气，然后再缀以'不'表示反复问语气，久而久之，'已不'、'以不'变成了表达反复问的惯用形式"。我们认为"VP 已否？"中"已"的性质与上述"已（以）不"中的相同，是语气词。《五灯》中"VP 已否？"仅出现 1 次，如下：

（45）时有远禅师者，抗声谓师曰："今对圣上，校量宗旨，应须直问直答，不假繁辞。只如禅师所见，以何为道？"师曰："无心是道。"远曰："道因心有，何得言无心是道？"师曰："道本无名，因心名道。心名若有，道不虚然。穷心既无，道凭何立？二俱虚妄，总是假名。"远曰："禅师见有身心，是道已否？"师曰："山僧身心本来是道。"（卷二《司空本净禅师》，94~95）

5. 关于"VP 否？"中"否"之文言色彩问题

叶建军（2010：107）曾指出"VP 否？"式中的"否"具有一定的文言色彩，一般不在口语中使用，《祖堂集》中仅有 3 例"VP 否？"式正反询问句，说明了《祖堂集》的口语化程度较高。而编撰时代在《祖堂集》之后的《景德传灯录》却出现了 364 例"VP 否？"，两书中相同或相似的机语，《祖堂集》中作"VP 不？"，《景德传灯录》中则改写为"VP 否？"他认为之所以如此的原因在于编撰者"出于仿古对前代禅师的语录进行了一定程度的加工"。我们认为这点值得商榷，语言是不断变化向前发展的，除了对前代的语言有所继承外，它势必会拥有新时期的语言特点，正如宋金兰（1996：34）所说"一种语言在特定的历史时期总有自己通行的句法模式和语用习惯"。再者，每一种语言都不可能一成不变，即使是仿古，也是偶尔为之，不可能仿得如此彻底。《五灯》与《景德传灯录》的语言比较相似，遇到相同或相似的机语，"VPNeg？"正反询问句中所使用的句尾词基本上也高度一致，例如：

祖师曰："说似一物即不中，还假修证不？"对曰："修证即不无，不敢污染。"（《祖堂集》卷三《怀让和尚》）

祖曰："还可修证否？"曰："修证即不无，污染即不得。"（《景德传灯录》卷五《南岳怀让禅师》）

祖曰："还假修证否？"师曰："修证则不无，污染即不得。"（卷三《南岳怀让禅师》，126）

师却问和尚："在曹溪时还识和尚不？"思曰："你只今识吾不？"对曰："识又争能识得？"（《祖堂集》卷四《吉州青原山行思禅师》）

迁又问曰："曹溪大师还识和尚否？"师曰："汝今识吾否？"曰："识又争能识得？"师曰："众角虽多，一麟足矣。"（《景德传灯录》卷五《吉州青原山行思禅师》）

迁又曰："曹溪大师还识和尚否？"师曰："汝今识吾否？"曰："识。又争能识得？"师曰："众角虽多，一麟足矣。"（卷五《青原行思禅师》，253~254）

聚徒十数年间，临迁化时，剃发澡浴，焚香声钟，集众告云："汝等诸人，还识得无声三昧不？"众曰："不识，请师指示。"（《祖堂集》卷一六《古灵和尚》）

师后住古灵，聚徒数载。临迁化剃沐声钟，告众曰："汝等诸人还识无声三昧否？"众曰："不识。"（《景德传灯录》卷九《福州古灵神赞禅师》）

师后住古灵，聚徒数载。临迁化，剃浴声钟告众曰："汝等诸人，还识无声三昧否？"众曰："不识。"（卷四《古灵神赞禅师》，195）

师曰："大德信一切法不思议不？"大德云："佛之诚言，那敢不信？"（《祖堂集》卷一七《岑和尚》）

师曰："大德信一切法不思议否？"云："佛之诚言，那敢不信？"

（《景德传灯录》卷一〇《湖南长沙景岑》）

  师曰："<u>大德信一切法不思议否？</u>"曰："佛之诚言，那敢不信？"（卷四《长沙景岑禅师》，209）

  《祖堂集》反映的是晚唐时期的语言状况，《景德传灯录》比《祖堂集》晚了50余年，反映的主要是北宋初期的语言情况，50余年间的语言是会产生一定变化的。如果说《祖堂集》的语言较《景德传灯录》更加口语化，那么《五灯》呢？不可能禅宗语录发展到南宋晚期，其口语化程度还停滞在《祖堂集》之前，而且同时期的中土文献《朱子语类》中"VP否？"式也处于绝对优势，对此刘子瑜（2011：111）的解释是"南宋以后，以'不'收尾的问句减少并消失，即使有，也是少量存在。'不'只出现在'VPNegVP'式中"。而"否"字句直到清代仍然是优势句式，"其原因大概与'否'作为否定词，其称代性强有关，'否'相当于'不 VP'，更接近正反发问的语意选择，而'不'是一般性否定词，表否定时，其后往往要跟谓词性成分，所以'不'在历时发展过程中逐渐从'VPNeg'式中退出"。但刘文在解释《朱子语类》中"否"尾句居多，而"VPNegVP"式少见时又说"可能与文人记录的特点有一定关系，文人语言书面性强，更为古雅，带有一定程度的存古性"。其前后说法似乎较为矛盾，"书面性强，更为古雅，带有一定程度的存古性"的"否"字句又为何能在清代还居于优势地位呢？难道也仅仅是为了仿古的需要？

  我们认为就禅宗语录本身而言，旨在广大民众间宣禅弘法、普及佛法教育，而非束之高阁，因此编撰者在编撰之初，首先会考虑到当时社会阶层中普通民众的接受程度，采用当时社会通用的语言，至少也大部分呈现了当时的口语状况[①]，因此我们认为与其说《景德传灯录》与《五灯》等中的句尾"否""具有一定的文言色彩，一般不在口语中使用"，倒不如说"否"恰恰正与当时人们的语言习惯相符合，或者我们可以作出一个大胆的猜测：在当时普通民众的语感中，"VP否？"中的句尾词"否"在很大程度

---

① 我们将《五灯》与其史料来源（主要是先前五部灯录，及其他史传、笔记类记载和其他大量语录资料）稍作对比后发现，《五灯》主要是在内容上承自先前文献资料，而并非简单的照搬照抄，因此它在语言使用方面，有着自己独立、完整的体系。

上已经虚化。句尾词"否"的使用符合语言发展的趋势。

（三）"VP（也）未？"

1. "VP 未？"

冯春田（2000：716）认为"VP 未？"式正反询问句开始于汉代，魏晋到唐宋初时期有所发展，但都处于弱势。《五灯》中此式的出现频率也较低，仅出现 2 次。例如：

（46）法眼别云："识得观音未？"（卷六《亡名古宿》，363）

2. "VP 也未？"

冯春田（2000：717）指出："大约从唐代开始，又出现了由'也'连接 VP（或 AP）和'未'的例子。尤其是五代及宋代的禅宗文献里，其例多见。"根据前面的讨论，我们认为《五灯》中句尾"也未"与"未"所表达的意义相同，因此"VP 也未？"与"VP 未？"二式义同，可通用，相对于仅出现 2 次的"VP 未？"来说，"VP 也未？"的出现频率较高，共出现 70 次，VP 形式多样，富于变化，其中又有 26 次与疑问副词"还"一起搭配使用。例如：

（47）峰曰："日出也未？"师曰："若出则镕却雪峰。"（卷二《温州净居尼玄机》，94）

（48）峰曰："还熟也未？"曰："不较多。"（卷二《扣冰澡先古佛》，124）

（49）师又问："你还会也未？"曰："未会。"（卷一五《云门文偃禅师》，931）

（50）师曰："了也未？"曰："这边则了。"（卷一三《曹山本寂禅师》，789）

（51）师曰："吃粥了也未？"曰"吃粥了也。"（卷四《赵州从谂禅师》，203）

（52）问园头："瓠子开花也未？"曰："开花已久。"（卷一一《南

院慧颙禅师》，665)

(53) 师曰："大众集<u>也未？</u>" 侍者曰："大众已集。"(卷一九《云盖智本禅师》，1247)

(54) 上堂："心生法亦生，心灭法亦灭。心法两俱忘，乌龟唤作鳖。诸禅德，<u>道得也未？</u>若道得，道林与你挂杖子。其或未然，归堂吃茶去。"(卷二十《大沩善果禅师》，1321~1332)

例（47）中 VP 是主谓结构"日出"，禅师以"若出则镕却雪峰。"作答，暗含"未出"之意；例（48）（49）与疑问副词"还"搭配使用，VP 分别是是单音形容词"熟"、单音动词"会"；例（50）中 VP 是单音节动词"了"；例（51）（52）（53）中 VP 是动宾结构"吃粥"、"瓠子开花"、"大众集"；例（54）中 VP 是动补结构"道得"。从上述例句中可以看出，"VP 也未？"中的 VP 形式多样，富于变化。

（四）"VP（也）无？"

1. "VP 无？"

"无"进入"VPNeg？"结构大概始于南北朝时期。《五灯》中"VP 无？"出现的次数比较少，仅出现 4 次，其中有 3 次出现了疑问副词"还"。例如：

(55) 僧问："二彼无言时如何？" 师曰："是常。" 曰："<u>还有过常者无？</u>" 师曰："有。"(卷四《灵鹫闲禅师》，215)

(56) 僧问："草童能歌舞，<u>未审今时还有无？</u>" 师下座作舞曰："沙弥会麽？" 曰："不会。" 师曰："山僧蹋曲子也不会？"(卷七《龙华灵照禅师》，411)

例（55）中 VP 是动宾形式"有过常者"，"无"相当于"没有"，师以"有"作肯定回答；例（56）"未审今时还有无？"是紧缩形式的正反询问句，其正反项由一对单音节反义词"有""无"构成，翻译成现代汉语可以理解为"草扎的娃娃能唱歌跳舞，不知道现在还有没有（草扎的娃娃）了?"。

句中没有疑问副词"还"的"VP无?"仅出现1次：

（57）上堂，举南泉斩猫儿话，乃曰："南泉提起下刀诛，<u>六臂修罗救得无?</u> 设使两堂俱道得，也应流血满街衢。"（卷一八《光孝果敏禅师》，1217）

或许我们还有下面这个例句可以参考、对照：

（58）上堂，掷下拄杖，却召大众曰："拄杖吞却祖师了也。教甚麼人说禅？<u>还有人救得也无?</u>"（卷一七《报慈进英禅师》，1157）

例（58）中的"还VP也无?"格式，句中有疑问副词"还"，此外句尾词的使用也有所不同，此例用"也无"，例（57）则是单音形式"无"，但从句意来看，两例同是问能不能救得，这应该是句尾词"无"与"也无"没有什么大的差别的一个很好的证明。

请再观察下面一例：

（59）师有师叔在廨院不安，附书来问曰："某甲有此大病，如今正受疼痛，一切处安置伊不得，<u>还有人救得麼?</u>"师回信曰："顶门上中此金刚箭，透过那边去也。"（卷八《明招德谦禅师》，441）

从例（58）（59）中不难看出，两例的叙述方式比较相像，先是叙述"祖师"或"某甲"有如何不好的遭遇或病痛，接着说明要救的理由"教甚麼人说禅？"／"一切处安置伊不得"，最后引出提问"有人能够救得吗？"，两例在文意上可以说是完全相同，不同则在于句尾词，前者用"也无"，后者是"麼"。此处我们想说明的是既然从文意上我们看不出二例有何不同，只能说书写形式不同的句尾词在表达方面起到了殊途同归的作用。

至于句尾词"（也）无"、"麼"的性质问题，如果继续从语意及语感进行深究的话，例（59）中"麼"为语气词是确定无疑的，从"正受疼痛"到"一切处安置伊不得",后面的提问意在"救得",可以看出问话人的心理预期侧重于有人能够出手相救,使之脱离苦痛;同样,例(58)中进英禅师说拄杖把祖师吞下去了,结果是没有人能够继续宣禅扬法,因此他接着说的"还有人救得也无?"其心理期待也是希望有人能够"救得",而不是要答话者在"救得"与"救不得"之间选择。因此,我们认为两例中的句尾词应该具有同样的性质。①

2. "VP 也无?"

出现 343 次,在整个"VPNeg?"式正反询问句所占比重最大,多达47%。唐五代时期,"VP 无?"式句尾否定词"无"前出现"也","VP 也无?"与"VP 无?"都是正反询问句,可通用。伍华(1987)认为唐宋诗词中一般单用"无",禅宗语录中则多以"也无"连用,用不用"也"没有什么句法差别,主要是因为口语习惯。关于"也"的性质,孙锡信(1999:55~56)指出"也无""是在一个陈述之后先缀以'也',表示陈述的终了,然后再缀以'无'构成反复问句。'也'和'无'长期连用后,'也无'便成了表达反复问语气的惯用形式了"。刘开骅(2008:214)则更加明确地指出"《敦煌变文集》和《祖堂集》正反问句'也无'、'也未'的'也'字,其语气词的性质是确定无疑的。两部文献还同时存在句末带'以不'、'已不'的疑问句,其'以'、'已'显然应当与'也'是同样性质的东西"。我们的看法与上述相同,《五灯》中"已否""也无/未"里的"已""也"均是语气词。

(1)有"还"的"也无"句

"(S)还+有+NP 也无?"出现 122 次。例如

(60)东禅齐拈云:"此语<u>还有疑讹也无</u>?若有,且道甚麽处不得?若无,他又道最苦是新罗。……"(卷一三《洞山良价禅师》,783)

(61)问:"<u>狗子还有佛性也无</u>?"师曰:"无。"(卷四《赵州从谂禅师》,204)

---

① 目前我们尚没有其他行之有效的办法证明句尾"也无"与"麽"具有同样的性质,只能从语意上进行合理的推敲。更多涉及句尾词虚化与否的问题,我们将在下节进行讨论。

（62）僧曰："向上还有事也无？"师曰："有。"（卷七《睡龙道溥禅师》，419）

（63）曰："离此二途，还有向上事也无？"师曰："有。"（卷八《六通志球禅师》，481）

例（60）"还有疑讹也无？"后紧跟一句"若有，且道甚麼处不得？若无，他又道最苦是新罗。"很明显可知前面的问句目的在"有""无"两项。例（61）直接以"无"作否定回答，例（62）（63）则以"有"作肯定回答，简洁明了，《五灯》中这样的例句为数不少。

"还+有+N+VP 也无？"出现 3 次。例如：

（64）问："空劫中还有人修行也无？"师曰："汝唤甚麼作空劫？"曰："无一物是。"（卷四《赵州从谂禅师》，204）

（65）……乃曰："诸上座，各在此经冬过夏，还有人悟自己也无？山僧与汝证明，令汝真见不被邪魔所惑。"（卷十《报慈文遂导师》，591）

上述两例中都有疑问副词"还"。例（64）中 VP 是双音节动词"修行"，答语并未从正面作答，反转而对问句中的"空劫"进行提问，变被动为主动，将话语主动权掌握在自己手中，开始了新一轮的话语；例（65）中只有问语"还有人悟自己也无？"，其后紧跟一句"山僧与汝证明，令汝真见不被邪魔所惑。"这样的细节恰是我们所不能忽略的，从此句中，可以看出，禅师是在鼓励各位上座说出自己的真实所想，即其后所说的"真见"，这本身就是一种领悟，因此我们认为问句的侧重点在于询问"悟"的内容，句尾"也无"似已丧失否定意味。

《五灯》中仅出现 1 次"还+有+也无？"。如下：

（66）公指壁上画狗子曰："这个还有也无？"僧无对。（卷九《常侍王敬初居士》，542）

"还 VP 也无？"出现 180 次。"还 VP 也无？"包括"还（+Adv）V 也无？（V 可为单、双音节动词）""还（+Adv）VO 也无？""还 V+得（+补语）也无？"等。例如：

（67）曰："还可雕琢也无？"师曰："汝试下手看。"（卷三《五泄灵默禅师》，148）

（68）师曰："还出入也无？"曰："不出入。"（卷五《百岩明哲禅师》，277）

（69）问："诞生还更知闻也无？"师曰："更知闻阿谁？"（卷六《九峰道虔禅师》，305）

（70）问："和尚还曾念佛也无？"师曰："不曾念佛。"（卷一二《金山昙颖禅师》，719）

例（67）（68）"雕琢""出入"均为双音节动词，例（67）禅师未从正面作答，而是要"汝试下手看"即可知能否雕琢，例（68）的答语是否定词"不"加双音动词"出入"。

（71）法眼升座，师复出问："今日奉敕问话，师还许也无？"眼曰："许。"（卷一五《奉先深禅师》，942）

（72）老人曰："大修行人还落因果也无？"师曰："不昧因果。"（卷三《百丈怀海禅师》，132）

例（71）中 V 是单音动词"许"，答语亦是单音动词"许"，简洁明了，不拖泥带水；例（72）中单音动词"落"与"因果"组成动宾结构，答语"不昧因果。"即是承认有因果轮回。

（73）师曰："还将得来也无？"仰曰："将得来！"（卷三《东寺如会禅师》，151）

（74）僧问："十二时中常在底人，还消得人天供养也无？"师曰："消不得。"（卷八《仙宗守玭禅师》，466）

（75）曰："还疗得也无？"师曰："耆婆稽首，医王皱眉。"（卷一一三《灵泉归仁禅师》，833~834）

上述三例中的 V 均为单音形式，分别是"将""消""疗"，"将得"后有补语"来"，"消得"后有补语"人天供养"，"疗得"后无补语。三例的答语也极为简单，前两例直接在问句中择词作肯定或否定回答，例（75）则以俗语常理作简短对答，意在于否定。

"还 Adv 也无？"出现 7 次。例如：

（76）僧问："雁过长空，影沉寒水。雁无遗踪之意，水无沉影之心。还端的也无？"师曰："芦花两岸雪，江水一天秋。"（卷一四《长芦妙觉禅师》，911）

此例除疑问副词"还"外，还有双音副词"端的"，意为"确实""的确"，全句可理解为"的确是这样吗？"。

（2）无"还"的"也无"句

与有"还"的"也无"句的相比，没有"还"的"也无"句出现频率较低，出现 30 次。例如：

（77）山曰："汝会也无？"曰："不会。"（卷四《汉南高亭和尚》，219）

（78）曰："向上更有事也无？"师曰："有。"（卷一一《叶县归省禅师》，689）

上述两例答语都较为简单，肯定回答是单音动词"有"，否定回答则是否定词"不"直接加单音动词"会"，完全符合禅师日常接机应答的简短凝练情况。

（79）上堂，众集，良久曰："文殊深赞居士，未审居士受赞也无？若受赞，何处有居士邪？若不受赞，文殊不可虚发言也。大众作麼生

会？若会，真个衲僧。"（卷十《观音从显禅师》，598）

（80）曰："未委向上，<u>更有也无？</u>"师曰："雨滴岩花。"（卷一五《雪窦重显禅师》，995）

（81）问："劫火洞然，大千俱坏。<u>未审这个坏也无？</u>"师曰："阿谁教你恁麽问？"（卷一九《大随元静禅师》，1266）

例（79）"未审 VP 也无？"中 VP 是动宾结构，即"居士受赞"；例（80）中 VP 是单音节动词"有"，例（81）中 VP 则是单音节形容词"坏"，此两例禅师均未从正面作答，前者答以"雨滴岩花"的现象，要提问者去自悟，后者则以反问的形式结束了这一话轮。

第二节 "VPNeg？"式句尾否定词的虚化问题

关于"VPNeg"式句尾否定词的虚化问题，前修时贤已有过多论述，目前学界大都同意句尾否定词"不"等有一部分从汉魏六朝时期就已经虚化为疑问语气词，但因各自所取的语料不同，提出的判定原则也不尽相同。

赵新（1994）、吴福祥（1997）提出按照汉语的语意选择规则，疑问副词"宁"、否定副词"未""不"反诘副词"讵"等是不能进入"VPNeg"式反复问句的句法语意框架的，"显然，这些句子里的后置否定词'不（否）'已丧失称代性否定的功能，虚化为疑问语气词，其功能在于帮助表达句子的疑问语气"①。何亚南（2001）提出的四条判断标准有两条与吴相同，其他两条一是用在一般选择问句句尾的否定副词已明显虚化；一是在谓语很长的句子末尾的否定词有虚化的倾向。例如：

名字亦色身无有，<u>为有更不？为从有更不？</u>（安世高译《人本欲生经》）

---

① 参见吴福祥《从"VP-Neg"式反复问句的分化谈语气词"麽"的产生》，《中国语文》1997 年第 1 期。

　　为有刀杖斗争、语言、上下欺侵、若干两舌多非、一致弊恶法不？
（《人本欲生经》）（此两例转引自何亚南 2001：234、236）

　　上述第二例中，正反两个选择项由于相距太远使得正反对举的特点减弱，随着使用频率的增多，句尾否定词逐步丧失实义从而与语气词更为接近。

　　遇笑容、曹广顺（2002）在全面考察中古译经和主要中土文献等材料中"VP 不"使用情况的基础之上，对赵、吴等先前提出的用于检验"不"虚化的标准进行一一核查，认为含否定副词、反诘副词的"VP 不"及选择询问句句尾的"不"都已经虚化，这些标准可以成立，没有问题。此外，他们二人注意到中古汉语中包含"宁/颇"等副词的"AdvVP 不"用例虽多，但"宁/颇"在中古时期并没有表达疑问的功能，疑问副词的出现是在中古晚期到近代汉语的前期，中古汉语中并不存在汉语反复问句中"疑问副词"和句尾否定词"不"不同时出现这一语意选择规律，要检验"不"是否虚化，这个标准不起作用。焦艳（2009：73）在对佛经文献进行细致调查后完全赞同遇、曹的观点，也认为"中古'AdvVP-neg'的'宁'和'岂'实际上并不是现代汉语'AdvVP'中的'Adv'，基本上没有表达疑问的功能"。最后，遇、曹二人运用"反证法"得出的结论是"既然无法证明'不'没有虚化，那么，只能说中古汉语'VP 不'中的'不'可能已经在相当大的程度上虚化了"。对此，刘开骅（2006：231）提出了不同看法，既然无法证明"不"没有虚化，恰恰就不能说此类格式中的"不"已经虚化。我们的看法与此相同，并且我们认为要判断"VP 不"式中的"不"是否已经虚化，还需要更多可靠的文献资料才能证明。

　　朱冠明（2007）又提出从对"VP 不"疑问句的回答方式亦可证明"VP 不"中的"不"是否已经虚化。他根据是非问句的答句特点可以用"是的""对"回答，选择问句/反复问句则是在并列的选择项里选取其中一项作答，而不是用"是的""对"回答，以此来反证"凡是用'是的'、'对'之类的词作答的，其疑问句一定不是选择问或反复问"。例如：

　　（调达）"……汝能以酒与象令醉，解锁却鞯，令夺瞿昙沙门命不？"象师答言："尔。此是小事，斯象属我，想不忘报。"（《十诵

律》，23/262a）

佛问言："比丘！<u>汝觉触受乐不？</u>"答言："尔。"（佛陀耶舍共竺佛念《四分律》，22/987a）（此2例转引自朱冠明）

朱文认为上述例句中的"尔"已经虚化为一个纯粹的应答之辞，它作为"VP不"式问句的答语，无疑可以判定"VP不"是是非问句，因此可以说"不"是语气词。刘子瑜（2011：103）的观点大致与朱同，她结合《朱子语类》语料，认为判定反复问句句末否定词是否出现虚化可以根据答语进行判断，"反复问句是典型的真性疑问句，要求回答者在正、反两个选项中择一回答，是非问句除了采取同样的回答方式外，还可以用'是/然'、'不是/不然/否'来回答，用后一答语方式时，问句是对整句话所表述的命题提出疑问，句末否定词向语气词转化"。例如：

致道问："与'体物而不可遗'<u>一般否？</u>"曰："然。"（卷98）

"伊川前后进讲，未尝不斋戒，前思存诚。如此，<u>则未进讲已前还有间断否？</u>"曰："不然。……"（卷97）（此2例转引自刘子瑜）

从以上叙述中可以看出，有关"VPNeg"式句尾否定词的虚化问题，学者们都是在前人的研究基础之上，结合自己调查的语料，将判定原则补充得更加合理与完善。值得注意的是，叶建军（2010：113）在探讨"VPNeg"句尾"Neg"的虚化问题时，将吴福祥（1997）曾提到过的可以用来鉴定"Neg"虚化的标准概括为五类，即"S1？S2Neg？""未/不VPNeg""讵/岂VPNeg？""宁/可VPNeg？""莫VPNeg？"。吴认为上述五类句末的"Neg"已经虚化为语气词，多数学者对其中大部分的标准也表示同意，有的则完全赞同，但叶文结合《祖堂集》及现代汉语等含有"VPNeg"的语料对吴提出的鉴别标准进行一一核查后，认为吴文的鉴别标准虽具有很强的可操作性，但是并不可靠。叶文认为"VPNeg"句尾的"Neg"不排除有虚化的倾向，但是如果没有充足的证据及可靠的标准来鉴定"Neg"已虚化为语气词，那么就只能认为"Neg"还保留着原来的特性，仍是否定词，"VPNeg"也仍是正反询问句。

我们根据前人的研究成果，认为《五灯》中"VPNeg"式句尾否定词是否虚化为语气词，可以从七方面进行判定。

1. "VP"前有"莫、莫是、莫不是、莫非、莫成"等表示测度语气的副词时，根据汉语句子的语意选择规律，测度疑问副词与句尾否定词不允许同现，句尾否定词已经虚化（见测度询问句章，此处不赘）。

2. "VP"前有否定副词时，因为正反询问句排斥"VP"前否定词与句尾否定词同现，句尾否定词虚化为语气词。例如：

（1）一日，王太傅入院，见方丈门闭，问演侍者曰："有人敢道大师在否？"演曰："有人敢道大师不在否？"（卷七《长庆慧棱禅师》，402）

上例中"有人敢道大师不在否？"与前句的"有人敢道大师在否？"同属一种格式，句尾词也同是"否"，如果我们不能从前句"有人敢道大师在否？"看出句尾词"否"的性质的话，那么后句中的"不在否"则可以给我们提供一个清晰的认识，"有人敢道大师不在"的句意已经非常完整，"不在"后不可能再出现一个否定词，即在"有人敢道大师不在"后再添加一个"不在"没有意义，那么句尾词"否"的性质也只能是疑问语气词。

3. "VP"由正反项并列而成，此时正反询问句的正反两个选择项齐备，句意已足，句尾如果还存在否定词的话，则纯属画蛇添足，句尾否定词完全虚化为语气词。例如：

（2）舍利弗心口思惟：此姊见佛，不知得忍不得忍否？我当问之。才近便问："大姊往甚麼处去？"女曰："如舍利弗与麼去。"（卷二《舍利弗尊者》，114）

4. 根据答语判断[①]。正反询问句要求在正、反两项中选取其一作答，而是非问除此之外，还可以"是/然""不是/不然/否"等作答，采用后者方

[①] 参见朱冠明《关于"VP 不"式疑问句中"不"的虚化》，《汉语学报》，2007 年第 4 期。刘子瑜：《〈朱子语类〉反复问句研究——兼论反复问句历史发展中的相关问题》，《长江学术》2011 年第 3 期。

式作答时，是对整个句子所陈述的命题提出疑问，句尾否定词虚化为语气词。例如：

（3）云门于江西见其僧，乃问："还有此语否？"曰："是。"（卷六《洛浦元安禅师》，319）

如果例（3）中"还有此语否？"是正反询问句的话，"否"则为否定副词，那么其答语只能在"有（此语）"与"无/没有（此语）"之间进行选择，而事实上的答语是"是"，说明了句尾"否"在很大程度上已经虚化。

5. "VP"是判断动词"是"时，句尾"Neg"虚化，"VPNeg？"归入是非询问句①。

（4）师曰："汝是新到否？"曰："是。"（卷四《睦州陈尊宿》，233）

（5）问："汝是洪州观音来否？"曰："是。"（卷七《岩头全豁禅师》，378）

6. "VPNeg？"后如果紧接着从正、反两项进一步进行说明的话，我们认为句尾"Neg"还没有虚化，"VPNeg？"仍是正反询问句。例如：

（6）玄觉曰："且道与伊决疑否？若决疑，甚麽处是决疑？若不与决疑，又道待上堂时与汝决疑。"（卷五《药山惟俨禅师》，259）

上例中"若决疑，甚麽处是决疑？若不与决疑，……"很明显是在对"且道与伊决疑否？"的进一步阐释，要求答话者从正反两个方面做出回答，

---

① 汤廷池（1996：7）认为："对是非问句和正反问句的第七项不同点，句式为'VP-neg'的问句，还必须限制主要动词不能是当系词的'是'，才属正反问句。"李斐雯（2001：158）认为："基本上，'否'主要在正反问句出现，但是若碰上'VP否'的句子正巧为判断句（有系词'是'）时，与正反问句的条件无法吻合，是归属入是非问句。"

"且道与伊决疑否?"可以理解为"且道与伊决疑不与(伊)决疑?"

7.《五灯》中存在着大量例句处于是非询问句与正反询问句模糊的区域,无论从问句还是答语,我们都既没有可靠的鉴定标准来判断它们是是非询问句,也没有充足的理由说明它们是正反询问句,换句话就是说我们尚不能很好地鉴别"VPNeg?"式句尾"Neg"是否已经虚化。例如:

(7)师谓王曰:"还识此人否?"王曰:"识。"(卷六《云盖志元禅师》,308)

(8)时有僧出曰:"三种病人还许学人商量否?"师曰:"许。汝作麽生商量?"(卷七《玄沙师备禅师》,398)

(9)问:"诸佛还有师否?"师曰:"有。"(卷八《安国慧球禅师》,453)

例(7)中的"还识此人否?"在《五灯》中有相似的禅语,请看下例:

(10)上堂:"知有佛祖向上事,方有说话分。诸禅德且道,那个是佛祖向上事?有个人家儿子,六根不具,七识不全,是大阐提无佛种性。逢佛杀佛,逢祖杀祖。天堂收不得,地狱摄无门。大众还识此人麽?"(卷一四《净因法成禅师》,891)

"还识此人否?"与"还识此人麽?"格式相同,基本句意也一致,或许我们可据此认为句尾"否"已经虚化为语气词,或者是处于从否定词向语气词转化的阶段。也有学者认为此种鉴别方法并不可靠。

此外,请看下面几个例句:

(11)帝又问,师都不视之。曰:"朕是大唐天子,师何以殊不顾视?"师曰:"还见虚空麽?"帝曰:"见。"师曰:"他还眨目视陛下否?"(卷二《南阳慧忠国师》,101)

(12)上堂,良久曰:"大众不待一句语,便归堂去,还有绍继宗风分也无？还有人酬得此问麽？若有人酬得，这里与诸人为怪笑；若酬不得，诸人与这里为怪笑。珍重！"（卷八《倾心法瑠禅师》，462）①

（13）问："佛佛授手，祖祖传心。未审和尚传个甚麽？"师曰："汝承当得麽？"曰："学人承当不得，还别有人承当得否？"师曰："大众笑汝。"（卷十《五云志逢禅师》，607）

上述两例均是"麽"尾句与"否"尾句同现，如例（11）"还见虚空麽？"与"他还眨目视陛下否？"同出于一人之口，且属于同一种格式，不可能说在前句中是语气词，后句就又成了否定词，一个人的语感也不可能表现出如此大的差别。对此我们的看法是前句用"也无"，后句用"麽"，只是为了体现表达富于变化的需要，"他还眨目视陛下否？"中的句尾"否"已经虚化，与前句句尾"麽"的功能相同。

"VPNeg"式句尾否定词的虚化问题，一直是悬而未决的难题，我们仅就《五灯》语料来提供一些个人看法，期待专家学者能对此问题有更深入的研究与发现。

本章小结

我们将唐宋几种文献中正反询问句句型使用情况整理成表5-1。

表 5-1　唐宋七种文献正反询问句使用情况对照表

正反询问句类型		VP 不 VP？	VP 不？	VP 否？	VP 无？	VP 未？	合计
敦煌变文集	次数/比例	32/23.7%	35/25.9%	60/44.5%	7/5.2%	1/0.7%	135/100%
坛经（敦煌本）	次数/比例	2/25%	0/0	6/75%	0/0	0/0	8/100%
祖堂集	次数/比例	22/4.4%	189/37.6%	4/0.8%	277/55%	11/2.2%	503/100%
景德传灯录	次数/比例	25/3.9%	2/0.3%	364/57.1%	205/32.1%	42/6.6%	638/100%
古尊宿语录	次数/比例	6/1.7%	19/5.3%	74/20.7%	231/64.5%	28/7.8%	358/100%

---

① 李斐雯（2001）通过调查发现《景德传灯录》疑问句中与句尾"无"配合使用的疑问副词只有"还"与"曾"，句尾语气词"麽"的配合使用情况与此相同，因此她也认为"无"与"麽"二者同是句尾语气词。

续表

正反询问句类型		VP 不 VP？	VP 不？	VP 否？	VP 无？	VP 未？	合计
五灯会元	次数/比例	91/11.1%	3/0.3%	308/37.5%	347/42.3%	72/8.8%	821/100%
朱子语类 （7、8 册）	次数/比例	14/7.9%	0/0	160/89.9%	3/1.7%	1/0.5%	178/100%

综上可知，《五灯》正反询问句主要有两大类，即"VPNegVP？"式与"VPNeg？"式。其中"VPNegVP"式正反询问句有三个特点。

（1）出现频率较低，共出现 91 次，仅占《五灯》两大正反询问句总数的 11.1%，由此可以看出"VPNegVP"式正反询问句在《五灯》所处的时代并不流行，处于没落趋势。

（2）"VPNegVP？"式中的 Neg 主要是"不"，仅出现 1 次是"未"。

（3）"VPNegVP"式正反询问句中的结构极为简单，虽是分为"V 不V？""VO 不 VO？""VO 不 V？"三式，但三式情况都差不多，其中"V 不V？"式出现次数最多，V 绝大多数为单音节动词；"VO 不 VO？"与"VO不 V"中的 VO 多为动宾结构，O 多为单、双音节词。究其因，我们认为这与禅宗的最初宗旨"不立文字、见性成佛"有关，虽然发展到后来有了改观，但是日常机缘对答也都极为简短精炼，从不拖泥带水。

"VPNeg"式正反询问句也有三方面特点。

（1）相对于"VPNegVP"式正反询问句来说，出现的次数较多，在《五灯》两大类型正反询问句中所占比重为 88.9%，处于绝对优势地位，足以说明《五灯》时期是"VPNeg"式正反询问句的时代。

（2）"Neg"可以是"不""否""（也）无""（也）未"等，其中"（也）无"的出现次数居多，达 347 次；其次为"否"，308 次；"（也）未"居于第三位，72 次；"不"最少，仅 3 次。

（3）"VPNeg"式正反询问句的谓语部分多为简单形式，"Neg"前或为动词、形容词，或为动宾、动补等简单结构，其答语不管是从正面作答，还是答非所问、以问答问、以日常俗语作答等亦较为简洁。究其因，我们认为一可能与正反询问句的句式要求（从正反两项中择一作答）有关，再者与禅宗语言本身所具有的特点也不无关系。

第六章　测度询问句

"测度问句是对事态现状或未来作出推测的句子。用问句的形式表示没有充分把握，或表谦虚和委婉的语气，或带有自言自语的味道。""它的主要造句标志有二，一是在谓语前带有表示测度语气的副词如'其'、'无乃'、'得无'、'殆'、'庶'等（详见副词章）；二是句末有语气词'乎'、'与（欤）'、'邪'、'也'等。这种句式常出现在对话中或在复句之末，起着点出主题的作用。"（杨伯峻、何乐士 2001：892）测度询问句往往体现出说话者一种半信半疑、疑信参半的态度，有时不要求得到对方的回答，有时则希望得到对方的证实。《五灯》中的测度疑问副词与上古、中古汉语相比，上古汉语中的"殆、其（其诸）、无乃、毋乃、'得'系（得无、得非等）、庶（庶几）"等要么不见踪迹，要么偶有出现，中古汉语的"将"系（将、将非等）已全然不见，取而代之的是"莫"系（"莫是"、"莫不"等），且在句尾词（《五灯》中句尾词的性质，学界至今未有定论）的使用上也与上古汉语有很大不同，从而构成了一个全新的测度疑问句系统。鉴于此，我们将"测度询问句"单列一章来讨论。

《五灯》中语气副词是测度询问句的主要标记，据此我们可将其中的测度询问句分为"其"字句、"无乃"句、"得"系句、"莫"系句等，各类测度询问句共出现 227 次。其中"莫"系测度询问句出现次数最多，出现 211 次，"其""无乃""得"系等测度询问句出现次数较少。

第一节　"莫"系测度询问句

关于测度疑问副词"莫"出现的时间，目前各家看法不一。江蓝生（1987）认为测度疑问副词"莫"最早见于唐代的文献，而刘坚、江蓝生等合著的《近代汉语虚词研究》（1992：261）中则又云"表示测度疑问的副词'莫'早在先秦文献中就已出现"，"但是这种用法的'莫'字在先秦文献中很少见，直到唐代以前一直保持着这种十分罕见的状况，就是在六朝小说中也只偶或用之"。向德珍（2007）根据前人的早期注解并通过调查先秦其他多部文献后对刘坚等《近代汉语虚词研究》（1992：260~265）中提到的三个先秦用例①进行了一一排除，认为此三例中的"莫"不是表测度疑问的语气副词，其词性均为否定副词，之后又遍检文献，发现唐代以前并未出现测度疑问副词"莫"的可靠用例（除东晋译经中有1例可两解的用例外②），因此向文得出的最后结论是"表示测度疑问的副词'莫'在先秦并未出现"，"它的形成时期大概是在魏晋南北朝至初唐这段时期"，"唐代以前未见测度性疑问语气副词'莫'的确凿用例"。就我们目前所考察的唐宋禅宗文献来看，"莫"系测度询问句（简称"莫"系句）在《坛经》(敦煌本)中并未出现，《神会和尚禅话录》中出现1次"莫不"句，到了《祖堂集》中"莫"系句出现频率已是很高，这至少可以说明，不管测度疑问副词"莫"究竟产生于何时，它在晚唐五代时期已经普遍使用。《五灯》中"莫"系句出现频率更高，且表现形式多样。关于测度疑问副词"莫"的来源，向文认为是由其否定副词义发展而来，从否定到测度，符合人们的认知心理；叶建军（2007）的观点与之不谋而合，他指出"表测度疑问与禁止的边界是模糊的"，"莫"的测度疑问用法正是源于其作为否定副词的禁止义。李宇凤（2007）认为叶文的上述说法颇为可信，并从论证和理论、事实依据等方面进行了补充。我们亦同意测度疑问副词"莫"源于其否定副词义。

　　《五灯》中"莫"系句出现211次，根据是否与句尾词配合使用，可分为无句尾词的"莫"系句与有句尾词的"莫"系句。

---

①　a. 文，莫吾犹人也？（论语·述而；朱熹集注云："莫，疑辞。"）b. （柏矩）至齐，见辜人焉。……号天而哭之。曰："子乎，子乎，天下有大菑，子独先离之。"曰："莫为盗？莫为杀人？"（庄子·则阳）c. 阳不克，莫将积聚也？（左传·昭公二十四年）

②　参见向德珍《汉语史中表示测度性疑问的副词"莫"》，《社会科学家》2007年第3期。

一 无句尾词的"莫"系句

无句尾词的"莫"系句共出现 19 次，根据疑问副词的不同又可分为四种具体情况，以单音节语气副词"莫"居多。

（一）"莫"字句

这里我们所说的"莫"字句即使用单音节测度疑问副词"莫"的测度询问句。"莫"字句分为两类，一类是"莫"后有判断动词"是"，结构为"莫+（是+体词性成分）"，"莫是"为跨层结构，与测度疑问副词"莫是"不同。全书出现 3 次。例如：

（1）曰："莫是恁麽来者？"师曰："恁麽来者，犹是儿孙。"（卷五《云岩昙晟禅师》，274）

此例根据答句里的"犹是儿孙"之"是"，可知前句中的"是"为判断动词，"莫是"并非一词，实为跨层结构"莫+是"。

"莫"字句的另一类是"莫"后没有"是"紧接，出现 12 次。例如：

（2）上堂："西来的的意不妨难道，众中莫有道得者？出来试道看。"（卷三《乳源和尚》，180）

（3）了曰："和尚莫眼花？"师曰："先师迁化，肉犹暖在。"（卷八《安国慧球禅师》，453）

（4）僧曰："莫这个便是？"师放下拂子。（卷九《五观顺支禅师》，546）

上述三例句尾没有语气词，其中的疑问副词"莫"比较容易辨认，其后无"是"紧接。

（二）"莫是"字句

"莫是"为一个词，整体表达测度疑问语气，其后接谓词性成分。《五灯》中仅出现 1 次，如下：

（5）上座岂是今日会得一则，明日又不会也。<u>莫是有一分向上事难会，有一分下劣凡夫不会？</u>如此见解，设经尘劫，只自劳神乏思，无有是处。（卷十《天台德韶国师》，567）

此例"莫是"句比较长，结构较一般例句复杂，"莫是"后跟了一个并列关系的复句。

（三）"莫不"句

这里我们讨论的"莫不"句，与上述已经词汇化的"莫是"相同，作为一个整体表测度疑问语气。亦仅出现 1 次，如下：

（6）问："知师洞达诸方旨，临机不答旧时禅。如何是新奇？"师曰："若到诸方，不得错举。"曰："学人殷勤于座右，<u>莫不只此是新奇？</u>"师曰："折草量天。"（卷十《定山惟素山主》，637）

例（6）中"莫不"相当于"难道""该不会"，句意可理解为"该不会这就是新奇吧。"

（四）"莫非"句

叶建军认为疑问副词"莫非"的可靠用例应在宋元之际，《张协状元》与《董西厢》中各有 1 例（2010：162）。这点我们并不同意，至少我们在《五灯》中已发现了 1 例。如下：

（7）师送果子上沩山，沩接得，问："子甚麼处得来？"师曰："家园底。"沩曰："堪吃也未？"师曰："未敢尝，先献和尚。"沩曰："是阿谁底？"师曰："慧寂底。"沩曰："既是子底，因甚麼教我先尝？"师曰："和尚尝千尝万。"沩便吃，曰："犹带酸涩在。"师曰："<u>酸涩莫非自知？</u>"沩不答。（卷九《仰山慧寂禅师》，530）

此例"莫非",有学者认为是"只有"的意思。但我们联系上下文句意及"沩不答"之语,可知禅师以"酸涩难道能自知?"向灵祐表达了他心中的揣测与疑问,而灵祐却并不作答。因此我们认为"莫非"即"莫不是",是表测度的疑问副词。

二 有句尾词的"莫"系句

"莫"系句中"莫"系副词与句尾词的配合使用情况见表6-1:

表6-1 《五灯》"莫"系句中"莫"系副词与句尾词的配合使用情况

句尾词	莫	莫是	莫成	莫非	莫不	莫不是	合计	比例
乎	1						1	0.5%
也	1						1	0.5%
邪		2					2	1%
在	1						1	0.5%
否	41	2	1		1	1	46	24%
已否		1					1	0.5%
也无	32						32	16.7%
麼	82	26					108	56.3%
合计	158	31	1		1	1	192	100%

从表6-1可以看出,《五灯》"莫"系句的常用句尾词主要有"否""也无""麼",又以"麼"的出现频率为最高,占所有句尾词"莫"系句总数的56.3%;其次是"否",占24%;"也无"居于第三位,占16.7%;"乎""也""邪""在""已否"等则偶有出现,所占比重较少,仅占3%。

有句尾词的"莫"系句主要有6种具体情况,相比无句尾词的"莫"系句增加了疑问副词"莫成"与"莫不是"等两种情况。其中仍以单音节语气副词"莫"居多。为叙述方便,以下我们根据所用句尾词对"莫"系句进行讨论。

(一)"乎/也/在"尾句

"乎"尾句、"也"尾句、"在"尾句各出现1次,且均与单音节疑问副词"莫"配合使用,故我们将三者放在一起进行讨论。具体情况如下:

（8）公曰："后句'妄'字莫是从心之'忘'乎？"曰："从'女'者是也。"（卷二《保唐无住禅师》，82）

（9）僧问："愿开甘露门，当观第一义。不落有无中，请师垂指示。"师曰："大众证明。"曰："恁麽则莫相屈去也？"师曰："闲言语。"（卷十《兴福可勋禅师》，601）

例（8）疑问副词"莫"与句尾语气词"乎"配合传达测度疑问语气；例（9）从形式上看很像是陈述句，这时联系语境就显得尤为重要。我们返归上下文，仔细揣摩句意，发现"恁麽则莫相屈去也？"其实含有说话者心中信疑参半，渴望得到对方的证实的意味，另一方面又似乎是在自言自语，因此我们认为此句仍属于测度询问句。

（10）师曰："云从龙，风从虎。"曰："恁麽则龙得水时添意气，虎逢山则长咸狞？"师曰："兴云致雨又作麽生？"僧便喝。师曰："莫更有在？"僧拟议，师咄曰："念话杜家。"（卷一六《栖贤智迁禅师》，1042）

近代汉语中"在"是以表达肯定语气为基本特征的语气词，吕叔湘（1999：59）认为"其所表语气大致与今语之呢字相当"，以"祛疑树信为用"。[①] 此例"在"虽用于测度询问句，但联系语境仔细推敲句意后，我们发现这里的"在"似乎加强了问话人心中早已认定的肯定意味。据卢烈红（1998：267）考察，《古尊宿语要》"在"用于问句的有2例，虽用于反诘问句，但仍有肯定意味。例如：

问："如何是赵州一句？"师云："半句也无。"学云："岂无和尚在？"师云："老僧不是一句。"（赵州上9）（转引自卢烈红）

---

① 参见吕叔湘《释〈景德传灯录〉中"在"、"著"二助词》，载《汉语语法论文集》，商务印书馆，1984，第59页。

（二）"邪"尾句

出现 2 次，均与疑问副词"莫是"配合传达测度语气，如下：

（11）<u>莫是见而不见，闻而不闻，为之心空邪？</u>错。<u>莫是忘机息虑，万法俱捐，销能所以入玄宗，泯性相而归法界，为之心空邪？</u>错。（卷一四《石门元易禅师》，893）

此例中有两个由疑问副词"莫是"构成的测度询问句，句子较长，内部结构也比较复杂，两个"莫是"分别对两个因果长句所表达的情况进行揣测发问。

（三）"已否"句

仅出现 1 次，与疑问副词"莫是"配合成句，如下：

（12）师将示灭，白众曰："某甲虽提祖印，未尽其中事。诸仁者且道其中事作麽生？<u>莫是无边中间内外已否？</u>若如是会，即大地如铺沙。"（卷一五《白云子祥禅师》，935）

我们认为此例"已否"是语气词连用①，"已"是语气词。

（四）"也无"句

出现 32 次，均与疑问副词"莫"配合成句。这里的"莫"字句也分为两类：一类是"莫+（判断动词'是'+体词性成分）"，再者是"莫"后无"是"紧接。例如：

（13）曰："<u>莫是学人著力处也无？</u>"师曰："归宗拽石。"（卷一六《望仙宗禅师》，1050）

---

① 参见第四章正反问句中的讨论。

（14）福问："古人道妙峰山顶，<u>莫只这个便是也无？</u>"师曰："是即是，可惜许。"（卷七《长庆慧稜禅师》，402）

（15）僧问："达磨九年面壁，意旨如何？"师曰："身贫无被盖。"曰："<u>莫孤负他先圣也无？</u>"师曰："阇黎见处又作麽生？"（卷一七《黄龙祖心禅师》，1109）

例（13）中的"莫是"为跨层结构，即"莫+是"。此处并无明显辨别"莫是"是否已成词的标记，我们所能依据也仅是上下文语意。"莫是学人著力处也无？"翻译为现代汉语即是"莫非就是学人用力的地方？"；例（14）（15）中"莫"后并无判断动词"是"紧接，是单音节疑问副词比较明显。

（五）"否"尾句

出现46次，组合方式较为灵活多样，可与"莫"（41次）、"莫是"（2次）、"莫成"（1次）、"莫不"（1次）、"莫不是"（1次）等配合成句。例如：

（16）师曰："<u>汝莫欲作佛否？</u>"曰："某甲不解捏目。"（卷三《江西马祖道一禅师》，129）

（17）忍曰："<u>莫是和尚他后横出一枝佛法否？</u>"祖曰："善。"（卷一《四祖道信大医禅师》，51）

（18）一日，不披袈裟吃饭，有僧问："<u>莫成俗否？</u>"师曰："即今岂是僧邪？"（卷六《涌泉景欣禅师》，307）

（19）曰："<u>和尚莫不是否？</u>"师便作鹦鹉声。（卷一一《虎溪庵主》，660）

（20）诸仁者还明心也未？<u>莫不是语言谈笑时，凝然杜默时，参寻知识时，道伴商略时，观山玩水时，耳目绝对时是汝心否？</u>（卷十《宝塔绍岩禅师》，596）

例（19）据语境可以看出"莫不是"是跨层结构，其结构层次为"莫不+是";例（20）先是在疑问副词"莫不是"后罗列"语言谈笑时""凝然杜默时""参寻知识时""道伴商略时""观山玩水时""耳目绝对时"等几种并列情况，紧接着用"是汝心否？"进行追问，"莫不是……，是汝心否？"作为一个整体来传达测度疑问语气。

此外，还需注意以下三个句子：

（21）曰："既非众生，莫是佛否？"师曰："不是佛。"（卷三《兴善惟宽禅师》，166）

（22）祖曰："莫成断灭去否？"可曰："不成断灭。"（卷一《初祖菩提达磨大师》，45）

（23）陆曰："莫不得否？"师曰："不得。"（卷三《南泉普愿禅师》，140）

上述三例，由答语"不是佛""不成断灭""不得"中的"是""成""得"可知前句中的"莫是""莫成""莫不"均未成词，均为跨层结构，"莫"是单音节的测度疑问副词。

（六）"麽"尾句

"麽"尾句在《五灯》中出现频率最高，共 108 次，占《五灯》中"莫"系句总和的 1/2 强，主要与"莫"（82 次）、"莫是"（26 次）等配合使用。例如：

（24）师曰："莫是长老见处麽？"檗曰："不敢。"（卷三《南泉普愿禅师》，139）

（25）小参，举："陆亘大夫问南泉：'弟子家中有一片石，也曾坐，也曾卧，拟镌作佛，得麽？'云：'得。'陆曰：'莫不得麽？'云：'不得。'……"（卷一九《五祖法演禅师》，1245）

（26）莫是恁麽经里有恁麽语是此时节麽？有甚麽交涉？（卷十《清凉文益禅师》，561）

（27）诸上座作麽生体会？莫是真实相为麽？莫是正恁麽时无一法

可证麽？莫是识伊来处麽？莫是全体显露麽？莫错会好！（卷十《天台德韶国师》，568）

（28）示众云："……若道离，则世谛流布。若道不离，作麽生见得个不离底事？莫是无边刹境，自他不隔于毫端；十世古今，始终不离于当念麽？又莫是一切无心，一时自遍麽？……"（卷一九《白云守端禅师》，1234）

（29）上堂："竿木随身，逢场作戏。然虽如是，一手不独拍，众中莫有作家禅客，本分衲僧，出来共相唱和。有麽？"（卷一二《云峰文悦禅师》，744）

（30）众中莫有钉嘴铁舌底衲僧？试为山僧定当看。还有麽？（卷一六《长芦应夫禅师》，1040）

上述例句中，例（24）（25）中的"莫"系句比较简短，结构也比较简单。例（26）～（30）整体上看，其结构都较为复杂：例（26）是一个较长的兼语句，由疑问副词"莫是"与句尾语气词"麽"构成；例（27）由四个"莫是"构成排比问句；例（28）前者内部结构是对偶句，后者内部结构为并列句；例（29）（30）又与其他"麽"尾句不同，先用测度疑问副词"莫"进行揣测，紧接着在句末又追加了一句"有麽？""还有麽，"此两例是典型的追问句。

第二节　其他带疑问副词的测度询问句

上古汉语至唐宋禅宗语录测度询问句中常用的主要有"殆、其（其诸）、无乃、毋乃、庶（庶几）、'得'系（得非等）、或者、'将'系（将非等）、岂、宁、'莫'系（莫是等）"等，句尾有语气词"乎"、"邪"等。经考察得知，上古、中古汉语中的"殆、其（其诸）、无乃、毋乃、庶（庶几）、'得'系、岂、宁"等测度语气副词在《五灯》中，要么不见踪迹，要么偶有出现。《五灯》除"莫"系句外，还有"其"字句、"盖"字句、"无乃"句、"得"系句等4种，共出现16例。

一 "其"字句

《五灯》中"其"字句共出现7例，句尾均使用语气词"乎"。例如：

(1) 昨蒙和尚舍罪，今虽出家苦行，终难报于深恩。<u>其唯传法度生乎</u>？(卷二《江西志彻禅师》，88)

(2) 师因看《肇论》至"会万物为己者，<u>其唯圣人乎</u>？"师乃拊几曰："圣人无己，靡所不己。……"(卷五《石头希迁禅师》，255)

《祖堂集》(四/145，石头和尚) 中亦有类似禅语"览万像以成己者，其唯圣人乎？"叶建军 (2010：168) 认为此句"也可完全认为是测度的陈述句，句尾使用陈述语调，所以看做非典型的测度问句"，"出现在引用的古文献《涅槃无名论》中，文言色彩浓厚，不是《祖堂集》中禅师的口语。因而可以说，在《祖堂集》中上古汉语使用的测度疑问标记几乎全部消失了"。与《祖堂集》相比，《五灯》中禅师的语言较多仿古，我们依然能找到上古汉语测度语气副词"其"的典型用例，如：

(3) 祖付法已，右手攀树而化。大众议曰："尊者树下归寂，<u>其垂荫后裔乎</u>？"(卷一《十七祖僧伽难提尊者》，27)

(4) 师一日自念曰："饼是我持去，何以返遗我邪？<u>其别有旨乎</u>？"遂造而问焉。(卷七《龙潭崇信禅师》，370)

例 (3) 因"祖付法已，右手攀树而化"，于是大众讨论"恐怕/大概能垂荫后裔吧？"进而于树下起塔，以泽被后裔；例 (4) 联系下文"遂造而问焉"，可知师心中有疑，暗自揣度"恐怕还有别的意旨吧？"。

二 "盖"字句

仅出现 1 例。如下：

（5）子湖讷禅师，未知师所造浅深，问曰："子所住定，<u>盖小乘定耳？</u>"时方啜茶，师呈起橐曰："是大是小？"讷骇然。（卷八《乌巨仪晏禅师》，486）

此例"盖小乘定耳？"的意思是大概是小乘定吧。疑问副词"盖"与句尾语气词"耳"配合使用，共同传达测度疑问语气。

三　"无乃"句

《五灯》中表测度的疑问副词"无乃"仅出现 3 次，主要与语气词"乎"（2 次）、"邪"（1 次）配合使用。例如：

（6）顷乃橘皮汤一杯，峰匿笑曰："<u>无乃太清乎？</u>"（卷十《净土惟正禅师》，639）

（7）秀方戒李伯时画马事，公诮之曰："无乃复置我于马腹中邪？"秀曰："汝以艳语动天下人淫心，不止马腹中，正恐生泥犁耳。"（卷一七《太史黄庭坚居士》，1138）

例（6）疑问副词"无乃"与句尾语气词"乎"配合使用，共同表达测度疑问语气，"无乃"有"大概""恐怕"之义；例（7）"无乃"与句尾语气词"邪"配合传达测度疑问，"无乃"意为"难道""该不会"等。

四　"得"系句

共出现 5 次。其中有疑问副词的"得无"句出现 4 次：1 次无句尾语气词，3 次用句尾语气词"乎"；有疑问副词的"得非"句出现 1 次，与语气词"乎"配合使用。例如：

（8）问："罪福之性，如何了达，<u>得无同异？</u>"师曰："绨绤不御寒。"（卷一三《九峰通玄禅师》，815）

（9）（二十祖）复告遍行曰："吾适对众，抑挫仁者，<u>得无恼于衷乎？</u>"遍行曰："……我责躬悔过以来，闻诸恶言，如风如响，况今获

饮无上甘露，而反生热恼邪？惟愿大慈，以妙道垂诲。"（卷一《二十祖阇夜多尊者》，29）

（10）白曰："弟子位镇江山，何险之有？"师曰："薪火相交，识性不停，<u>得非险乎</u>？"（卷二《鸟窠道林禅师》，71）

例（8）句尾没有语气词，疑问副词"得无"相当于现代汉语的"大概""也许"，整个句意可理解为"二者恐怕有什么区别吧？"；例（9）疑问副词"得无"与句尾语气词"乎"配合使用，句意翻译成现代汉语即为"我刚才当着众人的面贬抑了你这个仁者，你心中大概/该不会很恼火吧？"；例（10）疑问副词"得非"亦是与句尾语气词"乎"配合使用，"得非"相当于现代汉语的"恐怕""大概"等。

五　关于"应 VP？"

《五灯》中"应 VP？"只出现 1 次，《祖堂集》《景德传灯录》中也有与此相似的禅语，我们一并列出如下：

（11）志明禅师问："若言无心是道，<u>瓦砾无心亦应是道</u>？"又曰："身心本来是道，四生十类皆有身心，亦应是道。"（卷二《司空本净禅师》，95）

又香山僧慧明问："无心是道，<u>瓦砾无心，亦应是道</u>？"又曰："身心是道，四生六类皆有身心，悉是道不？若有见闻，请对圣说！"（祖，三/132，司空山本净和尚）

又有志明禅师者问曰："若言无心是道，<u>瓦砾无心，亦应是道</u>？"又曰："身心本来是道，四生十类皆有身心，亦应是道。"（《景德传灯录》卷五《司空山本净禅师》）（后两例转引自叶建军）

叶建军（2010：164）认为《祖堂集》中的"应 VP？"是非典型的测度询问句，此处的"应"可作两解，即测度疑问副词和具有应该义的助动词。我们的看法则与其不同，我们认为上述三例中的上下文语境告诉我们的信息恰恰是"应"的语意是有定的，首先看《五灯》与《景》的例句，二句都是"志明禅师"语"若言……"，先是提出了一个假设，紧接着在此基础之上进行了合乎情理的推断，然后又用类比的方法开始第二轮的推理过程，如果说前句他心中尚有疑问的话，那么就不可能在后句中又得到肯定的判断，因此我们认为《五灯》与《景》的"亦应是道"句是标准的陈述句，其后应标以句号而非问号。再来看《祖堂集》中的句子，也先是禅师语"无心是道，瓦砾无心，亦应是道"，这应该与《五灯》和《景》的情形相同，紧接着禅师又语"身心是道，四生六类皆有身心，悉是道不？"，很明显是禅师接引学人，引导、启发学人有所得时的一种提问，并且要求学人"若有见闻，请对圣说！"由此我们认为《景》与《五灯》在参考前代的文献资料进行编撰时，已经不是普通的照搬照抄，而是根据句意进行了合理的改写，将疑问句修改成了陈述句，全句可以理解为禅师直接宣扬禅理，要学人从中去悟而不是进行回答。因此我们理解《景德传灯录》及《五灯》中的句子时也不能简单地跟着《祖堂集》的思路去走，语言总是发展变化着的，体现在传世的文献中亦是如此。

请再看《五灯》中的另外两个例句：

（12）法空禅师问："佛之与道，俱是假名，十二分教，亦应不实。何以从前尊宿皆言修道？"师曰："大德错会经意。……"（卷二《司空本净禅师》，96）

（13）若意识闻，意识亦不能闻，何以故？先五识识五尘，然后意识识意识，不能识现在五尘，唯识过去未来五尘。若意识能识现在五尘者，盲聋人亦应识声也。何以故？意识不破故。（卷一七《清凉慧洪禅师》，1160）

上述两例"应"在句中为应该义，与例（11）"瓦砾无心亦应是道"出现的环境较为相似，语意也一致。故"若言无心是道，瓦砾无心亦应是道"中"应"可以确定为应该义，全句是说"如果说无心是道，那么瓦砾无心也应该是道。"因此我们认为《五灯》中的"应VP？"并非测度询问句。

第三节　测度询问句句尾 "否" "无" 的性质问题

《五灯》测度询问句以 "莫" 系句为主，本节我们主要讨论 "莫" 系句句尾 "否"、"无" 的性质问题。

"莫" 系句的句尾词使用情况见表 6-2。

表 6-2　《五灯》"莫" 系句句尾词的使用情况

文献　　词目	句尾有语气词								句尾无语气词	合计
	否	已否	麼	也无	乎	邪	也	在		
五灯会元	46	1	108	32	1	2	1	1	19	211

从表 2 中可以清晰地看出，《五灯》"莫" 系句中的句尾词语主要集中在 "否" "也无" 和 "麼"，"麼" 的出现频率占 "莫" 系句中全部句尾词语的 56.3%，其优势地位毋庸置疑。

句尾词 "麼" 的语气词性质是确定无疑的，但句尾 "不" "否" "无" 等是否为语气词，前修时贤虽多有论及，却一直未有定论。伍华、赵新、吴福祥、王锦慧、何亚南、刘开骅、朱冠明、刘子瑜等学者均认为测度询问句句尾 "不" "否" "无" 是语气词，不同之处则在于各自的判定标准。[①] 伍华（1987）最先指出 "'莫 VP 不/否' 和 '不 VP 不/否' 的结构本身已决定它们不能理解为 'VP 不 VP'"，"汉语不存在 '莫非有没有……' 之类的说法。" 吴福祥（1997）则更加明确地说："汉语的测度问句是排斥否定词后置句尾的，因为在一个疑问句里，测度词与句尾否定词不允许同现。" 并以此进行反推得出 "晚唐五代 '莫 VP-neg' 中 'Neg' 已失去称代性否定功能而变成帮助表达疑问语气的语气词" 的结论。王锦慧（1997：294）亦认为 "'已'、'以' 从连词转为助词，'否、不' 也都虚化为语气词……测度副词 '莫' 所表示的语气，也不适合出现于正反问形式中"。

也有学者注意到从中古汉语时期的汉译佛经开始测度询问句末尾的否定词就已经虚化。刘开骅（2006）曾指出 "学者大多举敦煌变文、《祖堂

---

① 参见第四章正反询问句。

集》和宋代文献中以测度副词'莫'字等打头的这类测度问句，以说明句末否定的虚化。"带测度副词的疑问句，其实在中古时期其句末否定词已经开始虚化。"例如：

摩迦父时语妇言："我眼瞤动，<u>将非我孝子润摩迦有衰患不？</u>"妇复语夫："我乳亦惕惕而动，<u>将非我子有不详事不？</u>"（北魏吉迦夜共昙曜译《杂宝藏经》，4/448b）（转引自刘开骅2006：168）

刘文认为根据汉语的语意选择规则，上例疑问句中的测度疑问副词与句尾否定词不能并存，因此句中的"将非"就不能与句尾否定词"不"同存于一个疑问句中。既然此处的句子可以成立，就说明这个句子末尾已不再是否定词，"不"的性质已经虚化。

叶建军（2010：149）承认吴文提出的"（现代）汉语的测度问句是排斥否定词后置句尾的"这一说法的正确性，但是他认为"近代汉语中并非如此。近代汉语中的测度问句'莫VPNeg？'为正反问形式的测度问句，测度问句并不排斥否定词后置句末，句末的否定词仍然是否定词，并未虚化为语气词。"因此他的结论是《祖堂集》中的"莫VPNeg？"是"测度问句与正反问句糅合的疑问句"。

这里我们不想争论有关"莫"系句句尾词性质问题的谁是谁非，仅就我们所观察到的几个例句来谈一下对《五灯》中"莫VPNeg？"中"Neg"的认识。

（1）仰曰："<u>莫只这便是麽？</u>"师曰："这个是甚麽？"（卷九《沩山灵祐禅师》，522）

（2）曰："<u>莫只这便是也无？</u>"师曰："罕逢穿耳客。"（卷一二《荐福院亮禅师》，755）

（3）曰："<u>莫只这便是否？</u>"师曰："不劳赞叹。"（卷一三《云居道膺禅师》，796）

（4）问："如何是学人自己？"师曰："乘槎斫额。"曰："<u>莫只这便是？</u>"师曰："浪死虚生。"（卷一五《雪窦重显禅师》，994）

上述 4 个例句格式基本相同，语意也较为一致，不同的则是句尾词。据我们考察，《五灯》中"莫只这便是 X?"共出现 9 次，其中"麼"尾句出现 4 次，"也无"尾句出现 3 次，"否"尾句出现 1 次，还有 1 次没有出现句尾词。由此我们推测，"莫只这便是 X?"格式主要是由语气副词"莫"传达测度疑问语气，用不用句尾词"麼""否""也无"等，上述例句的语意都大体相同。换句话说，不管句尾是用语气词"麼""否""也无"，还是句尾什么都不出现，都不会改变整个句子的基本语意，它们所体现的仍然是测度疑问语气。因此我们认为，《五灯》中"莫"系句尾词"否"和"也无"是纯粹的语气词，它们在与"莫"等配合出现的测度询问句中，只起辅助作用。

当然我们也注意到叶建军（2010：148）认为，周生亚（2004）将《五灯》中的测度询问句"莫是此僧否"与"莫是投子山主麼"之"否""麼"作对比后得出"'否'已经变为语气词了"结论这种方法不科学，叶文同时也指出"针对同一命题的是非问句与正反问句在语意、语用上是基本一致的，因而二者的转换是非常自然的"。对此我们的理解是，既然在人们的心中已经认定句尾"否""麼"等所表达的语意、语用具有一致性，那么就没有必要再将其强加分别，如果前一句理解为是非问句，下一句又理解为正反问句，难道当时的人们仅是想以此体现句法的富于变化吗？我们认为未必，与其强分，则不如理解为大量共用句尾词"麼""否""也无"的时代，人们已经将其视作语气词等量齐观了，换句话说即是此时的"否""也无"已经虚化为语气词，且正在逐渐被"麼"取代，直至衰亡，表 6-2 中所呈现给我们的也恰恰正是这种观点。

第四节　"莫"系句的历史地位

吕叔湘（1942：上卷出版例言）认为"要明白一种语文的文法，只有应用比较的方法。"因此探讨《五灯》中"莫"系句所处的历史地位，也必须采用比较的方法。下面我们从共时与历时两个角度来略作探讨。

一　与汉魏六朝的历时比较

卢烈红①调查分析了汉魏六朝时期（分东汉、三国、两晋、南北朝四个阶段）70 部汉译佛经中带 19 种语气副词的测度询问句和 10 部较有代表性的中土文献中带 17 种语气副词的测度询问句，得出的结论是"就整个汉魏六朝来说，带语气副词的测度问句最具有标志性的现象就是'将'系（'将''将非'等）测度问句的产生和较大量的使用"，"在测度问句方面，汉魏六朝是以'将'系为标志的时代，而彰显这种标志现象的主要是汉魏六朝的汉译佛经。"据我们现已调查的语料来看，在唐宋禅宗语录里，"将"系句已全然不见，"莫"系句（"莫"字句、"莫是"句等）开始产生并逐渐流行，由此我们可以说，在"莫"系句产生及发展的过程中，禅宗语录确实起到了很大的推动作用。换句话说，在测度询问句方面，唐宋禅宗语录以"莫"系为主要标记，这与汉魏六朝的情况相比发生了巨大的变化。

二　禅宗语录内部的历时比较

禅宗语录由唐至清代有编撰，自成一个体系，以此入手，可以了解《五灯》"莫"系句在禅宗语录内部的历史地位。我们以《坛经》（敦煌本）为起点，向下又依次考察《神会和尚禅话录》（杨曾文编校）、《祖堂集》、《景德传灯录》、《古尊宿语要》、《五灯》，发现《五灯》"莫"系句与之前的 5 部禅宗语录相比，有下列三点值得注意：

其一，"莫"系词语组合形式丰富一些。

《坛经》（敦煌本）等六部禅宗文献中"莫"系疑问副词使用情况见表 6-3。

表 6-3　唐宋六部禅宗文献"莫"系疑问副词使用情况

文献	时代	莫	莫是	莫不	莫成	莫不是	莫非	合计
坛经（敦煌本）	初唐							
神会和尚禅话录	盛唐			1				1
祖堂集	晚唐五代	44	11	2	4			61

① 参见卢烈红《汉魏六朝汉译佛经中带语气副词的测度问句》《海南师范大学学报》（社会科学版）2012 年第 3 期。

文献	时代	莫	莫是	莫不	莫成	莫不是	莫非	合计
景德传灯录	北宋	94	30	1	3	1		129
古尊宿语要	南宋初年	56	11					67
五灯会元	南宋晚期	174	32	2	1	1	1	211

从表 6-3 可以看出，"莫"系句在《坛经》(敦煌本)中还没有出现，《神会和尚禅话录》中仅出现了 1 次"莫不"句。到了晚唐五代时期的《祖堂集》，"莫"系句大量出现，且组合形式多样，有"莫""莫是""莫不""莫成"等四种形式。《景德传灯录》与《祖堂集》相比，出现了"莫不是"句。《古尊宿语要》则主要使用"莫"与"莫是"两种形式。而在《五灯》中，"莫"系组合发展得更为完备，相较于之前组合形式最多的《景德传灯录》，又增添了"莫非"句。

其二，句尾语气词逐渐向"麽"集中。

《坛经》(敦煌本)等五部禅宗文献中"莫"系句句尾语气词使用情况见表 6-4。

从表 6-4 可以看出，《祖堂集》中句尾语气词常用"摩""不""也无"，《景德传灯录》常用"麽""否""也无"，《古尊宿语要》以"也无""麽""否"为主，到了《五灯》则以"麽"为最多，由此我们可以清晰的看到句尾语气词向"麽"集中的过程。后三部灯录相较于《祖堂集》，主要是以"否"替换了"不"，以"麽"替换了"摩"。这里我们仅简单列举《五灯》与《祖堂集》例句：

(1) 一日告众曰："吾武德中游庐山，登绝顶，望破头山，见紫云如盖，下有白气，横分六道，汝等会否？"众皆默然。忍曰："莫是和尚他后横出一枝佛法否？"祖曰："善。"(卷一《四祖道信大医禅师》，50~51)

四祖问五祖曰："汝识此瑞不？"五祖曰："莫是师脚下横出一枝佛法不？"四祖曰："汝会我意。汝善往矣，吾过江东。"便去。(《祖堂集》卷三·牛头)

表6-4　唐宋六部禅宗文献"莫"系句句尾语气词的使用情况

文献		无语气词	不	以不	否	已否	摩	麼	也无	无	乎	耶	邪	也	在	合计
坛经（敦煌本）	次数															
	比例															
神会和尚禅话录	次数											1				1
	比例											100%				100%
祖堂集	次数	2	20	2	1		19		16	1						61
	比例	3.3%	32.8%	3.3%	1.6%		31.2%		26.2%	1.6%						100%
景德传灯录	次数	10			48	1		53	14		1	1		1		129
	比例	7.8%			37.2%	0.8%		41.1%	10.9%		0.8%	0.8%		0.8%		100%
古尊宿语要	次数	5			15			21	25			1				67
	比例	7.5%			22.4%			31.3%	37.3%			1.5%				100%
五灯会元	次数	19			46	1		108	32		1		2	1	1	211
	比例	9%			21.8%	0.4%		51.2%	15.2%		0.4%		0.9%	0.4%	0.4%	100%

此组《五灯》以"否"替换了《祖堂集》中的"不"。

（2）问："曹溪一路，请师举扬。"师曰："莫屈著曹溪<u>麼？</u>"曰："恁麼则群生有赖。"师曰："也是老鼠吃盐。"（卷八《报恩行崇禅师》，472）

问："曹溪一路，请师举扬。"云："莫屈著曹溪<u>摩？</u>"曰："与摩则群生有赖。"云："汝也是老鼠吃盐。"（《祖堂集》卷十三·山谷）

此组《五灯》以句尾词"麼"取代了《祖堂集》中的"摩"。

当然，《五灯》中亦存在很多以句尾词"麼"替换《祖堂集》中句尾"不""也无"等的情况，例如：

（3）有僧到参，于山下见师，便问："丹霞山向甚麼处去？"师指山曰："青黯黯处。"曰："<u>莫只这个便是麼？</u>"师曰："真师子儿，一拨便转。"（卷四《丹霞天然禅师》，263）

遂辄申问："丹霞山在什摩处？"师指山曰："青青黯黯底是。"禅德曰："<u>莫只这个便是不？</u>"师曰："真师子儿，一拨便转。"（《祖堂集》卷四·丹霞）

此组《五灯》以句尾词"麼"取代了《祖堂集》中的"不"。

（4）仰山问："如何是祖师西来意？"师指灯笼曰："大好灯笼。"仰曰："<u>莫只这便是麼？</u>"师曰："这个是甚麼？"（卷九《沩山灵祐禅师》，522）

问："如何是祖师西来意？"师云："太好灯笼。"山云："<u>莫只这个便是也无？</u>"师云："这个是什摩？"（《祖堂集》卷十六·沩山）

显然，此组《五灯》是以句尾词"麼"取代了《祖堂集》中的"也无"。

其三，句子结构复杂化。

与《祖堂集》"莫"系句的简短相比，《景德传灯录》与《五灯》出现了较长的"莫"系句，且结构比较复杂、富于变化。①

三　与世俗文献的共时横向对比

自《祖堂集》始，"莫"系句在唐宋禅宗语录里开始普及，但这个现象在当时究竟是为禅宗文献所独有，还是与世俗文献所共有？我们通过与同时期的世俗文献《朱子语类》作共时比较，以此揭示"莫"系句是否为禅宗文献内部的行业语法。

《朱子语类》卷帙浩繁，翻检全书我们发现前 30 卷足以反映全书用语的大致倾向，故这里仅列出前 30 卷的考察情况，具体见表 6-5。

表 6-5　《朱子语类》（前 30 卷）"莫"系句的使用情况

词项		莫	莫是	莫不	莫须	合计
句尾无语气词		9	14	1	1	25
句尾有语气词	1. 否	46	37	0	3	86
	2. 乎	0	0	0	1	1
	3. 欤	1	0	0	0	1
合计		56	51	1	5	113

综上，我们得出以下三点认识。

（1）"莫"系句在《朱子语类》中也已经普遍使用。因此可知"莫"系句并非为唐宋禅宗语录所独有，它在世俗文献中也已经成为常见现象，是当时语言中的一种通用句型。

（2）《朱子语类》（前 30 卷）中仍以"莫"字句为主，"莫是"句的出现频率基本与"莫"字句持平；与《五灯》相比，未见"莫非"例，但出现了新的组合形式"莫须"，由此亦可理解秦桧陷害岳飞的"莫须有"之罪，应是"大概有/可能有那样的罪"。

（3）《朱子语类》（前 30 卷）的句尾语气词较为单一，主要集中在"否"，没有出现"麼"；"乎""欤"则各出现 1 例，应是上古汉语的遗留。

---

① 《景德传灯录》与《五灯》的禅语比较相似，故例句参考本章"麼"尾句：例（26）~（30）。

本章小结

我们将《五灯》测度询问句中疑问副词的使用情况整理成表 6-6。

表 6-6 《五灯》测度询问句中疑问副词的使用情况

词目	其	盖	无乃	"得"系		"莫"系					
				得非	得无	莫	莫是	莫成	莫非	莫不	莫不是
频率	7	1	3	1	4	174	32	1	1	2	1
合计	16					211					
	227										

综上可知，《五灯》带语气副词的测度询问句有两类：一类是袭自上古的带语气副词"其""无乃"等的测度询问句，此类例句不多，体现了逐渐没落的趋势；另一类是近代汉语中新兴的"莫"系句，此类居于主要地位，且形式多样、富于变化，包括"莫"字句、"莫非"句、"莫是"句、"莫不是"句等 6 种情况。

"莫"系句又分为句尾无语气词和句尾带语气词两类，后者所占比重极大，句尾语气词的使用比较集中，以"麽"结尾的居多，"否"和"也无"次之，其他语气词则是零星出现。从与唐宋禅宗语录的历时比较来看，"莫"系句尾语气词逐渐集中于"麽"，是近代汉语发展的一个趋势；另一方面，通过与世俗文献《朱子语类》(前 30 卷)的共时比较可知，"莫"系句并非为禅宗文献所独有，而是当时汉语测度询问句所共有的一种语言现象。

第七章　反诘问句

吕叔湘（1982：290）曾指出"反诘实在是一种否定的方式：反诘句里没有否定词，这句话的用意就在否定；反诘句里有否定词，这句话的用意就在肯定"。反诘问句是一种无疑而问的假性问句，虽有疑问句之形却没有疑问句之实，问话人心中实际已经对事物有了或肯定或否定的认识，只是借助疑问句的形式来强化自己的看法。一般来说反诘问句所表达的语里意义与其表面所呈现的语表意义是相反的，即用肯定的形式表达否定的意义，用否定的形式表达肯定的意义。

《五灯》中反诘问句共出现 2038 次。反诘语气主要通过特指反诘问句、是非反诘问句、递进复句形式的反诘问句等表达。

第一节　特指反诘问句

特指反诘问句与特指询问句的格式相同，不同就在于特指反诘问句的语意需要从反面进行理解。《五灯》中特指反诘问句共出现 1555 次，具体可分为"何"系、"甚"系、"作麽"系、"争"系、"谁"系、"那"系、"几"、"胡、乌、曷、奚"等。

一　"何"系特指反诘问句

"何"系疑问代词既能用于询问句，也能用于反诘问句，此外，还有一些专用于反诘问句的固定格式，如"何必""何尝""何曾""何啻""何烦""何妨"等。

（一）"何"字句

我们将由单音节疑问代词"何"构成的特指反诘问句称为"何"字句。《五灯》中"何"字句共出现 428 次。可以作状语、定语、宾语、谓语等。

1. 作状语

出现 288 次。其中有 112 次 "（S）何 VP？"，"何"虽是以肯定的形式出现，但功用却相当于否定词，主要用于反诘原因或事理。例如：

（1）问："学人拟看经时如何？"师曰："既是大商，何求小利？"（卷六《天盖山幽禅师》，326）

（2）师举东坡宿东林偈，且曰："也不易到此田地。"庵曰："尚未见路径，何言到耶？"（卷六《天竺证悟法师》，360）

（3）赞曰："和尚大慈，恩逾父母。当时若为我说破，何有今日之事？"（卷九《香严智闲禅师》，537）

（4）既而说偈曰："三十八岁，懵然无知。及其有知，何异无知？滔滔汴水，隐隐隋堤，师其归矣，箭浪东驰。"（卷一二《节使李端愿居士》，755）

刘松汉（1989）指出："反问句在语言环境中一般都有充分条件的语意前提，而反问句只是这个充分条件的前提的必然的毫无疑问的结果。""反问句包含的内容从这个充分条件的语意前提就可推导出来，是已知的。"比如例（1）"何求小利？"的充分语意前提是其前句"既是大商"，可想而知，既然是大商人，还求什么小利呢？故"何求小利？"的意思就是不必取小利，"何"含不必义。下面几例反诘问句皆可由其充分条件的语意前提推导而出，例（2）的意思是说"连路径都还没有看到，怎么就能说到了呢？"，"何"有"不能"义。例（3）（4）"何"单纯表否定，意为"没""不"，其中例（3）句意是如果早为我说破的话，又怎么会发生今日之事呢？含有强烈的指责语气；例（4）句意是说三十八岁了，还什么都不知道，即使以后知道了，也未免太晚了，那样的话跟不知道是没有什么差别的啊。

"（S）何不 VP？"出现 176 次，以否定形式表达肯定意义。"何不"即为什么不，用于反问原因或事理。例如：

（5）又一日讲经次，帝至，大众皆起。唯士端坐不动。近臣报曰："圣驾在此，<u>何不起？</u>"士曰："法地若动，一切不安。"（卷二《双林善慧大士》，118）

（6）有坦然、怀让二僧来参问曰："如何是祖师西来意？"师曰："<u>何不问自己意？</u>"（卷二《嵩岳慧安国师》，72）

（7）问："十二时中以何为境？"师曰："<u>何不问王老师？</u>"（卷三《南泉普愿禅师》，142）

例（5）"何不起"的意思是应该起（来迎接）；例（6）（7）答语均未遵循对话的合作原则，而是以问答问的反诘语气表达了自己的态度。

2. 作定语

共出现 102 次。其中有 61 次"何"用于反问情状，相当于"什么"。例如：

（8）师曰："汉国主人还重佛法麽？"曰："苦哉！赖遇问着某甲；若问别人，即祸生。"师曰："作麽生？"曰："人尚不见，<u>有何佛法可重？</u>"（卷五《汾州石楼禅师》，268）

（9）院曰："阇黎曾到此间麽？"师曰："<u>是何言欤？</u>"院曰："老僧好好相借问。"师曰："也不得放过。"（卷一一《风穴延沼禅师》，673）

（10）……矧今补处，见在佛般若光明中，<u>何事不成见邪？</u>（卷一八《灵隐道枢禅师》，1226）

例（8）（10）反诘问句的充分语意前提皆出现在其前文，反诘问句的内容据其前文很容易推导出来；例（9）反诘问句的语意前提出现在"是何言欤？"之后，因此要联系后面的问答方能确定是反诘问句，"是何言欤？"的意思是"怎么说话呢？"，即你怎么能这么问/你不应该如此问。由此可以看出反诘问句的判定，对语境有很大的依赖性，换句话说语境在判断是否为反诘问句的过程中起到了很大的作用。正如李宇明所言"与其说反诘问句答案在句中，还不如说答案在语境中"①。

"何"反问情状，有14次用于倒装句式"何O之有？"，O或为单音词，或为双音词。例如：

（11）师曰："太守危险尤甚！"白曰："弟子位镇江山，<u>何险之有</u>？"（卷二《鸟窠道林禅师》，71）

（12）秀曰："汝若是魔，必住不思议境界。"师曰："是佛亦空，<u>何境界之有</u>？"（卷二《降魔藏禅师》，75）

（13）僧问："如何是佛？"师呵呵大笑。僧曰："<u>何哂之有</u>？"师曰："笑你随语生解。"（卷一七《宝峰克文禅师》，1113）

"何"作定语，有32次用于反问处所，相当于"哪里"、"什么地方"。例如：

（14）问："学人拟归乡时如何？"师曰："家破人亡，<u>子归何处</u>？"（卷六《洛浦元安禅师》，320）

（15）上堂："不是心，不是佛，不是物。且道是个甚麽？不在内，不在外，不在中间，毕竟在甚麽处？苦！苦！有口说不得，<u>无家何处归</u>？"（卷二十《大沩行禅师》，1383）

（16）上堂："汝诸人总来就安求觅甚麽？若欲作佛，汝自是佛。担佛傍家走，如渴鹿趁阳焰相似，何时得相应去？汝欲作佛，但无许多颠倒攀缘、妄想恶觉、垢净众生之心，便是初心正觉佛，<u>更向何处别讨</u>？……"（卷四《长庆大安禅师》，191）

（17）问："如何是道？"师曰："本来无一物，<u>何处有尘埃</u>？"（卷八《清凉休复禅师》，501）

（18）上堂："参禅学道，大似井底叫渴相似，殊不知塞耳塞眼，回避不及。且如十二时中，行住坐卧，动转施为，是甚麽人使作？眼见耳闻，<u>何处不是路头</u>？……"（卷二十《石头自回禅师》，1323）

---

① 参见李宇明《反问句的构成及其理解》，《殷都学刊》1990年第3期。

例（14）（15）中的"何处"均作动词宾语，分别位于 V 之后、V 之前，句意皆为无处可去。例（16）"何处"与介词"向"构成介宾短语，"更向何处别讨？"意为无处可逃。例（17）（18）"何处"作主语，前例以肯定的形式表达否定的意义，意思是说"本来什么都没有，又哪里会有尘埃呢？"，即没有尘埃；后例则以否定的形式表达肯定的意义，即眼见耳闻，到处都是门路。

"何"作定语，有 9 次用于反问时间。例如：

（19）修心必须入观，非观无以明心。心尚未明，相应何日？思之勿自恃也。（卷二《永嘉玄觉禅师》，93）

（20）英曰："这漳州子，莫无去就。"师曰："你这般见解，不打更待何时？"（卷一六《法昌倚遇禅师》，1023）

例（19）以前句的"心尚未明"字点明"修心"与"入观"相一致的遥遥无期。例（20）"更待何时"据叶建军（2010：180）考证在唐义净译经《根本说一切有部苾刍尼毗奈耶》中已经出现 1 例①，在《祖堂集》中发展为新的反诘格式"（S）不 VP"。《五灯》中此格式共出现 8 次，此后历代文献沿用不断，直至现代汉语中仍有所使用，究其因，当是其表达的经济性为人们所喜爱，从而决定了它具有顽强的生命力。

3. 作宾语

共出现 37 次。可分为作动词宾语、介词宾语两种。

作动词宾语 22 次，"何"用于反问事物，相当于"什么"。"何"有 18 次位于 V 之前，4 次位于 V 之后。例如：

（21）即鸠诸徒众议曰："不如密多将入都城，谁能挫之？"弟子曰："我等各有咒术，可以动天地、入水火，何患哉？"（卷一《二十六祖不如密多尊者》，36）

---

① 时吐罗尼非时欲舍，告诸尼曰："何用藏置此衣？宜共舍却，更待何时？"即便劝舍。见唐义净译《根本说一切有部苾刍尼毗奈耶》卷一一。

（22）南堂答曰："一法才通法法周，<u>纵横妙用更何求？</u>青蛇出匣魔军伏，碧眼胡僧笑点头。"（卷二十《尚书莫将居士》，1327）

（23）上堂："天人群生类，皆承此恩力。威权三界，德被四方。共禀灵光，咸称妙义。十方诸佛常顶戴汝，谁敢是非？及乎向这里，唤作开方便门，对根设教，便有如此如彼，流出无穷。若能依而奉行，<u>有何不可？</u>所以清凉先师道，佛是无事人。且如今觅个无事人也不可得。"（卷十《报慈文遂导师》，591）

例（21）（22）"何"分别作动词"患""求"的前置宾语。例（23）"何"作宾语，位于动词"有"之后，构成"有何不可"的反诘格式。"有何不可"表反诘在《晋书》中就已出现，之后一直为后代文献沿用。例如：

时孙洵为从事中郎，谓歆曰："古人有言，一日纵敌，数世之患。公荷藩屏之任，居推毂之重，拜表辄行，<u>有何不可？</u>而使奸凶滋蔓，祸衅不测，岂维翰王室，镇静方夏之谓乎？"（《晋书·扶风武王骏列传》）

及冉闵杀石祇，僭称大号，遣其使人常炜聘于儁。儁引之观下，使其记室封裕诘之曰："冉闵养息常才，负恩篡逆，有何祥应而僭称大号？"炜曰："天之所兴，其致不同，……恭承乾命，<u>有何不可？</u>"（《晋书·慕容儁载记》）

比丘答言："佛未听我等受沙门别众食。"彼言："俱是出家人，何故不听？<u>有何不可？</u>我亦不敬汝等，但为外甥敬佛，欲令欢喜故，为汝等作食……"（后秦北印度三藏弗若多罗共罗什译《十诵律》卷一三）

向这里唤作开方便门，对根设教便有如此，如彼流出无穷。若能依而奉行，<u>有何不可？</u>（《景德传灯录》卷二五《金陵报慈道场文遂导师》）

只自看如今有人来乞些醯，亦是闲底事，只是与他说自家无，邻人有之，这是多少正大，<u>有何不可？</u>（《朱子语类》卷二九《孰谓微生高直章》）

你如今上京师，但得一官半职，回来成此亲事，<u>有何不可？</u>（《倩女离魂》第一折）

妲己猛曰："我居于上，你在于下。所隔疏远，按弦多有错乱，甚为不便，焉能一时得熟？我有一法，可以两边相近，又便于按纳，有何不可？"邑考曰："久抚自精，娘娘不必性急。"（《封神演义》第一九回）

表曰："吾有黄祖在彼营中，安忍弃之？"良曰："舍一无谋黄祖而取江东，有何不可？"（《三国演义》第八回）

因我又看得高俅那厮的气焰也不久了，不过四五年之间，必然倒马。那时太平，我同你再回故里，有何不可？（《荡寇志》第七二回）

若办妥这件事时，一面向细柳打听小厮阿玉在那里，然后设法拿他，治他拐良为娼之罪，消了这口气，有何不可？（《廿载繁华梦》第二五回）

"何"作介词宾语共出现 15 次。介词有"从"（3 次）、"凭"（4 次）、"以"（7 次）、"缘"（1 次）等。例如：

（24）师一日领侍僧入庙，以杖敲灶三下曰："咄！此灶只是泥瓦合成，圣从何来？灵从何起？恁麽烹宰物命。"（卷二《嵩岳破灶堕和尚》，76）

（25）心名若有，道不虚然。穷心既无，道凭何立？（卷二《司空本净禅师》，95）

（26）若言心生法生，心灭法灭，何以得无生法忍邪？（卷二《圭峰宗密禅师》，110）

（27）一日，闻丐者唱莲华乐云："不因柳毅传书信，何缘得到洞庭湖？"忽大悟，以餐盘投地。（卷一九《金陵俞道婆》，1271）

例（24）"何"反问处所，相当于"哪里""什么地方"。例（25）"何"反问事物，相当于"什么"。例（26）"何以"似已固化成词，作状语，询问方式，亦可理解为"以何……"，谨慎起见，我们依旧认为是介宾短语。例（27）"何缘"询问原因，相当于"怎么""哪里"，"何缘得到洞庭湖？"意思是说："如果不是因为柳毅传递书信，又怎么能到洞庭湖呢？"

4. 作谓语

仅 1 次。出现在"非 VP 而何?"反诘格式中,"何"作谓语,反问事物。全句以否定的形式表达肯定的意义,意为"只能是 VP"。如下:

(28) 师曰:"先师为谁?"素曰:"慈明也。某忝执侍十三年耳。"师乃疑骇,曰:"十三年堪忍执侍之役,<u>非得其道而何?</u>"(卷一七《兜率从悦禅师》,1147)

(二)"如何"句

共出现 11 次。"如何"皆作状语,相当于"为什么""怎么"。例如:

(29) 曰:"佛度众生,为有心故。道不度人,为无心故。一度一不度,何得无二?"师曰:"若言佛度众生、道无度者,此是大德妄生二见。如山僧即不然。佛是虚名,道亦妄立。二俱不实,总是假名。一假之中,<u>如何分二?</u>"(卷二《司空本净禅师》,96)

(30) 师曰:"苦哉!苦哉!今时人例皆如此,只认得驴前马后底,将为自己,佛法平沈,此之是也。宾中主尚未分,<u>如何辨得主中主?</u>"(卷一三《洞山良价禅师》,785)

(31) 上堂:"泡幻同无碍,<u>如何不了悟?</u>眼里瞳人吹叫子,达法在其中,非今亦非古。……"(卷一九《龙门清远禅师》,1261)

(32) 上堂:"轹辋钻住山斧,佛祖出头未轻与。纵使醍醐满世间,<u>你无宝器如何取?</u>阿呵呵!神山打罗,道吾作舞。甜瓜彻蒂甜,苦瓠连根苦。"(卷一九《何山守珣禅师》,1306)

判断例(29)为反诘问句,需要联系文意。此例的文意为:佛是虚妄的名称,道也是虚妄而立,两者都不是真实的存在,皆为假名。同样都是虚假,又怎能分出两种来呢?例(30)联系前句可知"如何辨得主中主?"的意思是:宾中主尚且不分,又怎么能分得清主中主呢?例(31)(32)判断为反诘问句,同样是根据前句文意,例(31)句中"泡幻同无碍,如何不了悟"的意思是说：既然泡影和幻象都已不是悟禅的障碍了，怎么还没有彻底领悟呢？例（32）句中"纵使醍醐满世间，你无宝器如何取"的意思是：纵然醍醐充满人世间，你没有宝器又怎么能够得到它们呢？言外之意即为没有宝器是不能把取的。

（三）"云何"句

共出现 6 次。"云何"皆作状语，反诘问原因，相当于"为什么""说什么"。例如：

（33）曰："既无分别，何以修心？"师曰："心本无损伤，<u>云何要修理？</u>无论垢与净，一切勿念起。"（卷三《兴善惟宽禅师》，166）

（34）阿难，若复此香生于汝鼻，称鼻所生，当从鼻出。鼻非旃檀，<u>云何鼻中有旃檀气？</u>（卷一七《清凉慧洪禅师》，1159）

（35）上堂："无漏真净，<u>云何是中更容他物？</u>"（卷一九《保宁仁勇禅师》，1238）

例（33）"云何"句是对前面反诘问句"既无分别，何以修心？"的反诘，语气比前句更为强烈，意思是说："既然心本来没有什么损伤，那么干嘛要修理它呢？"例（34）据"鼻非旃檀"可推理出鼻中不应该会有旃檀气。例（35）句意为："没有缺漏即是真正的干净，为什么说这其中还包容有其他东西呢？"

（四）"何必"句

"何必"相当于"不必"，早在先秦就已用于反诘问句中（王海棻 2001：515）。《五灯》"何必"反诘问句共出现 15 次。其中"何必"作状语 13 次，主要用于反诘事理。例如：

（36）问："不假言诠，请师径直。"师曰："<u>何必更待商量？</u>"（卷八《报慈光云禅师》，461）

（37）曰："恁麽则一机显处，万缘丧尽。"师曰："<u>何必繁辞？</u>"

（卷八《报恩宗显禅师》，509）

（38）使者受罚，复至曰："必欲得师俱往，不然有死而已。"师笑曰："老病业已不出山，借往当先后之，<u>何必俱邪？</u>"使曰："师诺，则先后唯所择。"（卷一一《汾阳善昭禅师》，687）

例（36）（37）反诘语气均由反诘标记"何必"单独表达；例（38）句尾语气词"邪"，使句中的反诘语气显得不那么强烈，换句话说"邪"在此处略有弱化反诘语气的意味，《五灯》句尾有语气词的"何必"反诘问句仅此1次。

"何必"作谓语2次，皆单独成句：

（39）上堂："才有是非，纷然失心，还有答话分也无？"僧举似洛浦，浦扣齿。又举似云居，居曰："<u>何必？</u>"（卷四《赵州从谂禅师》，203～204）

（40）曰："恁麼则大众有赖也。"师曰："<u>何必？</u>"（卷十《清凉泰钦禅师》，575）

上述两例"何必"有"不必""不一定"义，反诘语气较弱。

（五）"何尝"句

"何尝"在西汉时期就已用于反诘问句，"何尝"相当于"何曾""哪曾"，用疑问句的形式否定某种事实或经历。例如：

> 婴与萧何降泗水监平，张晏曰："胡陵，平所止县，<u>何尝给之？</u>故与降也。"平以胡陵降，赐婴爵五大夫。（《史记·樊郦滕灌列传》）

《五灯》中"何尝"反诘问句仅出现2次。"何尝"均作状语，用反诘语气表示"不曾"义。如下：

（41）因无为居士杨杰请问"宣律师所讲毗尼性体"。师以偈答曰："<u>情智何尝异？</u>犬吠蛇自行。终南的的意，日午打三更。（卷六《本嵩

律师》，361）

（42）龙曰："脚下鞋甚处得来？"师曰："庐山七百五十文唱来。"龙曰："何曾得自在？"师指鞋曰："<u>何尝不自在？</u>"（卷一七《宝峰克文禅师》，1113）

例（42）"何尝不"构成双重否定，反诘语气比较强烈。"何尝不自在"的意思是"又怎么会不自在""有什么不自在"，即很自在、很舒服。

（六）"何曾"句

"何曾"用于反诘询问相当于"哪里曾""哪里会""怎么能"。叶建军（2010：182）认为反诘问句"（S）何曾VP？"最早可能出现于隋代吉藏所撰的《百论疏》，其实在南朝梁法云所撰的《法华经义记》中就已经出现了。例如：

> 文殊仍作第一伏难言："汝自道四众有疑，<u>四众何曾有疑？</u>若有疑者，自当发问，何劳汝说耶？……"（梁·法云《法华经义记》）

《五灯》"何曾"句共出现46次。"何曾"均作状语，用以否定某种事实或经历。例如：

（43）亮曰："因甚麼教莫礼？"师曰："<u>何曾错？</u>"（卷三《北兰让禅师》，161）

（44）僧问："如何是密作用？"师曰："<u>何曾密？</u>"（卷十《天童山新禅师》，624）

（45）师自颂曰："生缘有语人皆识，<u>水母何曾离得虾？</u>……"（卷一七《黄龙慧南禅师》，1108）

上述三例"何曾"均以肯定的形式出现，实际上是用反诘的语气表示不曾、未曾或没有义。

（七）"何啻"句

"何啻"反诘问句在东晋时期就已出现。例如：

> 或问谭曰："谚言人之相去，如九牛毛，宁有此理乎？"谭对曰："昔许由、巢父让天子之贵，市道小人争半钱之利，此之相去，<u>何啻九牛毛也？</u>"闻者称善。（《晋书·华谭传》）

《五灯》"何啻"句共出现 3 次，"何啻"均作状语，有 2 次相当于"何止""哪里（只）是"。例如：

> （46）（天童昙华禅师）尝诫徒曰："衲僧家著草鞋住院，<u>何啻如蚖蛇恋窟乎？</u>"（卷二十《天童昙华禅师》，1357）

此例句尾有语气词"乎"，《五灯》"何啻"句仅此 1 次有句尾语气词。"何啻"有 1 次则相当于现代汉语的"如同""无异于"，如下：

> （47）上堂："……梵王引之于前，香花缭绕，帝释随之于后，龙象骈罗。致令后代儿孙，递相仿效。三三两两，皆言出格风标。劫劫波波，未肯归家稳坐。鼓唇摇舌，宛如钟磬笙竽。奋臂点胸，<u>何啻稻麻竹苇？</u>……"（卷一六《岳林真禅师》，1095）

"何啻稻麻竹苇"与前文"宛如钟磬笙竽"相对应，"何啻"与"宛如"义同，故"何啻"可理解为"无异于""不正是"。

（八）"何得"句

"何得"用于反诘问句，相当于"怎么能""哪里能"，在南北朝时期就已出现。例如：

> 援尝有疾，梁松来候之，独拜床下，援不答。松去后，诸子问曰：

"梁伯孙帝婿，贵重朝廷，公卿已下莫不惮之，大人奈何独不为礼？"援曰："我乃松父友也。虽贵，<u>何得失其序乎？</u>"（南朝宋范晔《后汉书·马援传》）

《五灯》"何得"句共出现 66 次，主要用于反问原因或事理。例如：

（48）王曰："迦叶作舞，岂不是？"佛曰："实不曾作舞！"王曰："<u>世尊何得妄语？</u>"（卷一《释迦牟尼佛》，6）

（49）若宗之未会，观之未深，深观乃会其宗，的言必明其旨，旨宗既其明会，<u>言观何得复存邪？</u>（卷二《永嘉玄觉禅师》，93）

（50）师曰："汝道老僧即今在甚麽处？"曰："和尚是一国之师，<u>何得却去西川看竞渡？</u>"（卷二《南阳慧忠国师》，99）

（51）师指门扇曰："这个是甚麽？"曰："是色法。"师曰："帘前赐紫，对御谈经，<u>何得不持五戒？</u>"（卷四《睦州陈尊宿》，232）

（52）僧问："学人不负师机，还免披毛戴角也无？"师曰："<u>阇黎何得对面不相识？</u>"（卷一三《邻珏和尚》，832）

《五灯》"何得"句仅有 1 次出现句尾语气词，见例（49），句尾语气词是"邪"。例（51）"何得不"连用，双重否定加强了肯定意义，句子有"应该"义。例（52）"何得"与"不"亦是双重否定表达肯定的意义，句子同样含有"应该"义。

（九）"何烦"句

"何烦"句在东晋译经中就已出现。例如：

尔时世尊告曰："止，止。须拔，勿问此义。<u>何烦问此胜如来乎？</u>然我今日在此座上，当与汝说法。善思念之。"（东晋·瞿昙僧伽提婆译《增壹阿含经》卷三七）（转引自叶建军 2010：183）

纯陀答曰："文殊师利！<u>何烦催此垢秽食为？</u>如来宁当待此食耶？如来六年在道树下难行苦行，日食麻米犹自支持，况今须臾岂不能耶？

汝谓如来食此食乎？如来法身非秽食身。"（东晋·法显译《佛说大般泥洹经》卷一）

《五灯》"何烦"句仅出现 1 次。"何烦"含"不必"之意，用在 V 前作状语，反问事理。如下：

（53）曰："如何是独脱一路？"师曰："何烦更问？"（卷七《长庆慧棱禅师》，403）

（十）"何妨"句

"何妨"相当于现代汉语的"何妨""有什么关系"，用反诘的语气表示不妨。"何妨"句在梁时的译经中就已出现。例如：

问者又言："若言信心犹存者不应名作失。"解释者言："乃无大乘之解何妨有小乘之信也？"（梁·法云《法华经义记》）

《五灯》中"何妨"句共出现 10 次。其中"（S）何妨 VP？"出现 5 次，"何妨"作状语。例如：

（54）上堂："……诸人幸值色身安健，不值诸难，何妨近前著些工夫？体取佛意好！"（卷五《清平令遵禅师》，296）

"（S）何妨？"出现 4 次。"何妨"作谓语，相当于现代汉语的"有什么关系""能怎么样"。例如：

（55）问："潭清月现，是何境界？"师曰："不干你事。"曰："借问又何妨？"师曰："觅潭月不可得。（卷八《南台诚禅师》，454）

"（S）有何妨？"出现 1 次。"何妨"作"有"的宾语，"有何妨"即

"不妨""无妨"。如下：

　　（56）问："如何是从上真正眼？"师槌胸曰："苍天！苍天！"曰："借问有何妨？"师曰："困。"（卷九《资福如宝禅师》，550）

（十一）"何可"句

"何可"句在上古汉语中就已出现。《五灯》"何可"句皆以"（S）何可V？"格式出现（3次），V可为单音节V（2次），也可为双音节V（1次）。"何可"相当于"怎么能够""怎么可以"，用反诘的语气表示不可。例如：

　　（57）僧问："自心他心，得相见否？"师曰："自己尚不见，他人何可观？"（卷一三《九峰通玄禅师》，815）

　　（58）（黄檗慧禅师）因增受菩萨戒，而叹曰："大士摄律仪，与吾本受声闻戒，俱止持作犯也。然于篇聚增减，支本通别，制意且殊，既微细难防，复于摄善中未尝行于少分，况饶益有情乎？且世间泡幻，身命何可留恋哉？"（卷一三《黄檗慧禅师》，836）

（十二）"何劳"句

"何劳"句在南朝梁译经中就已出现。例如：

　　尔时菩萨而作是念："咄哉波旬！将不故来娆乱我耶？岂不欲作障碍留难我法事耶？"审知魔已而作是言："波旬善哉！少欲自持，何劳乐知世间事乎？"（梁·曼陀罗仙共僧伽婆罗等译《大乘宝云经》卷二）

　　文殊仍作第一伏难言："汝自道四众有疑，四众何曾有疑？若有疑者，自当发问，何劳汝说耶？……"（梁·法云撰《法华经义记》）

《五灯》"何劳"句出现13次。"何劳"在VP前作状语，相当于"不必"，用于反问事理。例如：

（59）僧问："四众谛观第一义。如何是第一义?"师曰："何劳更问?"（卷十《崇寿契稠禅师》，585）

（60）上堂："梦幻空花，何劳把捉? 得失是非，一时放却。"（卷二十《教忠弥光禅师》，1329）

（十三）"何能"句

"何能"句在上古汉语中就已出现。《五灯》"何能"句皆以"（S）何能VP?"格式出现（8次），"何能"在VP前作状语，相当于"怎么能""哪里能"。例如：

（61）王曰："予闻师子比丘不能免于刑戮，何能传法后人?"祖曰："我师难未起时，密授我信衣法偈，以显师承。"（卷一《二十五祖婆舍斯多尊者》，35）

（62）师问："住在何处? 至此何求?"老人曰："住在此山，然非人，龙也。行雨不职，上天有罚当死，愿垂救护。"师曰："汝得罪上帝，我何能致力? 虽然，可易形来。"（卷六《龙湖普闻禅师》，315）

（十四）"何伤"句

"何伤"句在东汉时期就已出现。例如：

礼有来学，义无往教；道不可诎，身诎何伤?（《汉书·孙宝传》）

《五灯》"何伤"句仅出现1次。"何伤"作谓语，相当于"有什么关系/影响"。如下：

（63）问："蛇子为甚麽吞却蛇师?"师曰："在理何伤?"（卷一三《云居道简禅师》，830）

（十五）"何暇"句

"何暇"用于反诘问句在上古汉语中就已出现。《五灯》"何暇"句仅出现 1 次。"何暇"相当于现代汉语的"哪里顾得上""哪有功夫"。如下：

> （64）愚问："来何所求？"师曰："求心法。"愚曰："法轮未转，食轮先转。后生趁色力健，何不为众乞食？我忍饥不暇，<u>何暇为汝说禅乎？</u>"（卷一二《云峰文悦禅师》，743）

例（64）"何暇"用于反问事理，全句翻译为现代汉语即为"我忍受饥饿还来不及，哪里还顾得上说禅呢？"

（十六）"何须"句

"何须"用于反诘问句相当于"哪里用得着""为什么要"。"何须"句在东汉时期就已出现。例如：

> 上召见歆，诵读诗赋，甚说之，欲以为中常侍，召取衣冠。临当拜，左右皆曰："未晓大将军。"上曰："此小事，<u>何须关大将军？</u>"（《汉书·元后传》）

《五灯》"何须"句共出现 29 次。"何须"皆在 VP 前作状语，用反诘的语气表示"不须""不必"。例如：

> （65）士曰："阿兄吃茶，为甚麽不揖客？"师曰："谁？"士曰："庞公。"师曰："<u>何须更揖？</u>"（卷三《松山和尚》，180）
> （66）师将游五台，有大德作偈，留曰："无处青山不道场，<u>何须策杖礼清凉？</u>云中纵有金毛现，正眼观时非吉祥。"（卷四《赵州从谂禅师》，199）
> （67）……以书报云，云以偈答曰："藏身不用缩头，<u>敛迹何须收脚？</u>金乌半夜辽天，玉兔赶他不著。"（卷一九《提刑郭祥正居士》，1249）

《五灯》"何须"句常以偈语的形式出现，见上例（66）（67）。

（十七）"何用"句

"何用"在上古汉语中就已出现。王海棻（2001：223、315）认为介宾短语"何用"专用于询问句，叶建军（2010：183）持不同看法，他认为《祖堂集》中"何用"专用于反诘问句。《五灯》情况与《祖堂集》相同，"何用"专用于反诘问句，共出现 19 次。"何用"皆在 VP 前作状语，相当于"哪里用""不用"。例如：

（68）上堂："动容瞬目，无出当人一念净心，本来是佛。"仍说偈曰："心本绝尘何用洗？身中无病岂求医？欲知是佛非身处，明鉴高悬未照时。"（卷四《龟山智真禅师》，226）

（69）翁曰："汝曾受戒否？"师曰："受戒久矣。"翁曰："汝若无执心，何用受戒？"（卷九《无著文喜禅师》，545）

（70）明曰："监寺异时儿孙遍天下在，何用忙为？"（卷一九《杨岐方会禅师》，1229）

例（70）句尾有语气词"为"。

（十八）"何足"句

"何足"句在上古汉语中就已出现，相当于现代汉语的"哪里值得""哪里能够""有什么值得"。例如：

曰："今之从政者何如？"子曰："噫！斗筲之人，何足算也？"（《论语·子路》）

《五灯》"何足"句出现 2 次，皆用于 V 前作状语，用反诘的语气表示不值得。如下：

（71）问曰："我家父母素信三宝，而常萦疾瘵，凡所营作，皆不如意；而我邻家久为旃陀罗行，而身常勇健，所作和合。彼何辜，而我何辜？"祖曰："何足疑乎？且善恶之报有三时焉……"（卷一《十九祖鸠摩罗多尊者》，28）

（72）上堂曰："瑞峰顶上，栖凤亭边，一杯淡粥相依，百衲蒙头打坐。二祖礼三拜，依位而立，已是周遮。达磨老臊胡，分尽髓皮，一场狼籍。其余之辈，何足道哉？柏堂恁麽道，还免诸方检责也无？"（卷二十《龙翔南雅禅师》，1390）

（十九）"奈 NP 何？"句

仅出现 1 次。"奈 NP 何"相当于"拿 NP 怎么办"，用于反问原因。如下：

（73）相国崔公群出为湖南观察使，见师问曰："师以何得？"师曰："见性得。"师方病眼，公讥曰："既云见性，其奈眼何？"师曰："见性非眼，眼病何害？"公稽首谢之。（卷三《东寺如会禅师》，151）

"既云见性，其奈眼何？"的意思是"既然说已经识见了本性，怎么还拿你的眼睛没有办法呢？"。

小 结

我们将《五灯》"何"系特指反诘问句具体使用情况整理成表 7-1。

表 7-1 《五灯》"何"系特指反诘问句使用情况

疑问词语	句法功能				语意功能							合计
	谓语	宾语	定语	状语	事物	方式	情状	原因	时间	处所	事理	
何	+	+	+	+	+		+	+	+	+	+	428
如何				+		+		+				11
云何				+				+				6
何必	+			+							+	15
何尝				+				+				2

续表

疑问词语	句法功能				语意功能							合计
	谓语	宾语	定语	状语	事物	方式	情状	原因	时间	处所	事理	
何曾				+							+	46
何啻				+							+	3
何得				+				+			+	66
何烦				+							+	1
何妨	+	+		+							+	10
何可				+							+	3
何劳				+							+	13
何能				+							+	8
何伤	+										+	1
何暇				+							+	1
何须				+								29
何用				+							+	19
何足				+							+	2
奈 NP 何	+							+				1
合计	665											

综上，《五灯》"何"系特指反诘问句共出现 665 例，其中出现频率最高的当数"何"字句，428 例，占 665 例的 64.4%。反诘问句中的疑问代词及其组合方式比较丰富，表现形式多样，除了有"何""如何""云何"等疑问代词外，还包括很多专用于表示反诘问句的固定格式，有"何必""何尝""何曾""何啻""何得""何烦""何妨"等。

二 "甚"系特指反诘问句

"甚"系特指反诘问句包括"甚""甚麽"特指反诘问句。共出现 291 次。

（一）"甚"字句

出现 43 次。"甚"皆作定语。例如：

（74）僧后问石霜："拔尘见佛时如何？"霜曰："渠无国土，<u>甚处逢渠</u>？"（卷五《夹山善会禅师》，294）

（75）僧入室问："正当与麽时，还有师也无？"师曰："灯明连夜照，<u>甚处不分明</u>？"（卷一一《谷隐蕴聪禅师》，694）

（76）师曰："与麽，则七佛出世也救你不得。"曰："<u>说甚七佛</u>？千佛出世也救某甲不得。"（卷五《石霜庆诸禅师》，288）

（77）置笔顾简堂曰："某坐去好，卧去好？"堂曰："相公去便了，<u>理会甚坐与卧耶</u>？"（卷二十《参政钱端礼居士》，1365）

（78）山曰："老僧谩阇黎去也。"师喝曰："这老和尚，<u>而今是甚时节</u>？"（卷七《瑞岩师彦禅师》，387~388）

例（74）"甚"用反诘的语气表示否定，"甚处"即"没有什么地方""无处"；例（75）"甚处不"构成双重否定，"甚处不分明"意思是说"无处不分明""到处都分明"；例（76）（77）"说甚七佛"即不要说七佛，"理会甚坐与卧"即不要理会坐与卧；例（78）"甚时节"用反诘语气表示谴责之意，意思是说现在是什么时候，不要说这样的话。

《五灯》43例"甚"字句中，仅1例有句尾语气词（"耶"），见上例（77）。

（二）"甚麽"句

共出现248次。《五灯》"甚麽"句用法灵活，表现形式多样，主要有以下10种反诘格式。

1. "因甚麽""为甚麽""作甚/什麽"

共出现35次。

其中"（S）因甚麽VP？"出现15次，"因甚麽"反问原因，相当于现代汉语的"为什么"。例如：

（79）玄沙云："何曾密？"归宗柔别老宿云："<u>你因甚麽得见</u>？"（卷六《亡名古宿》，362）

（80）曰："只如行鸟道，莫便是本来面目否？"师曰："阇黎因甚

颠倒？"曰："甚麽处是学人颠倒？"师曰："若不颠倒，<u>因甚麽却认奴
作郎？</u>"（卷一三《洞山良价禅师》，782）

"（S）为甚麽？"格式出现 8 次，"为甚麽"反问原因，相当于现代汉
语的"为什么"。例如：

（81）师曰："会麽？"僧曰："不会。"师曰："本有之性，<u>为甚麽
不会？</u>"（卷二《嵩岳破灶堕和尚》，77）

（82）公见鸟雀于佛头上放粪，乃问："鸟雀还有佛性也无？"师
曰："有。"公曰："为甚麽向佛头上放粪？"师曰："<u>是伊为甚麽不向鹞
子头上放？</u>"（卷三《东寺如会禅师》，151）

（83）有僧睹师《见佛不拜歌》，逆问曰："既见佛，<u>为甚麽不
拜？</u>"（卷一八《性空妙普庵主》，1179）

"作甚麽"句出现 11 次，反诘问原因，相当于现代汉语的"干什么"
或"干嘛"。例如：

（84）因志公令人传语曰："何不下山教化众生？<u>目视云汉作甚麽？</u>"
师曰："三世诸佛，被我一口吞尽。（卷二《南岳慧思禅师》，119）

（85）问："如何是祖师意？"师曰："<u>用祖师意作甚麽？</u>"（卷十
《净德智筠禅师》，595）

（86）山曰："三十年后，要个人下茶也无在。"师曰："<u>要谷山这
汉作甚麽？</u>"（卷三《秀溪和尚》，181）

"作什麽"仅出现 1 次，反问原因，与"作甚麽"义同，相当于"干什
么""干嘛"。如下：

（87）师便问："如何是祖师西来意？"州曰："恰遇山僧洗脚。"
师近前作听势，州曰："会即便会，<u>啖啄作什麽？</u>"（卷一一《临济义玄
禅师》，647）

2. "VP 甚麽？"

此格式中 VP 与"甚麽"构成动宾结构，"甚麽"作宾语。共出现 76 次。

（1）"（S）道/问甚麽？"

"（S）道甚麽？""（S）问甚麽？"分别出现 50 次、7 次。两种格式均用于表示答话者心中的不满，含有一种不耐烦的情绪，相当于现代汉语的"说什么"。例如：

（88）问："若能转物，即同如来。未审转甚麽物？"师曰："<u>道甚麽</u>？"僧拟进语，师曰："这漆桶！"（卷八《延庆传殷禅师》，504）

（89）问："如何是鹅湖第一句？"师曰："<u>道甚麽</u>？"曰："如何即是？"师曰："妨我打睡。"（卷七《鹅湖智孚禅师》，422）

（90）问："如何是方外之谭？"师曰："汝<u>道甚麽</u>？"（卷一三《蕲州广济禅师》，829）

（91）问："承古有言。"师便作卧势，良久起曰："<u>问甚麽</u>？"僧再举，师曰："虚生浪死汉！"（卷七《雪峰义存禅师》，380）

（92）问："欲达无生路，应须识本源。如何是本源？"师良久，却问侍者："这僧<u>问甚麽</u>？"其僧再举，师乃喝出。曰："我不患聋。"（卷七《保福从展禅师》，408）

上述例句据语境可知答语均表达了答话者的不耐烦情绪，意思是发问者不该如此问。如例（91）从下文的"虚生浪死汉！"可知禅师前面言"问什么"时已是反诘作答，故"僧再举"时，更加激发了禅师的不满情绪，此例禅语在《祖堂集》中则是连用两个"问什摩"，反诘的意味更加明显；例（92）由下文"我不患聋。"可知前文是反诘语气。

（2）"（S）堪作甚麽？"

出现 9 次。例如：

（93）上堂："心如朗月连天静。"遂打一圆相曰："寒山子聻？性似寒潭彻底清，是何境界？"良久曰："无价夜光人不识，<u>识得又堪作</u>

甚麽？凡夫虚度几千春。"（卷一七《兴国契雅禅师》，1128）

（94）山曰："恁麽则从人得也。"师曰："自己尚是冤家，<u>从人得堪作甚麽？</u>"（卷一三《杭州佛日禅师》，827）

（3）其他"VP 甚麽？"（10 次）的例句如：

（95）黄曰："<u>作甚麽？</u>"师曰："探水。"黄曰："我这里一滴也无，<u>探个甚麽？</u>"（卷四《赵州从谂禅师》，199）

（96）问："如何是大通智胜佛？"师曰："旷大劫来，未曾拥滞，<u>不是大通智胜佛是甚麽？</u>"（卷二《天柱崇慧禅师》，66）

（97）曰："为甚麽合不得？"师曰："无同可同，<u>合甚麽？</u>"（卷七《瑞岩师彦禅师》，388）

（98）师曰："绍卿甚生怕怖。"峰曰："是汝屋里底，<u>怕怖甚麽？</u>"（卷七《隆寿绍卿禅师》，423）

3. "VP 甚麽 NP？"

共出现 137 次。"甚麽"修饰 NP，作定语。NP 可以是实实在在的事物，也可以是抽象的所指（不起什么修饰作用）。

（1）"有/是甚麽 NP？"

"有甚麽 NP？"出现 43 次。"有甚麽 NP？"实际语意应从反面理解为"哪里有什么 NP""没有什么 NP"。例如：

（99）曰："今时血脉不断处，如何仰美？"师曰："<u>有甚麽仰美处？</u>"（卷四《香严义端禅师》，215）

（100）师曰："争得到这里？"曰："<u>有甚麽隔碍？</u>"（卷七《雪峰义存禅师》，381）

上述两例均是以问答问，用反诘的语气表达了答话者心中的不同意、不赞成。

"是什麽 NP？"出现 29 次，皆具有呵斥意味，表达了答话者的强烈不满。其中"是甚麽心行？"出现次数最多，有 18 次，"是什麽所在？"出现 6 次，其他 5 次。例如：

（101）曰："若不黠儿，几成邈掠。"师曰："汝是黠儿？"曰："和尚是甚麽心行？"（卷七《保福从展禅师》，408）

（102）弥曰："太粗生！"师曰："这里是甚麽所在？说粗说细。"（卷四《黄檗希运禅师》，189）

（103）国师曰："马大师以何法示徒？"曰："即心即佛。"国师曰："是甚麽语话？"（卷三《伊阙自在禅师》，165）

（2）其他"VP 甚麽 NP？"（25 次）的例句如：

（104）祖曰："来此拟须何事？"曰："来求佛法。"祖曰："我这里一物也无，求甚麽佛法？自家宝藏不顾，抛家散走作麽？"（卷三《大珠慧海禅师》，154）

（105）云岩曰："皮也无，打甚麽鼓？"道吾曰："鼓也无，打甚麽皮？"（卷五《澧州高沙弥》，278）

（106）僧近前，良久师曰："阇黎参见甚麽人？"曰："参甚麽碗？"（卷一三《金峰从志禅师》，817）

（107）乃问："长史高姓？"他道："老和尚看便了，问甚麽姓？"（卷一九《五祖法演禅师》，1244）

4. "VPNP1 甚麽 NP2？"

出现 3 次。VP 为表涉及义的单音节动词"干"，NP1 为人称代词"汝""我""他"，"甚麽"用于修饰指事物的 NP2。"VPNP1 甚麽 NP2？"可理解为"关你/我/他什麽事？"如下：

（108）问："如何是奉先家风？"师曰："即今在甚麽处？"曰："恁麽则大众有赖也。"师曰："干汝甚麽事？"（卷八《白云智作禅师》，478）

（109）若能如是，见得释迦自释迦，达磨自达磨，干我甚麽碗？（卷一八《荐福道英禅师》，1168）

（110）师曰："适来领，而今喝，干他不是心，不是佛，不是物甚麽事？"（卷一九《径山宗杲禅师》，1277）

例（110）"甚麽"句的内部结构比较复杂，在"甚麽事"之前还添加了修饰语"不是心，不是佛，不是物"。

5. "VP1 甚麽 VP2?"

出现 14 次。例如：

（111）师曰："何不速道？"初曰："争即不得。"师曰："道也未曾道，说甚麽争即不得？"（卷一三《洞山良价禅师》，779）

（112）新罗僧问："是甚麽得恁麽难道？"师曰："有甚麽难道？"（卷一三《云居道膺禅师》，796）

（113）僧问："如何是佛？"师曰："向汝道甚麽即得？"　（卷十《兴善栖伦禅师》，599）

6. "VP1 甚麽 VP2（与）不 VP2?"

出现 3 次。VP1 是单音动词"说"。例如：

（114）有大德问师曰："即心是佛又不得，非心非佛又不得。师意如何？"师曰："大德且信即心是佛便了，更说甚麽得与不得？只如大德吃饭了，从东廊上西廊下，不可总问人得与不得也。"（卷三《南泉普愿禅师》，141）

（115）师曰："唤甚麽作万象？"曰："古人不拨万象。"师曰："万象之中独露身，说甚麽拨不拨？"子方豁然悟解，述偈投诚。（卷十《清凉文益禅师》，561）

7. "甚麽 NP?"

出现 2 次。"甚么"用于否定后面的 NP。如下：

（116）僧曰："恁麽则一路得通，诸路亦然。"师曰："**甚麽诸路?**"（卷八《罗山义因禅师》，445）

8."甚麽 NP 不 VP（得）?"

出现 7 次。其中 NP 有 6 次是"处"，1 次是"物"。"甚麽 NP"跟"不"连用构成双重否定，表示肯定的意义。例如：

（117）问："如何是暗中明镜?"师曰："昧不得。"曰："未审照何物?"师曰："**甚麽物不照?**"（卷六《邓州中度禅师》，344）

（118）僧问："如何是出窟师子?"师曰："**甚麽处不震裂?**"（卷八《罗山义聪禅师》，488）

（119）上堂："春景温和，春雨普润，万物生芽，**甚麽处不沾恩?**且道承恩力一句，作麽生道?"良久曰："春雨一滴滑如油。"（卷一一《谷隐蕴聪禅师》，693）

（120）师曰："还曾问讯他否?"僧曰："也曾问讯。"师曰："无言作麽生问得?"僧曰："若得无言，**甚麽处不问得?**"（卷十《罗汉智依禅师》，588）

例（117）VP 分别是单音节"照"，"甚麽物不"用否定的形式表示肯定的意义，"甚麽物不照"即所有的都照；例（118）VP 是双音节动词"震裂"，"甚麽处不震裂?"的意思是到处都震裂；例（119）VP 是动宾结构"沾恩""甚麽处不沾恩?"即到处都承受着恩泽；例（120）单音动词"问"后紧跟了一个补语"得"，"甚麽处不问得?"意思是到处都可以问。

9."甚麽 NP1 不是（NP2）?"

出现 5 次。其中"甚麽 NP1 不是?"出现 3 次，"甚麽 NP1 不是 NP2?"出现 2 次，NP1 皆是"处""甚麽"用于表示否定。例如：

（121）师曰："佛在甚麽处?"曰："**甚麽处不是?**"（卷十《罗汉智依禅师》，588）

（122）曰："学人不会，乞师方便。"师曰："**甚麽处不是方便?**"

（卷十《天台德韶国师》，572）

例（121）"甚麽处不是？"意为到处都是（佛）；例（122）"甚麽处不是方便？"即到处都是方便。

10. "甚麽 NPVP（来）？"

出现 6 次。其中 NP 有 4 次为"处"，2 次为"年"。"甚麽"用于表示否定。例如：

（123）师以手于空画一画曰："会麽？"曰："不会。"师曰："二尚不会，甚麽处得百会来？"（卷七《洛京南院和尚》，425）

（124）问："拨尘见佛时如何？"师曰："甚麽年中得见来？"（卷七《报恩怀岳禅师》，417）

小　结

综上，《五灯》"甚"系特指反诘问句共出现 291 次，"甚"字句与"甚麽"句相差悬殊，以"甚麽"句为主（248 次），占总出现次数的 85.2%。"甚"系特指反诘问句很少使用句尾语气词，仅有两例分别使用了语气词"耶""也"，占 291 次的 0.7%（见表 7-2）。

表 7-2 《五灯》"甚"系特指反诘问句使用情况

疑问词语	句法功能				语意功能				合计
	定语	宾语	状语	谓语	原因	情状	人佛	事理	
甚	+					+	+	+	43
甚麽	+	+							248
合计	291								

三　"作麽"系特指反诘问句

"作麽"系特指反诘问句主要包括"作麽"句、"作麽生"句，共出现 98 次。

（一）"作麽"句

共出现 87 次。其中有 82 次"作麽"在 VP 后作谓语，1 次单独成句作谓语，均用于反问原因或目的，相当于现代汉语的"干什么""做什么"。例如：

（125）师问："来作甚麽？"山曰："来亲近和尚。"师曰："若是亲近，用动这两片皮作麽？"（卷五《榉树慧省禅师》，276）

（126）问："如何是朱顶王菩萨？"师曰："问那个赤头汉作麽？"（卷七《白兆志圆禅师》，435）

（127）问："如何是法王剑？"师曰："露。"曰："还杀人也无？"师曰："作麽？"（卷八《大宁隐微禅师》，442）

（128）问："车住牛不住时如何？"师曰："用驾车汉作麽？"（卷一五《洞山守初禅师》，941）

"作麽"有 4 次在 VP 前作状语，用于反问事理或原因，相当于现代汉语的"为什么""怎么"。例如：

（129）主曰："只如居士意作麽生？"士以偈答曰："无我复无人，作麽有疏亲？劝君休历座，不似直求真。金刚般若性，外绝一纤尘，我闻并信受，总是假名陈。"（卷三《庞蕴居士》，186）

（130）上堂曰："今时人出来尽学驰求走作，将当自己眼目。有甚麽相当？阿汝欲学麽？不要诸余，汝等各有本分事，何不体取？作麽心愦愦、口悱悱？有甚麽利益，分明向汝说。……"（卷五《三平义忠禅师》，282）

例（130）"作麽"在《祖堂集》中写作"作什摩"，字形的改变并无损于其否定意义的表达，"作麽"可理解为"不应该"。

（二）"作麼生"句

共出现 11 次。其中"作麼生"有 7 次在 VP 前作状语，用于反问原因或方式，相当于现代汉语的"为什么""怎么"。例如：

（131）曰："和尚为甚麼貌不得？"师曰："渠不以苟我颜色，<u>教我作麼生貌？</u>"（卷六《湖南文殊禅师》，313）

（132）上堂，大众云集，师从座起作舞。谓众曰："会麼？"对曰："不会。"师曰："山僧不舍道法而现凡夫事，<u>作麼生不会？</u>"（卷八《永隆彦端禅师》，489）

"作麼生"有 4 次作谓语，用于反问事理或目的，相当于现代汉语的"怎么样"或"干什么"。例如：

（133）师曰："还逢达磨也无？"曰："青天白日。"师曰："<u>自己作麼生？</u>"曰："<u>更作麼生？</u>"（卷七《雪峰义存禅师》，385）

（134）曰："无有一物。"师曰："<u>日给作麼生？</u>"（卷十《清凉文益禅师》，563）

"作麼"系特指反诘问句使用情况见表 7-3。

表 7-3 "作麼"系特指反诘问句使用情况

疑问代词	句法功能		语意功能				合计
	谓语	状语	原因	目的	事理	方式	
作麼	+	+	+	+	+		87
作麼生	+	+	+	+	+	+	11
合计			98				

四 "争"字特指反诘问句

吕叔湘（1985：336）认为"争字的语气，大多数是借反诘来表否定。"《敦煌变文集》中"争"有 86 例，绝大多数用于反诘，仅有 4 例用于真性询问。① 《祖堂集》中"争"有 96 例，全部用于反诘问句。《五灯》中"争"有 161 例，除 13 例用于询问之外，其他 148 例均用于反诘。可见吕文的见解颇为精到。

《五灯》"争"字特指反诘问句中"争"作状语，可与助动词"得""解""敢""合""能"等组合构成固定反诘格式，用于反问事理。其中"争得 VP？"出现 35 次，"争解 VP？"出现 12 次，"争敢 VP？"出现 11 次，"争合 VP？"出现 4 次，"争能 VP？"出现 2 次。另有"争知 VP？"出现 12 次。例如：

（135）帝释曰："一切所须，我悉有之。若三般物，我实无得。"女曰："汝若无此，争解济人？"（卷一《释迦牟尼佛》，9）

（136）师曰："吾无德，争合劳于人？"（卷三《百丈怀海禅师》，136）

（137）师曰："作麽生是如来语？"庆曰："聋人争得闻？"（卷七《保福从展禅师》，405）

（138）问："路逢达道人，不将语默对，未审将甚麽对？"师曰："争能肯得人？"（卷一三《归宗澹权禅师》，828）

（139）师起揖曰："僧使近上坐。"使曰："鹞子头上，争敢安巢？"（卷一一《智门迥罕禅师》，697）

（140）僧曰："和尚还闻否？"国师曰："我不闻。"僧曰："和尚既不闻，争知无情解说法？"（卷一三《洞山良价禅师》，777）

"争似 P？"（15 次）、"争如 P？"（8 次）格式可理解为"不似 P""不如 P"。例如：

（141）上堂："不离当处，咸是妙明真心。所以玄沙和尚道：会我最后句，出世少人知。争似国泰有末头一句？"（卷八《国泰院瑫禅师》，451）

（142）师曰："彼中佛法如何？"曰："商量浩浩地。"师曰："争如我这里，栽田博饭吃。"（卷八《罗汉桂琛禅师》，447）

---

① 参见吴福祥《敦煌变文语法研究》，岳麓书社，1996，第 92 页。

"争 V 得？" 出现 3 次。V 皆为单音节动词。例如：

（143）师曰："也欲通个来由，又恐遭人点检。"僧曰："又争免得？"（卷一一《杉洋庵主》，661）

此例中"又争免得"用反诘的语气表示"不能免/免不了"。

"争 V 得 NP？" 出现 12 次。V 皆为单音节动词（"怪" 9 次，"识" 3 次）。其中 NP 有 11 次指人，1 次指事物。例如：

（144）院主随后问曰："和尚既许为大众说话，为甚麽一言不措？"师曰："经有经师，论有论师，争怪得老僧？"（卷五《药山惟俨禅师》，258）

（145）上堂："三十年后，大有人向这里亡锋结舌去在。"良久曰："还会麽？灼然，若不是真师子儿，争识得上来之机？"（卷八《普照院瑜禅师》，499）

其他"（S）争 VP？"的例句（24 次）如：

（146）问："四威仪外如何奉王？"师曰："汝是王法罪人，争会问事？"（卷七《玄沙师备禅师》，398）

（147）清曰："不独触风化，亦自显颠顶。"师曰："若不触风化，争明古佛心？"（卷一一《风穴延沼禅师》，672）

（148）问："祖意教意，是同是别？"师曰："玉兔不曾知晓意，金乌争肯夜头明。"（卷一三《同安威禅师》，847～848）

（149）卓拄杖曰："三千大千世界，向甚麽处去？还会麽？不得重梅雨，秋苗争见青？"（卷一四《长芦清了禅师》，899）

"VP 争得？" 出现 11 次，例如：

（150）师曰："幸自辘辘地转，何须恁麽？"曰："不恁麽又争得？"（卷七《钦山文邃禅师》，814）

五　"谁"系特指反诘问句

（一）"谁"字句

吕叔湘（1985：108～109）曾指出"在反诘性的问句里，一般的说，'谁？'等于'无人'，'谁不？'等于'人人'。"《五灯》"谁"字句共出现138 次。"谁"皆用来反问人，表示周遍性否定，相当于"无人""没有任何人"。其中"谁"作主语 96 次。例如：

（151）尊者一日踏泥次，有一沙弥见，乃问尊者："何得自为？"者曰："我若不为，谁为我为？"（卷一《一祖摩诃迦叶尊者》，11）

（152）僧问："如何是解脱？"师曰："谁缚汝？"（卷五《石头希迁禅师》，256）

（153）问："如何是解作客底人？"师曰："宝御珍装犹尚弃，谁能历劫傍他门？"（卷六《永安净悟禅师》，346）

此外，还有 1 次"我谁"作主语，与"谁"义同，相当于"没有谁""没有任何人"。如下：

（154）师随后，请问曰："适来新到，是成褫他，不成褫他？"济曰："我谁管你成褫不成褫？"（卷一一《兴化存奖禅师》，651）

"谁"作兼语 19 次。其中有 10 次"教谁 VP？"。例如：

（155）师曰："庭前残雪日轮消，室内游尘遣谁扫？"（卷六《洛浦元安禅师》，320）

（156）师曰："放子三十棒。"仰曰："和尚棒某甲吃，某甲棒教谁吃？"（卷九《沩山灵祐禅师》，522）

（157）问："起灭不停时如何？"师喝曰："是谁起灭？"（卷一八《慈云彦隆禅师》，1163）

"谁"作宾语 12 次。"谁"或作动词宾语（7 次），或作介词宾语（5 次）。例如：

（158）问："大事作麽生？"师执僧手曰："<u>上座将此问谁？</u>"（卷七《雪峰义存禅师》，385）

（159）僧问："世尊以正法眼付嘱摩诃迦叶，只如迦叶在毕钵罗窟，未审付嘱何人？"师曰："<u>教我向谁说？</u>"（卷十《天台德韶国师》，572）

此外，有 1 次"他谁"作宾语。例如：

（160）曰："如何是向上事？"师曰："万里崖州君自去，<u>临行惆怅怨他谁。</u>"（卷一一《叶县归省禅师》，689）

"怨他谁"即无人可怨，"他"只是为了凑足音节，无实义。

"谁"作定语 5 次，皆用来修饰 N "家"。例如：

（161）俗士问："俗人还许会佛法否？"师曰："那个台无月，<u>谁家树不春？</u>"（卷一三《灵泉归仁禅师》，834）

（162）师曰："在和尚左右，理合如此。"子曰："奴儿婢子，<u>谁家屋里无？</u>"（卷一四《芙蓉道楷禅师》，882）

"谁"作谓语 4 次。皆用于"非 NP 而谁？"格式，答语在于肯定"谁"，即用否定的形式表示肯定的意义。例如：

（163）祖曰："心复谁乎？"舍多曰："俱寂静故。"祖曰："善哉！善哉！继吾道者，<u>非子而谁？</u>"（卷一《十七祖僧伽难提尊者》，26）

（164）问："如何是佛？"师曰："清潭对面，<u>非佛而谁？</u>"（卷三《大珠慧海禅师》，155）

（二）"阿谁"句

出现 42 次。"阿谁"与"谁"同，皆用于反问人。其中"阿谁"作宾语 20 次，作兼语 2 次。例如：

（165）问："诞生还更知闻也无？"师曰："<u>更知闻阿谁？</u>"（卷六《九峰道虔禅师》，305）

（166）师曰："放汝过作麽生道？"生良久，师曰："<u>教阿谁委悉？</u>"（卷七《玄沙师备禅师》，399）

"阿谁"作主语 19 次，例如：

（167）曰："无我无汝还见否？"师曰："无汝无我，<u>阿谁求见？</u>"（卷三《兴善惟宽禅师》，166）

（168）曰："大善知识为甚麽入地狱？"师曰："我若不入，<u>阿谁教化汝？</u>"（卷四《赵州从谂禅师》，205）

"阿谁"作定语 1 次，如下：

（169）玩月次，乃曰："云动有，雨去有？"僧曰："不是云动是风动。"师曰："我道云亦不动，风亦不动。"曰："和尚适来又道云动。"师曰："<u>阿谁罪过？</u>"（卷八《罗汉桂琛禅师》，449）

（三）"谁人"句

出现 11 次。"谁人"用于反诘问句，皆作主语，反问人。例如：

（170）问："法眼宝印，和尚亲传。今日一会，当付何人？"师曰："<u>谁人无分？</u>"（卷十《奉先法瑰禅师》，601）

（171）僧问："如何是和尚家风？"师曰："<u>谁人不见？</u>"（卷一○

《报恩师智禅师》，622）

（四）"孰"字句

出现18次。其中17次作主语，皆用于反问人。例如：

（172）第一王子、第二王子皆曰："此珠七宝中尊，固无踰也。非尊者道力，<u>孰能受之？</u>"（卷一《二十七祖般若多罗尊者》，37）

（173）又言："……无佛无众生，无汝及无我，<u>孰为戒哉？</u>"（卷二《嵩岳元珪禅师》，78）

有1次作状语，用于反问事理。如下：

（174）乃曰："天地无物也，物我无物也。虽无物也，而未尝无物也。如此，则圣人如影，百姓如梦，<u>孰为死生哉？</u>至人以是能独照，能为万物主，吾知之矣。"（卷二《佛窟惟则禅师》，68）

例（174）语句大意是天地无物，物我无物。虽然无物，却未尝没有物。既然这样，那么圣人就如影，百姓如梦幻，一切都是虚幻，哪里还有什么生与死呢？"孰为死生哉？"即没有生与死。

《五灯》"谁"系特指反诘问句具体使用情况见表7-4。

表7-4 《五灯》"谁"系特指反诘问句使用情况

疑问词语	句法功能					语意功能		合计
	主语	谓语	定语	宾语	兼语	人	事理	
谁	+	+	+	+	+	+		138
阿谁	+		+	+	+	+		42
谁人	+					+		11
孰	+					+	+	18
合计	209							

六 "那"系特指反诘问句

"那"系特指反诘问句是指由疑问代词"那"及其复合形式"阿那"构成的反诘问句。共出现 55 次。

（一）"那"字句

疑问代词"那"在东汉时期就有用例，不过多用于反诘，表示否定并且常与"得、可、能"等助动词连用（吕叔湘 1985：261~262；王力 1989：84）。冯春田（2006）认为，表示反诘的疑问代词"那"或许并非来自"如何、若何"或"奈何"的合音，很有可能就是由"奈何"省略了"何"，省缩式"奈"音变为"那"而形成的，即"那"来源于"奈何"的省缩音变。

《五灯》"那"字句共出现 52 次。"那"作状语 39 次，用于反问事理，可理解为"不"。"那"常与助动词"堪、得、能、敢、肯"等构成固定格式表反诘，其中"那堪 VP？"出现 11 次，"那得 VP？""那能 VP？"各出现 3 次，"那敢 VP？""那肯 VP？"各出现 1 次。例如：

（175）师曰："大德，是亦未是。"曰："经文分明，<u>那得未是？</u>"（卷三《大珠慧海禅师》，155）

（176）师曰："大德信一切法不思议否？"曰："佛之诚言，<u>那敢不信？</u>"（卷四《长沙景岑禅师》，209）

（177）化生曰："傍分帝位为传持，万里山河布政威。红影日轮凝下界，碧油风冷暑炎时。高低岂废尊卑奉？玉袴苏途远近知。妙印手持烟塞静，<u>当阳那肯露纤机？</u>"（卷五《石霜庆诸禅师》，288）

（178）示执坐禅者曰："大道分明绝点尘，何须长坐始相亲。遇缘悦解无非是，<u>处愦那能有故新？</u>……"（卷八《招庆省僜禅师》，475）

（179）说偈曰："本是无家客，<u>那堪任意游？</u>顺风加橹棹，船子下扬州。"（卷一六《惠林宗本禅师》，1036）

由"那"构成的反诘固定格式多用于偈语中，如上述后三例。

其他" (S) 那 VP？" (20 次) 的例子如：

(180) 曰："为甚麽安置不得？" 师曰："金乌那教下碧天。" (卷一一《灌溪志闲禅师》，655)

(181) 曰："阶前翠竹，砌下黄花，又作麽生？" 师曰："安南未伏，塞北那降？" (卷一三《同安威禅师》，848)

(182) 上堂："……不居正位，岂落邪途？不蹈大方，那趋小径？……" (卷一八《荐福道英禅师》，1167)

"那" 作定语 13 次。可用于询问人、事物、处所等。例如：

(183) 一日侍投子游菜园，子度拄杖与师，师接得便随行。子曰："理合恁麽？" 师曰："与和尚提鞋挈杖，也不为分外。" 子曰："有同行在。" 师曰："那一人不受教？" (卷一四《芙蓉道楷禅师》，882)

(184) 问寺僧："此间有道人否？" 曰："出家儿那个不是道人？" (卷二《牛头山法融禅师》，59)

(185) 因于市肆行，见一客人买猪肉，语屠家曰："精底割一斤来！" 屠家放下刀，叉手曰："长史！那个不是精底？" (卷三《盘山宝积禅师》，149)

(186) 山曰："那个堪住？" 师曰："那个山不堪住？" (卷一三《云居道膺禅师》，794)

(187) 曰："不向这里会得，又作麽生？" 师曰："不向这里会，更向那里会？" (卷五《仙天禅师》，281)

(188) 有一僧曰："看！俗家失火。" 师曰："那里火？" 曰："不见那？" 师曰："不见。" 曰："这瞎汉。" (卷一五《香林澄远禅师》，938)

(189) 问："如何是格外事？" 师曰："化道缘终后，虚空更那边？" (卷一一《鲁祖教禅师》，670)

例 (187) "不向这里会，更向那里会？" 意思是不在这里领悟，还要去哪里领悟，用反问的语气表示只能在这里领悟，别无他处可选。例（188）可将"那里火"看作是一般的疑问句，即单纯询问"哪里失火了"，但联系语境，可知是文意禅师没有看到失火，于是用反诘的语气责备僧人谎报情况，即"哪里失火了（不要瞎说）"。例（189）可有两种理解，从语意上如果将其理解为"虚空不存在"（叶建军 2010：213）的话，即是我们所说的反诘问句；如果理解为"化道缘都结束后，虚空还在另一边"，则是一般的陈述句了。

（二）"阿那"句

出现 3 次。"阿那"后面皆跟量词"个"，用于反问事物。例如：

（190）僧问："指即不问，如何是月？"师曰："阿那个是汝不问底指？"（卷十《清凉文益禅师》，562）

（191）问："如何是古佛心？"师曰："汝疑阿那个不是？"（卷八《奉先慧同禅师》，518）

《五灯》"那"系特指反诘问句具体使用情况见表 7-5。

表 7-5　《五灯》"那"系特指反诘问句疑问代词及其复合形式具体使用情况

疑问词语	句法功能						语意功能				合计
	主语	谓语	宾语	定语	状语	兼语	人佛	事物	事理	处所	
那				+	+		+	+	+	+	52
阿那				+				+			3
合计	55										

七　"几"字特指反诘问句

共出现 21 次。"几"作定语，可以与"人"组成"几人"，与"几"重叠组成"几几"用于反问人的数量，也可以与"时"组合成"几时"用于反问时间。

"几人"出现 12 次，可以作兼语（8 次）、宾语（3 次）、主语（1 次）。例如：

（192）问："大众臻凑，请师举扬。"师曰："<u>更有几人未闻？</u>"（卷八《报慈光云禅师》，461）

（193）上堂："高不在绝顶，富不在福严。乐不在天堂，苦不在地狱。"良久曰："相识满天下，<u>知心能几人？</u>"（卷一五《云盖继鹏禅师》，997）

（194）上堂："古人底今人用，今人底古人为，古今无背面，<u>今古几人知？</u>嘓呜咿！……"（卷一九《保宁仁勇禅师》，1237）

例（192）"更有几人未闻？"用反问的语气表示都已经知道了（我就不说什么了）；例（193）的意思是虽然相识满天下，知心的人却很少，没有几个；例（194）是在感叹古人、今人并不是相对，然而古人今人的分别却没有几个人知道。

"几几"仅出现 1 次，作宾语，义与"几人"同，用于反问人的数量。如下：

（195）上堂："明明百草头，明明祖师意，直下便承当。错认弓为矢，惺惺底筑著磕著，懵懂底和泥合水。龟毛拂逼塞虚空，兔角杖撑天拄地。日射珊瑚林，<u>知心能几几？</u>"（卷一四《福应文禅师》，889）

"知心能几几"意思是说知音很少。

"几时"本是用来询问时间的久暂，但在反诘问句中则"着重在否定事实，几乎全没有时间的意义"（吕叔湘 1985：344～345）《五灯》中反诘问句出现 3 次。"几时"皆作状语，表面上看是反问时间，实际上是否定某种事实，相当于现代汉语的"什么时候"。例如：

（196）一曰："为甚麽却打某甲？"州曰："似这伎死汉不打，<u>更待几时？</u>"（卷三《浮杯和尚》，185）

此例意思是像你这样的死汉现在不打，还要等到什么时候，即现在就是要打（打的就是你）。在表示反诘语气时，"更待几时"与"更待何时"的意义与功能是相同的。

（197）僧问："如何披露即得与道相应？"师曰："<u>汝几时披露即与道不相应？</u>"（卷十《清凉文益禅师》，561）

此例"汝几时披露即与道不相应？"意思是说你什么时候表露出与道不相一致呢，即从来都是与道相一致的。

"几"与量词"个"组成数量短语"几个"，出现5次。其中4次作主语，皆用于反问人的数量；1次作定语修饰"男儿"。例如：

（198）山曰："路逢死蛇莫打杀，无底篮子盛将归。"师曰："手执夜明符，<u>几个知天晓？</u>"（卷一三《杭州佛日禅师》，827）

（199）曰："如何是夺境不夺人？"师曰："茫茫宇宙人无数，<u>几个男儿是丈夫？</u>"（卷二十《资寿尼妙总禅师》，1349）

八　"胡""乌""曷""奚""安""焉""若为"反诘问句

疑问代词"胡""乌""曷""奚""安""焉""若为"等在上古汉语中就已出现，由其构成的反诘问句在《五灯》中出现次数较少，共68次。

（一）"胡"字句

出现3次。"胡"皆作状语，用于反问事理，相当于"哪里""怎么"。例如：

（200）（十七祖）七岁即厌世乐，以偈告其父母曰："稽首大慈父，和南骨血母。我今欲出家，幸愿哀愍故。"父母固止之，遂终日不食。乃许其在家出家，号僧伽难提。复命沙门禅利多为之师。积十九载，未尝退倦。每自念言："身居王宫，<u>胡为出家？</u>"（卷一《十七祖僧伽难

提尊者》, 26)

"身居王宫,胡为出家?"意思是说住在皇宫里,怎么能算是出家呢。

(二)"乌"字句

"乌"字句在上古汉语中就已出现。例如:

> 故乱世之主,<u>乌闻至乐</u>? 不闻至乐,其乐不乐。(《吕氏春秋·明理》 转引自王海菜 2001:185)

《五灯》"乌"字句出现 3 次,皆作状语。其中"乌"有 1 次与助动词"能"组合构成"乌能 VP?",相当于现代汉语的"怎么能""哪里能"。如下:

> (201) 有问曰:"公之忏罪,为自忏邪? 为他忏邪? 若自忏罪,罪性何来? 若忏他罪,他罪非汝,<u>乌能忏之?</u>"师不能对。(卷一八《天童普交禅师》,1192)

此例大意是"公忏悔罪过,是为自己忏悔呢,还是为别人忏悔? 如果是为自己忏悔,那么你的罪过是从哪里来的? 如果是为别人忏悔,别人的罪过又不是你的罪过,又怎么能为别人忏悔呢?""乌能忏之"即不能为别人忏悔。

"乌足 VP+PRT?"出现 1 次,相当于现代汉语的"哪里值得?"如下:

> (202) 师升座谓众曰:"都缘未彻,所以说是说非。盖为不真,便乃分彼分此。我身尚且不有,<u>身外乌足道哉?</u> ……"(卷六《法海立禅师》,358)

"乌+V+PRT?"出现 1 次,V 是单音节动词"有"。如下:

（203）……及宋云之还，则孝庄去世亦五六年，其国至于分割久矣，<u>乌有孝庄令启圹之说乎</u>？（卷一《初祖菩提达磨大师》，46）

此例是说《通论》所言与史实不符，等到宋云回来的时候，孝庄帝都已经去世五六年了，他的国家也早已四分五裂，又哪里会有孝庄帝命令开启墓穴的说法呢？

（三）"曷"字句

出现 2 次，其中 1 次"曷"与助动词"能"组合构成"曷能 VP？"，"曷能"相当于现代汉语的"怎么能""哪里能"。如下：

（204）祖曰："字即不识，义即请问。"尼曰："字尚不识，<u>曷能会义</u>？"（卷一《六祖慧能大鉴禅师》，53）

"字尚不识，曷能会义？"的意思是说连字都不认识，怎么能够理解其义呢。"曷能"用反诘的语气表示不能。

还有 1 次"曷 VP"的例子如：

（205）示执坐禅者曰："大道分明绝点尘，何须长坐始相亲。遇缘佷解无非是，处愦那能有故新？散诞肯齐支遁侣，<u>逍遥曷与慧休邻</u>？……"（卷八《招庆省僜禅师》，475）

（四）"奚"字句

出现 5 次。其中有 2 次用作"为"的前置宾语，"奚为"相当于"做什么""干什么"。例如：

（206）禅者曰："还曾出家也未？"师转茫然。禅者曰："若也不会，<u>百夏奚为</u>？"（卷四《和安寺通禅师》，196）

此例"若也不会，百夏奚为？"的意思是说如果连这个都不能领悟的话，那么即使参禅百年也是没有什么用处的。

"奚"有 3 次作状语，反问事理，相当于"怎么""哪里"。例如：

（207）上堂，顾视左边曰："师子之状，岂免嚬呻？"顾右边曰："象王之仪，宁忘回顾？取此逃彼，上士奚堪？……"（卷一六《长芦体明禅师》，1044）

（五）"安"字句

共出现 19 次。均以"安 VP？"格式出现，"安"作状语，用于反问事理，相当于现代汉语的"哪里""怎么"。其中"安得 VP？"出现 5 次，"安敢 VP？""安可 VP？"各出现 3 次，"安能 VP？"出现 4 次，其他"安 VP？"出现 4 次。例如：

（208）师却问诸硕德曰："行住坐卧，毕竟以何为道？"有对："知者是道。"师曰："不可以智知，不可以识识。安得知者是乎？"有对："无分别者是。"师曰："善能分别诸法相，于第一义而不动，安得无分别是乎？"有对："四禅八定是。"师曰："佛身无为，不堕诸数，安在四禅八定邪？"（卷三《鹅湖大义禅师》，165）

（209）宗曰："我向汝道，汝还信否？"曰："和尚诚言，安敢不信？"（卷四《芙蓉灵训禅师》，219）

（210）祖乃命之曰："吾已衰朽，安可久留？汝当善护正法眼藏，普济群有。听吾偈曰：'圣人说知见，当境无是非。我今悟真性，无道亦无理。'"（卷一《二十五祖婆舍斯多尊者》，35）

（211）（迦那提婆）谓众曰："识此相否？"众曰："目所未睹，安能辨识？"（卷一《十四祖龙树尊者》，22）

（六）"焉"字句

《五灯》中疑问代词"焉"专用于反诘问句，共出现 35 次。"焉"可跟助动词"得""敢""可""能"组合构成固定格式表反诘，皆作状语，相当于现代汉语的"怎么能""怎么敢""怎么可以"等，用反诘语气表示否定的意义。其中"焉得 VP?"出现 3 次，"焉敢 VP?""焉可 VP?"各出现 2 次，"焉能 VP?"出现 4 次。例如：

（212）师曰："大德若作见闻觉知解会，与道悬殊，即是求见闻觉知之者，非是求道之人。经云：无眼、耳、鼻、舌、身、意。"六根尚无，见闻觉知凭何而立？穷本不有，何处存心？<u>焉得不同草木瓦砾？</u>"（卷二《司空本净禅师》，96）

（213）曰："座主还信否？"师曰："<u>焉敢不信？</u>"（卷七《太原孚上座》，433）

（214）修乃问："未审上座又作麼生？"师曰："汝自迷暗，<u>焉可为人？</u>"（卷八《清溪洪进禅师》，500）

（215）彼曰："我此岳神也。能生死于人，师安得一目我哉？"师曰："吾本不生，汝焉能死？吾视身与空等，视吾与汝等，汝能坏空与汝乎？苟能坏空及汝，吾则不生不灭也。汝尚不能如是，<u>又焉能生死吾邪？</u>"（卷二《嵩岳元珪禅师》，78）

前两例"焉"与"不"构成双重否定，"焉得不"即不得不，"焉敢不"即不敢不，形式虽是否定，实际表达的是肯定的意义。后两例"焉可""焉能"即"不可""不能"。

其他"焉 VP?"（24 次）的例子如：

（216）问曰："我欲识佛，何者即是？"祖曰："汝欲识佛，不识者是。"曰："佛既不识，<u>焉知是乎？</u>"祖曰："既不识佛，<u>焉知不是？</u>"（卷一《十一祖富那夜奢尊者》，20）

（217）后曰："何不记邪？"师曰："生死之身，其若循环。环无起尽，<u>焉用记为？</u>……"（卷二《嵩岳慧安国师》，72~73）

（218）师曰："汝能不盗乎？"曰："何之我也，<u>焉有盗取哉？</u>"（卷二《嵩岳元珪禅师》，78）

（219）师曰：“汝能不杀乎？”曰：“实司其柄，焉曰不杀？”（卷二《嵩岳元珪禅师》，78）

（七）“若为”句

仅出现 1 次。“若为”作状语，反问事理，相当于现代汉语的“如何”“怎么”。如下：

（220）祖曰：“欲须何事？”卢曰：“唯求作佛。”祖曰：“岭南人无佛性，若为得佛？”卢曰：“人即有南北，佛性岂然？”（卷一《五祖弘忍大满禅师》，51）

“岭南人无佛性，若为得佛？”意思是说岭南人没有佛性，怎么能够成佛呢，“若为得佛”即不能成佛，用反诘语气表示否定的意义。

《五灯》“胡”“若为”等反诘问句具体使用情况见表 7-6。

表 7-6 《五灯》“胡”“若为”等反诘问句中疑问代词使用情况

疑问代词	句法功能		语意功能		合计
	宾语	状语	事物	事理	
胡		+		+	3
乌		+		+	3
曷		+		+	2
奚	+	+	+	+	5
安		+		+	19
焉		+		+	35
若为		+		+	1
合计	68				

第二节　是非反诘问句

是非反诘问句即是以是非问句形式出现的具有反诘意味的句子。《五灯》中是非反诘问句共出现 457 次。具体可分为有反诘副词的反诘问句和无反诘副词的反诘问句。

一　有反诘副词的反诘问句

《五灯》中的反诘副词有"宁""岂""还""讵""敢"等，下面依次讨论。

（一）"宁"字句

疑问副词"宁"在上古汉语中就可用于反诘问句。例如：

> 青青子衿，悠悠我心。纵我不往，子宁不嗣音？青青子佩，悠悠我思。纵我不往，子宁不来？（《诗经·郑风·子衿》转引自王海棻2001：544）

《五灯》"宁"字句出现 24 次。有 23 次以"宁 VP（PRT）？"格式出现，句末使用语气词"乎""哉"各 1 次，"邪" 3 次。"宁"用于反诘，相当于现代汉语的"难道"。例如：

> （1）祖深加慰诲曰："汝居此国，善自度人。今异域有大法器，吾当往化。"得度曰："师应迹十方，动念当至，宁劳往邪？"祖曰："然。"（卷一《二十二祖摩拏罗尊者》，31）
>
> （2）曰："坐禅看静，此复若为？"师曰："不垢不净，宁用起心而看净相？"（卷二《南阳慧忠国师》，100）
>
> （3）……尝读诸林菩萨偈，至即心自性，猛省曰："法离文字，宁可讲乎？"（卷一四《投子义青禅师》，875）
>
> （4）师曰："病有自性乎？"曰："病无自性。"师曰："既无自性，则毒物宁有心哉？以空纳空，吾未尝颠倒。汝辈一何昏迷！"（卷一七《沩潭文准禅师》，1153~1154）

例（1）大意是佛祖说目前外地出现了一个大法器能承传大法，因此佛祖要前往化导他。得度就说大师在四面八方应于机缘，意念一动就可以达到目的，干嘛还要亲自前往呢。"宁劳往邪"即是说不必亲自前往。例（2）～（4）据前文"不垢不净""法离文字""既无自性"即可推知后句的否定意义"不须用心去观清净相伏""不可讲""毒物没有心"。

此外，否定式"宁非"出现 1 次，如下：

（5）虽圣人设教，示悟多方。然既异一心，<u>宁非四见？</u>（卷一四《大洪报恩禅师》，888）

此例中"宁非四见"的意思是"难道不是四见"。

（二）"岂"字句

"岂"用于反诘问句早在上古汉语时期就已出现。例如：

四牡騑騑，周道倭迟。<u>岂不怀归？</u>王事靡盬，我心伤悲。四牡騑騑。啴啴骆马。<u>岂不怀归？</u>王事靡盬，不遑启处。《诗经·小雅·四牡》

予视天下，愚夫愚妇，一能胜予。一人三失，<u>怨岂在明？</u>（《尚书·五子之歌》）

《五灯》"岂"字句也包括两类，即肯定形式的"岂"字句与否定形式的"岂"字句。共出现 321 次。

1. 肯定形式的"岂"字句

此类"岂"字句，是以肯定的形式出现表达否定的意义，"岂 VP？"即不/没 VP，共出现 179 次。紧接"岂"后的"VP"出现次数比较多的有"有"（30 次）、"是"（11 次）、"在"（6 次）等。例如：

（6）师问："甚麼处来？"曰："南方来。"师曰："佛法尽在南方，汝来这里作甚麼？"曰："<u>佛法岂有南北邪？</u>"（卷四《赵州从谂禅师》，203）

（7）问："法身还受苦也无？"师曰："<u>地狱岂是天堂？</u>"（卷八

《长庆藏用禅师》，489）

（8）祖曰："仁者习定，何当来此？既至于此，胡云习定？"彼曰："我虽来此，心亦不乱。定随人习，<u>岂在处所？</u>"（卷一《二十四祖师子尊者》，33）

其他"岂VP？"的例子如：

（9）祖曰："欲须何事？"卢曰："唯求作佛。"祖曰："岭南人无佛性，若为得佛？"卢曰："人即有南北，<u>佛性岂然？</u>"（卷一《五祖弘忍大满禅师》，51）

（10）上堂："动容瞬目，无出当人一念净心，本来是佛。"仍说偈曰："心本绝尘何用洗，<u>身中无病岂求医？</u>欲知是佛非身处，明鉴高悬未照时。"（卷四《龟山智真禅师》，226）

例（10）"身中无病岂求医？"出现在禅师的偈语之中，《五灯》中"岂VP？"以此形式出现的还有很多。

"岂VP？"使用句尾语气词的有43次，其中"邪"22次，"乎"9次，"哉"6次，"耶"3次，"也"2次，这些疑问词都承自上古汉语，近代汉语新兴的语气词在《五灯》"岂VP？"格式中并没有出现。例如：

（11）师泪交颐，不敢仰视。默计曰："我之所得，既为所排。西来不传之旨，<u>岂止此耶？</u>"遂归心弟子之列。（卷二十《西禅鼎需禅师》，1332）

2. 否定形式的"岂"字句

否定式"岂"字句均是以否定的形式表达肯定的意义。共出现142次。

（1）"岂不VP？"

出现110次。其中"岂不是X？"出现57次，包括"岂不是VP？"（30次）与"岂不是NP？"（27次）。例如：

（12）有人问僧："鱼岂不是以水为命？"僧曰："是。"（卷六《亡名行者》，366）

（13）师曰："汝岂不是鼓山僧？"僧曰："是。"（卷七《香溪从范禅师》，390）

（14）祖曰："汝甚有力。"僧曰："何也？"祖曰："汝从南岳负一橛柴来，岂不是有力？"（卷五《石头希迁禅师》，256）

（15）曰："岂无方便？"师曰："适来岂不是方便？"（卷十《光圣师护禅师》，610）

前两例问话人心中其实对事物事情或现象已经有了明确的认识或看法，用反诘形式提问，目的是希望从对话者的口中得到证实。后两例是以具体事实进行强有力的反问，借以说明"你真的很有力气""刚才就是方便"。

其他"岂不是？"（4 次）的例句如：

（16）……佛曰："不妄语。汝抚琴，山河大地木石尽作琴声，岂不是？"王曰："是。"（卷一《释迦年尼佛》，6）

（17）镜清问："天不能覆，地不能载，岂不是？"师曰："若是即被覆载。"（卷七《瑞岩师彦禅师》，388）

"岂不见（道）X？"格式出现 18 次。"岂不见（道）"后的 X 除 1 次为 NP 外，余者皆为转引经书或他人的言句，有的句式结构较为复杂，由此也极大地削弱了此格式的传疑程度。例如：

（18）佛眼曰："岂不见罗候罗？"师遽止曰："和尚不必举，待去自看。"（卷二十《世奇首座》，1319）

（19）上堂曰："凡有展托，尽落今时。不展不托，堕坑落堑。直饶风吹不入，水洒不著，捡点将来，自救不了。岂不见道：直似寒潭月影，静夜钟声，随扣击以无亏，触波澜而不散，犹是生死岸头事？"（卷一九《虎丘绍隆禅师》，1279）

（20）师曰："何谓也？"素曰："岂不见古人道：末后一句，始到

牢关？"（卷一七《兜率从悦禅师》，1147）

（21）师曰："无情说法，该何典教？"岩曰："岂不见《弥陀经》云：水鸟树林，悉皆念佛念法？"（卷一三《洞山良价禅师》，778）

（22）又拊膝曰："若也不会，岂不见干峰示众曰：举一不得举二，放过一著，落在第二？"（卷一八《云岩天游禅师》，1202）

例（18）"岂不见罗候罗？"意思是难道不知道罗候罗吗，意思是你应该知晓。例（19）～（22）"岂不见（……道）"后的语句均比较长，如例（20）"岂不见古人道：末后一句，始到牢关？"意思是"你没有见到过古人所说的'最后一句，才到牢关'这句话吗？"通过举古人的言语用以阐释自己的看法。

"岂不闻X？"出现4次，其格式与"岂不见（道）X？"同，意思也相同，即应该听说过X，X是转引经书或他人的言句。例如：

（23）曰："如和尚所说，有何教文？"师曰："大德岂不闻《首楞严》云：'十方虚空生汝心内，犹如片云点太清里。'岂不是虚空生时但生假名？又云：'汝等一人发真归源，十方虚空悉皆消殒。'岂不是虚空灭时但灭假名？老僧所以道：有是假有，无是假无。"（卷四《长沙景岑禅师》，211）

（24）曰："子凭何有此说？"师曰："岂不闻：智过于师，方堪传受；智与师齐，减师半德。"（卷七《岩头全奯禅师》，377）

其他还有19次"岂不VP？"，8次"岂不A？"。句尾语气词仅限于"邪"（4次）、"哉"（7次）。例如：

（25）……师曰："山僧身心本来是道。"远曰："适言无心是道，今又言身心本来是道，岂不相违？"（卷二《司空本净禅师》，95）

（26）明曰："请禅师指出错处！"师曰："岂不知悉达是梵语邪？"（卷三《大珠慧海禅师》，156）

（27）又曰："……知有底，对众吐露个消息，以表平生行脚，参

善知识，具烁迦罗目，不被人谩，<u>岂不快哉？</u>还有麽？"（卷一四《庐山护国和尚》，960）

（2）"岂非 X？"

出现 8 次。X 多为 NP（7 次），仅 1 次为 VP。句尾有 2 次使用语气词"乎"。例如：

（28）（齐安国师）生时神光照室。后有异僧谓之曰："建无胜幢，使佛日回照者，<u>岂非汝乎？</u>"（卷三《盐官齐安国师》，142～143）

（29）师曰："祖师西来，特唱此事。自是上座不荐。所以从门入者，不是家珍。认影迷头，<u>岂非大错？</u>既是祖师西来特唱此事，又何必更对众切切？珍重！"（卷一五《洞山晓聪禅师》，985）

（30）师曰："不见云门道，山河大地，无丝毫过患，犹是转句。直得不见一色，始是半提。更须知有向上全提时节。彼德山、临济，<u>岂非全提乎？</u>"公乃首肯。（卷一九《昭觉克勤禅师》，1254）

例（28）"岂非汝乎"意思是难道不是你吗，即就是你呀。例（29）"岂非大错"即就是大错。例（30）"岂非全提乎"意为"难道不是全部揭示了宗旨吗"，即是全部揭示了宗旨。

（3）"岂无 NP？"

出现 24 次。句尾使用语气词"也""在""邪"各 1 次。例如：

（31）僧问："正恁麽时如何亲近？"师曰："汝拟作麽生亲近？"曰："<u>岂无方便？</u>"师曰："开元龙兴，大藏小藏。"（卷七《大沩山栖禅师》，431）

（32）问："得意谁家新曲妙，正勤一句请师宣。"师曰："道甚麽？"曰："<u>岂无方便也？</u>"师曰："汝不会我语。"（卷十《正勤希奉禅师》，588）

（33）问："如何是赵州一句？"师曰："老僧半句也无。"曰："<u>岂无和尚在？</u>"师曰："老僧不是一句。"（卷四《赵州从谂禅师》，204）

（34）一日侍立次，穴乃垂涕告之曰："不幸临济之道，至吾将坠于地矣。"师曰："观此一众，<u>岂无人邪？</u>"穴曰："聪敏者多，见性者少。"（卷一一《首山省念禅师》，679）

（三）"还"字句

出现 11 次。例如：

（35）问："人人尽道请益，未审师还拯济也无？"师曰："<u>汝道巨岳还乏寸土麽？</u>"（卷一三《九峰普满禅师》，807）

（36）若是学语之流，不自省己知非，直欲向空里采花，波中取月，<u>还著得心力麽？</u>（卷一三《瑞龙幼璋禅师》，844）

例（35）从逻辑上推理可知既是巨岳，怎么还会缺乏寸土呢，用"还"加强反诘语气，表示不乏寸土。例（36）大意是如果是模仿话语之辈，不能自己反省悟到错误，只想从虚空里采花，从水里捞月，怎么能踏实用心呢？"还著得心力麽？"用反诘的语气表示没有、不曾用心，言外之意是不用心就不会有所得，真正想有所得，就要用心去思考。

（四）"讵"字句

疑问副词"讵"用于反诘问句，相当于"怎么""难道"。又可写作"钜""巨""渠"，书写形式"钜"表反诘早在战国时期就已出现（王海棻2001：535）。《五灯》"讵"字句共出现 4 次，其中有 2 次句末使用语气词"乎"，"讵 VP/讵 VP+PRT？"意即不 VP。例如：

（37）师曰："不因上座问，不曾举似人。"曰："恁麽则般若雄峰，<u>讵齐今古？</u>"（卷十《般若敬遵禅师》，596）

（38）适大雪，翠指曰："斯可以一致苕帚否？"师曰："不能。然则天霁日出，云物解驳，岂复有哉？知有底人，于一切言句如破竹，虽百节当迎刃而解，<u>讵容声于拟议乎？</u>"（卷一七《开元子琦禅师》，1118）

例（37）句意是"这样的话，般若雄峰怎么能齐古今呢？"。例（38）"讵"与前文的"岂"相对应，上下文句意是等到天晴太阳出来了，云消雪融，哪里还有什么呢？真正领悟的人，理解一切言语势如破竹，即使有百根竹节也当迎刃而解，哪里还需要去思虑？

（五）"敢"字句

有2次"敢VP（+PRT)？"，用"敢"加强反诘语气，其意义应该向反面理解。如下：

（39）慧鞫其所证，既而曰："汝恁麼见解，<u>敢嗣圆悟老人邪？</u>"（卷二十《玉泉昙懿禅师》，1339）

（40）别僧曰："<u>三十年后敢道见和尚？</u>"师乃扑破。（卷四《赵州从谂禅师》，205）

例（39）意思是说你这样的见解，怎么能继承圆悟老人的宗风呢？例（40）"三十年后敢道见和尚？"是说三十年后怎么还能见到你呢，即不可能再相见了。

（六）"可"字句

出现2次，如下：

（41）师见僧，举拂子曰："还会麼？"曰："谢和尚慈悲示学人。"师曰："见我竖拂子，便道示学人，汝每日见山见水，<u>可不示汝？</u>"（卷八《罗汉桂琛禅师》，449）

（42）上堂："……阿你浑家，各有一坐具地，更疑甚么？<u>禅可是你解底物？</u>岂有佛可成？佛之一字，永不喜闻。……"（卷五《丹霞天然禅师》，263）

例（41）"可不VP？"以否定形式表达肯定的意思，相当于现代汉语的"难道不是VP？"，"可不VP？"意思是"就是VP"。例（42）"禅可是你解底物"意思是禅不是你们可以说解的。

此外，我们在《五灯》中还发现 1 例"可"仍有"可以"义，但在实际语境中又是用反诘的语气表示否定，如下：

（43）诘旦，东厨有一大蟒，长数丈，张口呀气，毒焰炽然。侍者请避之。师曰："死可逃乎？彼以毒来，我以慈受。毒无实性，激发则强。慈苟无缘，冤亲一揆。"（卷三《西园昙藏禅师》，172）

"死可逃乎？"的意思是死是不可以逃避的。

（七）"其"字句

有 3 次"其+助动词'能'+VP+PRT？"，"其"用于反诘事理。如下：

（44）祖曰："汝已老，脱有闻，其能广化邪？傥若再来，吾尚可迟汝。"（卷一《五祖弘忍大满禅师》，51）

（45）明日，峰谢过。又曰："云门气宇如王，甘死语下乎？澄公有法授人，死语也。死语，其能活人乎？"（卷一七《黄龙慧南禅师》，1105）

（46）慧笑曰："虽进得一步，只是不著所在。如人斫树，根下一刀，则命根断矣。汝向枝上斫，其能断命根乎？今诸方浩浩说禅者，见处总如此，何益于事？其杨岐正传，三四人而已。"师愠而去。（卷二十《教忠弥光禅师》，1329）

上述三例中的"其"表测度的意味已经淡去，表示反诘的语气则大大加强，例（44）意思是"你已经很老了，就算是听了大道，还能普度众生吗？"，"其能广化邪？"是用反诘的语气表示不能普度众生。例（45）"死语，其能活人乎？"意思是死语是不能救人的。例（46）大意是"就像人砍树，在它的根部砍上一刀，它的命根也就断了，如果向树枝上砍，它的命根能断吗？"即没有砍中要点，它的命根是不会断的。

二 无反诘副词的反诘问句

共出现 86 次。可分为两类，一类有固定的反诘格式，如"不见（道）X?""不闻（道）X?"等，另一类则没有固定的反诘格式，主要依据上下文语境判断其是否为反诘问句。

（一）固定格式的反诘问句

《五灯》中无反诘副词的固定反诘格式，常以否定的形式出现，比如"不见（道）X?""不闻（道）X?"，二者句法结构相同，语意也相当，且与"岂不见（道）X?""岂不闻（道）X?"有着同样的反诘效果。其中"不见 X?"（32 次），"不见道 X?"（28 次），X 一般为常识或转引前人言句、小说中的故事等。例如：

（47）师曰："径山在浙中，因甚麽问得彻困？"清曰："不见道远问近对？"（卷七《雪峰义存禅师》，381）

（48）保福问招庆："只如岩头出世，有何言教过于德山，便恁麽道？"庆云："汝不见岩头道：如人学射，久久方中？"（卷七《德山宣鉴禅师》，373）

（49）公曰："师能开谕乎？"慧曰："不见小说载唐人有与安禄山谋叛者？其人先为阍守，有画像在焉。明皇幸蜀，见之怒，令侍臣以剑击其像首。时阍守居陕西，首忽堕地。"（卷二十《侍郎张九成居士》，1351）

上述各例"不见 X"用反诘的语气表示"应该知晓 X"，其中例（47）X "远问近对"是一般性常识；例（48）X 是转引的岩头的语句；例（49）X 则是转引小说中的故事。

有 2 次"不闻 X?"（1 次句尾使用语气词"乎"），1 次"不闻道 X?"如下：

（50）翰怒诃曰："长老不闻杀人不眨眼将军乎？"师熟视曰："汝

安知有不惧生死和尚邪？"（卷八《圆通缘德禅师》，517）

（51）上堂："混元未判，一气岑寂。<u>不闻有天地玄黄，宇宙洪荒，日月盈昃，秋收冬藏？</u>……"（卷一七《沩潭文准禅师》，1151）

此外还有 1 次"祖不云乎"、1 次"祖不言乎"，均是以否定形式表达肯定的意思。如下：

（52）上堂："……物既在胸，不安之相，常在目前。既在目前，触途成滞。作麽生得平稳去？<u>祖不言乎：执之失度，必入邪路；放之自然，体无去住。</u>"（卷一七《黄龙祖心禅师》，1110）

（53）上堂："……若深明此旨，洞达其源，乃知动静施为，经行坐卧，头头合道，念念朝宗。<u>祖不云乎：迷生寂乱，悟无好恶，得失是非，一时放却。</u>……"（卷一八《正法希明禅师》，1189～1190）

（二）非固定格式的反诘问句

此类反诘问句中没有明显的反诘问句标记（反诘副词或反诘固定格式等），我们对其反诘资格的识别和意义的理解，只能依靠语境，因此我们又将此类反诘问句称为语境反诘问句。共出现 24 次。

1. 肯定形式的语境反诘问句

出现 10 次，其中有 7 次句尾有语气词"乎""邪""那""麽""在"等。例如：

（54）世尊临入涅槃，文殊大士请佛再转法轮。世尊咄曰："文殊！吾四十九年住世，未曾说一字，<u>汝请吾再转法轮，是吾曾转法轮邪？</u>"（卷一《释迦牟尼佛》，10）

（55）（投子）问曰："西来密旨，和尚如何示人？"师驻步少时。子曰："乞师垂示。"师曰："<u>更要第二杓恶水那？</u>"子便礼谢。（卷五《翠微无学禅师》，279）

（56）隐呵曰："汝以病为药，又安可哉？"师曰："事如函得盖，理如箭直锋妙，宁有加者？而犹以为病，实未喻旨。"隐曰："妙至是，亦只名理事。祖师意旨，智识所不能到，<u>矧事理能尽乎？</u> 故世尊云：'理障碍正见知，事障续诸生死。'"（卷一二《金山昙颖禅师》，719）

（57）僧便问："作麽生是真空？"师曰："还闻钟声麽？"曰："此是钟声。"师曰：<u>"驴年梦见麽？"</u>（卷一五《云门文偃禅师》，931）

（58）曰："向你道不是，更近前觅个甚麽？"便打出。复一僧入曰："适来两僧不会和尚意。"师低头嘘一声，僧罔措。师打曰：<u>"却是你会老僧意？"</u>（卷一九《径山宗杲禅师》，1277）

例（54）大意是世尊说"文殊，我住世四十九年，没有说过一个字的法，你现在要我再说一次法，难道我曾经说过法吗？"，"是吾曾转法轮邪？"用反诘语气强调了世尊的所想"我实不曾说过法"。例（55）"更要第二杓恶水那？"用反诘的语气说明已经垂示过了，告诫投子不必再问。例（56）"矧事理能尽乎？"意思是说事理是不能够穷尽的。例（57）是说十二生肖中不曾有驴，所以也不可能存在驴年，"驴年 VP"即是指永远也不可能发生的事情。例（58）"却是你会老僧意？"用反诘语气表达了禅师对僧人的谴责"难道你领会了我的意思"，即僧人并没有领会禅僧的意图。

2. 否定形式的语境反诘问句

其他以否定形式出现的语境反诘问句共出现 12 次，均是以否定形式表达肯定的意义。例如：

（59）上堂："此事如医家验病方，且杂毒满腹，未易攻治，必瞑眩之药，而后可瘳。就令徇意投之，适足狂惑，增其沈痼。<u>求其已病，不亦左乎？</u> 法堂前草深，于心无愧。"（卷一七《佑圣法膺禅师》，1117）

（60）雪峰问："南泉斩猫儿，意旨如何？"师乃打趁，却唤曰："会麽？"峰曰："不会。"师曰：<u>"我恁麽老婆心，也不会？"</u>（卷七《德山宣鉴禅师》，374）

（61）师自谓："我参禅二十年，无入头处。更作此行，决定荒废。"意欲无行。友人宗元者叱曰：<u>"不可，在路便参禅不得也？"</u> 去，

吾与汝俱往。"（卷二十《开善道谦禅师》，1335）

（62）僧问："须弥顶上翻身倒卓时如何？"师曰："<u>未曾见毛头星</u><u>现？</u>"（卷二十《鼓山安永禅师》，1390）

此外还有 2 次"VP 无，NP 聻？"，意思是有 VP。例如：

（63）昔有官人作《无鬼论》，中夜挥毫次，忽见一鬼出云："<u>汝道</u><u>无，我聻？</u>"（卷六《亡名官宰》，365）

例（63）鬼现身以说明对《无鬼论》的否定，"汝道无，我聻？"意思是"你说没有鬼，那么我呢？"，以事实的存在加强反诘语气。

上述 24 例反诘问句，有 11 例使用了句尾语气词，其中"那"3 例，"乎"2 例，"聻"2 例，"邪""也""在""麽"等各 1 例。

第三节　递进复句形式的反诘问句

《五灯》反诘语气还可以通过由反诘连词"何况""况""岂况""况复"等构成的递进复句来表达。这类疑问句跟反诘问句其实是完全不同的情况，其深层含义不是反诘，而是表示比较起来更进一层。

1. "何况"句

反诘连词"何况"在东汉时期就已出现。《五灯》"何况"句出现 8 次。"何况"相当于现代汉语中的"何况"。例如：

（1）僧问："法尚应舍，何况非法？如何是法尚应舍？"师曰："空里撒醍醐。"（卷六《谷山藏禅师》，308）

（2）上堂："山僧素乏知见，复寡闻持，顷虽侍立于国师，不蒙一句开示，以致今日与诸仁者聚会，更无一法可助发，<u>何况能为诸仁者</u><u>区别缁素，商量古今？</u>还怪得山僧麽？若有怪者，且道此人具眼不具眼？有宾主义，无宾主义？晚学初机，必须审细。"（卷十《普门希辩禅师》，611）

（3）上堂："满口道不出，句句甚分明。满目觑不见，山山迷乱青。鼓声犹不会，何况是钟鸣？"（卷一九《云盖智本禅师》，1247）

2. "况"字句

反诘连词"况"在上古汉语中即已出现，相当于"何况"（王海棻2001：536）。《五灯》"况"字句出现 5 次。其中"况 NP（+PRT）？"出现 2 次，"况 VP（+PRT）？"出现 3 次，句尾可使用语气词"邪"（2 次）、"乎"（2 次）。例如：

（4）师曰："荐否？不然者且向著佛不得处体取。时中常在，识尽功亡，蓦然而起，即是伤他，而况言句乎？"（卷四《雪窦常通禅师》，246）

（5）上堂："隔江见资福刹竿便回去，脚跟下好与三十棒。况过江来？"（卷九《资福贞邃禅师》，554）

（6）觉曰："这个尚不与教乘合，况《中庸》、《大学》邪？学士要径捷理会此事。"（卷一五《修撰曾会居士》，1020）

例（4）（6）况分别与句尾语气词"乎""邪"配合传达反诘语气；例（5）无句尾语气词，"况"单独表反诘，语气更为强烈。

3. "岂况"句

反诘连词"岂况"，相当于"何况"，最迟在南北朝时期就已出现（王海棻 2001：550）。《五灯》"岂况"句出现 9 次。其中"岂况 VP（+PRT）？"出现 6 次，句尾使用语气词"邪" 2 次，"乎" 1 次；"岂况 NP（+PRT）？"出现 2 次，句尾使用语气词"邪""哉"各 1 次；"岂况 A？" 1 次。例如：

（7）岩竖起拂子曰："还闻麽？"师曰："不闻。"岩曰："我说法汝尚不闻，岂况无情说法乎？"（卷一三《洞山良价禅师》，778）

（8）乃曰："……且不是同向前均他，本分事尚不取，岂况其余事邪？"（卷一三《曹山本寂禅师》，788）

（9）上堂："……一切事须向这里及尽，若有一毫去不尽，即被尘累。岂况更多？……"（卷一三《云居道膺禅师》，797）

4. "况复"句

反诘连词"况复"在东晋译经中就已出现，例如：

尊者大目乾连白曰："尊者舍梨子！但无事比丘行于无事，应学如
是法，非谓人间比丘耶？"尊者舍梨子答曰："尊者大目乾连！无事比
丘行于无事，尚学如是法，<u>况复人间比丘耶</u>？"（东晋·瞿昙僧伽提婆
译《中阿含经》卷六）

《五灯》"况复"句出现 4 次。例如：

（10）祖喟然叹曰："<u>彼之一师已陷牛迹，况复支离繁盛而分六宗</u>？
我若不除，永缠邪见。"（卷一《初祖菩提达磨大师》，39）

第四节 关于"（K）VP 那作摩？"

《五灯》中并没有出现选择反诘问句，《祖堂集》中的"（K）VP 那作
摩？"式反诘选择问句在《五灯》中均变成了是非反问句。如下：

（1）因僧问西堂："有问有答即且置，无问无答时如何？"堂曰：
"<u>怕烂却那</u>？"（卷三《百丈怀海禅师》，133）
僧问西堂："有问有答则不问，不问不答时时如何？"答曰："<u>怕烂
却那作摩</u>？"（《祖堂集》卷一四《百丈和尚》）

此组《景德传灯录》中作"怕烂却作麽？"格式未变，但省略了语气词
"那"，用"作麽"替换了"作摩"。

（2）问石头："如何是学人本分事？"头曰："汝何从吾觅？"曰：
"不从师觅，如何即得？"石头曰："<u>汝还曾失麽</u>？"（卷五《京兆尸利
禅师》，267）

僧问："如何是本来事？"师曰："汝因何从我觅？"进曰："不从师觅，如何即得？"师曰："何曾失却那作摩？"（《祖堂集》卷四《石头和尚》）

此组《景德传灯录》作"还曾失却麽？"，是是非反诘问句。

吴慧颖（1990）曾对《金瓶梅》中的选择问句"VP 也怎的？"从构成和表达作用方面进行了探讨，这对我们理解《祖堂集》中的"（K）VP 那作摩？"式反诘问句到《五灯》中则成了是非反诘问句有很大帮助。吴文指出："'VP 也怎的'即'这样还是怎样'，前一项是预估的，后一项是未知的。问者对前一项有较大的把握，但又未达到确信的程度，不能排除其他的可能性。而其他的可能性，或者是问者完全不知道的，或者虽然也猜测到可能是些什么，但在问者的估量中，它们成为现实性的几率同前项相比显得较小，另一方面它们之间互相比起来，现实的可能性孰大孰小又难以确定。在这种情况下，后项便不用实指性词语，而采用疑问代词'怎的'。由于'VP 也怎的'是似知与未知、似确定与不确定的结合，所以这种疑问句比起'VP1 也 VP2'来，语意上显得前重后轻，而后一种格式中前后两个选择项在语意上则处于平等地位。""由于'VP 也怎的'前重后轻，所以当前项带上反问语气而显得更加强调时，整个选择问句的语意重心就进一步前移，'怎的'表示询问的意思更为削弱，似乎只是对前项起着陪衬的作用。可能也正是由于'VP 也怎的'语意前重后轻，适合于表示反问的意思，所以它在某些作品中经常被用作反问句。"叶建军（2010：233）也同意吴文的观点，他认为《祖堂集》中的"（K）VP 那作摩？"与"VP 也怎的"在句法格式上是完全一致的，只是语气词和疑问代词发生了等义替换，即《金》用"也"替换了《祖》中的"那"，用"怎的"替换了"作摩"，因此"（K）VP 那作摩？"在语意上也是前重后轻，并且他强调"（K）VP 那作摩？"这样的选择问句格式最先是在《祖堂集》中出现，且均是用于反诘问句，未见真性问句。

刘松汉（1989）曾指出"对反问句来说，特指问和是非问形式上不是对立的，而有某种对应关系。""反问句表面上是问，实际上是在陈述一个事实，用疑问句的形式表达出来。至于用哪种形式，与事实本身关系不大，既可用特指问句形式，也可用是非问句形式，因此两者不是对立的，形式上可以互相变换。"也就是说只要能把反诘问句所要陈述的内容表达出来，在反诘问句内部选择什么样的形式并不重要，特指反诘问形式也好，是非反诘问形式也罢，它们都是表达相同的反诘意义，形式上并不对立，因此可以互换。那么我们再回头来看为什么《祖堂集》中的"（K）VP 那作摩？"到了《五灯》中均转变成了是非反诘问句，我们从之前吴、叶的观点中可看出，"（K）VP 那作摩？"在语意上是前重后轻的，所以当问话人加强反诘语气侧重谴责、责备时，整个反诘问句的语意重心自然也就前移，而"作摩"表示选择问的倾向随之就被弱化，直至为零，当"作摩"逐渐失去其对前项的陪衬作用的时候，它的消失与否并不影响整个反诘问句句意表达的自足性，换句话说就是从选择问反诘式到是非问反诘式并不影响反诘意义的表达，它们在形式上并不对立，而是具有某种对应关系，所以《五灯》中完全省略了《祖堂集》"（K）VP 那作摩？"中的"作摩"，只是保留了句尾的语气词"那"，或者将句尾语气词换成了《五灯》时代处于优势地位的"麽"。

此外我们认为从《祖堂集》中的"（K）VP 那作摩？"发展到《五灯》中完全省略"作摩"，可能还有更方便普及传法的需要。叶建军（2010：233~234）指出《祖堂集》中使用"（K）VP 那作摩？"（共 7 例）的禅师籍贯要么是福建，要么接近福建，他们传法的地域也主要是在江西一带，因此他认为"（K）VP 那作摩？"可能是晚唐五代时期闽语的反映，具有当时南方方言的色彩。所以《五灯》编撰者在编撰时，很可能考虑到方言差异，为使成书后的《五灯》能为当时社会南北各地的广大民众所接受从而方便普及禅法，因此对"（K）VP 那作摩？"进行了改写，既然"（K）VP 那作摩？"的语意重心侧重点在"作摩"之前，删除"作摩"并不会影响到整个句子所表达的反诘意义，故省去"作摩"也就成了很自然的事情了。

本章小结

《五灯》反诘语气主要通过特指反诘问句、是非反诘问句、递进复句形式的反诘问句等表达，没有选择反诘问句和正反选择问句。其具体使用情况见表 7-7。

表 7-7 《五灯》反诘问句具体使用情况

类型	特指反诘问句								是非反诘问句									递进复句形式的反诘问句				合计
									有反诘副词							无反诘副词						
	何系	甚系	作麼系	争系	谁系	那系	儿系	胡系	宁	岂	还	讵	敢	可	其	固定	非固定	何况	况	岂况	况复	
频率	665	291	98	148	209	55	21	68	24	321	11	4	2	3	3	65	24	8	5	9	4	2038
	1555								457									26				
比例	76.3%								22.4%									1.3%				100%

综上，《五灯》反诘问句以特指反诘问句出现频率最高，占 76.3%。其中又以"何"系反诘问句居多，占 1555 次的 42.8%。"何"系特指反诘问句中的疑问标记比较丰富，表现形式也比较多样，除了疑问代词"何""如何""云何"等构成的反诘问句，还有由"何"组成的专用于表示反诘的复合形式"何必""何尝""何曾""何啻""何烦""何妨""何用"等。疑问代词"甚麼"所构成的反诘问句用法比较灵活，表现形式丰富多样，多种反诘格式的使用也为禅宗语言注入了新鲜的活力，使其更灵活多变、富于口语化。特指反诘问句仅有 76 次使用了句尾语气词，占 1555 次的 4.9%。这些句尾语气词有"乎""哉""邪""欤""也""耶"等，均源自上古汉语，近代汉语中新兴的语气词"麼"则未见使用。

相比较特指反诘问句而言，《五灯》是非反诘问句出现频率较低，457 次，仅占反诘问句总数的 22.4%。根据是否有反诘副词，可分为有反诘副词的是非反诘问句和无反诘副词的反诘问句，在有反诘副词的是非反诘问句中，"岂"字句的出现频率最高，321 次，占 366 次的 87.7%；无反诘副词的反诘问句可分为有固定格式的是非反诘问句和无固定格式的是非反诘问句，其中又以前者的出现频率为重，因此可以看出《五灯》中的是非反诘问句多使用反诘标记，即反诘副词和反诘固定格式。是非反诘问句有 87 次使用了句尾语气词，占 457 次的 19%，且比较丰富，既有源自上古汉语的"邪""乎""哉""也""耶"，有中古汉语的"那"，也有新兴于近代汉语的"聻""在""麼"。

《五灯》反诘语气还可以通过由反诘连词构成的递进复句来表达，反诘连词主要有"何况""况""岂况""况复"等四种。这类疑问句跟反诘问句其实是完全不同的情况，其深层含义不是反诘，而是表示比较起来更进一层。

《五灯》没有出现选择反诘问句，《祖堂集》中的"（K）VP 那作摩？"式反诘选择问句在《五灯》中则省略了句尾"作摩"变成了是非反诘问句。很可能是编撰者也认识到"（K）VP 那作摩？"在语意上是前重后轻的，也就是说整个反诘问句的重心在"作摩"之前，"作摩"只起陪衬作用，因此考虑到南北方言差异，为普及传法从而省略了句尾"作摩"。

第八章 特殊疑问句

特殊疑问句是指那些具有特殊的形式或语用功能的疑问句。这里我们仅简单介绍《五灯》中的四种特殊疑问句，即设问句、附加问句、招呼问句和感叹问句。

第一节 设问句

唐钺和陈望道最先在修辞学中关于"设问"进行了探讨，唐钺在"诘问格"（即设问）中说"要说明一个事物，自己先发疑问，然后自己作答。"① 陈望道也说："这种设问必定有答案在它下文。"② 此后学术界一致认为设问句的特点是"自问自答""无疑而问"。吕叔湘（1982：296）指出"自问自答""这是引起对方注意的一种修辞方法。这种方法以特指问句为多。"也有学者认为设问句不止于"自问自答"，陈妹金说："认为设问是一种无疑而问、自问自答的修辞性问句，这种看法只道出了设问句的一半性质。设问是有疑而问……设问也可以是他答的……设问还可以只问不答。"③ 李宇明④通过研究毛泽东著作中的设问句后指出"人们一般都把设问句描述为自问自答的问句，在一般情况下，的确如此。但是，也有问而不答的情况。"同时李文也认为"由特指问充当的设问句占绝大多数"，这点与吕叔湘的看法一致。邵敬敏（1996：153）从语用的角度认为设问句"它显然不是以结构特点为标准划出来的类，而是交际功能的类型。"他重申了设问句

---

① 参见唐钺《修辞格》，商务印书馆，1923，第71页。
② 参见陈望道《修辞学发凡》，开明书店，1950，第220页。
③ 参见陈妹金《汉语假性疑问句研究》，《南京师范大学学报》1992年第4期。
④ 参见李宇明《毛泽东著作设问句研究》，《中国语文》1993年第6期。

最重要的形式特点是"自问自答"，并进一步解释说"由于自答，因此可以推断问句实际上并无疑惑，从这一点讲，如果没有自答语的存在，便不能算是设问句"。傅惠钧则明确提出设问句还包括两种特殊类型，即实问虚答与只问不答，并将设问句重新定义为"设问，是为强化语意表达以引起听话者的注意和思考，在述说事物、阐明道理时，故意发问，自问自答，或由情境蕴含回答的一种无疑而问的问句类型"①。

　　这里我们仅讨论"自问自答"的设问句。《五灯》中设问句包括特指问形式的设问句和正反问形式的设问句，其中特指问形式的设问句处于绝对优势地位，正反问形式的设问句仅出现 1 次。

　　《五灯》中特指问形式的设问句（简称"特指设问句"），主要有"何"系、"甚"系、"谁"、"作摩生"等设问句，共出现 115 次。

一　特指设问句

（一）"何"系特指设问句

　　"何"系特指设问句包括"何""何以""何以故""何者""如何"等特指设问句，共出现 93 次。

　　1. "何"特指设问句

　　"何"特指设问句在上古汉语中就已经出现。例如：

　　　　其不言邾子，何也？邾之上古微，未爵命于周也。（《春秋谷梁传·隐公元年》）

　　　　口之于味也，有同耆焉；耳之于声也，有同听焉；目之于色也，有同美焉。至于心，独无所同然乎？心之所同然者何也？谓理也，义也。（《孟子·告子上》）

　　　　王者所以不臣三，何也？谓天王之后，妻之父母，夷狄也。（《白虎通义·王者不臣》）

---

① 参考傅惠钧《实问虚答与只问不答——设问的两种特殊类型》，《浙江树人大学学报》2007年第 6 期。

《五灯》中"何"特指设问句共出现 19 次。

（1）作谓语

出现 12 次。其中有 11 次独立成句，其后跟语气词"也"，询问原因，相当于现代汉语的"为什么"。例如：

（1）言语即熟，乃问著便生疏去，何也？只为隔阔多时。（卷十《清凉泰钦禅师》，577）

（2）一切处出没自在，并拘检他不得，名邈他不得，何也？为渠能建立一切法故。（卷一五《育王怀琏禅师》，1007）

有 1 次用于特殊格式"所以者何？"。"何"相当于现代汉语的"什么"，"所以者何"即"是什么原因/原因是什么"。如下：

（3）神稽首曰："我亦聪明正直于余神，讵知师有广大之智辩乎？愿授以正戒，令我度世。"师曰："汝既乞戒，即既戒也。所以者何？戒外无戒，又何戒哉？"（卷二《嵩岳元珪禅师》，78）

例（3）用反诘问句作答，答案就在反诘问句中。答语"戒外无戒，又何戒哉？"是用反诘的语气表示了否定的意义，"何"用于表示否定。

叶建军指出"所以者何？"特指设问句在中古时期的译经中就已经出现，且出现频率很高①，而同时期的中土文献中未见"所以者何"用例；隋唐时期的汉译佛经中仍有很多用例，《敦煌变文校注》中也有 6 例；到了唐宋禅宗文献中则表现为偶有出现，呈衰落趋势：《祖堂集》中出现 2 次，《神会和尚禅话录》《景德传灯录》《五灯》各出现 1 次，其他如《坛经》(敦煌本)、《古尊宿语要》等皆没有出现，我们在中土文献如《朱子语类》中也未发现用例。因此叶文认为"所以者何？"设问句最早"出现于汉译佛经，是一种佛教行业语法现象"。魏培泉（2004：263）注意到"所以者何"

---

① 参见叶建军（2010：239~241）：东晋瞿昙僧伽提婆译《增壹阿含经》中有 11 例，后秦鸠摩罗什译《摩诃般若波罗蜜经》中有 46 例，后秦佛陀耶舍共竺佛念译《长阿含经》中 116 例，刘宋求那跋陀罗译《杂阿含经》中有 316 例。

应是先秦"所以然者何"的缩减式，他认为"所以然者何""通常用于自问自答。其变式还有'所以然者'，在汉人文章中习用。'所以者何'在佛经中最常见，佛经偶然也使用'所以然者何'的形式。"例如：

> 所以然者何？水土异也。（晏子春秋·内篇·杂下）
>
> 所以者何？用诽谤佛语故。（支娄迦谶 224：441 中）
>
> 所以者何？缘有故则有生。（僧伽提婆 26：578 下）
>
> 所以然者何？　（安玄 322：17 上）（此四例转引自魏培泉 2004：263）

因此我们认为"所以者何"是佛经翻译者根据自己的句法需要，同时结合汉语的表达习惯，对先秦"所以然者何"进行了省缩从而形成的"四字一顿"的构成方式，它从一产生就为佛教文献所特有。

（2）作宾语

出现 6 次，"何"皆位于 V 之前。其中有 1 次用于询问处所，相当于现代汉语的"哪里""什么地方"。例如：

（4）上堂："江月照，松风吹，永夜清宵更是谁？雾露云霞遮不得，个中犹道不如归。复何归，荷叶团团团似镜，菱角尖尖尖似锥。"（卷一七《黄龙惟清禅师》，1133）

例（4）"何"作动词"归"的宾语，"复何归"即是"归哪里"，答语并不从正面直接给出，而代之以"荷叶团团团似镜，菱角尖尖尖似锥。"实在是考验参禅者的悟性。

"何"有 5 次用于询问事物，相当于现代汉语的"什么"。例如：

（5）上堂："……老僧亦不驱耕夫之牛，亦不夺饥人之食。何谓？耕夫之牛，我复何用？饥人之食，我复何餐？我也不握土成金，也不变金作土。何也？金是金，土是土，玉是玉，石是石，僧是僧，俗是俗。……"（卷一六《天衣义怀禅师》，1016）

（6）上堂举浮山远和尚云："欲得英俊麽，仍须四事俱备，方显宗师蹊径。何谓也？一者祖师巴鼻，二具金刚眼睛，三有师子爪牙，四得衲僧杀活拄杖。得此四事，方可纵横变态，任运卷舒，高耸人天，壁立千仞。……"（卷一七《浏潭善清禅师》，1134）

例（5）"何谓"的意思均为"说的是什么呢"，"何谓"即"谓何"，答语用两个反诘问句来强调"耕夫之牛"对"我"来说没什么用，"我"也不会去抢夺饥人之食；例（6）"何谓也"的意思是"（四事）说的是什么呢"。

（3）作定语

出现 1 次。如下：

（7）书偈曰："稽首十方佛法僧，稽首一切护法天。我今供养三宝天，如海一滴牛一毛。有何妙术能感格？试借意识为汝说。我心与佛天无异，一尘才起大地隔。……"（卷二十《侍郎张九成居士》，1352）

2."何以"特指设问句

出现 7 次。皆作状语，用于询问依据、原因，相当于现代汉语的"凭什么""为什么"。例如：

（8）彼众中有长者子，名迦那提婆，谓众曰："识此相否？"众曰："目所未睹，安能辨识？"提婆曰："此是尊者现佛性体相，以示我等。何以知之？盖以无相三昧，形如满月。佛性之义，廓然虚明。"（卷一《十四祖龙树尊者》，22）

（9）上堂："与上座一线道，且作麽生持论佛法？若也水泄不通，便教上座无安身立命处。当此之时，祖佛出头来，也有二十棒分。恁麽道，山僧还有过也无？不见世尊生下，周行七步，目顾四方，一手指天，一手指地，云：'天上天下，唯吾独尊。'云门云：'我当初若见，一棒打杀与狗子吃却，何以如此？贵图天下太平。'……"（卷十《灵隐延珊禅师》，640）

（10）至若谓太极阴阳，能生万物。常无常有，斯为众妙之门。阴阳不测，是谓无方之神。虽圣人设教，示悟多方。然既异一心，宁非四见。<u>何以明之？盖虚无为道，道则是无</u>。若自然，若太极，若一阴一阳为道，道则是有。常无常有，则是亦无亦有。阴阳不测，则是非有非无。（卷一四《大洪报恩禅师》，888）

3. "何以故"特指设问句

"何以故"特指设问句可能最早出现于东汉时期的汉译佛经。例如：

宁不定不可耶？无有是。<u>何以故？等意定心，为除不可不定故</u>。（后汉·安世高译《长阿含十报法经》卷上）

善幻妇者，供养无胜比丘，衣被、饮食、床卧、医药，四事无乏；供养常欢，至为微薄。<u>何以故？无胜比丘，断于诸漏，六通具足；常欢比丘，结使未尽，未成道故也</u>。（后汉·康孟祥译《佛说兴起行经》卷下）

在中古时期的汉译佛经中，出现了大量的"何以故"设问句[1]，而同时期的中土文献中却未见用例，因此叶建军（2010：243）认为"何以故"来源于汉译佛经，"何以故"设问句可以看作是佛教行业的语法格式。

《五灯》中"何以故"设问句出现 16 次，皆单独成句，用于询问原因，相当于现代汉语的"为什么"。例如：

（11）上堂："然灯佛道了也。若心相所思，出生诸法，虚假不实，<u>何以故？心尚无有，云何出生诸法</u>？犹如形影，分别虚空。如人取声，安置篋中。亦如吹网，欲令气满。……"（卷三《南泉普愿禅师》，137）

（12）乃曰："百千三昧门，百千神通门，百千妙用门，尽不出得

---

[1] 参见叶建军（2010：242~243）：后汉支娄迦谶译《般舟三昧经》有 20 例，东晋瞿昙僧伽提婆译《增壹阿含经》43 例，姚秦竺佛念译《出曜经》72 例，隋阇那崛多译《佛本行集经》98 例。

般若海中。<u>何以故？为于无住本建立诸法。</u>所以道，生灭去来，邪正动静，千变万化，是诸佛大定门，无过于此。诸上座大家究取，增于佛法寿命，珍重！"（卷十《天台德韶国师》，571）

（13）若意识能识现在五尘者，盲聋人亦应识声也。<u>何以故？意识不破故。</u>（卷一七《清凉慧洪禅师》，1160）

（14）上堂，举《金刚经》云："佛告须菩提，尔所国土中，所有众生若干种心，如来悉知。<u>何以故？如来说，诸心皆为非心，是名为心。</u>要会麽？春风得意马蹄疾，一日看尽长安花。"（卷二十《法石慧空禅师》，1386）

例（11）答语在反诘问句中。设问句的语用功能本在于提醒对方注意，从而也引起对方思考，答语"心尚无有，云何出生诸法？"用反诘的语气更加强调并要求对方应该了解前文"……虚假不实"的原因。

4."何故"特指设问句

"何故"与"何以故"意义相同，均用于询问原因，相当于现代汉语的"为什么"。相对于《五灯》中"何以故"特指设问句的16次来说，"何故"特指设问句的出现频率较高，48次。"何故"绝大多数单独成句作谓语，45次。例如：

（15）昔有一老宿，住庵，于门上书心字，于窗上书心字，于壁上书心字。法眼云："门上但书门字，窗上但书窗字，壁上但书壁字。"玄觉云："门上不要书门字，窗上不要书窗字，壁上不要书壁字。<u>何故？字义炳然。</u>"（卷六《亡名古宿》，361）

（16）上堂："汝等诸人在我这里过夏，与你点出五般病：一、不得向万里无寸草处去。二、不得孤峰独宿。三、不得张弓架箭。四、不得物外安身。五、不得滞于生杀。<u>何故？一处有滞，自救难为。五处若通，方名导师。</u>汝等诸人若到诸方，遇明眼作者，与我通个消息，贵得祖风不坠。若是常徒，即便寝息。何故？裸形国里夸服饰，想君太煞不知时。"（卷一二《琅邪慧觉禅师》，707~708）

（17）上堂："道源不远，性海非遥。但向己求，莫从他觅。古人与麽说话，大似认奴作郎，指鹿为马。若是翠岩即不然，也不向己求，亦不从他觅，<u>何故？双眉本来自横，鼻孔本来自直。</u>直饶说得天花乱坠，顽石点头，算来多虚不如少实。且道如何是少实底事？"（卷一七《保宁圆玑法师》，1126）

（18）诸仁者，休要识渠面孔，不用安渠名字，亦莫觅渠所在。<u>何故？渠无所在，渠无名字，渠无面孔。</u>（卷一八《荐福道英禅师》，1168）

"何故"特指设问句有3次以固定格式"何故如此"出现。例如：

（19）上堂："……若会得，自然见闻觉知路绝，一切诸法现前。<u>何故如此？为法身无相，触目皆形；般若无知，对缘而照。</u>……"（卷十《天台德韶国师》，571）

（20）上堂："终日孜孜相为，恰似牵牛上壁。大众，<u>何故如此？贪生逐日区区去，唤不回头争奈何？</u>"（卷一六《慈济聪禅师》，1067）

例（20）以反诘问句作答，用反诘的语气表示否定，答语在反诘问句中。

"何故"特指询问句在上古汉语中就已出现，但就目前我们所检索的文献来看，"何故"特指设问句则直到中古时期的汉译佛经中才有少量用例。例如：

舍利弗！彼佛出时，虽非恶世，以本愿故，说三乘法。其劫名大宝庄严。<u>何故名曰大宝庄严？其国中以菩萨为大宝故。</u>（后秦龟兹国三藏法师鸠摩罗什译《妙法莲华经》卷二）

"何故"特指设问句中"何故"出现的位置在汉译佛经中多以介宾结构"何以故"形式出现，因此结合所考察的情况我们认为禅宗语录中使用"何故"特指设问句很可能是受了汉译佛经的影响，但又因为"何以故"的构成方式与古汉语的习惯不合①，或者说是与汉语当时的口语表达习惯不相符合，所以禅宗语录的编撰者就逐渐抛开了汉译佛经中"何以故"的影响而改用早在上古汉语时期就已经出现并为人们所常用的"何故"② 了。

5. "何者"特指设问句

"何者"特指设问句在汉代就已出现，用于询问原因。例如：

> 蒙恬为秦将，北逐戎人，开榆中地数千里，竟斩阳周。何者？功多，秦不能尽封，因以法诛之。（《史记·项羽本纪》）

《五灯》中"何者"特指设问句仅出现 2 次，皆单独成句，作谓语，相当于现代汉语的"为什么"。如下：

（21）祖曰："止。此经元来以因缘出世为宗。纵说多种譬喻，亦无越于此。何者？因缘唯一大事，一大事即佛知见也。……"（卷二《洪州法达禅师》，86）

（22）上堂："宗门玄妙，为当只恁麽也，更别有奇特？若别有奇特，汝且举将来看。若无去，不可将两个字便当却宗乘也。何者？两个字谓宗乘、教乘也。汝才道著宗乘，便是宗乘；道著教乘，便是教乘。……"（卷八《罗汉桂琛禅师》，447）

6. "如何"特指设问句

仅出现 1 次。"如何"作状语，询问原因，相当于现代汉语的"为什么"。如下：

---

① 高列过（2003：13）曾指出："东汉佛经'何以故'的'以'的介词意义很明显，'何以'只作状语，不能作'故'的修饰语。'何以故'的结构形式是：'以'的宾语'何故'的定语'何'提前。这与古汉语的习惯不合：古汉语的习惯用法是'疑问代词+名词'作介词前置宾语时整体提前。"

② 《祖堂集》中未见"何故"特指设问句用例（15 例"何以故"特指设问句），《神会禅话语录》中有 1 例（37 例"何以故"特指设问句），《景德传灯录》中 4 例（15 例"何以故"特指设问句），《古尊宿语要》中 12 例（2 例"何以故"特指设问句），《五灯》中 48 例（16 例"何以故"特指设问句）。

（23）上堂："八万四千深法门，门门有路超乾坤。<u>如何个个踏不著？只为蜈蚣太多脚。</u>不唯多脚亦多口，钉嘴铁舌徒增丑。拈椎竖拂泥洗泥，扬眉瞬目笼中鸡。要知佛祖不到处，门掩落花春鸟啼。"（卷一六《中际可遵禅师》，1053）

（二）"甚"系特指设问句

"甚"系设问句包括"甚""甚麼"特指设问句。共出现19次。

1. "甚"特指设问句

"甚"用于固定搭配"为甚如此"。"为甚如此"在唐裴休所集的《黄檗断际禅师宛陵录》中出现1次，且用于设问句中。如下：

> 达摩西来无风起浪，世尊拈花一场败缺。到这里说甚么阎罗老子千圣尚不奈尔何？不信道，直有遮般奇特。<u>为甚如此？事怕有心人。</u>（唐·裴休《黄檗断际禅师宛陵录》）

"为甚如此"特指设问句在《五灯》中出现3次。"为甚如此"用于询问原因，相当于现代汉语的"为什么是这样"。例如：

（24）上堂："有句无句，如藤倚树。放憨作麼？及乎树倒藤枯，句归何处？情知汝等诸人，卒讨头鼻不著，<u>为甚如此？只为分明极，翻令所得迟。</u>"（卷二十《教忠弥光禅师》，1329）

（25）上堂："悟无不悟，得无不得。九年面壁空劳力，三脚驴儿跳上天，泥牛入海无踪迹。<u>为甚如此？九九八十一。</u>"（卷一六《灵岩圆日禅师》，1103）

从《黄檗断际禅师宛陵录》开始，"为甚如此"似乎专用于禅宗语录中，如《大惠普绝禅师语录》《祖庭事苑》《联灯会要》《嘉泰普灯录》等，因此我们认为"为甚如此"是禅宗内部的行业语法。

2. "甚麽"特指设问句

《五灯》"甚麽"特指设问句共出现 16 次。

"甚麽"作宾语 4 次,用于询问事物。例如:

> (26) 上堂,良久,呵呵大笑曰:"笑个甚麽? 笑他鸿鹄冲天飞,乌龟水底逐鱼儿。三个老婆六只奶,金刚背上烂如泥。呵呵呵,知不知,东村陈大耆。参!"(卷一二《香山蕴良禅师》,735)
>
> (27) 上堂:"哑却我口,直须要道。塞却你耳,切忌蹉过。昨日有人从天台来,却道泗洲大圣在洪州打坐。十字街头卖行货。是甚麽? 断跟草鞋,尖檐席帽。"(卷二十《东禅思岳禅师》,1333~1334)

"甚麽"作定语 1 次,如下:

> (28) 上堂:"得念失念,无非解脱。是甚麽语话? 成法破法,皆名涅盘,料掉没交涉。智慧愚痴,通为般若。颠顸佛性,菩萨外道,所成就法,皆是菩提,犹较些子。然虽如是,也是杨广失骆驼。"(卷一九《大沩法泰禅师》,1283)

"甚麽"用于固定搭配"为甚麽"11 次。"为甚麽"作状语,用于询问原因,相当于现代汉语的"为什么"。其中"为甚麽如此?"出现 3 次。例如:

> (29) 上堂:"福臻不说禅,无事日高眠。有问祖师意,连擂两三拳。大众且道,为甚麽如此? 不合恼乱山僧睡。"(卷一二《穹窿智圆禅师》,759~760)
>
> (30) 十度发言,九度休去。为甚麽如此? 恐怕无利益。(卷一三《云居道膺禅师》,797)

我们遍查文献发现,"为甚麽如此?"从宋时起亦专用于禅宗文献。

其他"为甚麽"作状语的特指设问句如:

（31）敢烦大众烧一炷香，以助山僧报孝。既是山僧之母，<u>为甚麼却烦诸人烧香？不见道，东家人死，西家人助哀。</u>（卷一二《兴化绍清禅师》，761）

（32）上堂："人人有个鼻孔，唯有善权无鼻孔。<u>为甚麼无？二十年前被人掣落了也。</u>人人有两个眼睛，唯有善权无眼睛。<u>为甚麼无？被人木楔子换了也。</u>人人有个髑髅，唯有善权无髑髅。<u>为甚麼无？借人作屎杓了也。</u>"（卷一四《雪窦嗣宗禅师》，912～913）

（三）"谁" 特指设问句

仅出现 1 次。"谁"作主语，用于询问人。如下：

（33）师有偈曰："孤猿叫落中岩月，野客吟残半夜灯。<u>此境此时谁得意？白云深处坐禅僧。</u>"（卷十《永明延寿禅师》，604）

（四）"作麼生" 特指设问句

出现 2 次。其中 1 次作宾语，相当于现代汉语的"干什么""做什么"：

（34）诸上座，<u>出家儿合作麼生？此是本有之理，未为分外。识心达本源，故名为沙门。</u>（卷十《天台德韶国师》，571）

"作麼生"作主语 1 次，询问事物，相当于现代汉语的"什么"：

（35）乃曰："实是无事，诸人各各是佛，更有何疑得到这里？古人道，十方同聚会，个个学无为。此是选佛场，心空及第归。<u>且作麼生是心空？</u>不是那里闭目冷坐是心空，此正是意识想解。上座要会心空麼？但且识心，便见心空。……"（卷十《百丈道恒禅师》，580）

二 正反设问句

仅出现 1 次。如下：

（36）真一日问谦曰："径山和尚寻常如何为人？"谦曰："和尚只教人看狗子无佛性及竹篦子话，只是不得下语，不得思量，不得向举起处会，不得向开口处承当。狗子还有佛性也无？无。只恁麼教人看。"（《秦国夫人计氏》卷二十，1354）

此例谦禅者先是用正反问句的形式询问"狗子有佛性吗？"紧接着自己又给出了明确的回答"无"。故此例同时具有正反问和设问句的特点。

小 结

《五灯》设问句具体使用情况见表 8-1。

表 8-1 《五灯》设问句使用情况

设问句类型				合计
特指设问句	"何系"特指设问句	"何"特指设问句	19	93
		"何故"——	48	
		"何以"——	7	
		"何以故"——	16	
		"何者"——	2	
		"如何"——	1	
	"甚"系特指设问句	"甚"——	3	19
		"甚麼"——	16	
	"谁"特指设问句	"谁"——	1	1
	"作麼生"特指设问句	"作麼生"——	2	2
正反设问句			1	1
合计	116			

《五灯》设问句共出现 116 次，绝大多数以特指设问句形式出现，包括"何"系、"甚"系、"谁"、"作麽生"等特指设问句，115 次，占 116 次的 99.1%。这其中又以"何"系设问句出现次数最多，共出现 93 次，且表现形式多样，有"何""何故""何以""何以故""何者""如何"特指设问句等；"甚"系特指设问句出现 19 次，有"甚""甚麽"特指设问句；"谁""作麽生"特指设问句分别出现 1 次、2 次。正反设问句仅出现 1 次，仅占 116 次的 0.9%。

特指设问句中使用疑问代词及其复合形式进行的提问针对的均是前文所提到的内容，答语有的从正面直接作答，有的则以反诘问句作答，是设问句与反诘问句的混合，设问句用于提醒对方思考及注意下文内容，而反诘问句则有加强提醒对方思考并注意了解下文的语意蕴含。设问句对于说话者本人来说，是一种无疑而问、自问自答的假性问句，禅师传法很多候正是通过这种自问自答的形式先提醒学人思考，接着向学人传递了新的信息。

《五灯》等禅宗语录中的"所以者何""何以故""何故"受汉译佛经影响，与汉译佛经有着紧密的血缘关系，三者的构成方式来源不同，"所以者何""何以故"是佛经翻译者类推汉语规则而产生的表达方式，只能说比较符合汉语的习惯，而"何故"则是中国本土自上古汉语中就已出现并常用的表达方式，更符合当时的口语习惯，因此在《五灯》等禅宗语录里，"所以者何""何以故"逐渐淡出了设问句的舞台，"何故"用得较多。

第二节　附加问句

"附加问句是在一个命题之后用附加成分来提问的疑问句形式。"（吴福祥 2004：362）句法形式上，附加问句（tag question）是由两部分组成，前者是一个陈述性的命题（proposition，记作 P），后者是一个由附加成分构成的疑问形式（记作 W），一般来说，前后部分之间有语音停顿，书面上用逗号隔开，整个疑问句即为"P，W?"。语意功能上，附加问句的发问者对 P 已经有了某种倾向，进行发问主要是希望对方能给以证实或确认，或者是发问者用 P 提出某件事情或某种建议，以征求对方的看法。语用功能上，命题 P 规定了疑问句的疑问域，换句话说，也就是疑问句的疑问域总是命题 P 或 P 的一部分。《五灯》中的附加问句有是非问、正反问两种形式。共出现 114 次。

一　是非问形式的附加问句

吕叔湘在《与动词后得与不有关之词序问题》中曾说"得表可能性，不表不可能性。得字古时用于动词之前，否定则曰不得，如《论语·述而》篇，'圣人吾不得而见之矣，得见君子者斯可矣。'而于询问之辞，或离于主文之后，自为一读，如《左传》成公十五年，'信礼之亡，欲免，得乎？'"① 叶建军（2010：255）据此认为"得"字构成的附加问句在先秦时期就已经出现，我们认为值得商榷。先秦时期的"得乎？"多是以反诘问句的形式出现，发话者对某种事实已经有了明确的看法，是无疑问问，用反诘的语气加强了发话者的论断。例如：

> 当是时也，禹八年于外，三过其门而不入，<u>虽欲耕，得乎</u>？（《孟子·滕文公上》）
>
> 天夺之明，<u>欲无弊，得乎</u>？（《国语·郑语》）

上述两例均是用反诘的语气表示否定的意义，"得乎"用于表示否定，它实际所表达的意义是"不得"，即不可能。从我们对附加问句的界定——"附加问句的发问者对 P 已经有了某种倾向，进行发问主要是希望对方能给以证实或确认，或者是发问者用 P 提出某件事情或某种建议，以征求对方的看法。"——来看，先秦时期的"P，得乎？"不应归入附加问句。是非问形式附加问句的源头尚需进一步探讨。

《五灯》是非问句形式的附加问句主要包括"P，得麽？""P，还得麽？""P，好麽？"等形式，其附加成分由判断动词"是"、能愿动词"得"、表态形容词"好"等加句尾语气词"麽"构成。共出现 43 次。

---

① 参见吕叔湘《汉语语法论文集》，商务印书馆，1984，第 132 页。

（一）"P，得麽？"

《五灯》中"P，得麽？"出现 37 次。主要是用于征询意见。例如：

（1）师曰："<u>我有一信寄雪峰，得麽？</u>"曰："便请。"（卷四《灵云志勤禅师》，241）

（2）济曰："<u>有事相借问，得麽？</u>"浦曰："新戒不会。"（卷一一《兴化存奖禅师》，651）

（3）师问座主："<u>你与我讲经，得麽？</u>"曰："某甲与和尚讲经，和尚须与某甲说禅始得。"（卷三《南泉普愿禅师》，142）

上述三例语意上均是用附加成分"得麽"来征求对方的意见，附加问句的疑问域即是前句的命题 P。从答话者的答语来看，并不局限于肯定回答、否定回答两种情况，还存在一种中性答语，即两种情况皆有可能，比如例（1）以"便请"作出了肯定回答，例（2）"新戒不会"是否定回答，例（3）则没有从正面直接作答，而是有条件的——"某甲与和尚讲经，和尚须与某甲说禅始得。"——意思是"如果和尚为某甲说禅的话，某甲就可以为你讲经，如果和尚不为某甲说禅，那某甲也就不可能为你讲经。"

（二）"P，还得麽？"

出现 2 次。例如：

（4）上堂："不用上来，<u>堂中憍陈如上座为诸上座转第一义法轮，还得麽？</u>若信得及，各自归堂参取。"（卷十《云居义能禅师》，628～629）

（三）"P，好麽？"

出现 2 次。例如：

（5）日："这里无物，诸人苦恁麽相促相拶作麽？拟心早没交涉，更上门上户，千里万里。今既上来，各著精彩，招庆一时抛与诸人，好麽？"众无对。（卷八《招庆道匡禅师》，458）

例（5）"好麽？"中的"好"是表态词，发话者以此提问，正是要征求对方的意见，换句话说，也就是要对方就命题 P 进行表态。"好麽"相当于现代汉语中的"好吗？""好不好？"，"招庆一时抛与诸人，好麽？"的意思是"现在既然上堂来了，各位就振奋精神，我一起抛给诸位，好吗？"

二 正反问形式的附加问句

正反问形式的附加问句主要包括"P，是否？"、"P，还是否？"、"P，是不？"、"P，得否？"、"P，还得否？"、"P，还得也无？"等六种形式。共出现 67 次。

（一）"P，是否？"

出现 50 次。一般来说，发问人常以"承闻""远闻""弟子/我闻""古人道""闻""见说""久向"等开头陈述一个命题 P（P 所陈述的绝大多数为已然之事），接着以正反式的附加成分"是否？"对之前陈述的命题 P 进行提问，希望答话者对其进行证实或确认；P 与"是否"之间有停顿，多以逗号隔开，少数也可以句号隔开（仅 3 次）；答话可直接以"是""然"等作出肯定回答，也可以谦虚的方式作出肯定的回答。

答语为"是"的"P，是否？"句，出现 21 次。例如：

（6）师日："我闻广南有镇海明珠，是否？"仰日："是。"（卷三《东寺如会禅师》，151）

（7）有僧问："承和尚有言，二十年住此山，未曾举著宗门中事，是否？"师日："是。"（卷五《夹山善会禅师》，295）

（8）水日："见说洛浦有生机一路，是否？"师日："是。"（《青峰传楚禅师》卷六，342）

（9）僧问："久向和尚会禅，是否？"师日："是。"（卷一一《竹

园山和尚》，669）

（10）师唤侍者，问："汝为这僧代语，是否？"者曰："是。"（卷七《鼓山神晏国师》，411）

答语为"然"的"P，是否？"句，出现 3 次。"然"相当于"是"。例如：

（11）夹山问："远闻和尚念观音，是否？"师曰："然。"（卷三《华林善觉禅师》，173）

（12）公问："此事人人有分，个个圆成，是否？"清曰："然。"（卷二十《侍郎张九成居士》，1350）

答语为"不敢"的"P，是否？"句，出现 5 次。例如：

（13）祖问："见说座主大讲得经论，是否？"师曰："不敢。"（卷三《西山亮座主》，176）

（14）一日问鉴上座："闻汝注《楞严》，是否？"鉴曰："不敢。"（卷七《南岳惟劲禅师》，434）

上述两例以"不敢"作答，表明答话者谦虚的态度，从而也证实了所提命题 P 确实存在，"不敢"相当于"是""然"。

答语为其他的"P，是否？"句，出现 21 次。例如：

（15）问："承闻和尚亲见南泉，是否？"师曰："镇州出大萝卜头。"（卷四《赵州从谂禅师》，200）

（16）眼曰："承闻赵州有'庭前柏树子'话，是否？"师曰："无。"（卷四《光孝慧觉禅师》，244）

（17）问："佛性如虚空，是否？"师曰："卧时即有，坐时即无。"（卷五《石霜庆诸禅师》，288）

（18）驸马都尉李公遵勖坐定问曰："我闻西河有金毛狮子，是

否?"师曰:"甚麼处得此消息?"(卷一二《石霜楚圆禅师》,700)

例(15)是答非所问,从答语并不能看出答话者的肯定或否定倾向;例(16)直接以"无"作否定回答;例(17)的答语是中性的,即可以是肯定回答,也可以是否定回答,这要取决于所满足条件;例(18)是以问答问,"甚麼处得此消息?"如果是假性问句(反诘问句)的话,答语是否定的,如果是真性问句(特指问句),那么答语是肯定的。

(二)"P,还是否?"

仅出现1次,W中有疑问副词"还","P,还是否?"相当于"P,是否?"。如下:

(19)师曰:"人人传使君读万卷书籍,还是否?"曰:"然。"(卷三《归宗智常禅师》,145)

此例命题P是叙述一个传闻,用附加成分W进行提问,目的是求证,实际上从语意上我们可以看出提问者期望得到对方的肯定回答,对方以"然"作答,也正与提问者的心理预期相吻合。

(三)"P,是不?"

出现2次,且皆出于《投子大同禅师》。命题P是对事物的论断。如下:

(20)问:"一切声是佛声,是不?"师曰:"是。"(卷五《投子大同禅师》,298)

(21)问:"粗言及细语,皆归第一义。是不?"师曰:"是。"(卷五《投子大同禅师》,298)

（四）"P，得否？"

出现 6 次。例如：

　　（22）崔赵公问："弟子今欲出家，得否？"师曰："出家乃大丈夫事，非将相之所能为。"（卷二《径山道钦禅师》，69）

　　（23）后复有人问师曰："某甲拟请和尚开堂，得否？"师曰："待将物裹石头暖即得。"（卷三《东寺如会禅师》，151）

　　上述两例 P 所陈述的均是未然之事，发话者将命题 P 作为一种打算来提出，以征求对方的意见，答语较迂回，并非简单的肯定或否定。

（五）"P，还得否？"

出现 5 次。例如：

　　（24）又问："弟子家中有一片石，或时坐，或时卧，如今拟镌作佛，还得否？"师曰："得。"（卷三《南泉普愿禅师》，140）

　　（25）师曰："某甲作得道理，还得否？"座曰："但作得道理便得。"（卷九《仰山慧寂禅师》，528）

　　此两例 P 也皆为叙述式，所陈述的亦皆为未然之事，附加成分"还得否"中有疑问副词"还"，"还"用于加强疑问语气，"还得否？"对前句整个命题 P 进行提问，语意上相当于"得否？"。

（六）"P，还得也无？"

出现 3 次，例如：

　　（26）曰："只如不入门者，还得也无？"师曰："虽然如此，不得不与他。"（卷一三《洞山良价禅师》，782）

例（26）W "还得也无？" 对命题 P "只如不入门者" 进行提问，用于征求对方的看法，答语 "不得不" 构成双重否定，表示肯定。

《五灯》中附加问句的具体使用情况见表8-2。

表8-2 《五灯》附加问句使用情况

附加问句类型		合计	
是非问形式的附加问句	"P，得麼？"	37	41
	"P，还得麼？"	2	
	"P，好麼？"	2	
正反问形式的附加问句	"P，是否？"	50	67
	"P，还是否？"	1	
	"P，是不？"	2	
	"P，得否？"	6	
	"P，还得否？"	5	
	"P，还得也无？"	3	
合计		108	

第三节　招呼问句

陈妹金（1992）把招呼问句看作一种礼仪性符号，他认为 "作为一种句子交际功能类型，疑问句既有以发问求取信息的真性问，也有借助发问给予信息或提供服务的假性问。招呼——问候问这种礼仪性符号旨在提供友好情感态度信息，是一种富有民族文化内涵的形式问句。""招呼——问候问的突出特点是：问话的内容通常并不重要，重要的是你是否运用了招呼——问候问这一形式本身。这是'形式高于内容'、'为问话而问话'的一种典型表现。这种礼仪符号旨在给予对方情感态度方面的信息，是人们用以维持正常和谐的人际关系、实现人的'社会化途径'的一种必不可少的手段。尽管它的知识信息量为零，但熟人碰面时不招呼问候一声通常是冷淡、疏远或傲慢无礼的表现。"傅惠钧（2011：183）将招呼问句称为 "礼问"（也叫问候问），他认为招呼问句是一种礼节性的问句，不负载疑问信息。例如：

见了西门庆。道了万福，说道："天么，天么！姐夫贵人！<u>那阵风儿刮得你到这里</u>？"西门庆笑道："一向穷冗，没曾来得，老妈休怪。"（《金瓶梅》11161）（转引自傅惠钧2011：183）

此例仅仅是对话双方见面时的一种礼节性的寒暄，问句并没有实质性的内容。

叶建军（2010：247）则认为"招呼问句为是非问形式，是一种索取信息的疑问句，要求对方予以回答，所以可以归入询问句。"同时他也承认招呼问句与一般疑问句有所不同，"招呼问句是明知故问，在发问者和回答者看来，问题的答案是肯定的。"我们认为既然招呼问句是"明知故问""问题的答案是肯定的"，那么也就不存在发问以求取信息这一实质性内容，因此将招呼问句归入"无疑而问"的假性问句当是比较合理的。

《五灯》中招呼问句共出现5次，均以是非问形式出现，句尾有语气词"也"。全部列出如下：

（1）（慧忠禅师）闻威禅师出世，乃往谒之。威才见曰："山主来<u>也</u>？"师感悟微旨，遂给侍左右。（卷二《牛头山慧忠禅师》，65）

（2）师住庵后，一日归来，值雨。山曰："<u>你来也</u>？"师曰："是。"（卷五《澧州高沙弥》，278）

（3）师一日见刘铁磨来，师曰："老牸牛，<u>汝来也</u>？"磨曰："来日台山大会斋，和尚还去麽？"师乃放身作卧势，磨便出去。（卷九《沩山灵祐禅师》，524）

（4）时风穴作维那，上去问讯。严曰："维那，<u>汝来也</u>？叵耐守廓适来把老僧扭捏一上，待集众打一顿趁出。"穴曰："趁他迟了也。自是和尚言过，他是临济下儿孙，本分恁麽。"严方息怒。（卷一一《守廓侍者》，666）

（5）至三岁，白云端禅师抵其家，始见之。曰："<u>吾侄来也</u>？"云曰："与和尚相别几年？"宣倒指曰："四年矣。"（卷一二《归宗可宣禅师》，742）

上述各例中的"X 来也"均是已知的信息，不存在发问以索取信息的现象，是无疑而问的假性问，不过例（2）还是遵循了一般对话所具有的礼貌原则，就问话人所提出的问题进行了正面的肯定回答。其他各例中虽然答话人对问话人所提出的问题没有进行相应的正面回答，但是对话双方的谈话依然进行得比较顺畅、和谐，提问与答语之间衔接得自然而然，并没有什么不妥当之处。联系上下文语境及语意，我们会发现其实招呼问句并不多余，它的出现恰恰是必须的，对话双方或许从未谋面，或许认识而有一段时间未见了，当两者见面之后，首先就会先打招呼进行问候，气氛融洽、氛围和谐之后再进行接下来的谈话就会显得比较自然、顺当、合乎情理，比如例（5）一见面就说"与和尚相别几年？"就给人一种突兀之感，一句"吾侄来也"不仅说明了两人先前就是熟识的，也是再次见面时一种必须的礼节性寒暄，问话人其实是借问句的表面形式表达自己的思想感情，拉进彼此之间的亲近关系，为对话者双方接下来的谈话进行了一个极其自然的铺垫，使双方借以顺利的交谈。因此我们认为招呼问句的表面形式与语意之间实际上存在着深层的对应关系，一句简单的不表疑问的问候语实际上则包含了问话人的认知状态和向对方传递了一种友好的交际意图，招呼问句可以说是问话人表达自身看法或情感借以保持人际关系和谐的一种媒介或一个桥梁。

叶建军考察了晚唐之前的大量文献（包括口语化程度较高的汉译佛经和中土文献）及晚唐时期的敦煌变文（《敦煌变文校注》）、《祖堂集》和北宋时期的《景德传灯录》等语料之后，发现直到《祖堂集》中才出现了1 例招呼问句，《景德传灯录》中有 2 例。例如：

> 因高僧冲雨上堂，药山笑曰："汝来也？"高僧曰："屎里"。（《祖堂集》卷五《道吾和尚》）
>
> 师住庵后雨里来相看。药云："尔来也？"师曰："是。"（《景德传灯录》卷一四《宣州椑树慧省禅师》）（此两例转引自叶建军 2010：247）

因此我们认为招呼问句纯属保持日常交际和谐进行的一种寒暄语，口语性较强，这也决定了它最初只能出现在口语化色彩比较浓厚的文献当中。同时也正因为它符合日常交际的需要及口语性，所以至今仍鲜活地存在于现代汉语口语和书面语当中。

第四节　感叹问句

感叹问句也是一种"无疑而问"的假性问句，它主要是用疑问句的形式来表示感叹，问句中具有强烈的感情色彩。吕叔湘（1982：313）很早就谈论过感叹句"白话用'多么'或'多'的句子，文言用'何如'"，"'多'或'多么'本从'多少'变来，所以用'多'的句子实是借用疑问语气表感叹，'何如'更是显然如此。此外借疑问语气来表感叹，特别是指明引起感叹的事物属性的，有常见的'怎么这么……'句式，文言用'何'，下面多用'之'或'其'造成组合式词结；'何'上又可以加'壹'，其下即不用'之'或'其'。""文言的感叹语气词有'乎'、'矣'、'夫'、'哉'最为常见。"例如：

> 朔来！朔来！受赐不待诏，<u>何无礼也</u>！拔剑割肉，<u>一何壮也</u>！割之不多，<u>又何廉也</u>！归遗细君，<u>又何仁也</u>！（汉·东方朔传）（转引自吕叔湘 1944：313）

王海棻（2001：481）在其《古汉语疑问范畴词典》中也专列了"感叹询问"一章，她认为感叹询问"就是带有感叹语气的询问，这种句子可以说是叹疑兼半，也就是表达'怎么那么'、'为什么那么'、'为什么那样'、'怎样'、'何等'一类意思的。"例如：

> 对曰："郊禘不过茧栗，蒸尝不过把握。"王曰："<u>何其小也</u>！"（《国语·楚语下》）
> 武安君、苏秦为燕说齐王，再拜而贺，因仰而吊。齐王按戈而却曰："<u>此一何庆吊相随之速也</u>！"（《战国策·燕策一》）（此两例转引自王海棻 2001：486、491）

我们认为感叹问句就是用问句的形式表达感叹语气并具有特殊语用功能的疑问句。感叹语气带有强烈的感情色彩，这是其他疑问句所不能表达得出的，也即是其他疑问句不能取代之处，因此我们将"感叹问句"单独列为一节。

《五灯》中感叹问句共出现 16 次。包括特指感叹问句和是非感叹问句。

一　特指感叹问句

特指感叹问句与特指询问句的表面形式一样，句中有疑问代词，不同之处则在于特指感叹问句是无疑而问，且句中带有强烈的感叹色彩。《五灯》中出现 14 次，主要由疑问代词"何"及其复合形式"何其""一何"等构成。

（一）"何"感叹问句

我们将由"何"构成的特指感叹问句称为"何"感叹问句（其他同此）。"何"感叹问句在上古汉语中就已出现，"何"相当于现代汉语的"什么样的""多么""怎么那么"等。例如：

> 楚狂接舆歌而过孔子曰："凤兮凤兮，何德之衰？往者不可谏。来者犹可追。已而已而，今之从政者殆而！"（《论语·微子》）（转引自王海棻 2001：484）

《五灯》"何"感叹问句共出现 9 次。"何"皆作状语，相当于"怎么那么""多么"等。例如：

（1）天王曰："佛手中无珠，何处有色？"世尊叹曰："汝何迷倒之甚？吾将世珠示之，便各强说有青、黄、赤、白色；吾将真珠示之，便总不知。"（卷一《释迦牟尼佛》，6）

（2）（行昌）一日忆祖之言，远来礼觐。祖曰："吾久念于汝，汝来何晚？"曰："昨蒙和尚舍罪，今虽出家苦行，终难报于深恩。其唯传法度生乎？弟子尝览《涅盘经》，未晓'常无常'义，乞和尚慈悲，

略为宣说。"（卷二《江西志彻禅师》，88）

（3）师欲请塔下罗汉铜像，过新寺供养。王曰："善矣！予昨夜梦十六尊者，乞随禅师入寺，<u>何昭应之若是？</u>"（卷十《永明道潜禅师》，581）

例（1）"何"在谓语前作状语，谓语是小句，小句主语与小句谓语之间有"之"，"汝何迷倒之甚"的意思是"你怎么那么糊涂啊"；例（2）"何"在谓语（形容词"晚"）前作状语，"汝来何晚"的意思是"你来得怎么这么晚啊"；例（3）"何"在主语前作状语，主语与谓语之间有"之"，"何昭应之若是"的意思是"昭示怎么这么灵验呀"。

（二）"何其"感叹问句

复合形式"何其"感叹问句在上古汉语中就已出现，如上述《国语·楚语下》例。《五灯》中仅出现 1 次。"何其"作状语，相当于"多么""怎么那么"。如下：

（4）尔时迦叶在耆阇崛山毕钵罗窟睹胜光明，即入三昧，以净天眼，观见世尊于熙连河侧，入般涅盘。乃告其徒曰："如来涅盘也，<u>何其驶哉？</u>"（卷一《一祖摩诃迦叶尊者》，11）

"何其驶哉"的意思是"怎么那么快呀""太快了"。

（三）"一何"感叹问句

复合形式"一何"在上古汉语中就已出现，如上述《战国策·燕策一》例。《五灯》中"一何"感叹问句出现 4 次。"一何"皆作状语，相当于"多么""怎么那么"。例如：

（5）时有大光明菩萨出世，我以老故，策杖礼谒。师叱我曰："重子轻父，<u>一何鄙哉？</u>"时我自谓无过，请师示之。师曰："汝礼大光明菩萨，以杖倚壁画佛面，以此过慢，遂失二果。"（卷一《二十祖阇夜

多尊者》，29）

（6）师曰："病有自性乎？"曰："病无自性。"师曰："既无自性，则毒物宁有心哉？以空纳空，吾未尝颠倒。<u>汝辈一何昏迷？</u>"（卷一七《沩潭文准禅师》，1153～1154）

例（5）"重子轻父，一何鄙哉"的意思是"重弟子轻师父，多么可鄙呀"；例（6）"汝辈一何昏迷"的意思是"你们这些人是多么糊涂啊"。

二 是非感叹问句

是非感叹问句是以是非问句形式出现的具有强烈感叹色彩的句子。《五灯》中仅出现 2 次，句尾有语气词"乎"。全部列出如下：

（7）师方具威仪参礼，须臾告辞。祖曰："<u>返太速乎？</u>"师曰："木自非动，岂有速邪？"（卷二《永嘉玄觉禅师》，91）

（8）僧辞去，参灵云。问："佛未出世时如何？"云举拂子。曰："出世后如何？"云亦举拂子。其僧却回。师曰："<u>返太速乎？</u>"曰："某甲到彼，问佛法不契乃回。"（卷七《雪峰义存禅师》，382）

有人认为上述两例"返太速乎"可以理解为测度询问句，但是我们联系上下文语境可知"返太速乎"并无信疑参半、希望得到对方证实之意，而是心中已经有了明确的看法。"返太速乎"的意思是"回去得怎么那么快"，用感叹的语气强调速度之快。

综上可知，《五灯》感叹问句出现频率不高，呈衰落趋势，而且不管是前者中的疑问代词及其复合形式"何""何其""一何"等还是后者中的句尾语气词"乎"，均在上古汉语中就已出现，因此我们认为《五灯》中的感叹问句当是上古汉语的遗留，也可能是编撰者为了表达强烈的感叹语气只能借助于上古汉语中的表达形式而进行的仿古，因为从语用角度来说，感叹问句中所表达的感叹语气及其强烈的感情色彩是其他疑问句所不能取代的。

第九章　疑问句句尾语气词

从以往的研究来看，学术界对"语气词"的称呼不一，有的主张称为"语气词"，有的则认为称为"语气助词"比较合理。江海燕[1]通过对现代汉语语调问题进行的实验研究得出的结论是：语气词负载了不同语调可以表达不同的语气意义，它在负担一部分语气意义的同时还是语调得以实现的载体，是帮助实现语气意义的一个专门成分。因此她认为称为"语气助词"更为合理，同时她也承认"语气词"比"语气助词"称法经济、简略，因此可以把"语气词"归入助词一类，但名称上不一定非要改为"语气助词"[2]。我们同意江海燕的观点。

唐柳宗元在《复杜温夫书》中就有"助字"（助词）之说，他将"助字"区分为"疑辞"和"决辞"，并指出"所谓'乎、欤、耶、哉、夫'者，疑辞也。'矣、耳、焉、也'者，决辞也。"也就是说"助字"是用于句末表达疑决语气的词。马建忠在其《马氏文通》中也认为"凡虚字以结煞实字与句读者，曰'助字'。"如"乎""哉""矣""也"之类的词语。

这里我们所讨论的《五灯》疑问句句尾语气词，不仅包括袭自上古汉语的"乎、欤、邪/耶、哉、耳、也、为"，中古、近代汉语新兴的"那、麽、聻、在"，也包括我们认为部分已经虚化为句尾语气词的"否""无"等。郭锡良（1988、1989）在《先秦语气词新探》（一）中曾指出"汉语的语气词是单功能的，任何一个句尾语气词都是表示某一特定语气的。"他认为先秦时期纯粹表示疑问的语气词只有"乎""与""邪"三个。不过在

---

[1]　参考江海燕《汉语语调问题的实验研究》，首都师范大学出版社，2010，第 141 页。

[2]　郭锡良（1988）曾指出"语气词又称助词或语气助词。"（参见《先秦语气词新探》（一），50 页）其见解颇为精到。

语言的发展过程中，有些语气词比如"也"等经常用于疑问句句尾表达疑问语气，从而也具有了疑问语气词的性质，因此我们也将其归入讨论的范围。

第一节 语气词"乎、欤、邪、耶、也、哉、耳、为"

《五灯》中袭自上古汉语的疑问句句尾语气词有"乎""欤""邪/耶""也""哉""耳""为"等。下面我们逐一进行讨论。

一 "乎"

"乎"在上古汉语中主要用于表示疑问语气。根据郭锡良（1989）的叙述及他所提供的先秦文献中的疑问句数据表明，语气词"乎"使用频率最高，可用于多种形式的疑问句，"是个最纯粹的疑问语气词"①。孙锡信（1999：26、28）指出魏晋南北朝时期"'乎'的运用大幅度增加"。"特指问、测度问和选择问用'乎'的例证寥寥可数，多半是'乎'用于是非问句中。值得注意的是中古时用'乎'表示反诘特别多，似已超过是非问句。"唐五代时期，"乎"用于是非问句、反诘问句及由反诘转化的感叹问句（同上，42）。"乎"用于是非问句句尾，相当于现代汉语中的疑问语气词"吗"；用于特指问句或选择问句句尾，相当于现代汉语中的语气词"呢"；用于反诘问句句尾，相当于现代汉语中的"吗""呢"；用于测度询问句句尾，相当于现代汉语中的语气词"吧"。②

《五灯》中疑问语气词"乎"共出现117次。可用于特指询问句、是非询问句、特指反诘问句、是非反诘问句和测度询问句。

"乎"用于特指询问句7次。例如：

（1）越九年，欲返天竺，命门人曰："时将至矣，*汝等盍各言所得乎*？"（卷一《初祖菩提达磨大师》，44）

---

① 参见郭锡良《先秦语气词新探》（二），《古汉语研究》1989年第1期。

② 参考王海棻等《古汉语虚词词典》，北京大学出版社，1996，第136~139页。

（2）泽曰：“抗互且置，<u>汝指何法为声色之体乎？</u>”师曰：“如师所说，即无有声色可得。”（卷二《蒙山光宝禅师》，104）

（3）曰："吾师真善知识也。示人克的若是，<u>何故泪没于此乎？</u>"寺众愕然。（卷四《相国裴休居士》，236）

（4）师问：“<u>汝其谁乎？</u>”曰："护戒神也。"（卷十《五云志逢禅师》，606）

“乎”用于是非询问句 52 次。例如：

（5）时迦叶问诸比丘："阿难所言，<u>不错谬乎？</u>"皆曰："不异世尊所说。"（卷一《一祖摩诃迦叶尊者》，11）

（6）祖将欲度之，先问彼众曰："此遍行头陀，能修梵行，<u>可得佛道乎？</u>"众曰："我师精进，何故不可？"（卷一《二十祖阇夜多尊者》，28）

（7）师曰："<u>汝能夺地祇、融五岳而结四海乎？</u>"曰："不能。"（卷二《嵩岳元珪禅师》，79）

（8）王公泣曰："<u>师忍弃弟子乎？</u>"师笑曰："借千年亦一别耳。"（卷一三《重云智晖禅师》，843）

（9）师又问："<u>此可说禅乎？</u>"公曰："正好说禅也。"（卷一九《上方日益禅师》，1254）

（10）师曰："<u>病有自性乎？</u>"曰："病无自性。"（卷一《沩潭文准禅师》七，1153）

“乎”在是非询问句中有 12 次与“哉”连用。例如：

（11）上堂："<u>道远乎哉？</u>触事而真。<u>圣远乎哉？</u>体之则神。……"（卷十《章义道钦禅师》，589）

（12）上堂："古人道，堕肢体，黜聪明，离形去智，同于大道。正当恁麽时，且道是甚麽人删《诗》、《书》，定《礼》、《乐》？还委悉麽？礼云礼云，<u>至帛云乎哉？</u>乐云乐云，<u>钟鼓云乎哉？</u>"（卷一四《宝峰惟照禅师》，892）

"乎哉"连用的疑问句在上古汉语中就已出现。王力（1999：281）指出"'乎哉'连用时可以表示纯粹的疑问，那是'乎'字所带有的语法意义，而'哉'字只是加强'乎'字的语气。"例如：

若寡人者，<u>可以保民乎哉</u>？（《孟子·梁惠王上》）（转引自王力1999：281）

"乎"用于特指反诘问句21次。例如：

（13）师曰："汝能不妄乎？"曰："我正直，<u>焉有妄乎</u>？"（卷一《嵩岳元珪禅师》，78）

（14）尝诫徒曰："衲僧家着草鞋住院，<u>何啻如蚖蛇恋窟乎</u>？"（卷二十《天童昙华禅师》，1357）

（15）师曰："信则信矣，未审光之与宝，同邪异邪？"泽曰："光即宝，宝即光，<u>何有同异之名乎</u>？"（卷二《蒙山光宝禅师》，104）

（16）其《都序》略曰：……若直论本性，即非真非妄，无背无合，无定无乱，<u>谁言禅乎</u>？（卷二《圭峰宗密禅师》，106）

"乎"用于是非反诘问句23次。例如：

（17）岩竖起拂子曰："还闻麽？"师曰："不闻。"岩曰："我说法汝尚不闻，<u>岂况无情说法乎</u>？"（卷九《洞山良价禅师》，778）

（18）适大雪，翠指曰："斯可以一致茗帚否？"师曰："不能。然则天霁日出，云物解驳，岂复有哉？知有底人，于一切言句如破竹，虽百节当迎刃而解，<u>讵容声于拟议乎</u>？"（卷一七《开元子琦禅师》，1118）

（19）尝读诸林菩萨偈，至即心自性，猛省曰："法离文字，<u>宁可讲乎</u>？"（卷一四《投子义青禅师》，875）

"乎"用于测度询问句14次。例如：

（20）祖付法已，右手攀树而化。大众议曰："尊者树下归寂，<u>其垂荫后裔乎？</u>"（卷一《十七祖僧伽难提尊者》，27）

（21）（二十祖）复告遍行曰："吾适对众，抑挫仁者，<u>得无恼于衷乎？</u>"（卷一《二十祖阇夜多尊者》，29）

（22）顷乃橘皮汤一杯，峰匿笑曰："<u>无乃太清乎？</u>"（卷十《净土惟正禅师》，639）

（23）公曰："后句'妄'字莫是从心之'忘'<u>乎？</u>"曰："从'女'者是也。"（卷一《保唐无住禅师》，82）

二　"欤"

"欤"在上古汉语中就已出现，最早见于《论语》和《左传》。《玉篇》《广韵》《经传释词》等皆云"欤"为语末词，清课虚斋主人《虚字注释》明确指出"欤，语末疑词。与'乎'字相近"。王力认为"'与（欤）'字略等于现代汉语的'吗'字或'呢'字。'与'和'乎'的分别是：除了有疑问代词活在选择问句而外，'与'字一般不表示纯粹的疑问。"[1] 据郭锡良（1989）提供的数据表明，先秦文献中"与（欤）"与"邪"出现的频率相当，郭也认为"用'与'或'邪'，疑问语气没有用'乎'那样纯粹、强烈，它是表示说话人猜想大约是这样，却非深信不疑，要求得到证实，是一种探询的语气。""欤"在上古汉语中可用于是非问句、选择问句、反诘问句和测度问句（王海棻 1996：443）。魏晋南北朝时期"与（欤）"就很少运用了，唐五代时期仅偶见于仿古例证，可用于测度问句、选择问句等（孙锡信 1999：25、42）。

《五灯》中疑问语气词"欤"共出现 12 次，皆用于特指反诘问句。例如：

（24）月又问："教中说幻意是有邪？"师曰："<u>大德是何言欤？</u>"曰："恁麼则幻意是无邪？"师曰："<u>大德是何言欤？</u>"曰："恁麼，则幻

---

[1]　参见王力《古代汉语》（重排本，第一册），中华书局，1999，第 280 页。

意是不有不无邪？"师曰："大德是何言欤？"（卷四《长沙景岑禅师》，209）

（25）院曰："阇黎曾到此间麽？"师曰："是何言欤？"院曰："老僧好好相借问。"师曰："也不得放过。"（卷一一《风穴延沼禅师》，673）

三 "邪/耶"

"邪"在上古汉语中就已出现，最早见于战国中期以后的文献（郭锡良1989）。例如：

> 以不相爱生邪？（《墨子·兼爱中》）（转引自郭锡良1989：78）

清王鸣昌在其《辩字诀》中云："耶，亦疑辞。与'乎'字、'哉'字相类。"孙锡信（1999：17~18）指出："'邪'和'耶'均喻母四等（上古余母）字，上古均属鱼部，中古均为麻韵，二字同音，所以一般都说'耶'古同'邪'。从古籍记载看来，先秦两汉时大多用'邪'，较少写'耶'；魏晋南北朝时期用'耶'明显增多，尤其是译经文字中'耶'频繁出现，似超出用'邪'；唐以后的仿古文言中多用'耶'，似以'邪'为古字逐渐少用。"在高列过所调查的东汉译经中，"耶/邪"仍频繁应用于疑问句，因此她认为"东汉时期，耶（邪）仍有较强的生命力"（2003：139）。"邪/耶"在上古汉语中可用于特指问句、是非问句、选择问句、测度问句和反诘问句（王海棻1996：398~400）。

禅宗语录中，《祖堂集》不用"邪"，皆作"耶"，《五灯》"邪""耶"共存，又以"邪"出现次数为多，179次。其中"邪"可用于特指询问句、是非询问句、特指反诘问句、是非反诘问句、选择询问句和测度询问句。

"邪"用于特指询问句25次。例如：

（26）（那和修尊者）因问鞠多曰："汝年几邪？"答曰："我年十七。"（卷一《三祖商那和修尊者》，13）

（27）祖问曰："<u>汝名谁邪</u>？眷属多少？"曰："我名迦毗摩罗，有三千眷属。"（卷一《十二祖马鸣尊者》，21）

（28）祖诃曰："礼不投地，何如不礼？汝心中必有一物，<u>蕴习何事邪</u>？"师曰："念《法华经》已及三千部。"（卷二《洪州法达禅师》，85）

（29）洞曰："<u>和尚住此山多少时邪</u>？"师曰："春秋不涉。"（卷三《龙山和尚》，185）

"邪"用于是非询问句 38 次。例如：

（30）祖曰："<u>汝不定邪</u>？"曰："诸佛亦然。"（卷一《十祖胁尊者》，19）

（31）得度曰："师应迹十方，动念当至，<u>宁劳往邪</u>？"祖曰："然。"（卷一《二十二祖摩拏罗尊者》，31）

（32）帝问："<u>是僧邪</u>？"士以手指冠。（卷二《双林善慧大士》，118）

"邪"用于特指反诘问句 17 次。例如：

（33）师曰："四智之义，可得闻乎？"祖曰："既会三身，便明四智，<u>何更问邪</u>？若离三身，别谭四智，此名有智无身也。即此有智，还成无智。"（卷二《寿州智通禅师》，87）

（34）师曰："佛身无为，不堕诸数，<u>安在四禅八定邪</u>？"众皆杜口。（卷三《鹅湖大义禅师》，165）

"邪"用于是非反诘问句 36 次。例如：

（35）神曰："佛亦使神护法，<u>师宁黩叛佛邪</u>？愿随意垂诲。"师不得已而言曰："东岩寺之障，莽然无树，北岫有之而背非屏拥。汝能移北树于东岭乎？"（卷二《嵩岳元珪禅师》，79）

（36）马祖一日问师曰："子何不看经？"师曰："经岂异邪？"（卷三《西堂智藏禅师》，152）

"邪"用于选择询问句 59 次。例如：

（37）商人入林，果见一人端然不动。乃问曰："为是梵王邪？帝释邪？山神邪？河神邪？"世尊微笑，举袈裟角示之。（卷一《释迦牟尼佛》，8）

（38）祖问曰："汝身定邪，心定邪？"提曰："身心俱定。"（卷一《十六祖罗睺罗多尊者》，24）

"邪"用于测度询问句 4 次，全部列出如下：

（39）上堂："十方同聚会，个个学无为。此是选佛场，心空及第归。大众只如闻见觉知未尝有间，作麽生说个心空底道理？莫是见而不见，闻而不闻，为之心空邪？错。莫是忘机息虑，万法俱捐，销能所以入玄宗，泯性相而归法界，为之心空邪？错。……"（卷一四《石门元易禅师》，893）

（40）秀方戒李伯时画马事，公诮之曰："无乃复置我于马腹中邪？"秀曰："汝以艳语动天下人淫心，不止马腹中，正恐生泥犁耳。"（卷一七《太史黄庭坚居士》，1138）

"邪"在测度询问句中有 1 次与"也"连用：

（41）大观中芙蓉婴难，师自三吴，欲趋沂水，仆夫迷道，师举杖击之，忽大悟。叹曰："是地非鳌山也邪？"（卷一四《宝峰惟照禅师》，891）

"是地非鳌山也邪？"的意思是"这里该不会是鳌山吧？"整个句子的语气重心在于"邪"所表达的疑问语气，即说话人心中暗自猜想应该是那样，但又不能十分确定，故以探询的语气提出发问，目的是希望得到他人的证实。

《五灯》中疑问语气词"耶"出现 12 次，仅是"邪"179 次的 6.7%。
可用于特指询问句、是非询问句、特指反诘问句和是非反诘问句。例如：

"耶"用于特指询问句仅 1 次：

（42）元丰间，首众于襄阳谷隐，有乡僧亦效之。师见而诟曰：
"汝具何道理，<u>敢以为戏事耶？</u>呕血无及耳。"（卷一六《玉泉承皓禅
师》，1012）

"耶"用于是非询问句 4 次。例如：

（43）师曰："有冀开发，<u>乃尔相戏耶？</u>"礼曰："你他后悟去，方
知今日曲折耳。"（卷一九《龙门清远禅师》，1261）

（44）圆悟云："<u>龙门有此僧耶？</u>东山法道未寂寥尔。"（卷二十
《云居善悟禅师》，1311）

"耶"用于特指反诘问句 3 次。例如：

（45）太平将迁海会，师慨然曰："吾持钵方归，复参随往一荒院，
<u>安能究决己事耶？</u>"遂作偈告辞，之蒋山坐夏。（卷一九《龙门清远禅
师》，1261）

（46）置笔顾简堂曰："某坐去好，卧去好？"堂曰："相公去便了，
<u>理会甚坐与卧耶？</u>"公笑曰："法兄当为祖道自爱！"遂敛目而逝。（卷
二十《参政钱端礼居士》，1365）

"耶"用于是非反诘问句 4 次。例如：

（47）师泪交颐，不敢仰视。默计曰："我之所得，既为所排。西
来不传之旨，<u>岂止此耶？</u>"遂归心弟子之列。（卷二十《西禅鼎需禅
师》，1332）

四 "也"

马建忠云："助字中，惟'也、矣'两字最习用，而为用各别。'也'字所以助论断之辞气，'矣'字惟以助叙说之辞气。故凡句意之为当然者，'也'字结之；已然者，'矣'字结之。所谓当然者，决是非，断可否耳。所谓已然者，陈其事，必其效而已。"[①]陆德明在《经典释文序》中也说："邪、也弗殊。""也"在上古汉语中就已出现，用法比较广泛，主要用于判断句、陈述句中表示论断、肯定的语气，有少数也可以用于是非询问句、特指询问句、反诘问句、选择问句、感叹句和祈使句中（郭锡良 1989；王海棻 1996：400~402；孙锡信 1999：10）。

《五灯》中疑问语气词"也"共出现 95 次。可用于特指询问句、是非询问句、特指反诘问句、是非反诘问句与测度询问句。

"也"用于特指询问句 73 次。例如：

（48）一日负薪至市中，闻客读《金刚经》，至"应无所住而生其心"，有所感悟，而问客曰："此何法也? 得于何人？"客曰："此名《金刚经》，得于黄梅忍大师。"（卷一《六祖慧能大鉴禅师》，53）

（49）问："亡僧迁化向甚麽处去也?"师曰："灞岳峰高长积翠，舒江明月色光晖。"（卷二《天柱崇慧禅师》，66）

（50）师问饭头："汝在此多少时也?"曰："三年。"（卷五《药山惟俨禅师》，259）

（51）师曰："汝底与阿谁去也?"曰："良价无。"（卷五《云岩昙晟禅师》，274）

（52）僧问："教法甚多，宗归一贯。和尚为甚麽说得许多周由者也?"师曰："为你周由者也。"（卷八《三角志操禅师》，494）

"也"在特指询问句中有 13 次以设问句的形式出现，我们从句子本身而言，将其也归入特指询问句。例如：

---

① 参见马建忠《马氏文通》，商务印书馆，1983，第 323 页。

（53）上堂举浮山远和尚云："欲得英俊麽，仍须四事俱备，方显宗师蹊径。<u>何谓也?</u> 一者祖师巴鼻，二具金刚眼睛，三有师子爪牙，四得衲僧杀活拄杖。得此四事，方可纵横变态，任运卷舒，高耸人天，壁立千仞。……"（卷一七《泐潭善清禅师》，1134）

（54）上堂，拈起拄杖曰："识得这个，一生参学事毕。古人恁麽道，华藏则不然。识得这个，更须买草鞋行脚。<u>何也?</u> 到江吴地尽，隔岸越山多。"（卷二十《华藏宗演禅师》，1338）

"也"用于是非询问句9次。例如：

（55）师住庵后，一日归来，值雨。山曰："<u>你来也?</u>"师曰："是。"（卷五《澧州高沙弥》，278）

（56）慧问："<u>吃粥了也，洗钵盂了也?</u> 去却药忌，道将一句来。"师曰："裂破。"（卷二十《教忠弥光禅师》，1329）

"也"用于特指反诘问句9次。例如：

（57）霜问："甚处来?"曰："灌溪来。"霜曰："我南山，不如他北山。"僧无对。僧回举似师，师曰："<u>何不道灌溪修涅槃堂了也?</u>"（卷一一《灌溪志闲禅师》，655）

（58）非维摩大士，<u>孰能知此意也?</u>（卷一四《大洪报恩禅师》，889）

"也"用于是非反诘问句3次。例如：

（59）问："得意谁家新曲妙，正勤一句请师宣。"师曰："道甚麽?"曰："<u>岂无方便也?</u>"师曰："汝不会我语。"（卷十《正勤希奉禅师》，588）

"也"有1次用于测度询问句：

（60）僧问："愿开甘露门，当观第一义。不落有无中，请师垂指示。"师曰："大众证明。"曰："恁麽则莫相屈去也？"师曰："闲言语。"（卷十《上篮守讷禅师》，601）

五 "哉"

"哉"在上古汉语中常见于感叹句用以表示感叹语气，也可以表示疑问语气。在疑问句中，"哉"较多用于反诘问句，也有少数出现于特指问句中（郭锡良 1989；王海棻等 1996：457～458）。孙锡信（1999：16～17）也认为先秦两汉时期"'哉'用在问句中多数是表示反语语气，往往用'哉'先提出一个问题，而后推言事理作答，反诘语气引起对方的注意，因而使事理的阐述达到更好的效果"。"'哉'也可用于特指问句中，问人、问事、问地点、问原因等，不过一般要有疑问词配合使用。"

《五灯》中疑问语气词"哉"共出现 49 次。可用于特指询问句、特指反诘问句、是非反诘问句。

"哉"用于特指询问句 4 次。例如：

（61）祖曰："慧非定故，然何知哉？不一不二，谁定谁慧？"婆兰陀闻之，疑心冰释。（卷一《初祖菩提达磨大师》，40）

"哉"用于特指反诘问句 17 次。例如：

（62）即鸠诸徒众议曰："不如密多将入都城，谁能挫之？"弟子曰："我等各有咒术，可以动天地、入水火，何患哉？"（卷一《二十六祖不如密多尊者》，36）

（63）神稽首曰："我亦聪明正直于余神，讵知师有广大之智辩乎？愿授以正戒，令我度世。"师曰："汝既乞戒，即既戒也。所以者何？戒外无戒，又何戒哉？"（卷一《嵩岳元珪禅师》，78）

（64）上堂："言锋若差，乡关万里。直须悬崖撒手，自肯承当。绝后再苏，欺君不得。非常之旨，人焉瘦哉？"（卷一三《永光真禅

师》，828）

"哉"用于是非反诘问句 16 次。例如：

> （65）上堂："觌面相呈，更无余事。<u>若也如此，岂不俊哉？</u>山僧
> 盖不得已曲为诸人，若向衲僧面前，一点也著不得。诸禅德，且道衲
> 僧面前说个甚麼即得？"（卷一六《崇德智澄禅师》，1046）
>
> （66）师曰："<u>既无自性，则毒物宁有心哉？</u>以空纳空，吾未尝颠
> 倒。汝辈一何昏迷！"（卷一七《沩潭文准禅师》，1153～1154）

此外，"哉"与"乎"连用 12 次，"哉"只是用于加强"乎"的语气
（见"乎"尾句，此处不赘）。

六　"耳"

顾炎武《日知录》、王念孙《经传释词》与段玉裁《说文解字注》皆
说"耳"即"而已"，段氏还说"而已"急言之曰"耳"；刘淇《助字辨
略》云"耳"为"语已辞"；马建忠《马氏文通》说"耳"与"矣"同
义，有"止此"之解。总之，"耳"的用法比较单纯，很少出现于先秦时期
的疑问句，据高列过（2003：140）所言，只有刘晓楠（1991）列举了
"耳"在先秦晚期用于特指问句的用例，吴金华（1990）例举了《韩非子》
中"耳"用于是非问句的例子。直到魏晋南北朝时期，"耳"用于疑问句
的例句仍然比较少见，高列过在晋王羲之、王献之的杂帖中发现"耳"
有用于疑问句的用例，"耳"可用于特指问句、是非问句和选择问句。
例如：

> <u>此雨足何耳？</u>故当收佳。（王羲之《杂贴》卷二三，1588 页上栏）
> 诸舍复何如？吾家多患忧，面以问慰情，<u>不知可耳？</u>（王献之《杂
> 贴》卷二七，1614 页上栏）
> 不审尊体复何如？眠食转进不？<u>气力渐复充耳？</u>（王献之《杂贴》

卷二七，1614 页下栏）①

《五灯》中疑问语气词"耳"仅出现 1 次，用于测度询问句中。如下：

(67) 子湖讷禅师，未知师所造浅深，问曰："子所住定，<u>盖小乘定耳</u>？"时方啜茶，师呈起橐曰："是大是小？"讷骇然。（卷八《乌巨仪晏禅师》，486）

"盖小乘定耳"意思是"大概是小乘定吧"。疑问副词"盖"与句尾语气词"耳"配合使用，共同传达测度疑问语气。

七 "为"

刘淇《助字辨略》说疑问句句尾"为"是"语辞"。王念孙《读书杂志》说："《论语》曰'何以文为'、'何以伐为'，言'何用文'、'何用伐'也。又曰'虽多，亦奚以为'，言'虽多，何用'也。"之后王引之《经传释词》、杨树达《高等国文法》、杨伯峻《文言语法》和王力的《古代汉语》等皆认为疑问句尾"为"是语助词。最早持不同意见的是马建忠的《马氏文通》认为"为"是动词，吕叔湘（1944：73）在其《文言虚字》中也对"为"是语助词表示怀疑，他认为"为"字应是出于作动词用的"为"。朱运申（1979）同意吕叔湘的看法，他也认为"为"是动词，并指出"何"是"为"的前置宾语。朱文发出后先是引发了学术界 20 世纪 80 年代初对疑问句尾"为"的讨论②，讨论的比较一致的意见是疑问句尾"为"是语气词；20 世纪 80 年代末到 90 年代初又有讨论③，直到 21 世纪初

---

① 上述三例转引自高列过（2003：140），引文据（清）严可均辑《全上古三代秦汉三国六朝文》，中华书局，1958。

② 参考《中国语文》1980 年第 5 期廖振佑、王克仲、徐福汀及洪成玉、廖祖桂等的四篇文章。

③ 太田辰夫（1987）、朱庆之（1990）、俞理明（1993）等从使用形式、来源以及所产生的原因等方面对疑问句句尾"为"进行了讨论。

关于疑问句句尾"为"的词性问题的讨论仍在延续。① 综合各家看法，我们认为疑问句尾"为"是语气词，当是不争的语言事实。

《五灯》疑问语气词"为"仅出现 2 次。全部列出如下：

（68）后尝问师："甲子多少？"师曰："不记。"后曰："何不记邪？"师曰："生死之身，其若循环。环无起尽，<u>焉用记为</u>？况此心流注，中间无间。见沤起灭者，乃妄想耳。从初识至动相灭时，亦只如此。何年月而可记乎？"（卷一《嵩岳慧安国师》，72~73）

（69）每咨参，明曰："库司事繁，且去。"他日又问。明曰："监寺异时儿孙遍天下在，<u>何用忙为</u>？"（卷一九《杨歧方会禅师》，1229）

例（68）句尾词"为"出现于特指问句形式的反诘问句中，"焉用记为？"意思是哪里/怎么用得着记呢，"为"显然是句尾疑问语气词；例（69）"何用忙为？"也是特指问句形式的反诘问句，意思是那样急忙干什么呢，即不用那样急忙。

第二节　语气词"那、麽、聻、在"

"那、麽、聻、在"是中古、近代汉语新兴的疑问句句尾语气词。

一　"那"

"那"最早是在中古汉语中出现。从魏晋开始，文献中就有"那"的用例，但从魏晋到唐代，用例都很少，因此曹广顺（1995：161）认为："如此少见的例句，证明它应当是一个较口语化、新兴的助词，魏晋到唐代这一段应当是其产生的初期。""'那'作为语气助词兼有疑问和肯定两种功能。作为疑问语气词，它可能主要用于是非疑问句中。"唐五代时期，"那"

---

① 龙国富（2003）从疑问句句尾"为"在姚秦译经中的使用情况探讨了其语法化途径和机制，他认为疑问句句尾"为"是上古汉语到近代汉语里一个特殊的疑问语气词；贾齐华（2003）则认为"为"的词性先是发生了从动词到介词的演变，最终虚化为语气词。

在《敦煌变文》中没有出现,在《祖堂集》中出现了 9 例,其中有 7 例表示疑问语气,均出现于选择反诘问句中(曹广顺 1995:161~162;叶建军 2010:295)。与前代相比,宋代语气词"那"出现于禅宗语录和其他文献中,用例增多,表达的语气也比较丰富。"'那'作为疑问语气词,表达是非问句和反诘是其基本功能,在这一点上,它与'聻'有明显的分工。"(曹广顺 1995:165)

《五灯》中疑问语气词"那"共出现 35 次,其中"那"有 1 次用于特指询问句中,如下:

(1)问僧:"甚处来?"曰:"江西。"师曰:"学得底那?"曰:"拈不出。"(卷七《保福从展禅师》,407)

例(1)"底"是疑问代词,相当于现代汉语中的"什么","学得底那"意思是"学到了什么吗"。

"那"有 29 次出现在是非询问句中,相当于现代汉语的"吗"。例如:

(2)曰:"真个那?"师曰:"有些子。"(卷九《兴阳词铎禅师》,559)

(3)阳曰:"汝解腾空那?"曰:"不解腾空。"(卷一四《罗浮显如禅师》,878)

"那"有 5 次用于是非反诘问句中,例如:

(4)(投子)问曰:"西来密旨,和尚如何示人?"师驻步少时。子曰:"乞师垂示。"师曰:"更要第二杓恶水那?"子便礼谢。(卷五《翠微无学禅师》,279)

(5)曰:"虽在彼中,且不曾上他食堂。"师曰:"口欲东南风那?"曰:"和尚莫错,自有拈匙把箸人在。"(卷五《药山惟俨禅师》,260)

二　"麼"

"麼"是近代汉语时期新兴的疑问语气词，"麼"来源于"无"，是"吗"的前身，这点学术界当是没有争议的。"麼"是个纯粹的疑问语气词，它产生并运用于晚唐五代时期，宋代以前写作"摩/磨"。孙锡信（1999：103～104）指出："'麼'字一经产生就显示出比'无'强得多的生命力，它所表示的语气很快就不限于征求对方认可的是非问句。经过五代、宋、元时期的广泛运用，'麼'还有如下几种用途：表示推测、表示反诘、表示句中停顿、表示感叹。"

《五灯》中疑问语气词"麼"共出现 1055 次。可用于是非询问句、是非反诘问句和测度询问句。

"麼"主要用于是非询问句，935 次。例如：

（6）师问西堂："<u>汝还解捉得虚空麼?</u>"堂曰："捉得。"（卷三《石巩慧藏禅师》，160）

（7）师问僧："<u>汝会佛法麼?</u>"曰："不会。"（卷十《灵隐清筝禅师》，578）

（8）问僧："<u>曾到紫陵麼?</u>"曰："曾到。"师曰："<u>曾到鹿门麼?</u>"曰："曾到。"（卷一三《华光范禅师》，821～822）

"麼"用于是非反诘问句 12 次。例如：

（9）问："人人尽道请益，未审师还拯济也无?"师曰："<u>汝道巨岳还乏寸土麼?</u>"（卷一三《九峰普满禅师》，807）

（10）僧便问："作麼生是真空?"师曰："还闻钟声麼?"曰："此是钟声。"师曰："<u>驴年梦见麼?</u>"（卷一五《云门文偃禅师》，931）

"麼"用于测度疑问句 108 次。例如：

（11）侍者问："和尚适来莫是成褫伊麽？"师曰："无。"（卷七《镜清道怤禅师》，415）

（12）檗曰："莫太多麽？"头曰："犹恐少在。"（卷一一《临济义玄禅师》，644）

三 "聻"

"聻"的最早用例，可能最早见于唐于頔所集的《庞居士语录》。例如：

峰曰："莫是当阳道么？"士曰："背后底聻？"（庞居士语录，卷上，续藏经，卷一二〇）（转引自曹广顺1995：151）

太田辰夫（1991：99）曾指出"《庞居士语录》据传为唐代于頔（？~815）所编，很可能是假托，恐不能以此为资料来研究九世纪的语言。"曹广顺（1995：151）亦认为《庞居士语录》的流传及版本情况均不可考，其是否为唐代作品、后人有无改动均不可知，故此例似还不能作为确凿无疑的唐代例证，孙锡信（1999：61）、蒋绍愚（2005：268）等的看法均与此相同。

目前学术界[1]公认的"聻"的可靠用例当见于晚唐五代时期的禅宗语录《祖堂集》，同时"聻"在《祖堂集》中的书写形式又可作"你、尼、你"，因此"聻、你、尼、你"可看作晚唐五代时新兴的疑问语气词。

"聻"是"呢"的前身，太田辰夫（2003：331~332）认为"呢"是表疑问的助词，而"表示承前疑问，疑问的强调在五代都用'聻'。""'聻'可以说是从古代汉语的'尔'发展来的。""'聻'变为'呢'是没有疑问的。"王力（1980：452）根据杨树达《词诠》的说法认为"呢"来自上古汉语中的"尔"，他说"从语音上说，由'尔'变'呢'是说得通的；但是，从上古到近代，中间有将近一千年的空白点，历史的

---

① 参见曹广顺（1995：151）、孙锡信（1999：61）等。

联系无从建立起来"。之后江蓝生（1986）、曹广顺（1986、1995）①、刘坚等（1992：178~179）对此进行探讨后一致认为"呢"最初的来源就是"尔"。孙锡信（1999：63、67）从《广韵》《玉篇》《正字通》等对"聻"的注释入手认为"聻"是"指物貌"很可能与上古汉语中的'尔'有关，并据此推测"'聻'是上古时'尔'由于语音变化而在五代时选用的一个替代字。"

《五灯》中疑问语气词"聻"共出现 28 次。可以用于特指询问句，也可以用于是非反诘问句中。

"聻"主要用于特指询问句，26 次，询问情状、事物或处所，句中并未出现疑问代词。例如：

（13）曰："不落意此人<u>聻?</u>"师曰："高山顶上，无可与道者啖啄。"（卷一三《白水本仁禅师》，803）

（14）山问："阇黎名甚麼?"师曰："本寂。"山曰："<u>那个聻?</u>"师曰："不名本寂。"（卷一三《曹山本寂禅师》，787）

值得注意的是，其中"聻"有 1 次似乎可以理解为现代汉语中的"吗"。如下：

（15）师吃饭次，南泉收生饭，乃曰："<u>生聻?</u>"师曰："无生。"泉曰："无生犹是末。"（卷三《杉山智坚禅师》，159）

联系上下文语境，我们认为"生聻?"的意思是"（饭）生吗?"。之后我们发现冯春田（2000：534）早就有所论及，他也认为例（15）"似乎可以看作表示是非问。""如果理解无误的话，则说明'呢'系字也有偶尔转用为是非问的情况。"也有人对此持不同意见，此例还尚需斟酌，我们暂且

---

① 参见曹广顺（1995：159）"'尔'在上古汉语中作为疑问语气词出现较早……但'尔'在先秦文献中分布不均，《公羊传》是出现最多的文献，例子甚多，而其他同期文献中，有些却使用甚少，如《谷梁传》中就仅一见。"魏晋以后，法帖笔记仍有使用……唐五代以后写作'聻，你，咛'等，一直使用到元代，明代起作'呢'，一直沿用至今。"

将其归于特指询问句中。

"聻"用于是非反诘问句 2 次。如下：

(16) 昔有官人作《无鬼论》，中夜挥毫次，忽见一鬼出云："汝道无，我<u>聻</u>？"（卷六《亡名官宰》，365）

(17) 丈躬起深拨得少火，举以示之曰："汝道无，<u>这个聻</u>？"（卷九《沩山灵祐禅师》，520）

四 "在"

"在"在近代汉语中的基本特征是表达肯定语气。吕叔湘（1987：55~61）认为："其所表语气大致与今语之呢字相当。……皆申言之辞，以祛疑树信为用。"关于"在"的来源，吕文认为"此不仅古今用语之偶合，其间固有推衍之迹，可得而寻者。唐宋俗语中，有于在之后更缀一裹字者。""此一语助词，当以在裹为最完备之形式，唐人多单言在，以在概裹；宋人多单言裹，以裹概在。裹字俗书多简作里，本义既湮，遂更著口。传世宋代话本，率已作哩，或宋世已然，或后人改写，殆未易定。"

之后对于"在"的来源，一直有两种看法（事实上这两种"在"所指不同，不在同一平面），俞光中（1986）、鲜丽霞（2002）、罗骥（2003：49）、陈宝勤（2004）、陈爽（2006）、黄晓雪（2007）等认为语气助词"在"由动词"在"虚化而来；李崇兴（1996）、汪国胜（1999）、罗自群（1999）等则认为是由虚化的句尾介词结构"在（这/那）里"蜕变而来。大致上说来，持前一说法的学者认为后一说法是建立在对现代汉语方言共时语料基础之上的，而不是对这一结构进行历史考察得出的结果，实际上句尾"在"早在先秦文献中就已出现，之后大量出现在中古汉语时期的佛教文献中，这完全早于吕叔湘所说的唐宋俗语中的"在"和"在裹"。例如：

有父兄<u>在</u>，如之何其闻斯行之！（《论语·先进》）
男子行猎，唯有妇女<u>在</u>。（《法句譬喻经》卷一）

　　　　有三番饼，夫妇共分，各食一饼，<u>余一番在</u>。（《百喻经》卷四）

（此四例转引自黄晓雪 2007：235）

　　持"由动词虚化而来"的学者认为"在"是位于连动结构中的后一个动词 V_2，V_1 位置上的动词以"有""余"为主，"在"最有可能是在这种"V_1+N+在"兼语结构中开始虚化的。唐代始，V_1 位置上的动词不限于"有""余"，例如：

　　　　<u>得此官在</u>，但见公无此禄。（《太平广记·卜巫》）

　　　　<u>不逢秦女在</u>，何处听吹箫。（岑参《崔驸马山池重送宇文明府》）

（此两例转引自黄晓雪 2007：235）

　　黄晓雪认为 N 虽然与 V_1 和"在"的关系紧密程度均等，但"得""逢"类动词的词性比"有""余"强，故其对 N 的支配性也强于"有""余"，这就有可能使 V_1 和 N 先构成一个韵律单位，导致句末的"在"在韵律上落单，接着黄文从冯胜利（1997：89）的说法"在韵律结构中，双向分枝比单项分枝重"入手，认为"V_1+N"在韵律上也要比单个的"在"重，而"V_1+N"所构成的韵律范域重读也促使 N 跟 V_1 的关系更加突出，于是，"在"不仅跟它前面的 N 关系单薄，且语音也易发生弱化，从而进一步促使它的语意虚化。总的来说，句尾"在"从动词虚化为助词经历了由位于兼语后作谓语到位于动宾结构后作语气词的过程。综上所述，我们的看法是句尾助词"在"是由动词"在"虚化而来，至于其演变过程，似可再作分析。

　　语气词"在"有肯定和疑问两种用法。卢烈红（1998：267）也曾提到《古尊宿语要》里确实存在一类确凿无疑的语气助词"在"，并分四种情况进行了说明，其中前三种都用于陈述句中，第四种出现于疑问句，例如：

　　　　师云："……然即如此，奉劝诸和尚莫学言句，走作兄弟，昧却兄弟，直绕通得，也只是个识路中人。不见古人唤作食疮脓鬼、吃不净

鬼，<u>未唤作人在？</u>……"（鼓山 10）

问："如何是赵州一句？"师云："半句也无。"学云："<u>岂无和尚在？</u>"师云："老僧不是一句。"（赵州上 9）

卢文认为上述两例虽是用于问句中，但其所处的句子都是反诘问句，"在"仍有肯定意味，与疑问语气词"么"不同。

《五灯》中，"在"以肯定用法为常，仅有 7 次出现于疑问句句尾，可用于特指询问句、是非反诘问句、测度询问句。例如：

"在"用于特指询问句 3 次。例如：

（18）……后有僧举似南泉，泉曰："苦哉浮杯，被这老婆摧折一上。"婆后闻笑曰："王老师犹少机关在。"澄一禅客逢见行婆，便问："<u>怎生是南泉犹少机关在？</u>"婆乃哭曰："可悲可痛！"一罔措。（卷三《浮杯和尚》，184）

联系上下文语境可知，句尾语气词"在"仍有肯定意味。

"在"用于是非反诘问句 3 次。如下：

（19）问："如何是赵州一句？"师曰："老僧半句也无。"曰"<u>岂无和尚在？</u>"师曰："老僧不是一句。"（卷四《赵州从谂禅师》，204）

（20）师后结庵于三峰，经旬不赴堂。山问："子近日何不赴斋？"师曰："每日自有天神送食。"山曰："我将谓汝是个人，<u>犹作这个见解在？</u>汝晚间来。"（卷一三《云居道膺禅师》，794）

（21）次日，诣方丈请益："昨日蒙和尚垂问，既不是心，又不是佛，又不是物，毕竟是甚麽？望和尚慈悲指示。"吉震威一喝曰："这沙弥，<u>更要我与你下注脚在？</u>"拈棒劈脊打出，师于是有省。（卷二十《育王德光禅师》，1337）

"在"用于测度询问句 1 次：

（22）师曰："兴云致雨又作么生？"僧便喝。师曰："莫更有在？"僧拟议，师咄曰："念话杜家。"（卷一六《栖贤智迁禅师》，1042）

第三节 语气词"否""无"

我们在第六章对《五灯》中"VPNeg"式句尾词的性质进行判定时认为："VP"前有"莫、莫是、莫不是、莫非、莫成"等表示测度语气的副词时，根据汉语句子的语意选择规律，测度疑问副词与句尾否定词不允许同现，句尾否定词已经虚化。也就是说我们认为"莫"系句句尾词"否""无"已经虚化为语气词，故我们将"否""无"也纳入语气词的范围进行讨论。

一 "否"

《五灯》中句尾词"否"共出现 392 次。可用于是非询问句、正反询问句、测度询问句和附加问句，其中在测度询问句中作为语气词出现的有 46 次。例如：

（1）商人曰："莫禅定否？"曰："不禅定。"（卷一《释迦牟尼佛》，10）

（2）曰："既非众生，莫是佛否？"师曰："不是佛。"（卷三《兴善惟宽禅师》，166）

（3）师问："莫是讲《唯识论》否？"曰："不敢。"（卷四《睦州陈尊宿》，230）

（4）僧问："先师道只这是，莫便是否？"师曰："是。"（卷一三《洞山良价禅师》，779）

二 "无"／"也无"

"无"，《广韵》武夫切，微母虞韵，中古音 mju，上古明母鱼部，音 *

mjag（李方桂 1980：60）。后来在北方话中轻唇音从重唇音分离出来，上古的＊mj-中古变成微母，否定词"无"遵从一般音变规则从重唇音变为轻唇音，后来再变为零声母（m→v→w），而主要元音则从 a 变成了 u；但是已经虚化的语气词"无"仍保留重唇音，主要元音仍然是 a。因此杨永龙（《语气词》）认为"大概是为了区别，为了解决形音矛盾，五代前后便在书写上改用读音近似的'磨、摩、麼'记录口语中的这个词。"关于句尾"无"的性质，杨永龙[①]通过对王力（1958）、太田辰夫（1958：333）、蒋绍愚（1994：244）、伍华（1987）、孙锡信（1995、1999）、吴福祥（1997）、刘子瑜（1998）等人的看法进行一一讨论后，对"吗"的语法化过程进行了重新梳理，从"无"的语意泛化及相关的句法功能的扩展和"VP 无"格式的主观化及表义功能的扩展等方面对"吗"的语法化过程进行了讨论。他认为"VP 无"的出现是词汇兴替现象。但是，"无"进入该格式后自身也经历了一个语法化过程。这一过程可以从两个方面来观察：一方面是"无"的语意泛化（generalization），另一方面是"VP 无"句式的主观化（subjectivisation）。……"无"的彻底虚化，正是伴随着"VP 无"的主观化而实现的。……他指出"VP 无"表义功能的扩展说明了"语法演变并非新陈代谢，更像四世同堂"，即是说"当新的功能产生之后，旧的功能并不一定随即消失，单个虚词的语法化如此，特定句式的语法化也是如此"。最后，杨文的观点同孙锡信（1999：54））一样，认为只有当"无"的字形写作"磨/摩（麼）"了，句尾"无"才彻底丧失否定意义，也即是说，只要字形没变，那么句尾"无"依旧保持其否定词性质。

我们认为正如杨永龙（2003）所言"语法演变并非新陈代谢，更像四世同堂"，既然新的功能已经产生了，那么我们就不能回避，也不能掩饰，测度询问句中的句尾词应该被看作语气词。

《五灯》中句尾词"也无"共出现 343 次，其中有 32 次作为语气词用于测度询问句，例如：

（5）曰："莫便是和尚消停处也无？"师曰："马是官马不用印。"

---

① 参考杨永龙《句尾语气词"吗"的语法化过程》，《语言科学》2003 年第 1 期。

（卷六《逍遥怀忠禅师》，322）

（6）福问："古人道妙峰山顶，<u>莫只这个便是也无</u>？"师曰："是即是，可惜许。"（卷七《长庆慧棱禅师》，402）

（7）曰："<u>莫便是和尚为人处也无</u>？"师弹指一下。（卷一二《景清居素禅师》，722）

（8）曰："<u>莫便是为人处也无</u>？"师曰："细看前话。"（卷一六《慈济聪禅师》，1067）

本章小结

我们将《五灯》疑问句句尾语气词的具体使用情况整理成表 9-1。

表 9-1 《五灯》疑问句句尾语气词的使用情况

语气词	特指问句		是非问句		选择问句	测度问句	合计	
	询问	反诘	询问	反诘				
乎	7	21	52	23		14	117	
欤		12					12	
邪	25	17	38	36	59	4	179	467
耶	1	3	4	4			12	
哉	4	17	12	16			49	
耳						1	1	
也	73	9	9	3		1	95	
为		2					2	
那	1		29	5			35	
麽			935	12		108	1055	1125
覃	26			2			28	
在	3			3		1	7	
否						46	46	78
无						32	32	
合计	1670							

综上可见，《五灯》中疑问句句尾语气词比较丰富，既有承自上古汉语中的"乎、欤、邪/耶、哉、耳、也、为"，也有中古、近代汉语新兴的"那、麽、聻、在"，还包括近代汉语时期出现于测度询问句句尾的语气词"否""无"等。

整体上来看，出现频率最高的是新兴于近代汉语时期的语气词"麽"，共出现 1055 次，占句尾语气词 1670 次的 63.2%，在《五灯》中居于绝对优势地位；"麽"主要用于是非询问句（935 次），其次是测度询问句，是非反诘问句出现频率最低，12 次；"麽"后来发展为现代汉语疑问句的句尾语气词"吗"，看来，现代汉语中的是非询问句在《五灯》时代已经基本定型。

中古、近代汉语时期新兴的语气词除了"麽"外，其他出现频率都不高；相比较晚唐五代时期的《祖堂集》来说，语气词"那"的功能有所扩展，虽已不用于测度询问句，但是可用于特指询问句、是非询问句和是非反诘问句中。

上古汉语中的语气词"邪/耶""乎"等仍然保持着顽强的生命力，其出现频率分别是第二和第三，占 1670 次的 11.4%、7%；句尾词"邪""耶"在《五灯》中并存，相对来说，"邪"的出现频率较高，且功能比较完备，不仅可用于特指问句、是非问句中表询问和反诘，还可用于选择询问句与测度询问句，"耶"在选择询问句、测度询问句中则没有出现。

语气词"也"在先秦主要用于传信，表示论断，次要功能才是传疑，在从上古汉语到近代汉语的使用过程中有所发展，具体表现为功能增加、分布范围较为广泛，既可用于特指问句、是非问句中表询问和反诘，也可以出现于测度询问句。此外，"也"的出现频率也不低，位居第四。

来自上古汉语的语气词"欤""耳""为"在《五灯》中的出现频率不高，面临着衰亡的趋势，尤其是"耳"，仅出现 1 次；"欤"的表现则是出现频率不高，其功能萎缩至仅用于特指反诘问句。

疑问句句尾词"否""无"在测度询问句中已经虚化为语气词，其出现频率虽然不是很高，但足以说明了《五灯》疑问句句尾词正由否定词虚化为语气词，且有部分已经完成了虚化，即两种性质的句尾词在《五灯》疑问句中呈现共存局面。

第十章 《五灯会元》与《朱子语类》
疑问句比较

吕叔湘（1942：例言）曾指出"要明白一种语文的文法，只有应用比较的方法。"王力（1980：20）说："静态的研究对汉语史来说，是必经的阶段，但是单靠静态的研究并不能达到建立汉语史的目的。"程湘清（2003：13~14）强调："必须抓住某一断代的汉语某一现象上探源、下溯流，作纵向的历史比较和动态分析。""通过比较不同时期汉语现象的异同，来把握汉语的历史发展。"何乐士（2000：372、376、377）结合自己多年对汉语专书语法的研究工作说"静态描写要求全面、穷尽、科学。这是专书语法研究的最低要求。""单纯的静态描写很易使人感到问题不突出、抓不住要害。如果能与比较研究结合起来，情况就会大不一样。多年来我在自己的研究工作中深深体会到，比较的方法能帮助我们分辨差异、发现问题，是一种非常有效的研究方法。……通过比较使我对研究对象认识得更深刻，对其特点了解得更透彻。而且在比较的过程中往往会有更多的发现。……我深感比较的方法是研究工作的一个法宝。"对于《五灯》疑问句的探讨，前面几章我们仅是对其进行了穷尽而全面的静态描写，如果要真正对《五灯》疑问句体系有一个更加清晰的认识，对它的特点及其历史地位有一个更加深刻的理解与把握，就必须进行比较研究。

卢烈红（2011）[①] 在谈到禅宗语录语法研究的方法时，重点谈论了比较方法的运用，并将其归纳为两个维度和四种比较。两个维度是历时纵向比较和共时横向比较，具体又可分为四种比较，即禅宗语录内部的历时比较、禅

宗语录与汉译佛经的历时比较、禅宗语录与世俗文献的历时比较、禅宗语录与世俗文献的共时比较。对于以上四者，我们拟打算着力进行禅宗语录与世俗文献的共时比较和禅宗语录内部的历时比较（历时比较将在下章进行）。

将《五灯》与同时期的世俗文献进行共时比较有两个好处，一是找出同时代语言发展演变的共性即相同之处，使两种文献可以相互印证；二是发现不同之处，以此揭示《五灯》独特的语法现象，从而凸显其个性。

我们之所以选择《朱子语类》（简称《朱子》）与《五灯》作比较研究，有三个方面的考虑。首先是《朱子》所属的时代，它与《五灯》同属于南宋时期文献，这一时期是汉语发展史上近代汉语逐步形成和定型的重要阶段，两种文献中有不少近代汉语新兴的语法成分，同时又都保留有上古汉语的旧有用法，因此二者具有可比性。其次是《朱子》的篇幅即语言容量。《朱子》是语录的汇集，糅合了当时的书面语和口语，篇幅长达230万字①，能够比较全面客观地反映南宋时期的实际语言面貌。最后是《朱子》的语言特点及价值。它作为一部文人讲学语录，其中的语言基本上接近当时社会的口语面貌，是研究南宋语言不可多得的口语化较强的语料。当然里面也存在一些不确定因素，但正如刘子瑜所说"任何语言的历史研究都不可能要求语料口语成分的完全纯净，要把影响语言口语面貌的不纯净因素完全剔除掉也有相当的难度，甚至没有可操作性。"② 徐时仪指出朱熹讲学所用的是当时文人通用的交际口语，其弟子门人写入笔记时虽然会根据自己的理解有所加工，加以书面化，但毕竟是边听边记，不可能完全改写成书面语，大多是直录朱熹的原话，从而保存了大量鲜活的口语，大致反映了当时文人的口语概貌。③

我们在将《朱子》与《五灯》进行比较时，基本上是将其看作共时状态下的通用语料，并不过分强调其中因内容、时间跨度、私人语言等诸方面因素所带来的差异，但在进行个别方面的比较时，则会因内容和口语化程度的需要而进行有侧重的选择。

---

① 参见《朱子语类》，中华书局，1986。
② 参见刘子瑜《〈朱子语类〉述补结构研究》，商务印书馆，2008，绪论第10页。
③ 参考徐时仪《略论〈朱子语类〉在近代汉语研究上的价值》，《上海师范大学学报》（社会科学版）2000年第4期。

第一节 特指询问句比较

特指询问句主要是依靠疑问代词进行提问，要求对方针对疑问代词提出的疑问点作出具体的回答，也就是说疑问代词是疑问焦点（question focus），即句子传达信息的焦点所在。因此我们对两种文献特指询问句的比较，主要集中在疑问代词的使用上。

一 疑问代词比较

（一）《朱子》中疑问代词的使用情况

1. 疑问代词的类别、成员和时代层次

《朱子》中的疑问代词大致可分为"何"系、"甚"系、"作麽"系、"谁"系、"那"系、"几"系和"奚、安、曷、焉、胡"等，它们产生的时代涵盖了上古、中古和近代汉语时期，乃三个时期的叠加。其中以"何"系最为丰富，包括"何"及其复合形式"如何""若何""云何""奈何""何如""何故""何者""何所"等，这些疑问代词均在上古汉语中就已经产生；其次是"那"系、"甚"系和"作麽"系，它们均是近代汉语中新兴的，"那"系主要有"那"及其复合形式"那边""那个""那里""那头"等，"甚"系包括"甚"及其复合形式"甚底""甚麽""什麽"等，"作麽"系包括"作麽生""怎""怎生（地）"；"几"系中的"几""几何"在上古汉语中就已出现，"几多""几何"则产生于中古汉语时期；"谁"系中的"谁""孰"也均是上古汉语中就已经出现的疑问代词；"奚""安""曷""胡""焉"等均在上古汉语中就已产生，它们在《朱子》中已经走向衰落，仅是零星出现。（见表 10-1）

表 10-1 《朱子》中疑问代词的使用情况

类型	疑问代词
"何"系	"何""如何""若何""云何""奈何""何如""何故""何者""何所"

类型	疑问代词
"甚"系	"甚""甚底""甚麼""什麼"
"作麼"系	"作麼生""怎""怎生""怎生地"
"那"系	"那""那边""那个""那里""那头"
"谁"系	"谁"、"孰"
"几"系	"几""几多""几何""多少"
"奚/安"等	"奚""安""曷""胡""焉"

2. 疑问代词的功能

(1)"何"系疑问代词不仅成员众多,句法功能上也最为丰富,其中"如何"的句法功能最为广泛,可以作主语、谓语、宾语、定语或状语;其次是"何""何如",均可以作谓语、宾语、定语或状语,而"若何""云何""奈何""何等""如之何"等则比较单一;其他各系疑问代词的功能有的相对来说比较多样,比如"谁""甚麼"等,有的则是单一的,如"什麼""作麼生"等。

(2)语意功能上,《朱子》中的疑问代词可以询问人、事物事理、情状、原因目的、方式方法、处所、时间或数量等。其中询问情状的疑问代词最为丰富多样,有"何""如何""若何""云何""何等""何如""何所""如之何""甚""甚麼""作麼生""怎""怎生(地)""几何"等,达14个之多,询问事物事理的疑问代词也比较多样,有"何""如何""何如""何所""何者""甚"系"孰""那""奚"等;询问人的疑问代词主要有"谁""孰""如何""何+人""甚+人""甚麼+人""如何+人""何如+人""何样底+人"等;询问原因的有"何""如何""何故""若何""甚""怎""怎生(地)""胡"等;询问处所的有"何""何+处""甚""甚麼""那""安"等;询问时间、数量的疑问代词略少,前者有"何""甚""甚麼""几多""几+时"等,后者是"几""几何""多少"等。

（二）《五灯》 与《朱子》 疑问代词的使用比较

1. 疑问代词的类型和成员的同异

两种文献所使用的疑问代词都有 "何" 系、"甚" 系、"作麽" 系、"那" 系、"谁" 系、"几" 系、"奚/安" 等，最明显的差异主要体现在疑问代词系统具体成员的多少上，基本上《朱子》 中的疑问代词在《五灯》 中都有出现，而《五灯》 中则更加丰富多样，比如 "何" 系的 "何乃" "何似（生）" "何所" "何许" 等，"作麽" 系的 "作麽" 和 "争"，"谁" 系的 "阿谁" "谁人"，"那" 系的 "阿那"，"几" 系的 "几曾" "几许" "第几" "早晚/早暮"，以及袭自上古或中古汉语的 "畴" "底" "若为" 等，这些在《朱子》 中都没有出现；"甚" 系，《五灯》 中除 1 例 "作什麽" 用于反诘问句外，其他均用 "甚" "甚麽"，《朱子》 中则有 "甚麽" "什麽" 两种书写形式，但 "什麽" 用例极少。

2. 疑问代词句法、语意功能上的同异

两种文献中即使是相同的疑问代词，在具体使用中语法、语意功能也不可能完全相同，多少会有些差异，有的差异则比较显著。具体情况参见表 10-2 和表 10-3。

表 10-2　两种文献疑问代词的句法功能

疑问代词	句法功能													
	主语		谓语		宾语		定语		状语		兼语		补语	
	朱	五	朱	五	朱	五	朱	五	朱	五	朱	五	朱	五
何		+	+	+	+	+	+	+	+	+				
如何	+	+	+	+	+			+	+	+	+			
若何			+	+					+					
云何		+	+	+						+				
奈何			+	+						+				
何等		+				+	+	+						
何故			+	+					+	+				
何如		+	+	+	+			+		+	+			

续表

疑问代词	句法功能													
	主语		谓语		宾语		定语		状语		兼语		补语	
	朱	五	朱	五	朱	五	朱	五	朱	五	朱	五	朱	五
何所					+	+	+	+	+	+				
何者	+		+		+									
如之何			+											
甚					+		+	+						
甚底					+			+						
甚麼					+	+	+	+		+	+	+		
什麼					+									
作麼生		+	+	+		+				+				
怎							+		+					
怎生（地）		+			+	+			+	+				
谁	+	+		+	+	+	+	+			+	+		
孰	+	+									+			
那	+						+	+						
几/几何等				+	+		+							
多少		+		+	+	+	+	+						+
奚/安/胡等					+	+			+	+				

表 10-3　两种文献疑问代词的语意功能

文献 语意分布	《朱子》	《五灯》
询问人（佛）	谁、孰、何、如何、甚、甚麼、那（个）	谁、阿谁、谁人、孰、何＋N（者/人）、如何、何如、甚麼＋人、作麼生、那、阿那（个）、畴
询问事物事理	何、如何、何如、何所、何者、甚、甚底、甚麼、什麼、孰、那（个）、奚	何、何所、何＋物、如何、甚底、甚麼、作麼生、谁、孰、那、阿那（个）、奚、底

续表

文献 语意分布	《朱子》	《五灯》
询问原因目的	何、如何、若何、何故、甚、怎、怎生（地）、胡、盍	何、如何、云何、何故、何乃、奈何、（作）甚麽、作麽（生）、怎生、胡、盍、奚
询问方式方法	如何、奈何、何如、何所、如之何、怎、怎生（地）	何、如何、云何、何所、奈何、作麽（生）、争、怎生、孰、曷、若为
询问情状	何、如何、云何、若何、何等、何如、何所、如之何、甚、甚麽、作麽生、怎、怎生（地）、几何	何、如何、若何、云何、何等、何如、何似（生）、何所、甚、甚麽、作麽（生）、争、若为
询问处所	何、何+N（处/所/在）、甚+处、甚麽+处、那、那+边（里/头）、安	何、何+N（处/方/所/在/许）、如何、甚+处、甚麽、甚麽+处、作麽生、那、那+里（方）、阿那（头）、奚、安、
询问时间	何+时、甚+时、甚麽+时节、几+时/日/年、几多+功夫	何+日、几何+日月、何+时（节）、甚麽+时（节）、几、几曾、多少、早晚、早暮
询问数量（包括距离、面积体积、深度等）	几、几个、几何、多少	何、几、第几、几多、几何、几许、多少

二 句式比较

两种文献处于同一时期，语言的变化程度是有限的，反映在特指询问句上必然会有很多相同之处，但因文献性质的不同，差异也在所难免，即使是同样的疑问代词，在具体使用中也会呈现这样那样的不同，这也正是我们所关注的。

1. "如何是……?"

在禅宗语录中,"如何"作主语始于晚唐五代的《祖堂集》,之后的《景德传灯录》《古尊宿语要》《五灯》等"如何"作主语都出现了很高的使用频率。卢烈红(1998:163)认为"禅家日常的师徒授受活动,大量采用问答形式,又必须大量使用疑问代词作主语来提问,'如何'作主语,正是以主力军的身份(另还有'作麼生'也作主语)填补语法空档,适应了这种现实的表达需要。""因此我们认为,这个词不会是古语的书面存留,而应是当时的一个活的语言成分,是禅家师徒口语中实有的词。""如何"一词不仅是禅家师徒对话中的活语言,在《朱子》中亦是如此,《朱子》也是师生间的问答对话,其中也有不少"如何"作主语的用例。功能语言学家 Halliday 曾指出,信息的组织一般是先说给定信息(Given),后说新信息(New),新信息在句中居于主要地位。《朱子》和《五灯》将疑问焦点(传达新信息)置于句首,正是凸显其主要地位,体现了语录体的共性。

两种文献中"如何"作主语时的最明显的差异体现在使用频率和所占比例上,《朱子》中"如何"共出现 3169 次,其中作主语 200 次,也就是说出现了 200 例"如何是……?",仅占"如何"特指询问句的6.3%;而《五灯》中"如何"特指询问句共出现 5188 例,其中有 3069例"如何是……?",所占比例达 59.2%,远远多于《朱子》。为什么两种文献会有如此大的差别呢?从溯源的角度来看,"如何是……"萌芽于初唐,与汉译佛经有着亲密的联系,之后这种格式在晚唐五代时期的禅宗语录《祖堂集》中得到了广泛的应用,而同处于晚唐五代时期的敦煌变文中却不见 1 例,因此它很可能是具有鲜明的禅宗特色的语法格式,应属于禅宗语录内部的同行语法现象,这种语法现象"在佛教以外的文献中极少使用,而在佛教文献中却经常地使用","随着时间的推移和本行业影响的扩大,有些同行语法形式具有非同行化的趋势,即有可能超越行业界限,被同行之外的人们采用"。① 而《朱子》也是语录体文献,禅宗语录

---

① 参见袁宾《禅宗著作里的两中疑问句——兼论同行语法》,《语言研究》1992 年第 2 期。

的语法现象正好为其所借鉴并采用，至于"如何是……?"格式在《朱子》中使用频率不高的原因，我们认为主要有两个方面的因素。一是与文献的性质有关。禅宗语录是禅师与学人，或禅师之间日常问答，一般情况下多是学人问禅师，或未领悟者向修养更高的人问话，而禅宗的语言观是"不立文字"，强调"顿悟"，认为自性本来具足，人人可见性成佛，并且认为这种"见性"，"是一种没有过程、没有阶段、无需中介的直觉的体验。"[①] 并且禅家认为语言文字本身并非禅法，好比用手指点月亮、手指并非月亮一样，切不可拘泥语言、寻言逐句，要领会禅法，就必须摆脱一切语言文字的束缚，故答话者对于提问者的问话往往答非所问或不予作答，要对方自己去领会，而提问者未能参悟之前，则执着于问题本身，常常会问禅问佛，且一问再问，因此禅宗文献中出现了大量的"如何是佛?""如何是祖师西来意?"等语句。而《朱子》却有所不同，一般是学人发问之后，回答者就会针对问话的内容进行详细的讲解，正所谓儒家所尊崇的"传道、授业、解惑"，有问有答，或者是相互间就某一个问题进行讨论，形成"互动"，学人心中的疑问得到了排解，故不会就同一问题一问再问。二是禅僧与宋儒的思维习惯不同，反映在语言的使用上也会有很大差异，从"如何"所体现的句法功能来看，《朱子》中"如何"主要用于作谓语（1394 次）、状语（1354 次），其次是宾语（219 次）、主语（200 次），定语出现 2 次，可以说其他功能（作谓语、状语、宾语等）很大程度上分担了"如何"作主语的任务，且两种文献中"如何"的语意分布也不尽一致，所有这些都是造成《朱子》中"如何是……?"句式使用频率偏低的原因。

2. "……是如何?"

《朱子》中的"如何"可以作宾语，构成"……是如何?"句式，相当于"……是什么意思?"。《五灯》中没有"……是如何?"的用例，据张美兰（2003：170）考察，《祖堂集》《敦煌变文新编》中亦没有此种情况，《古尊宿语录》中只有 7 例。我们认为两种句式中"如何"所处的位置虽然不同，但询问的语意是一致的，"……是如何?"很可能是对"如

---

① 参见于谷《禅宗语言和文献》，江西人民出版社，1995，第 7 页。

何是……?"的类推,是在"如何"作主语发展到一定程度之后才兴起的。《朱子》中之所以有为数不少的"……是如何?"用例,跟其所询问的内容是分不开,因素之一是发问者一般是就一件事情或古人的语句等进行提问,句子一般较长,如果放在"如何是"的后面,往往让人觉得不明所以,抓不住问题的所在,故而将"如何"置于后,从而突出问话的内容;之二是将所问的内容置于句首,给人一种先入为主的印象,促使答话者迅速、积极有效的思考,这可能也与宋儒的思维习惯有关。例如:

(1) 问:"'学者当因其所发而遂明之',是如何?"曰:"人固有理会得处,如孝于亲,友于弟……"(《朱子》卷一四)

(2) 问:"伊川云:'得之于心,是为有得,不待勉强。学者须当勉强。'是如何?"曰:"这两项又与上别。这不待勉强,又不是不勉而中,从容中道。只是见得通透,做得顺,便如所谓乐循理底意思。"(《朱子》卷二六)

3. 由疑问代词"争""作麽(生)"构成的特指询问句

孙锡信(1983:128)认为"争"出现的时间不会晚于公元713年,而"作摩"则很可能是"争"出现数十年后语音变化后产生的新词。《五灯》中"争"用于特指询问句13次,皆作状语,用于询问方式或原因,"作麽"42次,句法功能上可以作谓语、定语和状语,主要询问目的原因或方式方法,相对于二者,"作麽生"的使用频率极高,共915次,语法功能上可以作谓语(458次)、状语(316)、主语(122)或宾语(19次)。在《朱子》中仅出现了2例"作麽生"(皆作谓语),反映了禅僧与宋儒的思维、交际用语习惯的极大不同,由此也造成了两种文献中特指询问句面貌上的显著差异。

4. 由语气词构成的特指询问句

特指询问句的主要造句标志是疑问代词,句尾出现语气词的情况并不是很普遍。两种文献中由疑问代词与语气词配合共同传达疑问信息的用例都很少,但也体现出了很大的不同。《朱子》主要承继了上古汉语中的

"焉""邪（耶）""也""哉""欤"等，此外还有 1 次句尾用"否"的情况，如下：

（3）想温公平日巨耐剧孟。不知温公为将，设遇此人，<u>奈得它何否</u>？（《朱子》卷八三）

《五灯》中不仅有袭自上古汉语的"乎""邪（耶）""也""哉"，还出现了中古、近代汉语中新兴的"那"和"在"。此外，《五灯》中沿自晚唐五代、由语气词"聻"构成的"……聻？"特指询问句也不见于《朱子》，虽然例句不多，却也是《五灯》与《朱子》特指询问句的一个很明显的差异。

第二节 是非询问句比较

是非询问句的疑问焦点（question focus）在整个句子上，可以单用语调（升高句尾语调）来表示疑问，也可以在句尾使用语气词来传达疑问信息。从形式上看，除了句尾语气词之外，是非询问句与陈述句没有什么差别。近代汉语时期的是非询问句主要有两种形式。第一种是有标记的（marked），有疑问副词或者句尾语气词；第二种是没有任何标记符号的（unmarked），仅靠句尾语调来表达疑问。

一 语气词使用情况的比较

《朱子》与《五灯》在是非询问句①的使用上，主要是依靠句尾语气词来传达疑问信息，因此从形式特征上来看，两种文献中是非询问句最明显的差异主要是体现在句尾语气词上。在语料的范围上，我们仅选取了《朱子》七八两册进行穷尽考察，原因在于前几册都侧重经典，用语比较抽象，而七八册则是公认的口语化程度较高的两册书，其中包括有"训门人"卷，

---

① 两种文献中的测度问句不在此节讨论之列，虽然测度问句形式上仍属于是非问，但其从语用功能上来说主要表达测度、揣测的疑问语气，且其疑问程度是半信半疑、信疑参半，与典型是非问句的"信大于疑"有很大的不同，因此我们将另外列专节进行讨论。

其他内容也多涉及时事人物，大多谈论当下的问题，因此更能反映当时的口语状况。

（一） 关于《朱子》中语气词的判定问题

句尾否定词"不"等是否虚化为语气词的问题，柳士镇（1992：304～307）、赵新（1994）、吴福祥（1997、2004：350～354）、何亚南（2001：233～236）、遇笑容、曹广顺（2002）、俞理明（2004）、龙国富（2004：225～244）、刘开骅（2006）、朱冠明（2007）等都曾进行过相关研究，各家大都承认有一部分"不"已经虚化为语气词，但提出的鉴别标准却不尽一致。刘子瑜（2011）同意吴福祥所提出的前两条判断标准即"'VP'前有'恐'、'莫'等测度词""'VP'前有否定词"，但认为后两条的说法不够完善，需要进一步讨论。她结合《朱子》中的语料和前人的研究成果，就判定反复问句句尾否定词是否出现虚化现象，开始向语气词转化，又补充了以下三条判断原则。其一是"VP"前有"得、须、必、果、亦、也、只、只是"等助动词或副词，这些词或表示意志、情理或事实上一定、必须、应当如此，或与情理、事实等类同，或限制行为、状态、事物的范围，表示除此之外，不及其余。有以上情况的句式中，说话者对所述命题常带有主观倾向性推测或肯定意味，句尾否定词是加在整个"助动词/副词+VP"句子之上，表达对句子所述命题的疑问，相比反复问句的真性疑问，这些问句疑问程度趋低，或为以疑问形式对所述命题进行强调的非真性疑问句，句尾否定词接近语气词，所在问句向是非询问句、测度问句或反问句转化。其二是否定词位于复句句尾时，对整个复句或某个分句进行提问而非对句子"VP"作出否定，也向语气词转化。其三是根据答语进行判断，是非询问句除了采取跟反复问句同样的回答方式"要求回答者在正、反两个选项中择一作答"外，还可以用"是/然""不是/不然/否"等回答，采用后一答语方式时，问句是对整句话所表述的命题提出疑问，句尾否定词向语气词虚化。

我们同意刘子瑜的上述观点，并据此对《朱子》（七八册）中的"否"是否虚化为语气词进行了判定。

（二）《五灯》与《朱子》语气词使用情况比较

1. 使用种类和时代层次的同异

在语气词的使用上，两种文献必然会体现同时期的语言共性，同时也会因文献风格的不同而各有自己的特殊性。《朱子》中主要使用了"乎""邪（耶）""欤""麽""否"等五种语气词，其中前三种袭自上古汉语时期，后两者是近代汉语中新兴的语气词。《五灯》中也使用了五种语气词，时间跨度上则涵盖了上古、中古和近代汉语三个时期，除了"乎""邪（耶）""麽"与《朱子》相同外，未见"欤""否"的用例，但是沿用了上古汉语时期的"也"和中古汉语时期的"那"，这两者则不见于《朱子》。此外，需要说明的是《五灯》中所使用的近代汉语时期产生的语气词只有"麽"1个，换句话说即"麽"处于垄断地位。

2. 使用频率和比例的同异

《朱子》中语气词的使用频率以"否"为最，共出现123次，占总出现频率（159次）的77.3%，处于绝对优势地位，其次是"乎"，29次，占18.2%，其他几个语气词的出现频率极低。《五灯》中使用频率最高的语气词则是"麽"，847次，占总出现频率（968次）的87.5%，其次是"乎"、"邪"和"那"，这三种语气词所占的比例相差不大，分别是4.5%、3.7%和3.2%，"也""耶"的比例最小，两种加起来才占1%。由此可见两种文献中来自上古汉语的语气词"乎""邪""耶"等都处于衰亡的趋势，且均以使用近代汉语时期的语气词为主，使宋代文献中的是非询问句呈现崭新的面貌。

两种文献语气词使用上的最显著的差异则体现在强势语气词的使用上，《五灯》中最常用的是语气词"麽"，"麽"来源于"无"，早在北宋初期的禅宗文献《景德传灯录》里就已普遍使用。《朱子》中最为活跃的是语气词"否"，占77.3%，"麽"则仅出现2例，占0.6%，显然还没有得到发展的机会，这点很可能与文人讲学用语的习惯有关，虽然在当时的语言中，语气词"麽"已经出现，但在宋儒的思维中，"否"依旧保持着正统地位，而新兴的"麽"则就显得俚俗了。（见表10-4）

表 10-4　两种文献句尾语气词使用表①

文献	语气词																	合计	
	上古										中古		近代							
	乎		邪		耶		也		欤		那		麽		否					
	频次	比例	频次	比例	频次	比例	频次	比例	频次	比例	频次	比例	频次	比例	频次	比例			频次	比例
朱子	29	18.2%	2	1.3%	2	1.3%	—	—	1	0.6%	—	—	2	1.3%	123	77.3%			159	100%
五灯	44	4.5%	36	3.7%	3	0.3%	7	0.7%	—	—	31	3.2%	847	87.5%	—	—			968	100%

二　句式比较

两种文献中强势语气词的使用也决定了各自常用是非询问句句式的基本面貌。《朱子》中是非询问句的强势句式是"命题+否?",《五灯》中则是"命题+麽?"。后者的句式大多比较简单,其"命题"常以简单的句法结构（主谓、动宾等）或单个动词出现,有时即使是一个完整的句子,也大都比较简短。例如:

（1）师曰:"识庞公麽?"曰:"不识。"（卷四《长髭旷禅师》,266）

（2）师问僧:"汝会佛法麽?"曰:"不会。"（卷十《灵隐清耸禅师》,578）

（3）师震声喝一喝,问善曰:"闻麽?"曰:"闻。"（卷一二《净因继成禅师》,769）

（4）师曰:"先师在麽?"曰:"在。"（卷一四《大阳警玄禅师》,871）

---

① 表中《朱子》的数据仅代表七、八两册。

究其原因,《五灯》中记载的常是禅师在日常生活中接引学人时的随机问答,往往是意思到了即可,并没有长篇大论,也没有经过过多的润饰和加工,反映的多是当时禅僧阶层语言的鲜活面貌,口语化色彩比较浓厚。正如江蓝生所说:"语录是门徒对禅师口头说法的记录,可以说是以书面形态反映口头形态的佛教典籍。"① 此外,这也很可能与禅宗要求顿悟,"不立文字、直指人心"的语言观不无关系。

而《朱子》则不同,它记录的往往是文人讲学时的内容,其中问答往往是对前人语句涵义的阐释,虽然朱熹在讲学的过程中要求门人尽量用浅显通俗的语言去诠释经典上所说的道理,但其语录毕竟是经过加工的宋代口语,糅合了当时的口语和书面语,只是大致反映了当时文人的口语面貌。故而反映在句式上就不似《五灯》那么简短明了了。例如:

(5) 又问:"此正所谓'诚者天之道,思诚者人之道'否?"曰:"然。……"(《朱子》卷九五)

(6) 安卿又问:"《集注》谓'正魏先有罪而有功,不可以相拼'只是论其罪且不须论其功,论其功则不须论其罪否?"曰:"是。"(《朱子》卷四三)

(7) 问:"'因其已知之推理而致之,以求至乎之极'是因定省之孝以至于色难养志,因事君之忠以至于陈善闭邪之类否?"曰:"此只说得外面底,须是表里皆是如此……"(《朱子》卷一六)

例(5)(6)都是肯定性答语"然""是",由此可以说明问句是对整个句子所表述的命题进行提问,句尾"否"已经虚化为语气词。例(7)中,"类"是宾语中心,其前有两个并列分句形式构成的定语,从结构上来看,由于其中的整个宾语部分太长,句尾"否"与前面"是"的联系就显得不太紧密,问句显然是对整个句子命题进行提问而非对"是"进行否定,因此句尾"否"也是语气词。

---

① 参见江蓝生《近代汉语探源》,商务印书馆,2000,第402页。

小　结

以上，我们从语气词的使用情况和是非询问句句式的运用等两个方面对《朱子》和《五灯》中的是非询问句进行了比较，可以看出两种文献是非询问句最明显的差异就体现在语气词的使用上，《五灯》中所使用的语气词在时间跨度上涵盖了上古、中古到近代汉语时期，其中最为常见的是近代汉语时期新兴的语气词"麽"，因此《五灯》中是非询问句的强势句式也是由句尾语气词"麽"构成的。《朱子》中的语气词只有承自上古汉语时期和近代汉语中新产生的，其中出现频率最高的是"否"，这与《五灯》的语气词面貌（主要是"麽"）有着显著的不同。从是非询问句句式的运用上来说，因文献性质的差别从而造成了《五灯》是非询问句的简短，而《朱子》中的是非询问句则相对来说比较长，且内部结构较为复杂。

第三节　选择询问句比较

选择询问句前后两项中常有关联标记或语气词配合使用。从上古汉语发展到近代汉语时期，选择询问句的变化主要体现在关联标记和语气词的更迭变化上，这两者的定型都完成于唐以后，换句话说即近代汉语时期是选择询问句发展演变乃至最后完善定型的重要时期。本节对《五灯》和《朱子》选择询问句的比较主要讨论其中的关联标记和语气词。

一　关联标记使用情况比较

（一）《朱子》关联标记的具体使用情况

1. 关联标记的时代层次

《朱子》中所使用的关联标记来源历史跨度较大，从时代上分为三个层次，一是承自上古汉语时期的关联标记"抑""将"等；二是继续沿用及发展中古汉语时期的关联标记"为"及其复合形式等；三是除使用近代汉语时期新兴的关联标记"还"外，还使用了"或""亦"及其复合形式等关联标记。

2. 关联标记的形式

《朱子》中的关联标记时代来源广泛，因此也造成了其形式上的丰富多样，既有袭自上古汉语时期的"抑""将"，也有新兴于中古、近代汉语时期的"为""为是""为复""是""将是""还""还是""还只是""只是""合是""亦""亦是""为或""或为""或""或是""或者"等，达19个之多。

3. 关联标记所体现的书面语与口语的糅合

一方面，现代汉语选择询问句中的"还""还是"在《朱子》中已有不少的用例（30次），说明了世俗文献的口语化程度较高；从另一方面来看，关联标记"抑""将"源于上古汉语，可以看作文人书面语中的仿古用例，此外"合是""亦""亦是""为或""或为""或""或是"等形式文言性比较强，在一定程度上体现了宋儒的思维和表达习惯，正如徐时仪（2000：41）所说："《朱子》作为经过加工的宋代口语，糅合了当时的口语和书面语。正好是上古汉语和近代汉语成分的均衡混合，处于周代的上古汉语和以话本为代表的近代汉语的中间状态。"

4. 关联标记的出现频率及特点

有的关联标记出现频率较高，在《朱子》有关联标记的选择询问句中所占的比重较大，居于优势地位，体现了当时所处时代的语言特色，其中关联标记"是"共出现79次，占《朱子》中关联标记156次的50.6%，可见《朱子》中有一半是"是"构成的选择询问句；"还"及其复合形式"还是""还只是"等，出现33次，占21.2%，位居其次；"或"及其复合形式也占了不小的比重，19次，占12.2%，居于第三位；袭自上古汉语中的"抑"在《朱子》中仍保持顽强的生命力，出现12次，占7.7%，处于第四位，这可能与文献本身是文人讲学录有关，反映了当时文人交际用语的特色；"将"最少，仅2次。从整体上来说，《朱子》中的关联标记是以新兴的关联标记为主体，"抑""将"所占比例较少（9%），只是上古用语的残留。（见表10-5）

表 10-5 《朱子》关联标记的具体使用情况①

	关联标记	出现频率		比例	
上古汉语时期	"抑"	12	14	7.7%	9%
	"将"	2		1.3%	
中古/近代汉语时期	"为是""为复"	3	142	1.9%	91%
	"是"	79		50.6%	
	"还""还是""还只是"	33		21.2%	
	"或"及其复合形式	19		12.2%	
	"只是""合是"	5		3.2%	
	"亦""亦是"	3		1.9%	
合　　计		156		100%	

（二）《朱子》与《五灯》关联标记使用情况比较

《朱子》与《五灯》虽处于同一时期，但一是世俗文献，一是禅宗文献，属于不同性质的文献资料，两种文献的编撰者文人与禅僧有着不同的社会层次、文化背景、生活及用语习惯等，这些因素势必会造成一定的语言差异。

1. 共性

两种文献在关联标记的具体使用上，有相同之处。

（1）都以使用关联标记为常，《朱子》中有关联标记的选择询问句共出现 156 例，占 92.9%，无关联标记的选择询问句仅出现 12 例；《五灯》中有关联标记的选择询问句出现 189 例（56.8%），也占了 1/2 强。

（2）都使用了新兴于中古汉语时期的关联标记"为是"、"为复"和"是"等，且这些关联标记都处于优势地位，《朱子》中占 52.5%，《五灯》中更是处于绝对强势地位，占 96.8%。

2. 个性

主要体现在以下三个方面。

---

① 本节《朱子语类》选择问句中关联标记的数据统计，我们参考了王树瑛（2006）《〈朱子语类〉问句系统研究》中的数据。

（1）关联标记时间来源的不同。从时代层次上来说，《朱子》中源于上古汉语时期的关联标记"抑"、"将"等，在《五灯》中已找不到痕迹，完全被中古、近代汉语中新兴的关联标记所取代，由此可见《五灯》中的语言更符合当时社会的实际情况，口语化色彩比较浓厚。

（2）关联标记形式的多少及其所造成的句式差别。除了"抑""将"等，《朱子》中还出现了关联标记"还是"、"还只是"、"或"及其复合形式、"只是"、"合是"等，这些在《五灯》中均没有出现；从另一方面来说，丰富的形式也造成了《朱子》关联标记具体使用上的琐碎与繁杂，而《五灯》中的关联标记则主要集中于"是"、"为"和"为"的复合形式上，由它们所构成的句式也相对简单明了，更符合当时人们的日常所需。

（3）使用频率及所占比例的差异。关联标记"是"在《五灯》中的出现频率极高，占69%，在《朱子》中仅占50.6%；"为"及其复合形式在《五灯》中的比例是27.8%，在《朱子》中则降至1.9%；《朱子》关联标记的很大一部分比重被"还"、"或"、"亦"及其复合形式等（38.5%）分担，《五灯》中除出现1次"还"外，没有出现其他。

二 关联标记搭配形式比较

（一）《朱子》关联标记的搭配形式

关联标记常出现的搭配情况也与其在文献中是否居于优势地位有关，处于优势地位，其搭配能力就强，出现的频率相应也高；反之则弱、则低。

《朱子》中的选择询问句均有前后两个选项构成，在具体使用中主要有以下三种情况。

1. 单用

《朱子》中关联标记单用时出现44次，占156次的28.2%。其中"抑"、"是"各出现12次，"还"、"还是"各出现6次，"或"出现4次，"将"出现2次，"为是"、"只是"各出现1次，又可分为两种情况，一是只用于选择前项，出现13次，一是只出现于选择后项，出现31次，由数量上可以看出，《朱子》关联标记单用时是以出现于后项为常。

2. 叠用

此处的"叠用"指的是同一个关联标记出现于选择询问句的前后两项。《朱子》中关联标记的叠用情况共出现 47 次，占 156 次的 30.1%。其中由关联标记"是"叠用的选择询问句最多，出现 39 次，"还是"出现 6 次，"还""亦是"各 1 次。

3. 与其他关联标记配合使用

选择询问句中前后两项由两个不同的关联标记搭配使用的情况共出现 65 次，占 41.7%。几乎任意两个不同的关联标记都可以配合构成选择询问句，其中"是"和"抑"搭配出现次数最多，21 次，"是"和"或者"搭配出现 9 次，"是"和"还是"搭配出现 8 次，其他搭配则是零星出现。上述情况中不管是哪一种搭配方式，关联标记"是"都身居其中，可见"是"在《朱子》选择询问句中最是活跃，处于强势地位。（见表 10-6）

总的来说，《朱子》选择询问句是以前后项都出现关联标记为常，共112 次，占 71.8%，只出现 1 个关联标记的选择询问句相对来说居于少数。

表 10-6 《朱子》关联标记的具体搭配形式

搭配形式	关联标记	出现频次		比例	
单用	"抑"	后项	12	44	28.2%
	"将"	前1后1	2		
	"是"	前11后1	12		
	"还"	后项	6		
	"还是"	前1后5	6		
	"为是"	后项	1		
	"只是"	后项	1		
	"或"	后项	4		
叠用	"是""是"	39		47	30.1%
	"还是""还是"	6			
	"还""还"	1			
	"亦是""亦是"	1			

续表

搭配形式	关联标记	出现频次	比例	
与其他关联标记配合	"是""抑"	21	65	41.7%
	"是""还是"	8		
	"是""或是"	9		
	其他	27		
合　计		156	100%	

（二）《朱子》 与 《五灯》 关联标记搭配形式比较

文献本身性质的差异，不仅造成了关联标记形式的不同，而且表现在搭配方式和搭配能力上也会有所不同。

1. 共性

（1）两种文献中的关联标记在选择询问句中都既可以单用，也可以叠用，还可以与其他关联标记配合使用。

（2）两种文献的选择询问句是以前后项都出现关联标记为常。《朱子》中出现 112 次，占 71.8%；《五灯》中出现 141 次，占 75.4%。

（3）两种文献的关联标记不管是单用还是叠用，都以"是"的出现频率居多。《朱子》中"是"单用占 27.3%（与"抑"并列），叠用占 83%；《五灯》中"是"单用占 45.7%，叠用占 81.8%。由此可以看出在宋代实际口语中最常用的选择询问句是由关联标记"是"所构成的选择询问句。

2. 个性

（1）选择项数量上的不同。《朱子》中的选择询问句大多只包括前后两个选择项，仅有 1 次出现三个选择项（测度问与选择问的混合）；《五灯》中有关联标记的选择询问句也是以包括前后两个选择项为常，但也有超过两个选择项的情况，其中有三个选择项的出现 2 次，有四个选择项的出现7 次。

（2）搭配组合的比例差异。《朱子》选择询问句中的关联标记一般与其他关联标记配合表达选择问，占 41.7%，其次是叠用（30.1%），单用最少（28.2%），三者所占比例相差不是很大；《五灯》中的情况则是以同一关联标记的叠用为常，占 70.6%，处于绝对优势地位，其次是单用，而与其他关联标记的配合使用则是最少，仅占 4.8%，即《五灯》中的关联标记与其他关联标记的搭配组合能力较弱。

（3）叠用情况下的面貌差异。两种文献关联标记的叠用情况虽然都以"是"居多，但具体面貌有所不同，除了"是"的叠用外，《朱子》中主要是"是"与"是"、"还"与"还"、"还是"与"还是"、"亦是"与"亦是"等的叠用，而《五灯》中则是"为"与"为"、"为是"与"为是"、"为当"与"为当"、"为复"与"为复"等的叠用。

（4）搭配形式的特殊性。两种文献中各有自己独特的关联标记，由此也造成了构成选择询问句时搭配形式的不同。《朱子》中"还是""或""亦""亦是"等构成的选择询问句在《五灯》中没有出现，而《五灯》中的"为当""只""更"等所构成的选择询问句也不为《朱子》中所用，这些可能与文献的性质、编撰者所处的社会阶层等不无关系，也体现了文献本身的语言特色。

三 语气词比较

上古汉语中，选择询问句的前后选择项几乎必用"乎""与（欤）""邪（耶）""也"等，东汉以后开始有所变化，尤其是六朝以后，随着关联标记在选择询问句中的大量使用，不带语气词的选择询问句用例也开始逐渐增加，发展到近代汉语时期则成为普遍现象。

（一）《朱子》选择询问句中语气词的使用情况

《朱子》中的选择询问句从形式特征上分为两种，一种是无标记的（unmarked），既没有关联标记，也没有语气词，选择询问句在很大程度上依靠语境来判定；一种是有标记的（marked）：或是前后项均有关联标记联结，或是选项句尾有语气词，或是关联标记与语气词搭配使用。

1. 语气词的种类和频率

《朱子》中使用的语气词有"乎""欤""邪（耶）""也""否"等五种，共出现 40 例，占《朱子》选择询问句 168 例的 23.8%，使用频率不高。其中的语气词基本上是沿用上古汉语时期，只有"否"是近代汉语中新兴的语气词，"否"最初是否定副词，后来受出现位置、频率、语意的泛化及语音的分化等因素的影响，逐渐虚化为语气词，《朱子》中用于选择询问句各选择项句尾的"否"已经是纯粹的语气词了（仅1例）。

2. 不同句式中语气词的使用比例及地位

在无关联标记的选择询问句中，语气词出现5例，占12例的41.7%；在有关联标记的选择询问句中，语气词出现35例，占156例的22.4%。可见近代汉语时期的选择询问句虽然是以有关联标记为常，语气词的出现与否并不是很重要，但是在没有关联标记的选择询问句中，语气词所占的比重依然比较大，换句话说，在没有关联标记的选择询问句里，语气词仍然有其存在的"市场"，由此也更凸显了语气词的标记作用。

3. 语气词的搭配形式

各种语气词和选择询问句中的关联标记一样，可以出现在选择询问句的前项或后项（单用），或者前后项均出现（叠用），也可以与其他语气词搭配使用。其中"耶"用例最多，以叠用形式为常，其次是单用（8例），与其他语气词（欤、也）搭配使用仅2次。（见表10-7）

表10-7 《朱子》语气词使用情况及选择询问句句式

关联标记	语气词	句式	频率	合计
将	有——	将A耶？B耶？|A耶？将B耶？	2	
抑	有——	A乎/耶？抑B乎/耶？|A欤？抑B欤？抑C欤？	12	
	无——			
为	有——	A，抑B？	3	
	无——	A耶？为是B耶？		
还	有——	将是A？为复是B？|为复是A？为复B？	8	168
	无——	A？还B耶？|A，还是B？		
还只是	无——	A？还B？|还A？还B？	3	
是	有——	是A，还只是B？	79	
		是A耶？抑B耶？|是A耶？抑B？		
		是A，抑B耶/邪？|是A？为是B耶？		
		是A耶？B耶？|是A欤？抑B耶？		

关联标记	语气词	句式	频率	合计
是	无——	是 A，B？ | A，是 B？ | 是 A，抑 B？ 是 A，是 B？ | 是 A？为是 B？ 是 A 是 B？ | 是 A？为复是 B？	79	
合是	无——	是 A，合是 B？	1	
只是	有——	只是 A 耶？抑 B 耶/也？ | 只是 B 耶？ 还 B？	4	
	无——			
亦	有——	A，只是 B？	3	168
	无——	A 耶？亦 B 耶？ | 是 A 耶？亦 B 邪？		
或	无——	亦是 A，亦是 B？ 是 A，或 B？ | 是 A，为或 B？ | A，或 B？ 为 A，或为 B？ | 是 A，或是 B？	19	
无关联标记	有——	是 A，或者 B？ | 只是 A，或是…？	5	
	无——	A 邪/耶/乎？B 邪/耶/乎？ A？B？	7	

（二）《朱子》与《五灯》语气词比较

两种文献中出现的语气词，基本上都源自上古汉语时期，但是在具体使用中却呈现了明显的差异。

1. 共性

（1）两种文献中的选择询问句都有使用语气词的情况，且语气词既可以出现在选择询问句的前项、后项（单用），或者前后项均出现（叠用），也可以与其他语气词搭配使用。

（2）两种文献中语气词的使用频率都比较低。《朱子》中语气词共出现40例，占选择询问句总数的23.8%；《五灯》中语气词的出现频率更低，仅24例，占322例的7.5%，可以说关联标记的普遍使用，大大侵占了语气词出现的空间。

2. 个性

（1）《朱子》中有"乎""欤""邪（耶）""也""否"等五种语气

词，这些反映在《五灯》则全部统一成了"邪"（可能源于编撰者统一行文的需要），其他语气词皆没有出现。

（2）《朱子》中语气词有 35 例是与关联标记搭配使用，其他 5 例出现于没有关联标记的选择询问句；《五灯》中语气词（"邪"）的使用情况则与之相反，仅有 7 例与关联标记配合使用，另外 17 例用于无关联标记的选择询问句。此外，《五灯》中的语气词绝大多数是以叠用的形式出现于各项句尾，仅 1 次单用于选择后项，而《朱子》中则因语气词的种类略多，具体使用情况也就显得比较复杂了。

小　结

综上，我们对《五灯》和《朱子》中的选择询问句从关联标记的具体使用情况、关联标记的搭配形式和语气词的使用等三个方面进行了比较，发现两种文献选择询问句的相同之处一是从形式特征上都可以分为两种：一种是有标记的（marked），或前后项均有关联标记联结，或选择项句尾有语气词，或关联标记与语气词搭配使用；一种是没有任何标记符号的（unmarked）。二是，以前后项都出现关联标记为常；都使用了新兴于中古汉语时期的关联标记"为是"、"为复"和"是"等，其中"是"处于绝对优势地位。三是，关联标记在选择询问句中都既可以单用，也可以叠用，还可以与其他关联标记配合使用。四是语气词的使用频率都比较低。

两种文献选择询问句的最大的差异就体现在关联标记的形式上，形式的不同，形成了不同的搭配组合，从而也构成了不同的选择询问句句式，体现了两种文献不同的语言风格；在选择项的数量上，《五灯》超过两个选择项的情况较多，其中有 7 例出现了四个选择项（常以关联标记联结或句尾出现语气词），《朱子》中则没有出现；两种文献中关联标记的时代来源不同，且各关联标记的使用频率和搭配组合的比例等方面也都形成了或多或少的差异；语气词使用方面，《五灯》统一为"邪"，《朱子》中则有五种，且在与关联标记的搭配使用上，两种文献也体现了很大的不同。

第四节　正反询问句比较

从句式上来看，两种文献中的正反询问句都包括两大类："VPNeg？"式和"VPNegVP？"式。其中"VPNegVP？"式没有什么争议，问题主要纠缠在"VPNeg？"式句尾 Neg 是否虚化上，关于此，我们主要根据第二节所提到的判定标准进行鉴别。本节我们所进行的比较也仅建立在对《朱子》七八两册的内容之上。①

一　"VPNeg？"式比较

（一）《朱子》"VPNeg？"式的使用情况及特点

1. 句尾"Neg"的种类和使用频率

《朱子》中出现在"VPNeg？"式中的"Neg"有"否""未""也无""不曾"等四种，共出现 165 次。其中"否"的使用频率最高，160 次，其次是"也无"，3 次，"未""不曾"各出现 1 次，未见"无"单独作句尾"Neg"的情况。

2. "VPNeg？"式的形式和结构特点

（1）"VP 否？"是"VPNeg？"式中处于绝对优势的句式，占 165 次的97%。"VP 未？""VP 也无？"是前代文献的残留形式，用例仅是零星出现。没有出现"VP 无？"的用例，句尾"无"在唐代就已完成向语气词"麽"的转化过程，《朱子》中的"麽"虽然只出现 4 例，却分别用于是非询问句、测度询问句和反诘问句，"显示出替代'无'字，向表示是非问、测度问和反诘问的语气词发展的趋势。"②"VP 不曾？"虽然只出现 1 例，却也说明了此时期"否"的语意已经分化为否定词和语气词，为了解决旧有词汇的形义矛盾，"不曾"开始进入"VPNeg？"框架。

（2）"VPNeg？"式正反询问句中谓语部分的结构一般都比较简单，

---

① 具体原因参见第二节，此处不赘。正反问句的统计数据参考了刘子瑜《〈朱子语类〉反复问句研究——兼论反复问句历史发展中的相关问题》，《长江学术》2011 年第 3 期。

② 同上

"Neg"前的"VP"多为动词或形容词，也或者是动宾、动补、状中等简单结构。例如：

（1）又问："所载之事实否？"曰："也未必一一实。"（卷一二二）

（2）因问："孟子识性否？"曰："识。"（卷一〇一）

（3）问："持敬致知，互相发明否？"曰："古人如此说，必须是如此。……"（卷一一七）（此三例转引自刘子瑜2011：105）

刘子瑜（2011）认为："VPNeg？"式正反询问句的谓语部分一般都是简单形式的原因大致有二。一是与其来源有关，正反询问句的语意表达是在"VP"和"不VP"之间进行选择，这种语意特点决定了其选言肢结构形式的简单性，历时语料显示的情况与此相符，自甲骨卜辞中就已经出现的语意正反相对的并列选择询问句，句子结构形式都很简单，这种特点一直保留在正反询问句的整个历时发展阶段；二是当"VPNeg？"式中"VP"的结构形式趋于复杂时，句尾否定词与谓语成分相隔太远，其否定辖域容易失控而丧失其称代性，"VPNeg？"式就难以还原成从"VP"和"不VP"正反两个方面进行发问，于是句尾否定词向语气词转化，整个句子也向非反复问句发展。我们同意刘文的上述观点。

（二）《五灯》与《朱子》"VPNeg？"式比较

1. 共性

（1）两种文献中"VPNeg？"式的句尾"Neg"都可以由否定词"否""未""也无"等充当，且"否"的使用频率都不低。

（2）在句法结构方面，两种文献中"VPNeg？"式正反询问句的谓语部分一般都是简单形式，"Neg"前的"VP"都多为动词或动宾、动补等简单结构。[①]

2. 个性

（1）句尾"Neg"的种类和比例有着明显的差异。《朱子语类》中仅

---

① 例句见上文和《五灯》正反询问句章，此处不赘。

有"否""未""也无""不曾"四种形式,《五灯》相对来说较为丰富,除了不见"不曾"外,其他则多出现了"已否"、"也未"和"无"等三种形式,基本上仍保持着晚唐五代时期"VPNeg?"式正反询问句句尾词的基本面貌。从所占比例上来说,《朱子》中的"否"处于垄断地位,占97%,其他三种形式都是零星出现,而《五灯》中的格局则极为不同,"否"("已否"仅1例)和"无(也无)"的比例分别是41.9%、47.8%,基本上处于均衡状态,其次是"未(也未)",占9.9%,"不"最少,仅占0.4%。

(2)句尾"Neg"的种类和使用频率的不同势必会影响文献中的句式面貌。《朱子》"VPNeg?"式中的强势句式是"VP 否?",《五灯》中的强势句式有两种,一是"VP 无(也无)?",一是"VP 否(已否)?"(略次于前者),可以说是二分天下。(见表10-8)

表10-8 《朱子》与《五灯》句尾"Neg"使用情况比较

文献	不		否(已否)		未(也未)		无(也无)		不曾		合计	
	频次	比例	频次	比例	频次	比例	频次	比例	频次	比例	频次	比例
《朱子》$_{7.8}$	—	—	160	97%	1	0.6%	3	1.8%	1	0.6%	165	100%
《五灯》	3	0.4%	305	41.9%	72	9.9%	347	47.8%	—	—	727	100%

二 "VPNegVP?"式比较

(一)《朱子》"VPNegVP?"式的使用情况及特点

1. "VPNegVP?"式的使用频率和"Neg"的种类

相对于"VPNeg?"式来说,"VPNegVP?"的用例比较少,仅14例,占165例的8.5%,且句中"Neg"的形式也比较单一,仅由"不"充当。

2. "VPNegVP?"式正反询问句的句法形式和特点

从句法形式上来看,根据"VP"带不带宾语,可分为三种形式,一种是"V(也)不 V",出现10例,一种是"VO 不 V",3例,还有就是"VO 不 VO",仅1例。由此可见《朱子》中"VPNegVP?"式正反询问句的句式比较简单，相比前代没有什么进展，而且唐五代时期常见的"V 不VO"和"A 不 A"① 等形式在《朱子》中均没有出现。刘子瑜（1998：579）曾说"VPNegVP"式在宋、元、明、清时期成为占优势的反复问句式"，仅从上面句法形式和使用频率的分析上来看，我们找不到优势所在。据王树瑛（2006）调查《朱子》全书一百四十卷的结果，也只发现"V（也）不 V""VO 不 V""VO 不 VO"三种形式，共 18 例。故刘文（2011）补充说"也许与调查的语料范围有关系。"

结构形式上，"VPNegVP？"式正反询问句中的"VP"也比较简单，在14 例中有 10 例是单、双音节的谓词性成分，即使是动宾结构，也均为两个音节构成。

（二）《朱子》与《五灯》"VPNegVP？"式比较

1. 共性

（1）从使用频率上来说，两种文献中的"VPNegVP？"式都不及"VPNeg？"式，《朱子》中两种句式的使用频率分别是 14 次、165 次，《五灯》中分别是 75 次、727 次，这足以说明南宋时期，至少是《朱子》和《五灯》中正反询问句的优势句式仍是"VPNeg？"。

（2）句法形式上，两种文献中都有"V 不 V"、"VO 不 V"、"VO 不VO"三种形式，且两种文献中"V 不 V"式的使用频率都居于首位，《朱子》出现 10 次，占 14 次的 71.4%，《五灯》出现 45 次，占 74 次的 60.8%。

（3）结构形式上，两种文献"VPNegVP？"式正反询问句中的"VP"都比较简单，大多为单、双音节形式，即使是动宾结构，也多为双音节形式。

2. 个性

《五灯》"VPNegVP？"式中的"Neg"除绝大多数由"不"充当外，还出现了 1 次"未"，此种情况于《朱子》中未见。此外在"VO 不 VO"与"VO 不 V"的所占比例上，两种文献面貌迥异，《五灯》中"VO 不 VO"

---

① 此处的"A"代表形容词。

占 34.7%，"VO 不 V"占 4%，而《朱子》中的情形则相反，前者占 7.1%，后者是 21.4%。（见表 10-9）

表 10-9 《朱子》与《五灯》"VPNegVP?"式比较

句式 文献	"VPNegVP?"								合计	
	"VP 不 VP?"						"VP 未 VP?"			
	"V（也）不 V?"		"VO 不 VO?"		"VO 不 V?"					
	频次	比例	频次	比例	频次	比例	频次	比例	频次	比例
《朱子》$_{7.8}$	10	71.4%	1	7.1%	3	21.4%	—	—	14	100%
《五灯》	45	60%	26	34.7%	3	4%	1	1.3%	75	100%

小　结

综上，我们对两种文献中"VPNeg?"和"VPNegVP?"两种正反询问句进行了比较。通过比较可以看出两种文献"VPNeg?"式最明显的差别就体现在句尾"Neg"的使用种类和所占比例上，《五灯》中的句尾"Neg"比较丰富，基本上仍保持着晚唐五代时期"VPNeg?"式正反询问句句尾词的面貌。从使用频率来看，"否（已否）""无（也无）"处于二分天下的局面；《朱子》中"不曾"开始进入"VPNeg?"框架（仅 1 例），"否"以 97%的比例稳居霸主地位。关于"VPNegVP?"式，两种文献的差异不仅表现在"Neg"的具体使用形式上（《朱子》皆是"不"，《五灯》还出现了 1 次"未"），而且它们在"VO 不 VO"与"VO 不 V"的使用比例上，也是相差悬殊。

第五节　测度询问句比较

《五灯》中的测度询问句，我们在前面已经讨论过，并且对《朱子》（前 30 卷）中的"莫"系测度询问句也略有提及，这里我们拟对《朱子》中的测度询问句进行全面考察，并将其与《五灯》作对比，以揭示两种文献中测度询问句的相同之处和各自所具有的特殊性。

一　疑问副词比较

（一）《朱子》疑问副词使用情况

1. 疑问副词的形式及时代层次

《朱子》中主要有"殆"、"其"、"盖"、"无乃"、"得"系（"得无""得非"）、"岂"、"将"、"莫"系（"莫""莫是"等）、"恐"、"怕"、"似"等测度疑问副词，而且它们的来源时间跨度较大，涵盖了上古汉语到近代汉语时期，其中"殆"、"其"、"盖"、"无乃"、"得"系（"得无""得非"）等袭自上古汉语时期，"岂""将"源自中古汉语时期，"莫"系、"恐"、"怕"、"似"等则均是近代汉语时期新兴的疑问副词。

2. 疑问副词的使用频率及比例

在袭自上古的疑问副词中，"得"系的使用频率最高，11次，"其"有7次，"殆"最少，仅1次；袭自中古汉语时期的"岂"出现次数略多，24次，"将"则仅2次；近代汉语中出现的"莫"系、"恐"等疑问副词在《朱子》中普遍使用，其中"莫"系最多，381次，"恐"97次。此外，《朱子》中已经出现了疑问副词"怕""似"，但使用频率不高。从整体情况来看，"莫"系所占比重最大，占疑问副词总出现频率（543次）的70.2%，处于绝对优势地位，"恐"居其次，占17.8%，其他疑问副词则很少出现；另一方面，各时期的疑问副词在《朱子》中的出现情况相差悬殊，《朱子》测度询问句中所使用的疑问副词基本上是以近代汉语时期新兴的为主，它们处于强势地位（490次），占543次的90.2%，而袭自上古或中古汉语时期的疑问副词仅出现53次（9.8%），处于弱势。

表 10-10　《朱子》测度疑问副词使用情况

词项	殆	其	盖	无乃	"得"系		岂	将	"莫"系								恐	怕	似	合计
					得非	得无			莫	莫是	莫不	莫不是	莫未	莫须	莫也	莫亦				
时代	上古						中古		近代											一

续表

词项	殆	其	盖	无乃	"得"系		岂	将	"莫"系								恐	怕	似	合计
					得非	得无			莫	莫是	莫不	莫不是	莫未	莫须	莫也	莫亦				
频次	1	7	5	3	6	5	24	2	122	221	1	1	4	13	6	13	97	2	10	543
					11		26		381											
比例	0.2%	1.3%	0.9%	0.6%	2%		4.8%		70.2%								17.8%	0.4%	1.8%	100%
	5%								90.2%											

（二）《朱子》 与 《五灯》 疑问副词比较

两种文献中的疑问副词形式都比较丰富，但不同的文献性质也注定了它们在具体使用中会不可避免的产生一些差异，即是是同一个疑问副词，在两种文献中的表现也会有所不同。

1. 共性

（1）两种文献测度询问句中都使用了在上古汉语中就已出现的疑问副词"其""盖""无乃""得非""得无"和近代汉语中新兴的疑问副词"莫""莫是""莫不""莫不是"等。

（2）近代汉语中的新兴的"莫"系（"莫""莫是"等）疑问副词在两种文献中都比较活跃，所占比重极高，处于优势地位。其中《朱子》中的"莫"系疑问副词共出现 381 次，占 543 次的 70.2%，《五灯》"莫"系出现 211 次，占 227 次的 93%。

（3）两种文献中在近代汉语时期之前产生的疑问副词所占比例都极低，《朱子》占 9.8%，《五灯》占 7%。

2. 个性

（1）疑问副词时代层次的不同。《朱子》中的疑问副词涵盖了上古、中古和近代汉语三个时期，《五灯》中则仅包括上古和近代汉语两个时期的。

（2）疑问副词的数量差异和形式上的特殊性。《朱子》的疑问副词形式丰富多样，数量较多，其中袭自上古汉语时期的"殆"、中古汉语时期的"岂、将"以及在近代汉语中产生并广泛使用的"恐"和初露端倪的"怕、似"等均不见于《五灯》，且《五灯》中近代汉语时期产生的疑问副词只有"莫"系（处于垄断地位）。此外，在表现形式上，即使是两种文献中都大量出现的"莫"系，具体表现也有所不同，《朱子》中没有出现《五灯》中的"莫成"和"莫非"，而《五灯》中也没有出现《朱子》中的"莫未"、"莫须""莫也"和"莫亦"。

（3）疑问副词具体使用上的差异。《五灯》中"莫"系疑问副词处于霸主地位（93%），其中又以"莫"居多，共出现 174 次，"莫是"其次，32 次，其他几个都是零星出现；《朱子》中的"莫是"使用得较为普遍（221 次），超过了"莫"（122 次），此外，"莫未""莫须"也各出现了13 次。

二 语气词比较

上古汉语中的测度询问句主要有两种造句标记：一是上文我们所讨论的表示测度语气的副词"其""无乃""得无""将""莫"等；二是句尾语气词"乎""与（欤）""邪"等。发展到近代汉语时期亦是如此。虽然此时期的测度询问句句尾也可以不出现语气词，但语气词所占的比重依旧很高，它们在测度询问句中的地位和作用也依旧不可忽视。《朱子》中，与无句尾词的测度询问句相比，有句尾语气词的测度询问句所占比重很大，占 71.1%。

（一）《朱子》语气词使用情况

1. 语气词的种类和时代层次

《朱子》测度询问句句尾出现的语气词种类较多，主要有"乎""邪（耶）""欤""耳""否""麽"等六种。其中"乎""邪（耶）""欤""耳"是承自上古汉语时期，"否""麽"则是近代汉语中新兴的语气词。

2. 语气词的频率和比例

不同种类语气词的使用频率差别很大，其中以产生于近代汉语时期的"否"出现次数最多，有 338 次，占所有语气词总频率（386 次）的87.6%；袭自上古的语气词中以"乎"的使用频率为高，也只有 18 次，占

4.7%，其他语气词都是零星出现。此外，近代汉语时期产生的语气词"麽"在《朱子》中还没有获得很好的发展，出现频率极低。

3. 语气词的分布情况

一般来说，语气词的分布（即语气词与测度副词的配合使用情况）与其使用频率成正比，出现的次数越多，就越有可能出现在不同的句式中。其中"否"的分布最为广泛，既可用于近代汉语新产生的"莫"系句、"恐"字句、"似"字句中，也可用于早在上古汉语时期就已出现的"盖"字句、"得非"句和中古汉语时期的"岂"字句；其次是"乎"，可用于"其"字句、"岂"字句、"得"系句和"莫须"句；"麽"的分布最为狭窄，仅用于"莫"系句。（见表 10-11）

表 10-11 《朱子》语气词使用情况

		语气词								合计
		有——							无——	
		乎	邪	耶	欤	耳	否	麽		
殆			1							1
其		4	1	1	1					7
盖		1			1		3			5
无乃									3	3
"得"系	得无	5								5
	得非	1		1	1		3			6
岂		5	3	9	5		1		1	24
将		1	1							2
"莫"系	莫			1			87	1	33	122
	莫是					1	155	1	64	221
	莫不								1	1
	莫不是						1			1
	莫未						3		1	4
	莫须	1					9		3	13
	莫也						5		1	6
	莫亦						9		4	13

续表

		语气词							合计
		有——						无——	
		乎	邪	耶	欤	耳	否	麽		
"恐"						1	60		36	97
怕									2	2
似							2		8	10
合计	频次	18	5	13	8	2	338	2	157	543
	比例	3.3%	0.9%	2.4%	1.5%	0.4%	62.2%	0.4%	28.9%	100%

（二）《朱子》 与《五灯》 语气词比较

和朝代更替一样，语言也处于不断的发展变化中，反映在语气词上就是新的语气词产生，旧的语气词逐渐没落，两者的消长，在不同时期的表现会有所不同，即使是在同一时期，也会因处于不同的文献而有所差异。

1. 共性

（1）两种文献都使用了上古汉语时期的"乎""邪""耳"和近代汉语时期新兴的"麽""否"。

（2）上古汉语中的语气词在两种文献中的使用频率都比较低，而近代汉语中新兴的语气词则在两种文献中都占据了绝对的强势地位（《朱子》88.1%，《五灯》91.2%）。

（3）两种文献中的强势语气词绝大多数都出现在"莫"系句中。

2. 个性

（1）使用种类的差别比较明显。《朱子》中主要使用了"乎""邪（耶）""欤""耳""否""麽"等六种语气词；《五灯》中没有出现"欤"，"耶"则全部统一为"邪"，但是使用了"也""在""已否""也无"等语气词，这些均不见于《朱子》。

（2）优势语气词的不同。这主要体现在"否"与"麽"上，《朱子》中"否"的出现频率很高，338 次，而"麽"仅出现 2 次；《五灯》中"否（已否）"出现 47 次，其他则主要集中于"麽"，108 次。《朱子》测度询问句中的句尾"否"已经虚化为语气词，这点我们从其大量的答语"然""正是""固是"等就可以看出，使用"否"很可能是文人用语的习惯（仿古）使然，即使"否"的性质已经发生变化，且出现了"麽"，但使用者也只是心中明了，讲学中仍继续沿用之前的书写形式，或者只是一种讲学需要，并不代表实际的口语情况。

三　句式比较

两种文献中的测度询问句句式的同异，一是体现在无句尾词的测度询问句上。无句尾词的测度询问句在两种文献中所占的比重都比较低，反映在《朱子》中共出现 156 次，占 514 次的 30.3%，而《五灯》中的无句尾词的测度询问句出现 21 次，占 226 次的 9.3%，相比之下，《五灯》所占的比重更小，可见其测度询问句主要是依靠测度疑问副词和语气词搭配一起传达测度语气。

二是疑问副词与语气词的配合上。"莫"系句在两种文献中都是强势句式，但是在具体搭配上，《朱子》中大多是"莫"系或"恐"等疑问副词与语气词"否"配合构成测度询问句，而《五灯》则大多数是"莫"系疑问副词与语气词"麽"搭配组合构成测度询问句，此外，在《五灯》"莫"系句中，语气词"否""无"的出现频率也不低。

三是体现在句子结构复杂化程度上。与之前文献中的测度询问句都比较简短、结构也比较简单相比，《朱子》和《五灯》中有的测度询问句比较长，结构也逐渐趋于复杂化。例如①：

（1）问："'老者安之，朋友信之，少者怀之'。孔子只举此三者，莫是朋友则是其等辈，老者则是上一等人，少者则是下一等，此三者足以该尽天下之人否？"曰："然。"（《朱子》卷二九）

（2）又问："张子之说，莫是'三月不违'者，是仁常在内，常为主；'日月至焉'者，是仁常在外，常为宾？"曰："此倒说了。心常在内，常为主；心常在外，常为客。如这一间屋，主常在此居，客

---

① 《五灯》例句参见测度询问句章例（26）~（28）。

虽在此，不久著去。"（《朱子》卷三一）（"莫是"统领了两个并列分句。）

（3）问："集注云：'曾点之学，有以见乎日用之间，莫非天理流行之妙，日用之间，皆人所共。'曾点见处，莫是于饥食渴饮、冬裘夏葛以至男女居室之类，在曾点见则莫非天理，在他人则只以济其嗜欲？"曰："固是。同是事，是者便是天理，非者便是人欲。……"（《朱子》卷四十）（"莫是"后跟了一个结构比较复杂的长句）

（4）贺孙问："既是反了天理，如何又说'皆天理也'？莫是残贼底恶，初从羞恶上发；淫溺贪欲底恶，初从恻隐上发；后来都过差了，原其初发都是天理？"曰："如此说，亦好。……"（《朱子》卷九七）

两种文献的差异则体现在《朱子》中结构复杂的测度询问句多是"莫是"句，而《五灯》中则不惟如此，除"莫是"句外，有些"莫"字句的结构也比较复杂。[①] 不过，相比较而言，《五灯》中结构较为复杂的测度询问句的数量不及《朱子》。

小 结

综上，我们从疑问副词、语气词和句式等三个方面对《朱子》与《五灯》中的测度询问句进行了比较，发现在测度疑问副词方面，《朱子》中的疑问副词涵盖了上古、中古和近代汉语三个时期，且形式丰富多样，数量较多，而《五灯》中则仅包括上古和近代汉语两个时期的疑问副词，形式亦不及《朱子》丰富；在疑问副词的具体使用上，《朱子》中"莫是"的活动最为频繁，"莫"位居第二，《五灯》的情况则与之相反。其次是语气词方面，《朱子》中出现频率最高的语气词是"否"，《五灯》中则主要集中于"麽"。此外，两种文献中都出现了结构比较复杂的测度询问句，《朱子》中主要体现在大量的"莫是"句上，《五灯》中结构复杂的句子数量略少，除了"莫是"句，还有少数"莫"字句的结构也比较复杂。

---

① 例句参见《五灯》测度询问句章例（29）、（30）。

本章小结

以上，我们从特指询问句、是非询问句、选择询问句、正反询问句、测度询问句等五个方面对两种不同性质的文献进行了共时横向比较，可以看出两种文献在具有同时期语言的共性外，还有各自的特殊性。

一 词法方面

（一） 疑问代词

两种文献相比，《五灯》疑问代词更加丰富多样，反映了禅宗语言灵活多变的特色。《五灯》相对于《朱子》增加了"何似（生）""何所""何许""作麼""争""阿谁""阿那""几曾""几许""第几""早晚/早暮""畴""底""若为"等。

（二） 疑问语气词

1. 特指询问句

语气词成员的使用更能反映语言发展的潮流。《朱子》主要承继了上古汉语中的"焉""邪（耶）""也""哉""欤"，另外还使用了近代汉语中新兴的"否"；《五灯》中句尾语气词的使用面貌与《朱子》大不相同，不仅有袭自上古汉语的"乎""邪（耶）""也""哉"，还出现了中古、近代汉语中新兴的"那"和"在"。此外，还沿用了新兴于晚唐五代时期的"聻"，并以此构成"……聻？"特指询问句。总的来说，《五灯》中所使用的句尾语气词更符合时代发展的需要，更能反映语言发展的潮流。

2. 是非询问句

近代汉语时期新兴的语气词在两种文献中均具有旺盛的生命力。《朱子》中使用了近代汉语时期新兴的"否""麼"和沿自上古汉语时期的"乎""邪""耶""欤""麼"等六种语气词，其中"否"和"麼"的比例占78.6%，其他为21.4%；《五灯》中使用的近代汉语时期的语气词仅是

"麽"（我们没有可靠的证据证明其中的"否"已经虚化），所占比例高达 87.5%，其他沿自上古汉语时期的"乎""邪""耶""也"及中古时期的"那"的比例总和是 12.5%。由此可见，两种文献都以近代汉语时期新兴的语气词为主，给宋代文献中的是非询问句注入了新鲜的活力并使之呈现崭新的面貌，体现了语言发展的大趋势。

3. 选择询问句

（1）使用比例呈降低趋势。近代汉语中因关联标记的广泛使用，选择询问句的发展趋势是不带语气词的比例逐渐增加，即带语气词的比例呈下降趋势。两种文献中语气词的使用频率都比较低。《朱子》中语气词共出现 40 例，占选择询问句总数的 23.8%；《五灯》中语气词的出现频率更低，仅 24 例，占 322 例的 7.5%，更能反映近代汉语选择询问句的发展趋势，由此也可说明《五灯》相比《朱子》来说，口语化色彩比较浓厚。

（2）语气词成员趋于减少。《朱子》中语气词成员较多，有"乎""欤""邪（耶）""也""否"等五个，而《五灯》中仅出现了语气词"邪"。

（3）搭配组合能力趋于降低。《朱子》40 例中有 35 例是语气词与关联标记配合使用，而《五灯》则是 17 例中仅 7 例由语气词与关联标记配合使用，多是由语气词单独使用表达选择询问。

4. 测度询问句

上古汉语中的语气词在两种文献中的使用频率都比较低，而近代汉语中新兴的语气词则在两种文献中都占据着绝对的强势地位。具体表现又有所不同，《朱子》中"否"的出现频率很高，有 338 次，而"麽"仅出现 2 次；《五灯》中则主要集中于"麽"，出现 108 次，"否（已否）"出现 47 次。可见，两种文献在优势语气词的使用上存在着较大的差异。

（三）关联标记

1. 共性

两种文献的选择询问句均以前后项出现关联标记为常，都使用了新兴于中古汉语时期的关联标记"为是"、"为复"和"是"等，且处于优势地位的都是由"是"构成的选择询问句。

2. 个性

两种文献中均存在特有的关联标记，比如《朱子》中源于上古汉语时期的关联标记"抑""将"等，在《五灯》中已找不到痕迹，此外，《朱子》中还出现了关联标记"还是"、"还只是"、"或"及其复合形式、"只是"、"合是"等，这些《五灯》中也没有出现；而《五灯》中的"为当"、"只"（副词）、"更"（副词）等所构成的选择询问句也不为《朱子》中所见。这些差异可能与两种文献的性质、编撰者所处的社会阶层等不无关系，也体现了文献本身的语言特色。

（四）句尾否定词

两种文献中"VPNeg?"式的句尾"Neg"都可以由否定词"否""未""也无"等充当外，《朱子》中的"不曾"不见于《五灯》，而《五灯》中的"已否"、"也未"和"无"也不见于《朱子》。由此可见《五灯》基本上仍保持着晚唐五代时期"VPNeg?"式正反询问句尾词的基本面貌，而《朱子》则有向后发展的趋势。

（五）疑问副词

这里我们论述的只是测度询问句中的疑问副词。两种文献在疑问副词的时代层次、形式、数量和具体使用上有着明显的差异。《朱子》中的疑问副词涵盖了上古、中古和近代汉语三个时期，《五灯》中则仅包括上古和近代汉语两个时期的；《朱子》的疑问副词成员较多，其中袭自上古汉语时期的"殆"、中古汉语时期的"岂、将"以及在近代汉语中产生并广泛使用的"恐"和初露端倪的"怕、似"等均不见于《五灯》，此外，《朱子》中的"莫"系疑问副词"莫未"、"莫须"、"莫也"和"莫亦"也不见于《五灯》，《朱子》中则没有出现《五灯》中的"莫成"和"莫非"。在"莫"系词语的具体使用上，《朱子》以"莫是"为常，而《五灯》则以"莫"居多。

二 句法方面

(一) 特指询问句

1. "如何是……?"句式

萌芽于初唐,与汉译佛经有着亲密的联系,之后这种格式在禅宗语录中得到了广泛的应用,《五灯》中共出现 3069 例,占"如何"特指询问句的 59.2%;《朱子》中虽也有"如何是……?"用例,但所占比例仅为 6.3%。由此可以看出"如何是……?"句式应是禅宗语录内部的同行语法,它广泛应用于禅宗语言内部,随着时间的推移和行业影响的扩大,这种语法形式就超越了行业界限,为同行之外的人们所借鉴和采用,但终因文献性质的不同和编撰者思维习惯的差异等而造成使用频率不高,远远不及它在禅宗文献中的使用。

2. "……聻?"句式

此句式最可靠的文献用例应始自禅宗文献《祖堂集》,《五灯》继续沿承,使用频率也有所增加,但与《五灯》同时期的《朱子》中却不见使用,说明此格式也是具有鲜明的禅宗特色的语法格式,在南宋时期还未突破行业的界限,为其他性质的文献所使用。

(二) 是非询问句

1. 强势语气词所呈现的句式差异

《朱子》中最为活跃的是语气词"否",占 77.3%,"麽"仅占 0.6%,显然还没有得到发展的机会,这点很可能与文人讲学用语的习惯(仿古)有关,因此《朱子》中是非询问句的基本面貌是"命题+否?";《五灯》相比《朱子》则呈现了显著的差异,《五灯》中广泛使用句尾语气词"麽",由此造成了其中是非询问句的优势句式是"命题+麽?"。

2. 句式结构的差异

《五灯》中记载的常是禅师在日常生活中接引学人时的随机问答,反映的多是当时禅僧阶层语言的鲜活面貌,口语化色彩比较浓厚,因此其中的是非询问句大都比较简单,就拿由语气词"麽"构成的是非询问句来说，"麽"前的句子常以简单的句法结构（主谓、动宾等）或单个动词出现，有时即使是一个完整的句子，也大都比较简短。《朱子》则不同，它作为文人讲学语录，其中问答往往涉及对前人语句涵义的阐释，并且它是经过加工的宋代口语，糅合了当时的口语和书面语，只是大致反映了当时文人的口语面貌，故而其中所呈现的是非询问句句子一般较长，结构也比较复杂。

（三） 选择询问句

两种文献相比，一方面《五灯》有标记（带关联标记、语气词）选择询问句的使用比例偏低：《朱子》中出现 161 次，占 168 次的 97.6%，居于强势地位；《五灯》中出现 204 次，占 322 次的 63.4%。另一方面《五灯》无标记选择询问句所占的比例是 36.6%，相比《朱子》的 2.4%有了很大的提高。

（四） 正反询问句

1. 共性。一是句式类型上，两种文献中都有"V 不 V""VO 不 V""VO 不 VO"三种形式，且两种文献中"V 不 V"式的使用频率都居于首位，《朱子》中"V 不 V"式在三种形式中的比例是 71.4%，《五灯》的比例是 60.8%。二是，就整个正反询问句而言，优势句式都是"VPNeg？"式。《朱子》中"VPNeg？"式所占的比例是 92.2%，《五灯》中的比例是 91%，由此可以说明南宋时期，至少《朱子》和《五灯》两种文献中正反询问句的优势句式仍是"VPNeg？"。

2. 个性。一是在"VPNeg？"格式内部，《朱子》的优势句式是"VP 否？"，占 97%；而《五灯》中"VP 否？""VP 无（也无）？"两种句式呈现二分天下的格局，其中前者占 41.9%，后者占 47.8%。二是《五灯》中出现了 1 例"VP 未 VP？"，此格式不见于《朱子》；此外在"VO 不 VO？"与"VO 不 V？"的所占比例上，两种文献面貌迥异，《五灯》中"VO 不 VO"占 34.7%，"VO 不 V"占 4%，而《朱子》则恰恰相反，表现为前少后多，前者占 7.1%，后者是 21.4%。

（五）测度询问句

1. 共性

（1）两种文献测度询问句中都使用了在上古汉语中就已出现的疑问副词"其""盖""无乃""得非""得无"和近代汉语中新兴的疑问副词"莫""莫是""莫不""莫不是"等，此外两种文献又都以近代汉语中的新兴的"莫"系疑问副词的使用为常，而近代汉语时期之前产生的疑问副词所占比例则极低。

（2）句式结构趋于复杂化。与之前文献中的测度询问句都比较简短、结构也比较简单相比，《朱子》和《五灯》中有的测度询问句比较长，结构也比较复杂。

2. 个性

主要体现在句式结构的差异上。《朱子》中结构复杂的测度询问句多是"莫是"句，而《五灯》中则不惟如此，除"莫是"句外，有些"莫"字句的结构也比较复杂；此外，从量上而言，《五灯》中结构较为复杂的测度询问句的数量不及《朱子》。

第十一章 《五灯会元》与《祖堂集》疑问句比较

禅宗语录内部的历时比较方面，我们选择将《祖堂集》与《五灯》进行比较，观察《五灯》对前者的继承和发展，凸显同异，从而探求禅宗语录系统内部语法的演变。

之所以选择《祖堂集》与《五灯》进行比较，原因有以下几个方面：从时代方面来看，《祖堂集》产生于晚唐五代时期，《五灯》则产生于南宋晚期，两书相距200年，这么长的时间足够语言发生一定程度的变化。德国哲学家、语言学家洪堡特（Wilhelm Von Humboldt）曾指出："在语言中从来没有真正静止的片刻，就好像人类思想之火永远不停一样。根据自然规律，它永远处于不断变化的发展之中。"[①]何况是两书之间相隔了200年。文献性质方面，两书同属禅宗文献（禅宗语录总集），一脉相承，其编撰者和成书地点均在南方，大致反映了当时南方语言的特色，并且所记录的内容（禅语）相近，叙述的手法也相同，又都以记言为主，因此两书中都包含了大量的禅师问答，即都有大量的疑问句存在，具有可比性。篇幅（语言容量）上，《祖堂集》二十卷，共六十五万六千字[②]，足够反映晚唐五代时期的语言面貌。语言价值方面，晚唐五代时期是汉语发展史上非常重要的阶段，体现了新旧语法的交替，现代汉语中不少语言成分、语法现象都以它为产生的起始时期，而《祖堂集》就产生于此一时期，是研究晚唐五代语法难得的理想语料。

---

① 转引自〔英〕爱切生《语言的变化：进步还是退化？》（徐家祯译），语文出版社，1997，第3页。

② 参见《祖堂集》（上册）版权页，中华书局，2007。

第一节 特指询问句比较

特指询问句的疑问焦点（question focus）是疑问代词，因此《祖堂集》与《五灯》特指询问句中疑问信息的传达均离不开疑问代词，具体又可分为两种形式，一种是由疑问代词单独传达疑问语气；另一种是疑问代词和句尾语气词配合使用。我们在进行《祖堂集》与《五灯》特指询问句的比较时，重点比较两书中疑问代词的异同，同时也会进行其他方面的比较。

一 疑问代词比较

《祖堂集》中特指询问句共出现 2942 例[①]，其中有疑问代词出现的疑问句 2938 例[②]，《五灯》中的数量更为庞大，分别为 10738 例、10711 例。[③]

（一）疑问代词类别和标写形式的比较

《五灯》后出，其最重要的史料来源是以《景德传灯录》为首的五部灯录，同时还采撷了大量的其他语录体文献，更着重于记言，与先前的禅宗文献有所不同，同时，《五灯》编撰者在编撰过程中参考、采录之前文献时的态度并非是全盘抄录，而是进行删改、重新加工，使之更符合当时社会的语言，从而更易为时人所接受并理解。因此《五灯》在与《祖堂集》等禅宗文献语言保持一致的同时，也势必会呈现自己的特色。

1. 共性

两书中所出现的疑问代词都有"何"系、"什摩/甚麼"系、"作摩/作麼"系、"谁"系、"那"系、"几"系、"奚/安/若为"等几个系列，这些疑问代词及其复合形式丰富多样，在其来源的时代层次上，也都比较一致，或来自上古汉语，或来自中古汉语，或为近代汉语时期新产生。

2. 个性

主要体现在三个方面（详情参见表 11-1）。

---

① 《祖堂集》数据参考叶建军（2011：80）。
② 其他 4 例较特殊，由"覃/你/尼"等句尾语气词构成。
③ 有 27 例是"……覃？"句式。

（1）数量多少的不同。两书中具体使用的各系疑问代词的数量有所不同，从整体情况来看，《五灯》中出现的疑问代词数量较多。

（2）各系具体成员的差异。《祖堂集》中的疑问代词在《五灯》中表现为有的不见使用，有的则被其他疑问代词所替换，比如"何"系，《祖堂集》中的"作何""何以故"在《五灯》没有出现，而《五灯》承继上古汉语的疑问代词较多，相对于《祖堂集》增加了"奈何""何乃""何如""何许"；"什摩/甚麼"系，《五灯》中出现的"甚底"不见于《祖堂集》；"作摩/作麼"系中最显著的变化是，《五灯》中出现了"争"与"怎生"，这些在《祖堂集》中还没有出现，因此在询问方式或情状时，《祖堂集》只能大量地使用"作摩生"（有时也用作摩）；"那"系，《五灯》与《祖堂集》相比，虽然没有出现"阿那里"，但多了"那"与"阿那头"，使用形式更加丰富多样。

（3）标写形式的变化。具体表现为标写形式的替换和统一。其中"什摩/甚麼"、"作摩/作麼"两系，《祖堂集》中的"什""摩"在《五灯》中分别被替换为"甚""麼"，《祖堂集》中还有"什摩"（居于绝大多数，274 例）与"甚摩"（仅 5 例）并存的现象，这些在《五灯》中则完全为"甚麼"所取代。"聻/你/尼"等虽不是疑问代词，但它们放在句尾，构成了一类比较特殊的特指疑问句，这类语气词在《祖堂集》中表现为"聻""你""尼"，到了《五灯》中，则全部统一写作"聻"。

表 11-1　两书中所出现的疑问代词

类型 \ 疑问代词 \ 文献	祖堂集	五灯会元
"何"系	何、如何、若何、云何、作何、何等、何故、何以故、何似（生）、何所	何、奈何、如何、若何、云何、何等、何故、何乃、何如、何似（生）、何所、何许
"什摩/甚麼"系	什、什摩（生）、作什摩	甚（底）、甚麼、作甚麼
"作摩/作麼"系	作摩（生）、作生	作麼（生）、争、怎生

续表

疑问代词 类型	祖堂集	五灯会元
"谁/孰"系	谁（+人）、阿谁	谁（+人）、阿谁、孰
"那"系	阿那（+个/里）、那个/里	那（+个/里）、阿那（+个/头）
"几""多少"等	几、第几、几何、多少、多小、早晚	几、几曾、几多、几何、几许、第几、多少、早晚、早暮
"奚/安/若为"等	奚、安、底、若为	胡、曷、盍、奚、安、畴、底、若为
"X 聻/你/尼?"	聻/你/尼	聻①

（二）使用频率及比例的比较

《五灯》的语料内容相对《祖堂集》更为丰富庞杂，且又侧重于记言，因此两书中各系疑问代词及其复合形式的使用比例常以《五灯》居高，尤其是从常用疑问代词及其复合形式的使用上，更能看出差异。比如"何"系的"如何"，《祖堂集》中占72.7%，在《五灯》中则占80%；"什摩/甚麽"系，《祖堂集》中的"什（甚）摩"占94%，《五灯》中"甚麽"占98.3%。详情见表11-2。

（三）句法、语意功能的比较

1. 句法功能上，两书除"何""如何""云何""作摩生/作麽生""谁/阿谁/谁人""阿那个"等的用法使用一致外，其他都或多或少有些差异。总的来说，随着时代的进步，语言的不断变化发展，《五灯》中疑问代词的句法功能也有了新的变化，相比《祖堂集》有所扩张。比如"何"系的"若何""何等""何故"，在《五灯》中分别增加了作谓语、宾语、谓语的功能。其他详情请看表11-2。

---

① "聻/你/尼"等虽是句尾疑问语气词，但它们也构成一类特殊的特指询问句，且在三书中字形有所改变，故在此列出，以备参考。

表 11-2　两书疑问代词的使用频率及句法功能

疑问代词	句法功能														频率	
	主语		谓语		宾语		定语		状语		补语		兼语			
	祖	五	祖	五	祖	五	祖	五	祖	五	祖	五	祖	五	祖	五
何	+	+	+	+	+	+	+	+	+	+					320	954
奈何				+						+						72
如何	+	+	+	+			+	+	+	+					1046	5188
若何			+	+											4	43
云何	+	+	+	+					+	+					25	40
作何			+						+						2	
何等	+	+				+	+	+							2	3
何故				+					+	+					30	24
何以故									+						1	
何如		+		+						+						12
何似（生）			+	+	+										7	31
何所					+	+		+		+					2	26
何许								+								1
何乃										+						1
何物		+		+		+										42
何在		+														34
何者		+														17
什/甚							+	+							2	349
甚底										+						1
什摩/甚麽	+		+		+	+	+	+		+			+		851	2082
什摩生			+					+	+						4	
作摩/作麽	+		+	+			+	+	+	+					21	42
作摩生/作麽生	+	+	+	+		+	+		+	+					389	915

续表

疑问代词	主语 祖	主语 五	谓语 祖	谓语 五	宾语 祖	宾语 五	定语 祖	定语 五	状语 祖	状语 五	补语 祖	补语 五	兼语 祖	兼语 五	频率 祖	频率 五
作生			+												1	
争										+						13
怎生				+		+				+						7
谁/阿谁	+	+	+	+	+	+	+	+					+	+	79	352
孰				+						+						8
那								+							7	123
阿那	+							+							38	32
几				+	+	+	+	+		+					33	115
多少等				+	+	+	+	+		+	+	+	+		60	161
奚/安/若为等	+	+	+	+			+	+	+	+					14	23
合　计															2938	10711

2. 语意分布上，两书中的疑问代词及其复合形式有的是丰富多样的，但又往往有一种语意是主要的、常见的，有的则比较单一；两书在表达同一语意时，多数情况下是使用同样的疑问代词，但从整体上看，《五灯》中的疑问代词形式更加丰富多样。具体情况参见表11-3。

表 11-3　两书疑问代词的语意分布

语意分布 ＼ 文献	祖堂集	五灯会元
询问人（佛）	谁、阿谁、谁人、何+N（者/人）、如何、什摩+人、作摩生、阿那、那个、阿那个	谁、阿谁、谁人、孰、何+N（者/人）、如何、何如、甚麽+人、作麽生、那、阿那个、那个、畴
询问事物	何、如何、何+物、何等、什摩（生）、作摩（生）、那个、阿那个、谁、奚	何、何+物、如何、甚底、甚麽、作麽生、谁、孰、那、阿那、阿那个那个、奚、底

语意分布 ＼ 文献	祖堂集	五灯会元
询问原因目的	何、云何、何故、何以故、作何、（因/为）什摩、为什摩故、作什摩、作摩（生）、底	何、如何、云何、何故、何乃、奈何、（因/为）甚麽、作甚麽、作麽（生）、怎生、胡、盍、奚
询问方式方法	何、如何、云何、作何、什摩生、作摩（生）、若为、	何、如何、云何、何所、奈何、作麽（生）、争、怎生、孰、曷、若为
询问情状	何、如何、云何、若何、何等、何似（生）、什摩（生）、作摩生、作生	何、如何、若何、云何、何等、何如、何似（生）、何所、甚、甚麽、作麽（生）、争、若为
询问处所	何、如何、何+N（处/方/所/在）、什摩+处、什+处、那里、阿那里、安	何、何+N（处/方/所/在/许）、如何、甚+处、甚麽、甚麽+处、作麽生、那、那里、那方、阿那头、奚、安、
询问时间	何+时（节）、什摩+时/时节、早晚	何+日、几何+日月、何+时（节）、甚麽+时（节）、几、几曾、多少、早晚、早暮
询问数量、距离、面/体积、深度等	几、第几、几何、多少、多小、大小、近远	何、几、第几、几多、几何、几许、多少、大小、近远、浅深、深浅

二　句式比较

禅宗语录自成体系，在不同时代的禅宗文献中，其内部的语法必然会有继承，也会有发展和演变，即使这些发展仅体现在细微之处。

1. "如何是……?"

卢烈红（2005）曾指出东汉至宋佛教文献（包括汉译佛经和禅宗语录）中"何"系疑问代词不断发生兴替演变，东汉时期仍是"何"的时代，魏晋南北朝时期是"云何"的时代，唐宋时期则是"如何"的时代。唐宋禅宗语录从《祖堂集》始，至《景德传灯录》《古尊宿语要》《五灯》等中

"如何"的出现频率都极高，并且其语法功能也得到了迅速扩张，除以作主语为主外，还可以作谓语、状语和定语，成为"何"系疑问代词中最主要的疑问代词。（见表11-4）

表11-4　两书"如何"的使用情况

文献 频率 ＼ 功能	主语	谓语	状语	定语	合计
祖堂集	543	357	145	1	1046
五灯会元	3098	1583	506	1	5188

"如何是……？"始于《祖堂集》（同时期的敦煌变文中未见1例），并且在禅宗文献中得到了大量的运用，《祖堂集》中出现541次，占1046次的51.6%，在之后的《五灯》中更是得到了广泛的应用，共使用3069次，占3098次的59.2%。南宋中期的《朱子语类》中虽也有用例，但使用频率不高，仅是6.3%，因此"如何是……？"格式是具有鲜明的禅宗特性的语法格式，这种格式属于同行语法现象。

2. "VP时如何？"与"VP后如何？"

叶建军（2010：25）认为"VP时如何？"与"VP后如何？"这两种格式的询问句始见于《祖堂集》，并且是禅宗语录中一种高度格式化的询问句，在禅宗之外的文献中不见使用或很少使用，因此它们也属于禅宗语法格式。它们在《祖堂集》"如何"特指询问句中的比例分别是13.5%、2.6%，《五灯》中继续大量沿用这两种格式，比例有所提高，分别达到了16.2%、3.9%。（见表11-5）

表11-5　两书"VP时如何？"与"VP后如何？"的使用情况

文献	"如何"特指询问句	"VP时如何？"		"VP后如何？"	
		频率	比例	频率	比例
祖堂集	1046	141	13.5%	27	2.6%
五灯会元	5188	838	16.2%	201	3.9%

3. "……聻/你/尼?"特指询问句

"聻"是现代汉语语气词"呢"的主要来源,曹广顺(1995:151)认为"聻"出现的较为可靠的且用例较多的文献,最早的当是成书于晚唐五代的《祖堂集》。由语气词"聻"构成的特指询问句在《祖堂集》中共出现4例,且字形又可写作"你""尼",这些字形在《五灯》中全部统一为"聻",并且《五灯》"……聻"特指询问句的用例有所增加,共出现27例。

第二节　是非询问句比较

《祖堂集》与《五灯》是非询问句的表达形式,首先根据句中有无疑问副词可分为有疑问副词的和无疑问副词的是非询问句两类,无疑问副词的是非询问句根据句尾是否使用语气词又可分为两类:一是句尾有语气词的,二是句尾无语气词的。从形式上来看,有疑问副词和句尾有语气词的是非询问句都是有标记的(marked),而没有副词、句尾语气词的是非询问句则没有任何标记符号(unmarked),仅靠句尾语调来表达疑问,很大程度上需要依据语境才能判断得出,此类在两书中的出现频率都很少。

一　有疑问副词的是非询问句比较

(一) 相同点

疑问副词的使用基本相同。《祖堂集》中出现的疑问副词主要有"还"和"可",以前者为主,出现120次,后者仅出现3次,《五灯》相对《祖堂集》来说,除"还"(490次)、"可"(3次)外,还有一点细微变化,就是沿用了上古汉语中的"宁",仅出现1例。

(二) 不同点

两书在句尾语气词的使用上存在些许差异。《祖堂集》中有疑问副词的是非询问句又可分为两种情况,一种是句尾使用语气词"摩"或"耶",此种情况居于绝大多数,其中"还"字句出现"摩"的多达115例,"耶"出现1例,"可"字句"摩""耶"各有1例;一种是句尾不使用语气词,

"还"字句有 4 例，"可"字句 1 例。《五灯》中有疑问副词的是非询问句也是以句尾出现语气词为主，相比《祖堂集》又略有差异，具体表现是"还"字句中并无不使用句尾语气词的情况，且 490 例"还"字句使用的句尾语气词均是"麽"，此外"可"字句、"宁"字句各有 1 例"麽"，句尾不使用语气词的情况均在"可"字句，仅有 2 例。

总之，两书有疑问副词的是非询问句均以使用句尾语气词为常，《祖堂集》中以"摩"的出现频率最高，"耶"则零星出现；《五灯》相比《祖堂集》除以"麽"彻底替换了"摩"外，没有出现其他语气词。（见表 11-6）

表 11-6　两书有疑问副词是非询问句疑问副词、语气词的使用情况①

语气词		祖堂集				五灯会元				
		疑问副词		合计	比例	疑问副词			合计	比例
		还	可			还	可	宁		
有语气词	摩	115	1	118	95.9%				492	99.6%
	耶	1	1							
	麽					490	1	1		
无语气词		4	1	5	4.1%		2		2	0.4%

二　无疑问副词的是非询问句比较

无疑问副词的是非询问句在两书中都以使用句尾语气词为常，不同在于语气词的种类、使用比例上。首先在语气词的种类上，《五灯》与《祖堂集》相比，没有出现"欤"，另外则增加了"邪""耳""那"的用例，且《五灯》均是用"麽"替换了《祖堂集》中的"摩"。其次是使用比例方面，上古汉语时期的语气词在两书中均呈衰落趋势，即两书都是以使用近代汉语中新兴的语气词为主，《祖堂集》中新兴的语气词占 74.3%，《五灯》中则达到了 80.4%，因此从新兴语气词在两书中所占的比例来看，《五灯》呈增多趋势。（见表 11-7）

---

① 表中《祖堂集》的数据参考叶建军（2011：82~94）。

表 11-7　两书无疑问副词是非询问句中语气词的使用情况①

语气词		祖堂集			五灯会元		
		频率	合计	比例	频率	合计	比例
上古	乎	2			46		
	邪	—			36		
	耶	13	18	25.7%	3	94	19.6%
	也	2			8		
	欤	1	70		—	480	
	耳				1		
近代	那	—			31		
	摩	52	52	74.3%	—	386	80.4%
	麼	—			355		

小　结

综上，我们从有无疑问副词入手，对《祖堂集》与《五灯》两书中的是非询问句进行了比较，发现两书中的情况是同大于异，仅在细微之处有些差异，其中除疑问副词略有差异外，其他主要是句尾语气词运用的不同，具体表现在语气词的使用种类、所占比例的出入上。

第三节　选择询问句比较

《祖堂集》与《五灯》两书中的选择询问句根据关联标记的有无，可分为有关联标记的选择询问句和无关联标记的选择询问句两类。就前者来说，句式的使用上两书并没有什么不同，差别主要是体现在句中的关联标记上；对于后者，句式的差别还是比较明显的。

---

①　表中《祖堂集》的数据参考叶建军（2011：98~100）。

一 有关联标记的选择询问句比较

（一） 使用关联标记的比例比较

《五灯》选择询问句，共出现 333 例，其中有关联标记的 189 例（占 56.8%），无关联标记的 144 例；《祖堂集》共出现 113 例，有、无关联标记的选择询问句分别出现 69 例（占 61.1%）、44 例。由此可以看出两书都是以使用有关联标记的选择询问句为常，其中又以《祖堂集》中所占的比例略高。

（二） 具体关联标记的比较

《祖堂集》绝大多数以中古汉语时期的关联标记"为""为当""为复""是"为主，还有 1 例"抑"[①] 源自上古汉语时期，此外"只"与"别（更）"等搭配使用的例句均是选择询问句与正反询问句的混合，例如：

> （1）僧云："只这个？别更有也无？"师云："只这个阿谁奈何？"（八/319，曹山和尚）
> （2）峰云："只与摩？别更有商量也无？"对云："在和尚与摩道则得。"（一〇/382，镜清和尚）（此两例转引自叶建军 2010：110）

《五灯》在《祖堂集》的基础之上有所发展，不仅出现了中古时期的"为""为当""为复""是"，还增加了"为是"及近代汉语时期新兴的"还"，同时句式表义的明确性提升，"只"与"别（更）"配合的用例仅以选择询问句的形式出现，不再是选择询问句与正反询问句的混合。例如：

> （3）师曰："只恁麽，别更有商量？"曰："更作甚麽商量？"师曰："汝话堕也。"（卷十《罗汉守仁禅师》，592）

---

① 参考周碧香（2001：220）。

(4) 僧曰:"未审只恁麽,别有在?"师曰:"射虎不真,徒劳没羽。"(卷一五《雪窦重显禅师》, 993)

(三) 关联标记在句中的搭配方式比较

从关联标记在句中的搭配方式来看,两书中都有单用、叠用(同一关联标记在选择前后项均出现)和与其他关联标记配合使用的情况。

1. 共性

(1) 两书的关联标记都以叠用为主,单用其次,与其他关联标记的配合使用情况最少。《祖堂集》中叠用占 60.9%,单用 31.9%,配合使用占 5.8%;《五灯》与此相差不大,三种情况的比例分别是 70.6%、24.6%、4.8%。

(2) 在单用形式方面,两书都以关联标记出现于后项为常;在叠用形式方面,都以"是"的叠用频率居高(《祖堂集》45.2%,《五灯》81.8%)。

(3) 两书中的关联标记都很少与语气词配合使用。《祖堂集》69 例中有 5 例句尾出现了语气词,占 7.2%;《五灯》所占比例更少,189 例中仅有 7 例句尾出现了语气词,占 3.7%。

(4) 句尾语气词使用频率的均衡。《祖堂集》113 例选择询问句中有 8 例使用了句尾语气词,占 7.1%,其中"耶"6 例,"也"2 例;《五灯》中 333 例选择询问句中有 24 例使用了句尾语气词"邪",占 7.2%,这说明了两书在句尾语气词的使用频率上是比较均衡的。

2. 个性

(1) 从选择项的数量来看,两书都以出现两个选择项为常,不同则体现在《五灯》中有 2 例出现了三个选择项,3 例出现了四个选择项,此 5 例中都有关联标记出现,但以单用为常;《祖堂集》中仅有 1 例出现了三个选择项,各选项都出现了关联标记"为复"。

(2)《祖堂集》中"为复"的单用频率最高,达 50%,《五灯》中则是以"是"为主,占 45.7%;在叠用方面,《祖堂集》中可以叠用的关联标记有"为复"、"为当"、"为"和"是",《五灯》除了以上四种之外,还有

"为是"的叠用，相对《祖堂集》略为丰富。

（3）在句尾语气词的使用上，《祖堂集》中使用的语气词均是"耶"，其中有 4 例前后项均有出现，1 例仅出现于选择项后项；《五灯》中则全部是"邪"，且全是叠用形式，其中有 2 例用于四个选择项句尾，有 5 例用于前后两个选择项。

二　无关联标记的选择询问句比较

两书中无关联标记的选择询问句也可分为两种情况：一种情况是句尾有语气词；另一种则是没有任何标记符号（unmarked），即没有关联标记和语气词。

（一）有语气词的选择询问句比较

两书中此种情况的用例都很少，《祖堂集》44 例中仅出现 2 例，占 4.5%，其中 1 例是"也"用于前后两项，1 例是"耶"用于选择后项；《五灯》中所占比例相对较高，144 例中出现 17 例，占 11.8%，句尾均使用语气词"邪"，其中有 16 例以叠用的形式出现于各项句尾（12 例用于前后两项，1 例用于三个选择项，1 例用于四个选择项），1 例用于选择后项。

（二）没有任何标记符号的选择询问句比较

对于没有任何标记符号的选择询问句，两书的相同之处是大多都以并列两个选择项的形式出现，不同之处则体现在个别句式的使用上。《祖堂集》中有 7 例紧缩式选择询问句，具体表现形式为"……虚实（耶）？"（3 例）、"……同别？"（4 例）。例如：

（5）有僧从曹溪来，师问："见说六祖在黄梅八个月踏碓，虚实？"对曰："非但八个月踏碓，黄梅亦不曾到。"（六/239，洞山和尚）

（6）问："未审此二人同别？"师云："门外不见主，入室始知音。"（一二/四五八，禾山和尚）（此两例转引自叶建军 2010：141、142）

例（5）中的句式未见于《五灯》；例（6）的类似情况，《五灯》中均添加了关联标记。例如：

（7）上堂："成山假就于始篑，修途托至于初步。上座适来从地炉边来，还与初步同别？……"（卷一五《蓝田县真禅师》，983）

（8）师遂问曰："到此与祖师西来意，为同为别？"公曰："同矣。"（卷一九《昭觉克勤禅师》，1254）

（9）僧问："三乘十二分教体理得妙，与祖意是同是别？"师曰："须向六句外鉴，不得随声色转。"（卷四《虔州处微禅师》，224）

《五灯》中"还……同别？"、"……为同为别？"各出现1例，"……是同是别？"的使用频率较高，共46例，这些在《祖堂集》中皆未出现。

李思明（1983：164）曾指出敦煌变文中出现的选择询问句是没有关联标记存在的，只是用选项并列以及句尾语气词来形成选择询问句，但时间越接近现代，不用关联标记的选择询问句数目就越有明显的降低。从《祖堂集》和《五灯》中的用例可以看出，晚唐五代到南宋时期禅宗语录中选择询问句的发展趋势正是如此，即无关联标记的选择询问句频率不断降低，有关联标记的选择询问句频率则越来越高。正如向熹所言"从意合法到形合法，也是汉语语法日益严密化的重要表现。"①（见表11-8）

表 11-8 《祖堂集》选择询问句句式②

关联标记		句式	频率	合计	
抑	单用	A？抑 B？	1	69	113
为复	单用	为复 A？ B？ 2 | A？ 为复 B？ 9	20		
	叠用	为复 A？ 为复 B？ 8 | 为复 A？ 为复 B？ 为复 C？ 1			

---

① 参见向熹《简明汉语史》（下册），商务印书馆，1993，第538页。
② 除"抑"外，表中关联标记的使用频率均采自叶建军（2011：131~139）。

续表

关联标记		句式		频率	合计	
为当	单用	A? 为当 B? 7		12		
	叠用	为当 A? 为当 B? 3				
	配合	为当 A? 为复 B? 2				
为	叠用	无语气词	为 A? 为 B? 6	13	69	113
		有语气词	为 A 耶? 为 B 耶? 4 | 为 A? 为 B 耶? 1			
	配合	无语气词	为 A? 为复 B? 1			
		有语气词	为 A? 为复 B 也? 1			
是	单用	是 A? B? 3 | A? 是 B? 1		23		
	叠用	是 A? 是 B? 19				
无关联标记	无语气词	A? B? 36 | …, AB? 6		42	44	
	有语气词	A 也? B 也? 1 | …, AB 耶? 1		2		

小　结

综上，我们从有关联标记、无关联标记两个方面对禅宗文献《祖堂集》和《五灯》中的选择询问句进行了比较，发现两书中选择询问句的最主要的差别，就体现在关联标记和句尾语气词的使用上；此外两书在个别句式的使用上也有比较明显的差异，具体表现为《祖堂集》中有几例无任何标记符号的紧缩式选择询问句发展到《五灯》当中，则是以添加关联标记的形式出现，即使用关联标记的选择询问句频率越来越高，由此可以看出《五灯》相对于《祖堂集》不仅有继承，也有发展，反映了汉语句法向更精密化方向发展的趋势。

第四节　正反询问句比较

从正反询问句的类型上看，《祖堂集》与《五灯》都有"VPNeg?"式与"VPNegVP?"式两类，下面我们逐一进行讨论。

一 "VPNeg?" 式正反询问句比较

(一) 句尾 "Neg" 的种类和使用频率比较

《祖堂集》中句尾 "Neg" 主要有 "不（已不）" "否" "无（也无）" "未（也未）" 四种形式，共出现 442 次。其中 "无（也无）" 出现 260 次，占 58.8%，其次是 "不（已不）"，出现 168 次，占 38%，"未（也未）" "否" 相对较少，分别出现 11 次、3 次。

《五灯》与《祖堂集》相比，句尾 "Neg" 的种类大致相同，略有一点小差异就是《五灯》中有 1 次 "已" "否" 连用现象，而《祖堂集》中未见 "已否"，但有 1 次 "已" "不" 连用。两书在句尾 "Neg" 使用频率方面的差别比较明显，一是《五灯》主要以 "否" 取代了《祖堂集》中的 "不"，叶建军（2010：107）认为 "否" 有一定的文言色彩，在口语中一般不使用，因此 "VP 否?" 不及 "VP 不?" 口语化。我们的看法与叶不同，两书相距两百年，不可能两百年后的禅宗语录编撰者还在进行如此整齐划一的复古做法，因此我们认为南宋时期的语言已经不同于晚唐五代时期，"否" 很可能是当时常用的口语词。再者就是 "无（也无）" 在两书中所占的比例差异，《五灯》中占 47.8%，相比《祖堂集》（58.8%）呈明显的降低趋势。（见表 11-9）

表 11-9　两书句尾 "Neg" 使用情况比较

文献	不（已不）		否（已否）		未（也未）		无（也无）		合计	
	频次	比例	频次	比例	频次	比例	频次	比例	频次	比例
祖堂集	168	38%	3	0.7%	11	2.5%	260	58.8%	442	100%
五灯	3	0.4%	305	41.9%	72	9.9%	347	47.8%	727	100%

(二) "VPNeg?" 句式比较

1. 共性

在结构方面，两书的情况比较一致，具体表现是 "VPNeg?" 式正反询问句中谓语部分的结构一般都比较简单，"Neg" 前的 "VP" 除 "还" 外或是动词，或是动宾、动补等简单结构。例如①：

（1）师曰："江西还见马祖不？"对曰："见。"（《祖堂集》卷四《石头和尚》）

（2）初见侍者便问："和尚还在也无？"对曰："在，只是不见客。"（《祖堂集》卷四《丹霞和尚》）

（3）师云："汝识某甲不？"对云："分明个。"（《祖堂集》卷一四《百丈和尚》）

（4）大夫问南泉："弟子家中有一片石，或坐或踏，如今镌作佛像，还坐得不？"南泉云："得，得。"（《祖堂集》卷一八《陆亘大夫》）

2. 个性

根据句尾"Neg"在两书中的使用频率，可以看出《祖堂集》中的强势句式是"VP 无（也无）？"（58.8%），其次是"VP 不（已不）？"（38%），两式共出现 428 次，占总出现频率的 96.8%，《五灯》与《祖堂集》中二分天下的格局大致相同，也是以"VP 无（也无）？"为主，不同就体现在《五灯》"VPNeg？"中的第二大句式是"VP 否（已否）？"，由此可以看出两书在句式整体面貌上存在着明显的差异。

二 "VPNegVP？"式正反询问句比较

（一）《祖堂集》"VPNegVP？"式正反询问句的使用情况

《祖堂集》中的"VPNegVP？"式正反询问句的使用频率较低，仅出现 22 次，占正反询问句总出现频率 464 次的 4.7%。

从句法形式上来看，根据"VP"带不带宾语，可分为"V 不 V"和"VO 不 VO"两种形式，不见"VO 不 V"和"V 不 VO"。其中"V 不 V"出现 14 次，占 63.6%，"VO 不 VO"出现 8 次，占 36.4%。

---

① 《五灯》例句参见正反询问句章。

结构形式上，"VPNegVP?"式正反询问句中的"VP"均比较简单，具体表现在"V不V"中的"V"多为单、双音节动词，"VO不VO"中的"VO"也是以简单形式出现。例如：

(5) 师云："适来诏不诏?"对云："诏。"(《祖堂集》卷七《雪峰和尚》)

(6) 石门拈问僧："古人留会不留会?"无对。(《祖堂集》卷一八《仰山和尚》)

(7) 师上堂云："真实离言说，文字别时行。诸上座在教不在教?"又上堂云："本自圆成，不劳机杼。诸上座出手不出手?"(《祖堂集》卷一三《福先招庆和尚》)

(二)《祖堂集》与《五灯》"VPNegVP?"式正反询问句比较

1. 共性

(1) 从使用频率上来说，两书中的"VPNegVP?"式都不及"VPNeg?"式，《祖堂集》中两种句式的使用频率分别是 22 次、442 次，《五灯》中分别是 75 次、727 次，由此可见从晚唐五代发展至南宋晚期，至少在禅宗文献中，正反询问句仍是以"VPNeg?"为优势句式。此外，在"VPNegVP?"式中，两书都以"V不V"为主，其次是"VO不VO"。

(2) 结构形式上，两书"VPNegVP?"式正反询问句中的"VP"都比较简单。其中"V不V"中的"V"多为单、双音节形式，"VO不VO"中的"VO"，也多由两个音节构成。

2. 个性

(1)《五灯》"VPNegVP?"式中的"Neg"除绝大多数由"不"充当外，还出现了 1 次"未"，此种情况于《祖堂集》中未见。

(2) 句法形式上，《五灯》与《祖堂集》相比，除了"V不V"与"VO不VO"两种形式外，还出现了"VO不V"(3 次)。(见表 11-10)

表 11-10　两书 "VPNegVP?" 式比较

句式 / 文献	"VPNegVP?"								合计	
	"VP 不 VP?"						"VP 未 VP?"			
	"V 不 V?"		"VO 不 VO?"		"VO 不 V?"					
	频次	比例	频次	比例	频次	比例	频次	比例	频次	比例
祖堂集	14	63.6%	8	36.4%	—	—	—	—	22	100%
五灯	45	60%	26	34.7%	3	4%	1	1.3%	75	100%

小　结

以上我们对《祖堂集》《五灯》两书中的正反询问句进行了比较，可以看出两书中的共性大于个性，即相同之处比较多。两书中比较明显的差异，从 "VPNeg?" 式来看一是《五灯》以 "VP 否?" 取代了《祖堂集》中的 "VP 不?" 式，二是《五灯》中 "VP 无（也无）?" 所占的比例相比《祖堂集》呈明显的降低趋势；"VPNegVP?" 式的不同则主要体现在句法形式上，《五灯》中出现了 "V 不 V"、"VO 不 VO" 与 "VO 不 V" 三种形式，而《祖堂集》中未见 "VO 不 V"。

第五节　测度询问句比较

《祖堂集》作为晚唐五代时期的一部非常重要的禅宗语录，在汉语史上的地位也非常重要。近代汉语时期的一些新兴语法成分、语法现象在书中大量出现，不仅彰显了质的新生与质的变化，同时还呈现了量的变化。在测度询问句方面，从句式的整体使用情况来看，《祖堂集》展现了晚唐五代时期的面貌，为近代汉语测度询问句注入了新鲜的血液，使其显得更有生机与活力。到了南宋晚期的《五灯》，测度询问句的面貌又有所不同，相对于《祖堂集》，不仅有继承，还体现了不少的变异之处。

前面我们在第五章已对《五灯》与《祖堂集》中的测度询问句略作探讨，这里进行全面论述。

一 "莫"系测度询问句比较

(一) 共性

两书都是以"莫"系语气副词构成的测度询问句为主，且测度询问句句尾绝大多数都有语气词配合传达测度、揣测的疑问语气。

(二) 差异

1. "莫"系成员的增加和使用比例的增长。

《祖堂集》中的"莫"系词语有"莫""莫是""莫不""莫成"四种，由它们构成的测度询问句共出现 63 例，其中"莫"字句出现 34 例，占 54%。《五灯》在《祖堂集》的基础之上，增加了"莫非""莫不是"两种，并且"莫"系词语在使用上也更加广泛，由它们构成的测度询问句共出现 211 例，"莫"字句获得了较大的发展，出现 174 例，占 211 例的 82.5%。

2. 句尾语气词的变化。

《五灯》与《祖堂集》相比，最明显的差异是：《祖堂集》多用"不""摩"，《五灯》中多用"否""麽"。大致情况是：《五灯》以"否"替换了《祖堂集》中的"不"，以"麽"替换了"摩"。① 此外，《五灯》中有少数例句沿用了上古汉语时期的语气词"乎""邪""也"等，同时还使用了近代汉语时期新兴的"在"，这些在《祖堂集》中均未出现。（见表 11-11）

表 11-11　两书"莫"系测度询问句句尾语气词的使用情况②

文献	无语气词	不	以不	否	已否	摩	麽	也无	无	乎	邪	也	在	合计
祖堂集	2	20	2	1		19		16	1					61
五灯会元	19			46	1		108	32		1	2	1	1	211

① 例句参第五章。
② 《祖堂集》中有关测度问句中句尾语气词的数据采自卢烈红（2011）。

3. 句式结构向复杂化发展。

《祖堂集》中的"莫"系测度询问句都比较简短，结构也都比较简单。例如：

（1）仰山受戒后，再到相见。才入法堂，师便云："已相见了也，不用更上来。"对云："与摩相见，<u>莫不当摩？</u>"（《祖堂集》卷一五《东寺和尚》）

（2）……师便接了云："<u>莫是俊机白侍郎以不？</u>"对云："不敢。"（《祖堂集》卷一五《归宗和尚》）

例（1）"莫不"后只出现了一个单音节动词"当"。例（2）的结构是"莫是+偏正名词短语"。

相比《祖堂集》的简短，《五灯》中出现了较长的"莫"系测度询问句，且结构较为复杂。此处略举 1 例，如：

（3）上堂："十方同聚会，个个学无为。此是选佛场，心空及第归。大众只如闻见觉知未尝有间，作麼生说个心空底道理？莫是见而不见，闻而不闻，为之心空邪？错。<u>莫是忘机息虑，万法俱捐，销能所以入玄宗，泯性相而归法界，为之心空邪？</u>错。……"（卷一四《石门元易禅师》，893）

例（3）两个"莫是"后都比较长，结构较为复杂。

二 其他测度询问句比较

除"莫"系测度询问句之外，《祖堂集》中有 1 例承自上古汉语的"其"字句。例如：

（4）因读肇公《涅槃无名论》云："览万像以成己者，<u>其唯圣人乎？</u>"乃叹曰："圣人无己，靡所不己；法身无量，谁云自他？圆镜虚鉴于其间，万家体玄而自现。境智真一，孰为去来？至哉斯语也！"

（四/一四五，石头和尚）（此例转引自叶建军 2010：168）

此例因出现在引用的古文献《涅槃无名论》中，文言色彩比较浓厚，因此叶建军（2010：168）认为不算是《祖堂集》禅师的口语，即《祖堂集》中上古汉语使用的测度疑问标记几乎全部消失，由此也说明了《祖堂集》中"莫"系测度询问句处于绝对垄断地位，没有出现其他测度询问句形式。《五灯》相对《祖堂集》来说，不仅继承了上古汉语时期的"其"字句，还有"盖"字句、"无乃"句、"得非/得无"句等，这点就与《祖堂集》中测度询问句句式的面貌显示了很大的不同。但"其"／"盖"字句等在《五灯》中使用频率并不高，仅是偶尔出现，处于衰落趋势，也就是说《五灯》测度询问句中的强势句式是新兴于晚唐五代时期的"莫"系测度询问句，由此体现了对《祖堂集》测度询问句继承的一面。

小　结

综上可以看出，《祖堂集》中的测度询问句是以"莫"系测度询问句处于绝对垄断地位，除此之外，没有出现其他测度询问句形式，呈现了晚唐五代时期测度询问句的崭新面貌。而《五灯》中则是"莫"系测度询问句居于强势地位，此外，还继承了上古汉语时期的"其""盖""无乃"等测度询问句，相对于《祖堂集》，《五灯》中略多一些文言成分，但这并不代表全部，整体上来讲，《五灯》中的测度询问句体现更多的是发展，是演变。

本章小结

《五灯》与《祖堂集》同属禅宗文献，一脉相承，两书在疑问句方面必然会有许多的相同之处，同时也会因时代的变迁、编撰者的不同、语言的发展等诸方面因素而产生种种差异。我们对两书进行历时比较之后，发现两种相同体系文献的语言内部，继承较多，变化较少。具体来讲，《五灯》在禅宗语录内部的历时演变主要体现在两个大的方面。

一 词法方面

词法方面我们主要从疑问代词、疑问语气词、关联标记、疑问副词等四个方面进行论述。

(一) 疑问代词

疑问代词是特指询问句的疑问焦点所在。两书疑问代词的发展变化主要体现在:

1. 疑问代词成员更加丰富多样

《祖堂集》中的疑问代词在《五灯》中表现为有的不见使用,有的则被其他疑问代词所替换,但从总体上来说,《五灯》中的疑问代词成员更加多样化。比如"何"系,承继上古汉语的疑问代词较多,增加了"奈何""何乃""何如""何许";"什摩/甚麼"系,增加了"甚底";"作摩/作麼"系,相比《祖堂集》在询问方式或情状时只能大量地使用"作摩生"(有时也用"作摩")而言,《五灯》中出现了"争"与"怎生";"那"系中新增了"那"与"阿那"的使用;"几"系疑问代词成员更是灵活多样、富于变化,增加了"几曾""几多""早晚"等。

2. 字形的替换和统一

《祖堂集》"什摩""作摩"两系中的"什""摩"在《五灯》中分别被替换为"甚""麼",《祖堂集》中"什摩"与"甚摩"并存的现象,在《五灯》中则完全为"甚麼"所取代。此外,"……聻/你/尼?"特指疑问句句式里的语气词"聻/你/尼",在《五灯》中全部统一为"聻"。

3. 语意分布更加广泛

《五灯》相对于《祖堂集》的发展,一是在询问同一语意时,疑问代词的成员更加丰富多样,一是同一疑问代词的语意分布更加广泛,比如"如何",增加了询问原因目的的用法等。

(二) 疑问语气词

1. 特指询问句

成员数量上,《五灯》相对来说较为丰富,有"乎""邪/耶""哉"

"也""那""聻""在"等 7 种;《祖堂集》中仅出现 4 种,分别是"耶""也""焉""聻/你/尼"等。

使用比例上趋于减少。《五灯》共出现 140 次,占句尾语气词使用总数(1670 次)的 8.4%;《祖堂集》中出现 42 次,占 375 次的 11.2%。

2. 是非询问句

(1)使用比例的提高。两书是非询问句相对于其他句型,句尾语气词所占的比重比较大,其中《祖堂集》出现 188 次,占 375 次的 50.1%;《五灯》出现 1079 次,占 64.6%。

(2)具体使用的风格不同。两书中有句尾语气词的是非询问句大都分为两类,一类是疑问副词和句尾语气词配合构成的是非询问句;另一类是没有疑问副词,疑问语气纯粹是由句尾语气词表达的是非询问句。在前者中,《祖堂集》有 116 例使用了句尾语气词"摩",2 例使用"耶",在后者中,《祖堂集》除了使用"摩"外,还使用了上古汉语中的"乎""也""也""欤"等,而《五灯》则与此很不相同,首先是前者皆用语气词"麽"(492 例),对于后者,除了"麽"外,还使用了近代汉语时期新兴的语气词"那",同时也继承了上古汉语中的"乎""邪""耶""也""耳"。总体而言,《五灯》语气词使用的面貌与《祖堂集》大不相同。

3. 选择询问句

两书选择询问句句尾语气词都极不丰富,且使用频率较低,两书相比,使用比例呈降低趋势。《祖堂集》中共出现 24 次("耶"19 次、"也"5次),占 6.4%,《五灯》中仅出现了"邪",有 59 次,占 3.5%。

4. 测度询问句

(1)成员趋于丰富。《祖堂集》中仅出现"乎""摩"两种语气词,《五灯》相对来说较为丰富,不仅继承了上古汉语中的"乎""邪""耳""也",还使用了近代汉语时期新兴的"麽""在""否""无"。

(2)使用比例有所提高。《祖堂集》出现 33 次,占 8.8%,《五灯》出现 207 次,占 12.4%,其中又以"麽"居多,108 次。

(三) 关联标记

关联标记仅出现在选择询问句中,两书关联标记的比较主要体现在以下两点：

1. 关联标记的成员更加丰富多样

《祖堂集》中所使用的关联标记有"抑"（仅 1 例，是上古汉语的残留）、"为"、"为当"、"为复"、"是"等。上述关联标记除"抑"外，其他在《五灯》中均有出现，并且《五灯》还使用了中古汉语中"为是"和近代汉语中新兴的"还"。此外，《五灯》中出现了"只"和"别（更）"搭配的选择询问句。

2. 关联标记向"是"集中

《祖堂集》中使用频率最高的关联标记为"是"，共出现 23 次（单用 4 次、叠用 19 次），占 68 次的 33.8%；《五灯》中亦以"是"出现频率为高，共 129 次（单用 28 次、叠用 101 次），占 187 次的 69%。

（四）疑问副词

1. 是非询问句

（1）《五灯》与《祖堂集》相比，疑问副词成员略为丰富。《祖堂集》中仅出现了"还""可"，《五灯》中增加了"宁"。

（2）使用比例有所降低。《祖堂集》有疑问副词的是非询问句出现 123 次，占是非询问句总出现频率（207 次）的 59.4%；《五灯》出现 494 次，占 48.8%，相比《祖堂集》有所降低。

2. 选择询问句

《祖堂集》选择询问句中的关联标记一般由连词充当，《五灯》则不同，除连词外，还使用了近代汉语时期新兴的疑问副词"还"以及"只"和"别（更）"的组合形式，表现形式趋于多样。

3. 测度询问句

（1）《五灯》与《祖堂集》相比，测度询问句中的疑问副词成员更加丰富多样。《祖堂集》中仅有"莫""其"两种，《五灯》中除此之外，还有"盖""无乃""得无/得非"等，这些均袭自上古汉语时期。在"莫"系内部，《祖堂集》中又包括"莫""莫是""莫不""莫成"四种，《五灯》在此基础之上增加了"莫非""莫不是"两种，并且《五灯》中"莫"及其内部成员在使用上也更加广泛。

（2）使用比例攀高。《祖堂集》中"莫"系词语构成的测度询问句共出现 63 次，占总出现频率的 91.3%，《五灯》出现 211 次，占 227 次的 93%。

二 句法方面

（一） 特指询问句

1. 常用句式的使用比例有提高

比如"如何是……？"格式，在《祖堂集》中的使用比例是 51.6%，到《五灯》中则提升到 59.2%。再者是"VP 时如何？"与"VP 后如何？"两种禅宗语法格式在《祖堂集》中的比例分别是 13.5%、2.6%，到《五灯》中则分别达到了 16.2%、3.9%。

2. 句法功能有所扩张

《五灯》中疑问代词的句法功能在继承《祖堂集》的同时也有所扩张，比如"何"系的"若何""何等""何故"等，《五灯》中分别增加了作谓语、宾语、谓语的功能。

（二） 是非询问句

主要表现在无标记是非询问句的使用比例呈减少趋势。《祖堂集》中无标记的是非询问句出现 14 次，占 193 次的 6.8%；《五灯》中出现 49 次，仅占 974 次的 4.8%，相对于《祖堂集》呈减少趋势。

（三） 选择询问句

1. 有标记的选择询问句成为主流趋势

《祖堂集》中有标记的选择询问句出现 71 次，占 113 次的 62.8%，居于主导地位，《五灯》中出现 204 次，占 322 次的 63.4%，相比《祖堂集》呈上升趋势。

2. 无标记的选择询问句所占的比例渐趋减少

《祖堂集》中无标记的选择询问句共出现 42 次，占 37.2%，明显处于劣势，《五灯》中出现 118 次，占 36.6%，相比《祖堂集》又有所降低。

（四） 正反询问句

1. 优势句式使用频率的下降

两书中的优势句式都是"VPNeg?"式，其中《祖堂集》"VPNeg?"式出现 442 次，占 464 次的 95.3%；《五灯》"VPNeg?"式出现 727 次，占 832 次的 91%。刘子瑜（1998）曾指出"VPNegVP"式在宋、元、明、清时期成为占优势的反复问句式"，或许《五灯》中"VPNeg?"式使用比例的下降就反映了这一趋势的开端，但也仅仅是开端，毕竟此时仍占 91%，处于绝对优势地位。

2. "VPNeg?"式内部具体面貌的变化

两书中"VPNeg?"式内部均是两种具体格式二分天下的局面，但具体面貌有所不同，《祖堂集》中"VPNeg?"式的强势句式是"VP 无（也无）?"占 58.8%，其次是"VP 不（已不）?"占 38%；《五灯》中仍以"VP 无（也无）?"为主，占 47.8%，但居于第二位的则是"VP 否（已否）?"，占 41.9%，《五灯》以"否"替换了《祖堂集》中的"不"。

3. "VPNegVP?"式具体使用句式的变化

一是表现在《祖堂集》中的"Neg"全部由"不"充当，《五灯》中还增加了 1 例"VP 未 VP?"。再者是《祖堂集》中"VPNegVP?"式仅包括"V 不 V?""VO 不 VO?"两种具体格式，《五灯》除了以"V 不 V?""VO 不 VO?"为主外，还出现了"VO 不 V?"。

（五） 测度询问句

1. 句式丰富

《祖堂集》中的测度询问句基本上全是"莫"系句的天下，《五灯》则是以"莫"系测度询问句为主，同时还继承了上古汉语时期的"其"字句、"盖"字句、"无乃"句、"得无/得非"句等。

2. 句式结构趋于复杂化

主要体现在"莫"系句的使用上。《祖堂集》中的"莫"系句都比较简短，结构也都比较简单，而《五灯》中则出现了较长的"莫"系测度询问句，且结构较为复杂。

结　论

本书采用定量和定性相结合、平面描写与立体阐释相结合、历时比较与共时对比并重的方法，对禅宗文献《五灯会元》中的疑问句进行了穷尽、全面和系统的研究。

第一章主要探讨了"何"系、"甚"系特指询问句。"何"系特指询问句疑问代词具体成员较多，"如何"是《五灯》"何"系询问句中出现频率最高的疑问代词，其句法和语义功均比较完备；"何"的出现频率位居第二，与"如何"差距较大，但其句法功能、语义分布则较"如何"更为丰富多样；其他疑问代词出现频率皆不高，处于衰落趋势。"甚"系主要包括"甚""甚底""甚麼"三个疑问代词，它们均产生于近代汉语时期，其出现频率在《五灯》中居于第二位（"何"系询问句位居第一），其中"甚麼"使用最为频繁，句法功能相对来说最为完备，语义分布也最为广泛。

第二章论述了"作麼"系、"谁"系、"那"系、"几"系以及由句尾语气词"聻"构成的特指询问句。"作麼"系疑问代词有"作麼""作麼生""争""怎生"4个，均是近代汉语时期新兴的疑问代词，其中"作麼生"无论从出现频率、语法功能还是语义分布上都处于优势地位。"谁/孰"系疑问代词有"谁""阿谁""孰"3个，均产生于上古汉语时期，出现频率"谁"最高，"阿谁"次之，"孰"呈现衰落状态；句法功能上，"谁"与"阿谁"相对来说较为丰富；语义分布上，"孰"则比较广泛。"那"系疑问代词有"那"与"阿那"2个，均新兴于近代汉语时期，使用频率不高；句法功能上，"那"与"阿那"的句法功能较为单一；语意分布上，两者均可以询问人佛、事物或处所。"几"系疑问代词除"几""几何"在上古汉语中就已出现，其他均产生于中古或近代汉语时期。其中"多少"在出现频率、句法与语义功能等方面都最为丰富多样，"几"其次，"早晚/早暮"最次。"胡、曷"等源自上古汉语,"底""若为"产生于中古汉语时期,它们均呈衰落趋势。"NP 覆/尼/你?"格式新兴于晚唐五代时期的《祖堂集》,可用于询问 NP 的情状或处所;发展到此时,句尾语气词仅有"覆"出现,"覆"前可为体词性成分,也可为谓词性成分。"X 覆?"在《五灯》中使用频率极低。

第三章考察了是非询问句。是非询问句根据有无疑问副词分为有疑问副词和无疑问副词两类,前者内部可细分为"还"字是非询问句、"可"字是非询问句与"宁"字是非询问句,后者又二分为句尾有疑问语气词的是非问句和句尾无疑问语气词的是非问句。以上绝大多数是有形式标记(疑问副词、句尾疑问语气词)的是非询问句,"还"字询问句与句尾有疑问语气词的是非询问句出现频率最高。无形式标记的是非询问句(即语调询问句)出现频率不高,仅 41 次。

第四章探讨了选择询问句。《五灯》选择询问句大多数使用关联标记。关联标记"为""为当""为复""为是""是"最初均产生于中古汉语时期的汉译佛经,在《五灯》中,前四者的出现频率呈衰落趋势,"是"字选择问句已经走向成熟,现代汉语中选择询问句的典型格式在《五灯》中已经初步形成;新兴于晚唐五代时期的关联标记"还"仅出现 1 次;上古或中古汉语时期所使用的关联标记"抑""将""且""其""意""岂""宁"等已彻底消亡,由此可见中古汉语时期新兴的选择询问句表达形式得到了充分发展,占有绝对优势,且用法稳定,新兴成分已逐渐取代旧有成分。不管是有关联标记还是无关联标记的选择问句,都很少使用句尾语气词,即使使用,也仅限于"邪"。选择询问句绝大多数由两个选择项构成(少数有两个以上选择项),它们之间的语义关系可分为正反型、反义型、次序型、颠倒型和语境型。

第五章讨论了正反询问句。首先对"VPNegVP?""VPNeg?"两种格式的正反询问句进行了描写。"VPNegVP?"式中的"Neg"主要是"不",仅 1 次是"未";"VPNeg?"式中的 Neg 主要由"否""无""未"等充当。接着探讨了"VPNeg?"式句尾否定词的虚化问题,在前人研究的基础上,我们提出了六条判定原则。其一,"VP"前有"莫、莫是、莫不是、莫非、莫成"等表示测度语气的副词时,根据汉语句子的语义选择规律,测度疑问副词与句尾否定词不允许同现，句尾否定词已经虚化。其二，"VP"前有否定副词时，因为正反询问句排斥"VP"前否定词与句尾否定词同现，句尾否定词虚化为语气词。其三，"VP"由正反项并列而成，此时正反询问句的正反两个选择项齐备，句意已足，句尾如果还存在否定词的话，则纯属画蛇添足，句尾否定词完全虚化为语气词。其四，根据答语判断。正反询问句要求在正、反两项中选取其一作答，而是非问除此之外，还可以"是/然""不是/不然/否"等作答，采用后者方式作答时，是对整个句子所陈述的命题提出疑问，句尾否定词虚化为语气词。其五，"VP"是判断动词"是"时，句尾"Neg"虚化，"VPNeg?"归入是非询问句。其六，"VPNeg?"后如果紧接着从正、反两项进一步进行阐释说明的语句，我们认为句尾"Neg"还没有虚化，"VPNeg?"仍是正反询问句。

第六章考察了带语气副词的测度询问句。《五灯》测度询问句可分为两类，一类是袭自上古的"其"字句、"无乃"句、"得"系句等，此类呈现没落趋势；另一类是近代汉语中新兴的"莫"系句，此类居于优势地位，形式多样，富于变化。"莫"系句又分为句尾无语气词和句尾带语气词两类，后者所占比重极大。从与唐代和北宋禅宗语录的历时比较来看，"莫"系句尾语气词逐渐集中于"麼"；另一方面，通过与世俗文献《朱子语类》_(前30卷)的共时比较可知，"莫"系句并非为禅宗文献所独有，而是当时汉语测度询问句所共有的一种语言现象。

第七章探讨了特指和是非两种反诘问句。特指反诘问句占反诘问句总数的 77.5%，且各疑问代词所构成的反诘问句用法比较灵活，表现形式丰富多样，多种反诘格式的使用为禅宗语言注入了活力。相比较特指反诘问句而言，是非反诘问句出现频率较低，多使用反诘标记，即反诘副词和反诘固定格式。《祖堂集》中的"（K）VP 那作摩？"式选择反诘问句在《五灯》中则省略了句尾"作摩"变成了是非反诘问句。我们认为这很可能是编撰者也认识到"（K）VP 那作摩？"在语义上是前重后轻的，也就是说整个反诘问句的重心在"作摩"之前，"作摩"只起陪衬作用，因此考虑到南北方言差异，着眼于禅法普及从而省略了句尾"作摩"。

第八章考察了设问句、附加问句、招呼问句和感叹问句等四种特殊疑问句。设问句绝大多数以特指设问句形式出现，仅 1 次是正反设问句。附加问句形式多样，构成方式也比较复杂，不仅有单纯的附加问句，也有测度问与其他问句的混合，表义更加丰富。招呼问句纯属保持日常交际和谐进行的一种寒暄语，口语性较强，这也决定了它最初只能出现在口语化色彩比较浓厚的文献当中，同时也正因为它符合日常交际的需要和具有口语性，所以至今仍鲜活地存在于现代汉语口语和书面语当中。感叹问句出现频率不高，呈衰落趋势，可能是编撰者为了表达强烈的感叹语气而借助于上古汉语中的表达形式，属于仿古性质，因为从语用角度来说，感叹问句中所表达的感叹语气及其强烈的感情色彩是其他疑问句所不能取代的。

第九章专门讨论了疑问句句尾语气词。《五灯》中的疑问句句尾语气词比较丰富，既有承自上古汉语的"乎、欤、邪/耶、哉、耳、也、为"，也有中古、近代汉语新兴的"那、麽、聻、在"，还包括近代汉语时期出现于测度询问句句尾的"否""无"等。中古、近代汉语时期新兴的语气词除了"麽"外，其他出现频率都不高；相比较晚唐五代时期的《祖堂集》来说，语气词"那"的功能有所扩展。承自上古汉语的语气词"邪/耶""乎""也"等仍然保持着顽强的生命力；"欤""耳""为"等则呈现衰亡的趋势。"否""无"在测度询问句中已经虚化为语气词，其出现频率虽然不是很高，但足以说明《五灯》疑问句句尾词正由否定词虚化为语气词，且有部分已经完成了虚化，即两种性质的句尾词在《五灯》疑问句中呈现共存局面。

第十章从共时横向角度出发，将《五灯》与同时期的世俗文献《朱子语类》进行了比较。通过特指询问句、是非询问句、选择询问句、正反询问句和测度询问句等五个方面的比较，我们既观察到了同时期语言发展演变的共性，也发现了两种文献各自的特殊性，从而揭示了《五灯》疑问句的特色所在。主要体现在词法和句法两方面。在词法方面，《五灯》疑问代词更加丰富多样，相对于《朱子》多出"何似（生）""何所""何许""作麽""争""阿谁""阿那""几曾""几许""第几""早晚/早暮"以及"嗏""底""若为"等疑问代词，反映了禅宗语言灵活多变的特色。《五灯》特指询问句句尾语气词的使用面貌与《朱子》大不相同，不仅有袭自上古汉语的"乎""邪（耶）""也""哉"，中古、近代汉语中新兴的"那"和"在"，还沿用了出现于晚唐五代时期的"聻"，并以此构成

"……聻?"特指询问句。还有《五灯》选择询问句的关联标记"为当"、"只"（副词）、"更"（副词）等未见于《朱子》，而《朱子》选择询问句中的关联标记"还是""还只是""只是""合是"等亦未见于《五灯》。这些差异可能与两种文献的性质、编撰者所处的社会阶层等不无关系，也体现了文献本身的语言特色。此外，《五灯》基本上仍保持着晚唐五代时期"VPNeg?"式正反询问句句尾词的基本面貌。在句法方面，《五灯》特指询问句中"如何是……?"句式用例较多，这一句式在《朱子》中则是偶有出现。由此可以看出"如何是……?"句式应是禅宗语录内部的同行语法，它广泛应用于禅宗语言内部，随着时间的推移和行业影响的扩大，这种语法形式就超越了行业界限，为同行之外的人们所借鉴和采用，但终因文献性质的不同和编撰者思维习惯的差异等而使其在世俗文献中使用频率不高，远远不及它在禅宗文献中的使用。《五灯》正反询问句中"VP 否?""VP无（也无）?"两种句式大致呈现二分天下的格局（前者占41.9%，后者占47.8%），而《朱子》正反询问句中的"VP 否?"句式则占绝对优势（97%）。

第十一章进行了禅宗语录内部的历时纵向比较。我们将《祖堂集》与《五灯》进行比较，观察《五灯》对前者的继承和发展，明其同异，从而探求禅宗语录系统内部语法的演变。《五灯》的语言相较于《祖堂集》的语言，继承较多，变化较少。在词法方面，两书疑问代词有如下变化：一是疑问代词成员更加丰富多样。《五灯》"什摩/甚麼"系不仅增加了"甚底"，且相比《祖堂集》在询问方式或情状时只能大量地使用"作摩生"（有时也用"作摩"）而言，《五灯》还可使用"争""怎生"；《五灯》"那"系成员增加了"那""阿那"，"几"系成员更是灵活多样、富于变化，增加了"几曾""几多""早暮"等。二是标写形式的替换和统一。《祖堂集》中"什""摩"在《五灯》中分别被替换为"甚""麼"；《祖堂集》中"什摩""甚摩"并存的现象，在《五灯》中则完全为"甚麼"所取代。三是语义功能有拓展。《五灯》中的"如何"相较于《祖堂集》，增加了询问原因、目的的用法等。再如两书测度询问句中的疑问副词，《五灯》与《祖堂集》相比成员更加多样化。《祖堂集》中仅有"莫""其"两种，《五灯》中除此之外，还有袭自上古汉语时期的"盖""无乃""得无/

得非"；在"莫"系内部，《祖堂集》有"莫""莫是""莫不""莫成"，《五灯》在此基础之上增加了"莫非""莫不是"，且《五灯》中"莫"系成员的使用频率也有较大提高。在句法方面，两书特指询问句有如下发展变化：一是常用句式的使用频率有所提高。《五灯》"如何是……？""VP 时如何？""VP 后如何？"等句式的使用频率相较于《祖堂集》都有不同程度的提高。二是句法功能有所扩张。《五灯》"若何""何等""何故"等疑问代词的句法功能在继承《祖堂集》的同时也有所扩张，分别增加了作谓语、作宾语、作谓语的功能。再如正反询问句，两书"VPNeg？"式内部均呈现两种格式二分天下的局面，但具体面貌有所不同，《祖堂集》中"VPNeg？"式的强势句式是"VP 无（也无）？"占 58.8%，其次是"VP 不（已不）？"占 38%；《五灯》中仍以"VP 无（也无）？"为主，占 47.8%，但居于第二位的则是"VP 否（已否）？"，占 41.9%，《五灯》以"否"替换了《祖堂集》中的"不"。还有测度询问句，两书相比，有两点值得注意：一是《五灯》句式更为丰富。《祖堂集》测度询问句基本上全是"莫"系句的天下，《五灯》则是以"莫"系句为主，同时还继承了上古汉语时期的"其"字句、"盖"字句、"无乃"句、"得无/得非"句等。二是《五灯》句式结构趋于复杂化。《祖堂集》"莫"系句大都比较简短，结构也比较简单，《五灯》则出现了较长的"莫"系句，且结构较为复杂。

由于时间原因，加上本人能力有限，本书还存在一些不足，需要加强的方面有三：一是加强对《五灯》疑问句与汉译佛经、世俗文献疑问句的历时比较，二是对《五灯》其他特殊疑问句比如追问句等展开深入研究；三是对某些语法现象比如"VPNeg？"式句尾词的性质等做出更进一步的解释。

参考文献

主要书录

《尚书》，《十三经注疏》本，中华书局，1980。

《毛诗正义》，《十三经注疏》本，中华书局，1980。

《春秋左传正义》，《十三经注疏》本，中华书局，1980。

《春秋穀梁传注疏》，《十三经注疏》本，中华书局，1980。

《论语注疏》，《十三经注疏》本，中华书局，1980。

《孟子注疏》，《十三经注疏》本，中华书局，1980。

《史记》（修订本），中华书局，2013。

《汉书》，中华书局，1962。

《后汉书》，中华书局，1965。

《晋书》，中华书局，1974。

《国语集解》，中华书局，2002。

《战国策》，上海古籍出版社，1998。

《朱子语类》，中华书局，1986。

《长阿含十报法经》，《大正新修大藏经》0013/01。

《佛说人本欲生经》，《大正新修大藏经》0014/01。

《杂阿含经》，《大正新修大藏经》0099/02。

《增壹阿含经》，《大正新修大藏经》0125/37。

《过去现在因果经》，《大正新修大藏经》0189/03。

《中本起经》，《大正新修大藏经》0196/01。

《佛说兴起行经》，《大正新修大藏经》0197/02。

《贤愚经》，《大正新修大藏经》0202/03。

《杂宝藏经》,《大正新修大藏经》0203/01。

《百喻经》,《大正新修大藏经》0209/04。

《法句譬喻经》,《大正新修大藏经》0211/01。

《妙法莲华经》,《大正新修大藏经》0262/02。

《佛说大般泥洹经》,《大正新修大藏经》0376/01。

《大乘宝云经》,《大正新修大藏经》0659/02。

《四分律》,《大正新修大藏经》1428/57。

《十诵律》,《大正新修大藏经》1435/13。

《根本说一切有部苾刍尼毗奈耶》,《大正新修大藏经》1443/11。

《能断金刚般若波罗蜜多经论释》,《大正新修大藏经》1513/02。

《阿毗达磨大毗婆沙论》,《大正新修大藏经》1545/34。

《法华经义记》,《大正新修大藏经》1715/2,5。

《黄檗断际禅师宛陵录》,《大正新修大藏经》2012/01。

《敦煌变文集新书》,(台北)文津出版社,1983。

《敦煌新本六祖坛经》,上海古籍出版社,1993。

《神会和尚禅话录》,中华书局,1996。

《祖堂集》,上海古籍出版社,1994。

《景德传灯录》,日本花园大学禅文化研究所影印北宋福州东禅寺本,1990。

《五灯会元》,中华书局,1984。

《古尊宿语要》,日本中文出版社影印本,1973。

《古尊宿语录》,中华书局,1994。

《墨子间诂》,《新编诸子集成》本,中华书局,2001。

《庄子集释》,《新编诸子集成》本,中华书局,1961。

《吕氏春秋集释》,《新编诸子集成》本,中华书局,2009。

《白虎通疏证》,《新编诸子集成》本,中华书局,1994。

《颜氏家训集解》,《新编诸子集成》本,中华书局,1993。

《太平广记》,中华书局,1961。

《全上古三代秦汉三国六朝文》,中华书局,1958。

《岑参集校注》,上海古籍出版社,1981。

专著

1. 白兆麟：《〈盐铁论〉句法研究》，商务印书馆，2003。

2. 曹广顺：《近代汉语助词》，语文出版社，1995。

3. 曹广顺：《中古汉语语法史研究》，巴蜀书社，2006。

4. 曹广顺等：《〈祖堂集〉语法研究》，河南大学出版社，2010。

5. 曹小云：《中古近代汉语语法词汇丛稿》，安徽大学出版社，2005。

6. 陈昌来：《现代汉语句子》，华东师范大学出版社，2000。

7. 陈昌来：《现代汉语语意平面问题研究》，学林出版社，2003。

8. 陈望道：《修辞学发凡》，开明书店，1950。

9. 陈垣：《中国佛教史籍概论》，上海书店出版社，2001。

10. 陈云龙主编《近代汉语专题教程》，中国人民大学出版社，2011。

11. 陈振宇：《疑问系统的认知模型与运算》，学林出版社，2010。

12. 程湘清主编《先秦汉语研究》，山东教育出版社，1992。

13. 程湘清主编《两汉汉语研究》，山东教育出版社，1992。

14. 程湘清主编《魏晋南北朝汉语研究》，山东教育出版社，1992。

15. 程湘清主编《隋唐五代汉语研究》，山东教育出版社，1992。

16. 程湘清主编《宋元明汉语研究》，山东教育出版社，1992。

17. 邓军：《魏晋南北朝代词研究》，上海人民出版社，2008。

18. 刁晏斌：《〈三朝北盟会编〉语法研究》，河南大学出版社，2007。

19. 丁福保主编《佛学大辞典》，上海书店出版社，1991。

20. 丁声树：《现代汉语语法讲话》，商务印书馆，1961。

21. 董秀芳：《词汇化：汉语双音词的衍生和发展》，四川民族出版社，2002。

22. 董秀芳：《汉语的词库与词法》，北京大学出版社，2004。

23. 董志翘、蔡镜浩：《中古虚词语法例释》，吉林教育出版社，1994。

24. 董志翘：《中古近代汉语探微》，中华书局，2007。

25. 段业辉：《中古汉语助动词研究》，南京师范大学出版社，2002。

26. 方小燕：《广州方言句末语气助词》，暨南大学出版社，2003。

27. 冯春田：《近代汉语语法问题研究》，山东教育出版社，1991。

28. 冯春田：《近代汉语语法研究》，山东教育出版社，2000。

29. 冯胜利：《汉语韵律句法学》，上海教育出版社，2000。

30. 冯志伟：《计算语言学基础》，商务印书馆，2001。

31. 傅惠钧：《明清汉语疑问句研究》，商务印书馆，2011。

32. 顾阳等：《共性与个性——汉语语言学中的争议》，北京语言文化大学出版社，1999。

33. 郭锡良：《汉语论集》，商务印书馆，1997。

34. 郭锡良：《古汉语语法论集》，语文出版社，1998。

35. 何乐士：《古汉语语法研究论文集》，商务印书馆，2000。

36. 何亚南：《〈三国志〉和裴注句法专题研究》，南京师范大学出版社，2001。

37. 何自然：《语用学概论》，湖南教育出版社，1998。

38. 胡适：《胡适全集》，第九卷，安徽教育出版社，2003。

39. 黄伯荣：《陈述句、疑问句、祈使句、感叹句》，上海教育出版社，1984。

40. 黄伯荣：《汉语方言语法类编》，青岛出版社，1996。

41. 黄伯荣、廖序东：《现代汉语》，增订四版，高等教育出版社，2007。

42. 黄征、张涌泉：《敦煌变文校注》，中华书局，1997。

43. 江海燕：《汉语语调问题的实验研究》，首都师范大学出版社，2010。

44. 江蓝生、曹广顺：《唐五代语言词典》，上海教育出版社，1997。

45. 江蓝生：《近代汉语探源》，商务印书馆，2000。

46. 蒋礼鸿：《敦煌变文字义通释》，增补定本，上海古籍出版社，1997。

47. 蒋绍愚：《近代汉语研究概况》，北京大学出版社，1994。

48. 蒋绍愚、曹广顺：《近代汉语语法史研究综述》，商务印书馆，2005。

49. 兰宾汉：《汉语语法分析的理论与实践》，中国社会科学出版社，2002。

50. 黎锦熙：《新著国语文法》，商务印书馆，1924。

51. 李崇兴：《元语言词典》，上海教育出版社，1998。

52. 李崇兴：《语文识小录》，华中科技大学出版社，2009。

53. 李崇兴等：《元代汉语语法研究》，上海教育出版社，2009。

54. 李维琦：《佛经释词》，岳麓书社，1993。

55. 李维琦：《佛经续释词》，岳麓书社，1999。

56. 李炎：《〈醒世姻缘传〉及明清句法结构历时演变的定量研究》，百花洲文艺出版社，2006。

57. 李佐丰：《古代汉语语法学》，商务印书馆，2004。

58. 梁启超：《佛学研究十八篇》，岳麓书社，2010。

59. 刘丹青：《语法调查研究手册》，上海教育出版社，2008。

60. 刘光明：《〈颜氏家训〉语法研究》，合肥工业大学出版社，2006。

61. 刘坚、蒋绍愚：《近代汉语语法资料汇编》，《唐五代卷》，商务印书馆，1990。

62. 刘坚等：《近代汉语虚词研究》，语文出版社，1992。

63. 刘坚、蒋绍愚：《近代汉语语法资料汇编》（宋代卷），商务印书馆，1992。

64. 刘坚、蒋绍愚：《近代汉语语法资料汇编》（元代明代卷），商务印书馆，1995。

65. 刘坚主编《二十世纪的中国语言学》，北京大学出版社，1998。

66. 刘开骅：《中古汉语疑问句研究》，黑龙江人民出版社，2008。

67. 刘淇：《助字辨略》，中华书局，2004。

68. 刘月华等：《实用现代汉语语法》，外语教学与研究出版社，1983。

69. 刘子瑜：《〈朱子语类〉述补结构研究》，商务印书馆，2008。

70. 柳士镇：《魏晋南北朝历史语法》，南京大学出版社，1992。

71. 龙国富：《姚秦译经助词研究》，湖南师范大学出版社，2004。

72. 龙潜庵：《宋元语言词典》，上海辞书出版社，1985。

73. 卢烈红：《〈古尊宿语要〉代词助词研究》，武汉大学出版社，1998。

74. 卢烈红：《训诂与语法丛谈》，湖北人民出版社，2005。

75. 陆俭明：《现代汉语语法研究教程》，北京大学出版社，2003。

76. 罗骥：《北宋语气词及其源流》，巴蜀书社，2003。

77. 吕叔湘：《文言虚字》，开明书店，1944。

78. 吕叔湘：《中国文法要略》，商务印书馆，1982（1941 年版）。

79. 吕叔湘：《汉语语法论文集》增订本，商务印书馆，1984。

80. 吕叔湘：《近代汉语指代词》，学林出版社，1985。

81. 吕叔湘：《现代汉语八百词》增订本，商务印书馆，1999。

82. 吕澂：《中国佛学源流略讲》，中华书局，1979。

83. 吕澂：《新编汉文大藏经目录》，齐鲁书社，1981。

84. 麻天祥：《中国禅宗思想史略》，中国人民大学出版社，2007。

85. 麻天祥：《禅宗文化大学讲稿》，中国人民大学出版社，2007。

86. 马重奇：《闽台方言的源流与嬗变》，福建人民出版社，2003。

87. 马建忠：《马氏文通》，商务印书馆，1983。

88. 马庆株主编《二十世纪现代汉语语法论著指要》，商务印书馆，2006。

89. 潘允中：《汉语语法史概要》，中州书画社，1982。

90. 齐沪扬等合编《现代汉语虚词研究综述》，安徽教育出版社，2002。

91. 齐沪扬：《语气词与语气系统》，安徽教育出版社，2002。

92. 任继愈主编《中国佛教史》，第一卷，中国社会科学出版社，1985。

93. 萨丕尔：《语言论》，陆卓元译，商务印书馆，1985。

94. 沈家煊：《不对称和标记论》，江西教育出版社，1999。

95. 石毓智、李讷：《汉语语法化的历程——形态句法发展的动因和机制》，北京大学出版社，2001。

96. 邵敬敏：《现代汉语疑问句研究》，华东师范大学出版社，1996。

97. 邵敬敏等：《汉语语法专题研究》，广西师范大学出版社，2003。

98. 邵敬敏等：《汉语方言疑问范畴比较研究》，暨南大学出版社，2010。

99. 石毓智：《汉语研究的类型学视野》，江西教育出版社，2004。

100. 石毓智：《语法的认知语意基础》，江西教育出版社，2004。

101. 石毓智：《语法化的动因与机制》，北京大学出版社，2006。

102. 司马琪主编《十家论佛》，上海人民出版社，2006。

103. 苏渊雷：《苏渊雷全集》（佛学卷），华东师范大学出版社，2008。

104. 孙锡信：《汉语历史语法要略》，复旦大学出版社，1992。

105. 孙锡信：《汉语历史语法丛稿》，汉语大词典出版社，1997。

106. 孙锡信：《近代汉语语气词——汉语语气词的历史考察》，语文出版社，1999。

107. 索振羽：《语用学教程》，北京大学出版社，2000。

108. 唐贤清：《〈朱子语类〉副词研究》，湖南人民出版社，2004。

109. 唐钺：《修辞格》，商务印书馆，1923。

110. 汪国胜主编《汉语方言语法研究》，华中师范大学出版社，2007。

111. 王海棻：《古汉语疑问词语用法词典》，浙江教育出版社，1987。

112. 王海棻等：《古汉语虚词词典》，北京大学出版社，1996。

113. 王海棻：《古汉语疑问范畴辞典》，江苏教育出版社，2001。

114. 王力：《古代汉语》，重排本（全四册），中华书局，1999（1962年版）。

115. 王力：《汉语史稿》，重印本，中华书局，1980。

116. 王力：《汉语语法史》，商务印书馆，1989。

117. 王力：《中国现代语法》，上海书店出版社，1992。

118. 王寅：《认知语言学探索》，重庆出版社，2005。

119. 王寅：《认知语言学》，上海外语教育出版社，2007。

120. 魏培泉：《汉魏六朝称代词研究》，"中研院"语言学研究所，2004。

121. 温宾利：《当代句法学导论》，外语教学与研究出版社，2002。

122. 温锁林：《现代汉语语用平面研究》，北京图书馆出版社，2001。

123. 吴金华：《古文献研究丛稿》，江苏教育出版社，1995。

124. 吴福祥：《敦煌变文语法研究》，岳麓书社，1996。

125. 吴福祥：《敦煌变文 12 种语法研究》，河南大学出版社，2004。

126. 吴福祥：《〈朱子语类辑略〉语法研究》，河南大学出版社，2004。

127. 吴福祥：《语法化与汉语历史语法研究》，安徽教育出版社，2006。

128. 吴士勋：《宋元明清百部小说语词大辞典》，陕西人民出版社，1992。

129. 向熹：《简明汉语史》，修订本，商务印书馆，2010。

130. 萧红：《〈洛阳伽蓝记〉句法研究》，中国社会科学出版社，2008。

131. 邢福义主编《现代汉语》，高等教育出版社，1991。

132. 邢福义：《汉语语法学》，东北师范大学出版社，1996。

133. 邢福义：《汉语复句研究》，商务印书馆，2001。

134. 邢福义：《现代汉语语法修辞》，高等教育出版社，2008。

135. 徐烈炯：《话题的结构与功能》（增订本），上海教育出版社，2007。

136. 许少峰：《近代汉语大词典》，中华书局，2008。

137. 严修：《二十世纪的古汉语研究》，书海出版社，2001。

138. 杨伯峻：《古汉语虚词》，中华书局，1981。

139. 杨伯峻、何乐士：《古汉语语法及其发展》（修订本），语文出版社，2001。

140. 杨永龙：《汉语史论稿》，中国社会科学出版社，2009。

141. 叶建军：《〈祖堂集〉疑问句研究》，中华书局，2010。

142. 殷树林：《现代汉语反问句研究》，黑龙江大学出版社，2009。

143. 于谷：《禅宗语言和文献》，江西人民出版社，1995。

144. 俞理明：《佛经文献语言》，巴蜀书社，1993。

145. 俞士汶：《计算语言学概论》，商务印书馆，2003。

146. 袁宾：《禅宗著作词语汇释》，江苏古籍出版社，1990。

147. 袁宾：《近代汉语概论》，上海教育出版社，1992。

148. 袁宾：《禅宗词典》，湖北人民出版社，1994。

149. 袁宾：《宋语言词典》，上海教育出版社，1997。

150. 袁宾等：《二十世纪的近代汉语研究》，书海出版社，2001。

151. 袁宾、康健主编《禅宗大词典》，崇文书局，2010。

152. 袁毓林：《汉语语法研究的认知视野》，商务印书馆，2004。

153. 袁毓林：《基于认知的汉语计算语言学研究》，北京大学出版社，2008。

154. 张斌：《新编现代汉语》，复旦大学出版社，2008。

155. 张伯江、方梅：《汉语功能语法研究》，江西教育出版社，1996。

156. 张美兰：《近代汉语语言研究》，天津教育出版社，2001。

157. 张美兰：《〈祖堂集〉语法研究》，商务印书馆，2003。

158. 张敏：《认知语言学与汉语名词短语》，中国社会科学出版社，1998。

159. 张相：《诗词曲语辞汇释》，中华书局，1953。

160. 张玉金：《西周汉语语法研究》，商务印书馆，2004。

161. 张玉金：《古代汉语语法学》，广东高等教育出版社，2010。

162. 赵世举：《〈孟子〉定中结构三平面研究》，中国青年出版社，2000。

163. 赵艳芳：《认知语言学概论》，上海外语教育出版社，2001。

164. 赵元任：《汉语口语语法》，吕叔湘译，商务印书馆，1979。

165. 郑奠、麦梅翘编《古汉语语法资料汇编》，中华书局，1964。

166. 钟兆华：《近代汉语虚词研究》，中国社会科学出版社，2011。

167. 周碧香：《〈祖堂集〉句法研究》，高雄：佛光山文教基金会出版，2001。

168. 周法高：《中国语法札记》（中国语言学论文集），台北：联经出版事业公司，1975。

169. 周法高：《中国古代语法·称代编》，中华书局，1990。

170. 周晓林：《近代汉语语法现象考察——以〈老乞大〉〈朴通事〉为中心》，学林出版社，2007。

171. 周振鹤、游汝杰：《方言与中国文化》，第二版，上海人民出版社，2006。

172. 朱德熙：《语法讲义》，商务印书馆，1982。

173. 朱庆之：《佛典与中古汉语词汇研究》，台北：文津出版社，1992。

174. 祝敏彻：《〈朱子语类〉句法研究》，长江文艺出版社，1991。

175. 〔英〕伯纳德·科姆里：《语言共性和语言类型》，第二版，沈家煊、罗天华译，北京大学出版社，2010。

176. 〔瑞士〕费尔迪南·德·索绪尔：《普通语言学教程》，全新译本，中国社会科学出版社，2009。

177. 〔日〕忽滑谷快天：《中国禅学思想史》，朱谦之译，上海古籍出版社，1994。

178.〔日〕柳田圣山：《禅与中国》，毛丹青译，生活·读书·新知三联书店，1988。

179.〔日〕桥本万太郎：《语言地理类型学》，余志鸿译，北京大学出版社，1985。

180.〔日〕太田辰夫：《中国语历史文法》，修订译本，蒋绍愚、徐昌华译，北京大学出版社，2003。

181.〔日〕太田辰夫：《汉语史通考》，江蓝生、白维国译，重庆出版社，1991。

182.〔英〕威妥玛：《语言自迩集》，张卫东译，北京大学出版社，2002。

183.〔荷兰〕许理和（Erich Zurcher）：《佛教征服中国》，李四龙等译，江苏人民出版社，1998。

184.〔日〕志村良治：《中国中世语法史研究》，江蓝生、白维国译，中华书局，1995。

185. Halliday，M. A. K. *An Tntroduction to functional Grammar*〔M〕. Edward Arnold，1985.

186. Heine，Bernd. *Cognitive Foundations of Grammar*〔M〕. New York：Oxford University Press，1997.

187. Hopper，Paul J. & Elizabeth Closs Traugott.《语法化学说》，第二版，梁银峰译，复旦大学出版社，2008。

188. Mark Baltin and Chris Collins. *The Handbook of Contemporary Syntactic Theory*〔M〕. BeiJing：Foreign Language Teaching and Research Press，2001.

189. T. Givón. *Syntax*：*An Introduction*〔M〕. John Benjamins Publishing Company，2001.

单篇论文

1. 曹广顺：《〈祖堂集〉中与语气助词"呢"有关的几个助词》，《语言研究》1986年第2期。

2. 曹广顺：《试说近代汉语中的"～那？作摩?"》，《语言学论丛》

（第二十辑），商务印书馆，1998。

3. 曹广顺：《从中古译经选择问句中连词的使用谈起》，《历史语言学研究》（第三辑），商务印书馆，2010。

4. 陈宝勤：《语气助词"在""有"的产生与消亡》，《汉字文化》2004年第4期。

5. 陈海波：《关于数据库在古汉语研究中的应用》，《古汉语研究》2000年第3期。

6. 陈妹金：《汉语假性疑问句研究》，《南京师范大学学报》，1992年第4期。

7. 戴庆厦，朱艳华：《藏缅语、汉语选择疑问句比较研究》，《语言研究》2010年第10期。

8. 刁晏斌：《〈祖堂集〉正反问句探析》，《俗语言研究》 （创刊号）1993。

9. 丁力：《从问句系统看"是不是"问句》，《中国语文》1999年第6期。

10. 丁勇：《元代汉语的"（不）VP那怎么/什么"问句》，《语言研究》2007年第1期。

11. 范继淹：《是非问句的句法形式》，《中国语文》1982年第6期。

12. 范晓、胡裕树：《有关语法研究三个平面的几个问题》，《中国语文》1992年第4期。

13. 方环海：《"什么"语源的方言补正》，《中国语文》1998年第4期。

14. 冯春田：《秦墓竹简选择问句分析》，《语文研究》1987年1期。

15. 冯春田：《疑问代词"作勿"、"是勿"的形成》，《中国语文》2006年第2期。

16. 冯春田：《反诘疑问代词"那"的形成问题》，《语言科学》2006年第6期。

17. 冯胜利：《论汉语的"自然音步"》，《中国语文》1998年第1期。

18. 符达维：《不宜扩大反问句的范围》，《中国语文天地》1989年第6期。

19. 傅惠钧：《真性问与假性问：明清汉语选择问句的功能考察》，《语言教学与研究》2001年第3期。

20. 傅惠钧：《明清汉语正反问的分布及其发展》，《古汉语研究》2004年第2期页。

21. 傅惠钧：《关于正反问历史发展的几个问题》，《古汉语研究》2006年第1期。

22. 傅惠钧：《实问虚答与只问不答——设问的两种特殊类型》，《浙江树人大学学报》2007年第6期。

23. 傅惠钧：《关于疑问句的性质与范围》，《浙江师范大学学报》（社会科学版），2008年第5期。

24. 傅惠钧：《略论近代汉语中"VnegVP"正反问的形成与发展》，《语言教学与研究》2010年第5期。

25. 高列过：《东汉佛经疑问句语气助词初探》，《古汉语研究》2004年第4期。

26. 高名凯：《唐代禅家语录所见的语法成分》，《燕京学报》1948年第34期。

27. 高育花：《〈论衡〉中的疑问代词》，《渭南师专学报》1998年第4期。

28. 郭继懋：《反问句的语意语用特点》，《中国语文》1997年第2期。

29. 郭锡良：《先秦语气词新探（一）》，《古汉语研究》1988年第1期。

30. 郭锡良：《先秦语气词新探（二）》，《古汉语研究》1989年第1期。

31. 何亚南、张爱丽：《中古汉语疑问句中"为"字的词性及来源》，《南京师大学报》（社会科学版）2004年第6期。

32. 何瑛：《宋代选择问句句式考察》，《贵州大学学报》2003年第6期。

33. 洪波：《论平行虚化》，《汉语史研究集刊》（第二辑），巴蜀书社，2000。

34. 洪成玉、廖祖桂：《句末的"为"应该是语气词》，《中国语文》1980年第5期。

35. 胡德明：《从反问句生成机制看反问句否定语意的来源》，《语言研究》2010年第3期。

36. 黄国营：《"吗"字用法研究》，《语言研究》1986年第2期。

37. 黄国营：《句末语气词的层次地位》，《语言研究》1994年第1期。

38. 黄晓雪：《说句末助词"在"》，《方言》，2007年第3期。

39. 黄正德：《汉语正反问句的模组语法》，《中国语文》1988 年第 4 期。

40. 贾齐华：《疑问句尾的"为"词性演变探略》，《中国语文》2003 年第 5 期。

41. 江蓝生：《疑问语气词"呢"的来源》，《语文研究》1986 年第 2 期。

42. 江蓝生：《疑问语气词"可"探源》，《古汉语研究》1990 年第 3 期。

43. 江蓝生：《疑问副词"颇、可、还"》，《近代汉语探源》，商务印书馆，2000。

44. 金立鑫：《关于疑问句中的"呢"》，《语言教学与研究》1996 年第 4 期。

45. 李崇兴：《选择问记号"还是"的来历》，《语言研究》1990 年第 2 期。

46. 李崇兴：《湖北宜都方言助词"在"的用法和来源》，《方言》1996 年第 1 期。

47. 李思明：《〈水浒全传〉中的选择问句》，《中国语文通讯》1982 年第 5 期。

48. 李思明：《从〈变文〉、〈元杂剧〉、〈水浒〉、〈红楼梦〉看选择问句的发展》，《语言研究》1983 年第 2 期。

49. 李宇明：《反问句的构成及其理解》，《殷都学刊》1990 年第 3 期。

50. 李宇明：《毛泽东著作设问句研究》，《中国语文》1993 年第 6 期。

51. 李宇明：《疑问标记的复用及标记功能的衰变》，《中国语文》1997 第 2 期。

52. 廖振佑：《也谈疑问句尾"为"》，《中国语文》1980 第 5 期。

53. 林裕文：《谈疑问句》，《中国语文》，1985 年第 2 期。

54. 林新年：《〈祖堂集〉"还（有）……（也）无"与闽南方言"有无"疑问句式》，《福建师范大学学报》（哲学社会科学版）2006 年第 2 期。

55. 刘镜芙：《金瓶梅词话中的选择问句》，《中国语文》1994 年第 6 期。

56. 刘开骅：《中古汉语"VP-neg"式疑问句句末否定词的虚化问题》，《南京师范大学文学院学报》2006 年第 4 期。

57. 刘开骅：《唐以前的"VP-Neg-VP"式反复问句》，《古汉语研究》

2008 年第 2 期。

58. 刘松汉；《反问句新探》，《南京师大学报》1989 年第 1 期。

59. 刘晓南：《先秦语气词的历时多义现象》，《古汉语研究》1991 年第 3 期。

60. 刘勋宁：《〈祖堂集〉反复问句的一项考察》，《现代汉语研究》，北京语言文化大学出版社，1998。

61. 刘月华：《用"吗"的是非问句和正反问句用法比较》，《句型和动词》，语文出版社，1987。

62. 刘子瑜：《敦煌变文中的选择疑问句式》，《古汉语研究》1994 年第 4 期。

63. 刘子瑜：《汉语反复问句的历史发展》，《古汉语语法论集》，语文出版社，1998。

64. 刘子瑜：《〈朱子语类〉反复问句研究——兼论反复问句历史发展中的相关问题》，《长江学术》2011 年第 3 期。

65. 柳士镇：《萧统〈令旨解二谛义〉中的选择问句》，《汉语历史语法散论》，上海人民出版社，2007。

66. 龙国富：《姚秦译经中疑问句尾的"为"》，《古汉语研究》2003 年第 2 期。

67. 卢烈红：《先秦两汉时期的"云何"》，《语言研究》2003 年第 3 期。

68. 卢烈红：《佛教文献中"何"系疑问代词的兴替演变》，《长江学术》2007 年第 1 期。

69. 卢烈红：《汉魏六朝汉译佛经中带语气副词的测度问句》，《海南师范大学学报》（社会科学版）2012 年第 3 期。

70. 卢烈红：《谈谈禅宗语录语法研究的几个问题》，《武汉大学学报》（人文科学版）2012 年第 4 期。

71. 陆俭明：《汉语口语句法里的易位现象》，《中国语文》1980 年第 1 期。

72. 陆俭明：《由"非疑问形式＋呢"造成的疑问句》，《中国语文》1982 年第 6 期。

73. 陆俭明：《关于现代汉语里的疑问语气词》，《中国语文》1984 年第

5 期。

74. 吕叔湘：释《〈景德传灯录〉中"在"、"著"二助词》，《汉语语法论文集》，商务印书馆，1984，第 58~72 页。

75. 吕叔湘：《疑问·否定·肯定》，《中国语文》1985 年第 4 期。

76. 梅祖麟：《现代汉语选择问句法的来源》，《梅祖麟语言学论文集》，商务印书馆，2000。

77. 裘锡圭：《关于殷墟卜辞的命辞是否问句的考察》，《中国语文》1988 年第 1 期。

78. 阮桂君：《宁波方言的"莫"字句》，《汉语学报》2009 年第 1 期。

79. 邵敬敏：《语气词"呢"在疑问句中的作用》，《中国语文》1988 年第 1 期。

80. 邵敬敏、朱彦：《"是不是 VP"问句的肯定性倾向及其类型学意义》，《世界汉语教学》2002 年第 3 期。

81. 沈家煊：《"语法化"研究综观》，《外语教学与研究》1994 年第 4 期。

82. 沈家煊：《类型学中的标记模式》，《外语教学与研究》1997 年第 1 期。

83. 沈家煊：《实词虚化的机制——〈演化而来的语法〉评介》，《当代语言学》（试刊）1998 年第 3 期。

84. 沈家煊：《语言的"主观性"和"主观化"》，《外语教学与研究》2001 年第 4 期。

85. 沈家煊：《语法研究的目标——预测还是解释》，《中国语文》2004 年第 6 期。

86. 沈家煊：《语用原则、语用推理和语意演变》，《外语教学与研究》2004 年第 36（4）期。

87. 施关淦：《关于语法研究的三个平面》，《中国语文》1991 年第 6 期。

88. 石锓：《论疑问词"何"的功能渗透》，《古汉语研究》1997 年第 4 期。

89. 宋金兰：《甘青汉语选择问句的特点》，《民族语文》1993 年第 1 期。

90. 宋金兰：《汉藏语是非问句语法形式的历史演变》，《民族语文》

1995 年第 1 期。

91. 宋金兰：《论反复问句 A 不 A 产生的时代》，《青海师专学报》1996 年第 1 期。

92. 太田辰夫：《中古（魏晋南北朝）汉语的特殊疑问形式》，《中国语文》（200 期纪念刊文集），《中国语文编辑部编》1989。

93. 陶炼：《"是不是"问句说略》，《中国语文》1998 年第 2 期。

94. 汪国胜：《湖北方言的"在"和"在里"》，《方言》1999 年第 2 期。

95. 汪国胜：《湖北大冶方言两种特殊的问句》，《方言》2011 年第 1 期。

96. 王克仲：《略说疑问句尾"为"字的词性》，《中国语文》1980 年第 5 期。

97. 王海棻：《古汉语否定反诘句综说》，《语言研究与应用》，商务印书馆，1992。

98. 王敏红：《〈太平经〉疑问句研究》，《古汉语研究》2007 年第 3 期。

99. 王锳：《云梦秦墓竹简所见某些语法现象》，《语言研究》1982 年第 1 期。

100. 文炼：《与语言符号有关的问题——兼论语法分析中的三个平面》，《中国语文》1991 年第 2 期。

101. 吴福祥：《敦煌变文的疑问代词"那"（"那个"、"那里"）》，《中国语文》1995 年第 2 期。

102. 吴福祥：《从"VP-Neg"式反复问句的分化谈语气词"麽"的产生》，《中国语文》1997 年第 1 期。

103. 吴慧颖：《"VP1 也 VP2"和"VP1 也怎的"》，《古汉语研究》1990 年第 2 期。

104. 吴振国：《关于正反问句和"可"问句分合的一些理论方法问题》，《语言研究》1990 年第 2 期。

105. 伍华：《论〈祖堂集〉中以"不、否、无、摩"收尾的问句》，《中山大学学报》1987 年第 4 期。

106. 伍巍、陈卫强：《一百年来广州话反复问句演变过程初探》，《语言研究》2008 年第 3 期。

107. 鲜丽霞：《成都话中的语气助词"在"》，《四川大学学报》（社会科学版）2002 年第 4 期。

108. 谢季祥：《也谈疑问句末的"为"》，《福建师大学报》（哲学社会科学版），1982 年第 2 期。

109. 徐福汀：《"何以……为"试析》，《中国语文》1980 年第 5 期。

110. 徐时仪：《略论〈朱子语类〉在近代汉语研究上的价值》，《上海师范大学学报》（社会科学版）2000 年第 4 期。

111. 徐盛桓：《疑问句探询功能的迁移》，《中国语文》1999 年第 1 期。

112. 徐正考：《唐五代选择问句系统初探》，《吉林大学学报》1988 年第 2 期。

113. 徐正考：《清代汉语选择问句系统》，《吉林大学学报》1996 年第 5 期。

114. 徐正考：《元明汉语疑问选择问句系统述析》，《心路历程 吉林大学文学院纪念校庆五十周年论文集》，吉林大学出版社，1996。

115. 杨永龙：《句尾语气词"吗"的语法化过程》，《语言科学》2003 年第 1 期。

116. 殷树林：《反问句的性质特征和定义》，《阜阳师范学院学报》2006 年第 6 期。

117. 游汝杰：《吴语里的反复问句》，《中国语文》1993 年第 2 期。

118. 于根元：《反问句的性质和作用》，《中国语文》1984 年第 6 期。

119. 俞光中：《水浒全传句末的"在这那里"考》，《中国语文》1986 年第 1 期。

120. 俞理明：《汉魏六朝的疑问代词"那"及其他》，《古汉语研究》1989 年第 3 期。

121. 俞理明：《从早期佛经材料看古代汉语中的两种疑问词"为"》，《四川大学学报》（哲学社会科学版）1991 年第 4 期。

122. 俞理明：《〈太平经〉中非状语地位的否定词"不"》，《中国语文》2000 年第 3 期。

123. 俞理明：《从东汉文献看汉代句末否定词的词性》，《汉语史学报》（第四辑），上海教育出版社，2004。

124. 尉迟治平：《汉语信息处理和计算机辅助汉语史研究》，《语言研究》2004 年第 3 期。

125. 尉迟治平：《汉语史研究和计算机技术》，《语言研究》2008 年第 4 期。

126. 遇笑容、曹广顺：《中古汉语中的"VP 不"式疑问句》，《纪念王力先生百年诞辰学术论文集》，商务印书馆，2002。

127. 袁宾：《疑问副词"可"字探源》，《语文月刊》1988 年第 3 期。

128. 袁宾：《敦煌变文中的疑问副词"还"》，《语文月刊》1988 年第 4 期。

129. 袁宾：《说疑问副词"还"》，《语文研究》1989 年第 2 期。

130. 袁宾：《敦煌变文语法札记》，《天津师范大学学报》1989 年第 5 期。

131. 袁宾：《禅宗著作里的两种疑问句——兼论同行语法》，《语言研究》1992 年第 2 期。

132. 袁宾：《唐宋禅录语法研究》，《觉群学术论文集》，商务印书馆，2001。

133. 袁毓林：《正反问句及相关的类型学参项》，《中国语文》1993 年第 2 期。

134. 张伯江：《疑问句功能琐议》，《中国语文》1997 年第 2 期。

135. 张鹏丽：《唐宋禅宗语录特殊选择疑问句考察》，《南京师范大学文学院学报》2009 年第 3 期。

136. 张儒：《也说疑问句尾"为"》，《中国语文》2000 年第 2 期。

137. 张玉金：《出土战国文献中的语气词"乎"》，《语文研究》2010 年第 2 期。

138. 赵新：《论"V-neg"式反复问句的分化演变》，《湖北教育学院学报》（哲社版）1994 年第 1 期。

139. 赵长才：《上古汉语"亦"的疑问副词用法及其来源》，《中国语文》1998 年第 1 期。

140. 赵长才：《中古汉语选择连词"为"的来源及演变过程》，《中国语文》2011 年第 3 期。

141. 周生亚：《说"否"》，《中国语文》2004 年第 2 期。

142. 朱德熙：《汉语方言里的两种反复问》，《中国语文》1985 年第 1 期。

143. 朱德熙：《"V-Neg-VO""VO-Neg-V"两种反复问句在汉语方言里的分布》，《中国语文》1991 年第 5 期。

144. 朱冠明：《关于"VP 不"式疑问句中"不"的虚化》，《汉语学报》2007 年第 4 期。

145. 朱庆之：《试论汉魏六朝佛典里的特殊疑问词》，《语言研究》1990 年第 1 期。

146. 朱庆之：《关于疑问语气助词"那"来源的考察》，《古汉语研究》1991 年第 2 期。

147. 祝敏彻：《汉语选择问、正反问的历史发展》，《语言研究》1995 年第 2 期。

148. 〔法〕贝罗贝、吴福祥：《上古汉语疑问代词的发展与演变》，《中国语文》2000 年第 4 期。

149. 〔日〕太田辰夫：《中古（魏晋南北朝）汉语的特殊疑问形式》，《中国语文》1987 年第 6 期。

150. 〔日〕志村良治：《疑问词"底"——中古汉语中疑问词的谱系的研究》，《温州师专学报》（社会科学版）1985 年第 3 期。

后　记

　　本书是以我的同名博士论文《〈五灯会元〉疑问句研究》为基础修改而成的。

　　2009 年 9 月，我从桂林来到武汉大学跟随卢烈红先生研习近代汉语。现在我还记得那时樱顶的秋日暖阳，记得每天在图书馆安静阅读的快乐时光。我的博士论文题目是在入学一年后定下来的，当时先生正在从事禅宗语录句法史研究，受其影响，我对禅宗文献产生了浓厚的兴趣。唐宋时期的禅宗语录是以口语为主体的白话篇章，保存了十分丰富的口语材料，对于研究近代汉语具有重要的价值。《五灯会元》是南宋晚期一部重要的禅宗文献，口语化程度较高，含有数量众多、形式丰富的疑问句。现代汉语疑问句的基本格局在《五灯会元》中已经基本形成，许多独特的特殊疑问句式在其中也可以发现踪影，因此对《五灯会元》疑问句进行全面而系统深入的研究理应成为近代汉语疑问句研究的一个重要组成部分。

　　题目定下来不难，但是完成起来着实不易。《五灯会元》篇幅较大，疑问句数量众多，梳理文本、分类、分析等都需要花费大量时间。至今我还能想起那年暑假因图书馆装修无处可去在樱顶四楼汗流浃背处理语料的场景，多少次蓦然抬头发现窗户外的天色已逐渐亮了起来，古堡下的"沙沙"扫地声、密林中的"啾啾"鸟鸣声，此起彼伏。

　　卢先生儒雅博学，乃谦谦君子。入学后先生就叮嘱我毕业论文之事要及早着手，以免拖到最后变得被动。我能在第三年顺利完成博士学位论文并顺利通过答辩，与先生的严格要求、悉心指导是分不开的。从开题报告到论文各个章节的撰写，再到多次修改和最后定稿，无一不凝聚着先生的心血。跟随先生学习的三年，先生深厚的学养、严谨的治学态度和谦逊平和、严以律己、宽以待人的品格，都深深感染了我。我为能成为先生弟子而感到自豪！也为自己的驽钝而感到歉疚。早在毕业之时，先生就提醒我尽早潜心修改打磨论文。现在论文终于出版，当此之时，我更加感恩先生与母校！

答辩委员会主席李崇兴先生，委员汪国胜先生、萧国政先生、席嘉先生、萧红先生，以及论文匿名评审过程中的诸位评审专家，他们既对我的论文给予了充分的肯定，也提出了很多中肯的修改意见，我受益良多。诚挚感谢各位先生的鼓励和不吝指教！

我的硕士导师刘兴均先生一如既往地给我支持和帮助，这些都是我求学路上的可贵助力！

对本书的出版，外审专家、广西师范大学文学院学术委员会专家和院领导都给予了大力支持。中国社会科学文献出版社刘丹先生担任本书的责任编辑，他认真负责，多次细致审阅全稿，付出了大量的辛劳。《历史研究》的赵子光先生也对书稿提出了不少宝贵的修改意见。谨表谢忱！

我的爱人与我同年先后来到广西师范大学文学院。他虽然没有参与过我的求学过往，但彼此了解后能携手于中国语言文学的殿堂，一起领略古代语言文学的魅力与精彩，亦实属我幸！而今宝贝已经五岁，我们三人远涉重洋，在查尔斯河畔的哈佛大学求学。因为新冠疫情，我们虽不能出门领略异国风情，却也能感受所处环境的绿意盎然。最让人欣喜的是亲密无间的相伴里，我们看到了宝贝的成长：自己安排居家事宜，从每天的识字、画画、练琴、学英语、玩积木、读绘本，到学会骑自行车，洗衣服，还有给妈妈洗毛巾，每一步都体现了他的独立思考和勤快好学。感谢这个小小男子汉！

感谢我的父母和公婆，这几年为了我能够安心工作与科研，他们多次远离熟悉的生活环境，到桂林为我带娃和分担家务。感谢他们的关心与爱护！感谢兄弟姐妹与亲朋好友的惦念与问候！让身处异乡的我们不觉孤单。

卢师烈红先生曾说："通过禅宗语录去探究唐宋实际语言的状况是一个大有可为的领域。"我在探讨禅宗句法时也有深深的感触，且发现了许多有趣的语法现象，遗憾一直未能深入思考与探究。不过，与其空留遗憾，不如退而结网，站在新的起点，去专注自己喜爱的研究。

　　本书的错误和疏漏在所难免，恳请专家、同人和读者朋友批评指正。

袁卫华

2020 年于波士顿

图书在版编目(CIP)数据

《五灯会元》疑问句研究 / 袁卫华著. -- 北京：
社会科学文献出版社，2020.9
ISBN 978-7-5201-5965-4

Ⅰ.①五⋯ Ⅱ.①袁⋯ Ⅲ.①禅宗-中国-北宋②《
五灯会元》-疑问(语法)-研究 Ⅳ.①H141②B946.5

中国版本图书馆 CIP 数据核字（2020）第 012104 号

《五灯会元》疑问句研究

著　　者 / 袁卫华

出 版 人 / 谢寿光
组稿编辑 / 宋月华
责任编辑 / 刘　丹

出　　版 / 社会科学文献出版社·人文分社 （010）59367215
　　　　　　地址：北京市北三环中路甲 29 号院华龙大厦　邮编：100029
　　　　　　网址：www. ssap. com. cn
发　　行 / 市场营销中心 （010）59367081　59367083
印　　装 / 三河市龙林印务有限公司

规　　格 / 开　本：787mm × 1092mm　1/16
　　　　　　印　张：27.75　字　数：439 千字
版　　次 / 2020 年 9 月第 1 版　2020 年 9 月第 1 次印刷
书　　号 / ISBN 978-7-5201-5965-4
定　　价 / 198.00 元